손태진

공무원 영어 뽀개기

독해

공무원 합격을 위한 영보 시리즈

공무원 합격을 위한 영보 시리즈

손태진
공무원
영어
뽀개기
독해

손태진

공무원 영어 뽀개기

독해

손태진
공무원 영어 뽀개기
독해

초판 인쇄일 2021년 9월 3일
초판 발행일 2021년 9월 10일
지은이 손태진
발행인 박정모
등록번호 제9-295호
발행처 도서출판 혜지원
주소 (10881) 경기도 파주시 회동길 445-4(문발동 638) 302호
전화 031)955-9221~5 **팩스** 031)955-9220
홈페이지 www.hyejiwon.co.kr

기획 · 진행 김태호
디자인 김보리
영업마케팅 서지영
ISBN 979-11-6764-004-8
정가 26,000원

개념부터 실전까지 한 권으로 마스터한다!

손태진 공무원 영어 뽀개기

손태진 지음

독해

혜지원

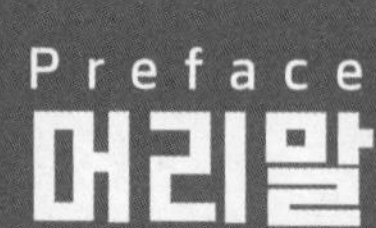

Preface
머리말

이 책은 손태진 공무원 영어 뽀개기 시리즈 중에서 독해 책입니다. 공무원 영어에서 독해는 전체 문제(20문항) 중 반(10문항)을 차지하고 있고, 단락형 문법 문제 유형까지 포함하면 60% 이상을 차지하는 가장 어려우면서도 중요한 파트입니다. 독해는 어휘, 문법, 구문력, 독해력뿐만 아니라 사고력과 논리력을 묻는 종합 세트와 같은 영역입니다. 모든 영어 능력 중에서 가장 키우기 힘들며 일정한 수준 이상에 도달하기 위해서는 상당한 시간과 노력을 투자해야 하는 파트입니다. 따라서 공무원 시험을 처음 준비하는 초시생의 경우, 영어를 먼저 잡고 시작하는 것이 좋은데 특히 독해 문제 10문제 중 8개 이상을 맞을 수 있는 실력을 갖추는 것이 당락을 좌우합니다.

독해 능력을 하루 아침에 쌓을 수는 없지만 한번 올라간 실력이 좀처럼 쉽게 사라지지 않기 때문에 공무원 준비 초반에 집중하는 것이 좋습니다. 시험 몇 달 전에는 조급한 마음이 생겨서 독해 실력을 키우기가 힘듭니다. 만약 준비를 7월에 시작하면 그 해 안에 영어 실력을 80점 이상 만들고 그 다음 해(시험이 있는 해)에는 올린 실력을 유지한다는 전략으로 가는 것이 좋습니다. 시험이 있는 그 해에는 다른 암기 과목에 조금 더 치중을 하고, 영어 공부는 하루에 모의고사 한 세트 정도를 풀면서 감을 유지한다고 보면 됩니다.

독해 문제에는 지문의 전체 내용을 묻는 주제 및 제목 찾기 유형, 세부 사항을 묻는 일치 불일치 유형, 글의 일관성을 묻는 순서 배열, 문장 삽입, 문장 삭제 유형, 그리고 빈칸에 들어갈 내용을 유추하는 능력을 묻는 빈칸 추론 유형이 있습니다. 각 유형별로 묻고 있는 능력이 틀리고 접근하는 방법도 완전히 다릅니다.

따라서 우선 각 유형별 문제 풀이 비법 및 정확하고 효과적인 독해법을 확실히 익힌 후, 기출 문제로 유형을 익히고 새로운 지문으로 연습하면서 스스로 문제를 해결하는 능력을 키우는 것이 중요합니다. 혼자 공부하면서 감으로 답을 찾는 습관을 빨리 버리는 것이 무엇보다 중요합니다. 정답의 단서는 반드시 지문 안에 있으므로, 단서를 근거로 정답을 도출하는 방법을 배우고 익혀야 합니다.

최근 들어서 독해는 지문의 길이뿐만 아니라 보기의 길이가 점점 더 길어지고 있습니다. 따라서 장문의 지문을 읽고 압축 요약하는 연습과 긴 보기의 키워드를 잡는 연습을 많이 해야 합니다. 그리고 제한된 시간 안에서 속독하는 능력을 키우기 위해서는 장문의 지문에서 부연 설명이나 예시와 같은 뒷받침에 해당하는 부분은 속독으로 훑어보고, 소재와 관점을 담고 있는 주제문을 꼼꼼하게 정독하는 법을 익히는 것이 핵심입니다.

저는 강의가 없는 날이면 매일 장자산을 오르면서, 과연 내가 쓰고 있는 이 책이, 그리고 내가 하고 있는 강의가 대한민국 최고인가를 스스로 자문해 봅니다. 그 질문에 자신 있게 대답할 수 없는 날이 오면 책을 집필하고 강의하는 것을 과감하게 그만 두리라는 각오로 달리고 있습니다. 이 책이 여러분의 갑갑한 마음에 단비와 같은 역할을 할 수 있기를 기원하며, 치열하게 달려서 공무원 시험에 한 번에 합격하기를 소망합니다.

손태진

Guide

공무원 영어 문제 구성과 출제 경향

공무원 영어 문제 구성

영역		문항수	출제 비중
비독해	어휘, 표현	4	20%
	생활 영어	2	10%
	문법	4	20%
독해		10	50%
총계		20	100%

출제 경향

보통 생활 영어는 쉽게 출제되고 문법은 중요 문법 포인트만 알면 그 안에서 다 나온다. 어휘와 독해에서 변별력을 주는데, 어휘 1문제, 독해 1문제가 상당히 어렵게 출제되고 나머지는 체계적으로 준비하면 다 맞을 수 있도록 출제된다. 어휘와 독해는 절대 하루 아침에 실력을 쌓을 수 없다. 반면 한번 올려 놓은 실력이 쉽게 사라지지도 않는다. 따라서 평상시에 어휘와 독해 위주로 꾸준히 공부하는 것이 합격의 지름길이다.

책의 구성

책의 구성과 특징

기출 문제 분석을 통해서 최근의 출제 경향을 파악하고, ① 정확한 해석 ② 단서와 근거를 통한 정답 도출 ③ 지문 및 문제 유형별 독해법을 통해 독해에 대한 자신감을 가지고 고득점을 맞을 수 있도록 설계했다.

각 문제 유형별 문제 풀이 전략을 제시했으며, 모든 지문에 대해 해석뿐만 아니라 지문 분석과 구성을 같이 수록하여 자연스럽게 영어 지문의 논리 전개 방식에 익숙해지도록 했다.

특히 주제 및 제목 찾기의 경우 영어 독해의 지문을 주제문 위치에 따라 4가지, 스토리 전개 방식에 따라 8가지로 나누어서 지문 유형별 접근 방법을 제시함으로써 체계적으로 독해에 접근할 수 있도록 만들었다.

구성은 다음과 같다.

구성

01 각 문제 유형별 독해 비법

02 문제 및 지문 분석과 지문의 구성

03 어휘 정리, 해석 및 해설(문제 풀이 비법 및 오답 분석)

Guide

공무원 영어 독해 공부 방법

공무원 영어 독해 공부 방법

전체 지문을 무작정 읽고 감으로 답을 찾는 습관을 버려야 한다. 모든 지문에 정답의 근거와 단서가 있다. 따라서 지문 유형별 지문 분석하는 법과 문제 유형별 독해법을 배운 후, 중요 부분은 꼼꼼히 읽고 부연 설명이나 예시로 뒷받침하는 부분은 빠르게 읽어서 근거를 통해 정답을 도출하는 방법을 배워야 한다. 무엇보다 꾸준히 학습하는 것이 중요하다.

독해 문제는 주제 및 제목 찾기, 일치/불일치, 글의 흐름 파악하기, 빈칸 추론의 4가지 유형으로 출제된다. 각 유형별 문제 풀이 방법이 틀리다. 간단히 정리하면 다음과 같다.

주제 및 제목 찾기

글의 소재와 주제문을 찾는 것이 핵심이다. 주제문은 글의 소재와 글쓴이의 관점을 포함하는 문장인데, 이 주제문을 다른 식으로 재표현(paraphrasing)하는 문장이 정답이 된다.

일치/불일치

보기를 먼저 보고, 보기에서 키워드를 2단어 내로 추리는 것이 중요하다. 지문을 읽다가 보기에 있던 키워드가 나오는 부분에서 사실과 일치하는지 불일치하는지를 하나하나 확인하는 유형이다. 어렵지는 않으나 시간이 많이 소요되는 유형이다.

글의 흐름 파악하기

글의 흐름 파악하기 유형으로는 순서 배열, 문장 제거, 문장 삽입 유형이 있는데, 하나의 단락을 구성하는 문장들의 논리적인 흐름을 파악하는 유형이다. 이러한 일관성 관련 문제는 주어진 문장에서 제시된 힌트를 파악하고, 뒤의 내용을 예측함으로써 중복해서 여러 번 읽는 시간을 줄일 수 있다.

❶ 순서 배열 : 단락 내 첫 문장이 주어지고 이후 전개될 내용의 순서를 바로잡는 유형이다. 주어진 문장을 통해서 글 전체 내용과 논리적 글의 전개 방식을 예측하는 것이 중요하다.

❷ 문장 삽입 : 지문의 흐름이 자연스럽게 이어질 수 있도록 주어진 문장이 들어갈 적절한 위치를 고르는 유형이다. 주어진 문장을 읽고 그 앞과 뒤에 나오는 내용을 유추할 수 있어야 한다. 이때 글은 '일반적 개념'에서 '구체적 개념'으로, '추상적 개념'에서 '구체적인 부연 설명이나 예시'로 이어진다는 논리 전개 방식과 관사, 대명사, 연결어와 같은 언어적 단서를 이용해서 정답을 도출하는 방법을 익히는 것이 중요하다.

❸ 문제 삭제 : 지문의 보기 중 지문의 흐름과 무관한 문장을 골라내는 유형이다. 제시된 첫 문장은 글의 흐름을 파악하는 데 핵심적인 문장이다. 따라서 소재와 글쓴이의 관점을 파악한 후, 이것과 맞지 않은 문장을 제거하는 것이 핵심이다.

빈칸 추론

❶ 내용어 추론 : 빈칸 추론은 빈칸이 지문의 앞부분이나 마지막에 있는 경우와 빈칸이 지문의 중간에 있는 경우로 나눌 수 있다.

1) 빈칸이 지문의 앞부분이나 마지막에 있는 경우 : 주제문을 완성하는 유형이다. 빈칸 앞이나 뒤에 제시되는 뒷받침(부연, 예시)을 근거로 빈칸의 내용을 추론한다.

2) 빈칸이 지문의 중간에 있는 경우 : 난이도가 높은 유형이다. 추상적인 내용에 빈칸이 있고 그 뒤로 부연이나 예시와 같은 설명이 뒤따르는 유형이다. 빈칸 뒤의 구체적인 설명을 근거로 추상적인 내용을 추론해야 한다.

3) 동의어 반복 : 빈칸의 앞이나 뒤에 제시된 내용을 paraphrasing(재표현)한 부분에 빈칸이 있어서 동의어 반복을 묻는 유형이다.

❷ 연결어 추론 : 빈칸 앞뒤의 문장을 읽고 두 문장의 논리적 관계를 파악하는 것이 중요하다. 반대, 대조의 경우는 앞의 내용과 반대 또는 대조되는 내용이 뒤에 제시된다. 예시의 경우, 앞에 큰 개념이 제시되면 뒤에는 작은 개념이 예시로 주어진다. 언어가 나온 뒤에 중국어가 나오는 식이다. 유사는 앞의 내용과 같은 다른 내용이 다른 식으로 표현되고, 나열은 앞의 지문과 소재는 같지만 내용이 다른 지문이 제시된다.

기출 문제와 풀이 방법

주어진 문장이 들어갈 위치로 가장 적절한 것은? (21. 국가직 9급)

For example, the state archives of New Jersey hold more than 30,000 cubic feet of paper and 25,000 reels of microfilm.

Archives are a treasure trove of material: from audio to video to newspapers, magazines and printed material—which makes them indispensable to any History Detective investigation. While libraries and archives may appear the same, the differences are important.(①) An archive collection is almost always made up of primary sources, while a library contains secondary sources. (②) To learn more about the Korean War, you'd go to a library for a history book. If you wanted to read the government papers, or letters written by Korean War soldiers, you'd go to an archive. (③) If you're searching for information, chances are there's an archive out there for you. Many state and local archives store public records—which are an amazing, diverse resource. (④) An online search of your state's archives will quickly show you they contain much more than just the minutes of the legislature —there are detailed land grant information to be found, old town maps, criminal records and oddities such as peddler license applications.

※ treasure trove : 귀중한 발굴물(수집물)　※ land grant : (대학 - 철도 등을 위해) 정부가 주는 땅

정답 ④

해석 기록 보관소는 오디오에서 비디오, 신문, 잡지 및 인쇄물에 이르기까지 모든 자료의 보고이며, 이것으로 기록 보관소는 역사 탐정 조사에서 필수적이다. 도서관과 기록 보관소가 똑같아 보일 수 있지만, 차이점이 중요하다. 기록 보관소의 소장품들이 거의 항상 1차 자료로 구성되는 반면, 도서관은 2차 자료로 구성된다. 한국 전쟁에 대해 더 알기 위해 여러분은 역사책을 찾아 도서관에 갈 것이다. 만약 여러분이 정부 문서나 한국 전쟁 병사들이 쓴 편지를 읽고자 한다면, 여러분은 기록 보관소에 갈 것이다. 만약 여러분이 정보를 찾고 있다면, 아마 당신을 위한 기록 보관소가 있을 것이다. 많은 주 및 지역 기록 보관소에서 경이롭고 다양한 자료인 공공 기록들을 보관한다. 예를 들어, 뉴저지의 주 기록 보관소에는 30,000입방피트 이상의 문서와 25,000개 릴 이상의 마이크로필름이 보관되어 있다. 여러분의 주 기록 보관소를 온라인으로 검색하면 입법부의 회의록보다 훨씬 더 많은 내용이 있다는 것을 빠르게 알 수 있을 것이다. 자세한 토지 보조금 정보, 구시가지 지도, 범죄 기록 및 행상 면허 신청서와 같은 특이 사항들이 있다.

정답 및 해설 이 문제는 주어진 문장의 For example이 결정적인 단서를 제공한다. 이를 통해서 앞에 제시되는 문장을 유추할 수 있는데, 글의 논리 전개 방식에 따라서 구체적인 예시 앞에는 추상적인 개념이 제시되어야 한다. 주어진 문장에서 예로, 뉴저지의 주 기록 보관소에 엄청난 양의 문서와 마이클 필름이 보관되어 있다고 했으므로 그 앞에는 여러 주의 기록 보관소에 많은 양의 문서가 있다는 취지의 내용이 제시되어야 한다. ④ 앞 문장의 많은 주 및 지역 기록 보관소에서 경이롭고 다양한 자료인 공공 기록들을 보관하고 있다는 내용이 제시되고 있으므로 주어진 문장은 ④에 들어가는 것이 가장 적절하다.

Contents

주제, 제목 찾기

PART 02

정보 일치, 불일치

PART 03

글의 일관성

PART 04

빈칸 완성

공무원 합격을 위한 영보 시리즈

개념부터 실전까지 한 권으로 마스터한다!

PART 01

주제, 제목 찾기

Unit 01 주제문 찾기(두괄식 구조)

기출 문제 30~51p

1 전략

1) 글의 소재(Topic)를 파악한다.

소재 : 무엇을 가지고 이야기할 것인가?에서 '무엇을'에 해당하는 것이 소재이다.

ex

문제 '한강의 수질 오염의 근원은 지역 공장폐수이다'라는 글에서 소재는 무엇인가?

정답 한강

➡ 주제문 문제를 풀 때 소재가 빠진 선택지는 제외한다.

2) 소재에 대한 글쓴이의 관점(주장, 의견(idea))을 담고 있는 문장이 주제문이다.

주제문 = 소재 + 저자의 관점(태도)

■ 주제문 강조 방법

(1) 언어적 단서

① 수사 의문문

② 강조의 연결사

지문에 연결사가 없으면 첫 부분의 관점이 그대로 유지되는 두괄식 구조가 일반적이고, 중간에 연결사가 제시되면 관점이나 주제가 바뀔 수 있으므로 연결사를 중심으로 독해를 해야 한다.

- 역접 : But, Yet, However, Nevertheless, Nonetheless
- 대조 : In contrast, On the other hand
- 결론 : So, Thus, Therefore, Accordingly, After all, As a result, Finally
- 강조 : In fact, Indeed
- 요약 : In short, Above all

③ 다양한 강조 표현

- 의견 표현 : I think/believe/guess/suppose that~
- 당위성 : must, should, have to, need
- 판단의 형용사 : important, necessary, essential, desirable

④ 강조 구문

- It is~ that~
- 최상급 표현
- 이중 부정

(2) 구조적 단서

부연 설명이나 예시 바로 앞이 주제문이다.

- 예시(통계치, 전문가 진술, 경험 등)와 재진술(앞에 언급된 내용을 풀어서 설명)하는 표현들 바로 앞이 주제문이다.

3) 제목과 주장을 파악한다 : 소재(Topic)와 관점(Idea)을 결합한 것이 주제문이다.

글의 소재(Topic)와 글쓴이의 관점(주장)을 완전한 문장으로 서술한 것이 제목과 주장이 된다.

① **주장, 요지** : 소재와 관점을 길게 쓴 것(글을 통해 나타내려는 중심 내용)

② **주제, 제목** : 소재와 관점을 짧게 쓴 것(주제나 요지를 압축적이고 상징적으로 표현한 것)

ex

• 커피에 대한 이야기가 있다면?

1. 글의 구성을 파악한다

1) 통념 : 많은 사람들이 커피는 불면증, 불안감, 공황장애 등을 유발한다고 생각하고 있다.
2) 역접의 접속부사 But(However) + 주제문(하루 3잔 이상의 커피는 심혈관계 질환에 도움이 된다)
3) 과학적 뒷받침, 예시 : 성균관대의대 강북삼성병원 코호트 연구소는 심장 질환이 없는 무증상 성인 남녀 약 2만 5천 명(남자 2만 1천 명, 여자 4천 명)을 대상으로 연구한 결과, 하루 3~4잔 정도의 커피 섭취는 심혈관 질환의 주요 위험 인자인 당뇨병 위험을 감소시키는 것으로 분석했다.

2. 주제, 제목을 파악한다

1) 주제, 제목 : 커피의 효용
2) 글에서 말하는 주제나 관점 : 커피는 건강에 도움이 된다.

오답의 원리

우선 보기에서 소재를 담지 않은 것은 먼저 소거한다.

① 소재의 범위 : 지나치게 일반적인 내용이나 지문의 일부만을 담는 지나치게 좁은 범위를 서술하는 보기는 소거한다.

② 관점 : 소재에 대한 글쓴이의 관점을 파악해서 반대 진술의 보기를 소거한다. 이때 관점을 ⊕와 ⊖로 긍정적인 것과 부정적인 것으로 나누어서 접근하면 실수를 줄일 수 있다.

③ 역추론 : ①과 ②의 과정을 통해서 답이 도출되지 않으면, 해당 보기가 답이 되기 위해서는 지문에 어떤 내용이 제시되어야 할지를 역추론해 본다.

2 최빈출 지문 구조

소재(Topic) + 관점(주장, 의견) = 주제문

뒷받침(부연 설명, 예시)

뒷받침의 구성

① 예시 : for example, for instance

② 일화 : 글쓴이 본인이나 제3자의 경험을 통해 주제문에서 밝힌 내용을 뒷받침(주로 교훈담).

③ 실험, 조사, 연구 결과 : 실험, 조사, 연구 결과 등의 객관적인 자료를 바탕으로 주제문의 내용을 뒷받침.

④ 권위자의 진술 : 글의 주제와 관련된 분야의 권위자 또는 전문가의 견해를 인용함으로써 주제문의 내용을 뒷받침.

⑤ 구체적인 수치를 통해 진술의 객관성 확보.

Unit 02 통념, 반박의 구조(중괄식 구조)

기출 문제 52~67p

1 전략

중괄식 구조는 도입부에 일반적인 견해가 등장하고, 중간에 주제문이 위치하고 그 뒤에 주제를 뒷받침하는 부연 설명이나 예시가 제시되는 구조이다.

중괄식 구조를 가지는 글의 가장 대표적인 패턴이 통념/반박의 구조이다. 초반부에 일반인이 알고 있는 생각(통념)이 제시되고, 중간에 역접의 접속사(접속부사)가 제시되고 그 뒤에 반박(주장)이 위치하는 구조이다. 역접의 표현에 주목해야 한다.

일반적인 통념 + 역접의 접속부사(접속사) + 글의 요지, 주장

글의 구성	표현
통념	Many(Most, Some) people say(think, believe) that~ In the past~ For a long time~
역접 단서	But, Yet However Nevertheless, Nonetheless Contrary to, In contrast with, On the contrary
앞 문장을 부정하는 내용	It is not true~ No longer~

2 최빈출 구문 구조

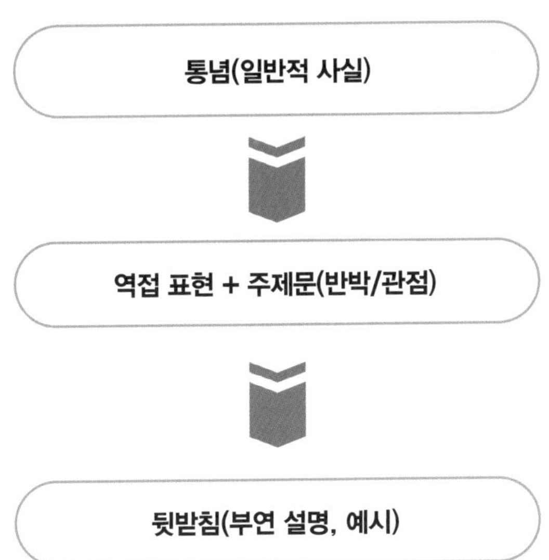

Unit 03 결론 도출 구조(미괄식 구조)

기출 문제 68~81p

1 전략

미괄식 구조는 초반에 도입부가 있고, 중간에 뒷받침(부연, 예시)이 제시되고, 후반부에 주제문이 등장하는 구조이다. 이러한 미괄식 구조의 가장 대표적인 패턴이 결론 도출 구조이다. 이는 초반부에 원인에 해당하는 것들이 제시되고 후반부에 결론을 도출하는 구조이다. 결론을 알리는 단서 뒷부분에 주제문이 제시된다.

Therefore Thus Hence So	따라서
Accordingly Consequently	따라서
As a result In conclusion	결과적으로
In turn	결국

원인 + [cause, lead to, result in, bring about, give rise to, contribute to, be attributed to (~을 야기하다)] + 결과

결과 + [result from, arise from, be caused by, be the result of (~때문이다)] + 원인

2 최빈출 구문 구조

Unit 04 양괄식 구조

기출 문제 82~91p

1 전략

지문의 길이가 긴 경우 사용되는 구조로, 같은 소재지만 초반부에 설명되는 내용과 후반부에 설명되는 내용을 종합해서 주제가 제시되는 패턴이다. 난이도가 가장 높은 유형이다.

2 최빈출 구문 구조

Unit 05 현상

기출 문제 92~105p

1 전략

도입부에서 여러 가지 현상이나 문제점을 제시하고, 그에 대한 구체적인 진술이나 원인이 뒤따른다. 이때 현상과 원인을 결합하는 것이 주제문이 된다. 그리고 마지막에 대안을 제시하는데 그 대안이 글의 요지가 된다.

2 최빈출 구문 구조

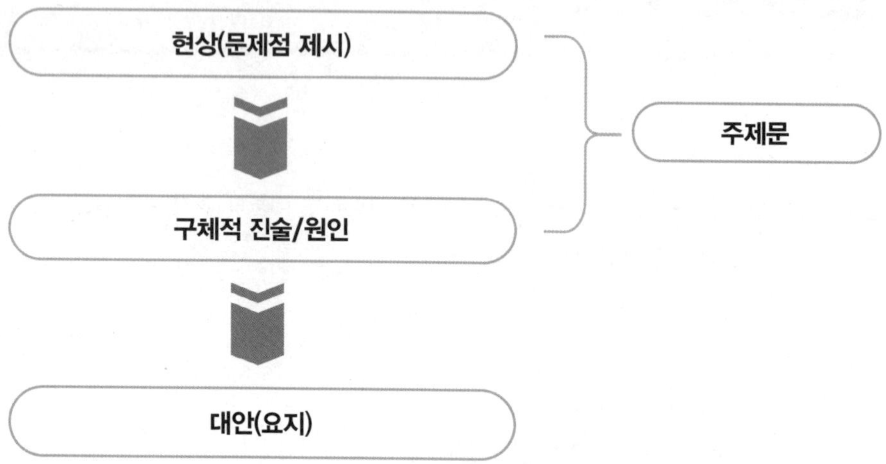

Unit 06 정의

기출 문제 106~117p

1 전략

대표적인 두괄식 구조의 지문 구성 방식이다. A=B라고 도입부에서 정의를 내리고, 그 뒤로 뒷받침(부연 설명, 예시)이 서술된다. 두괄식 구성이므로 소재와 주제문 모두 도입부에 있다.

2 최빈출 구문 구조

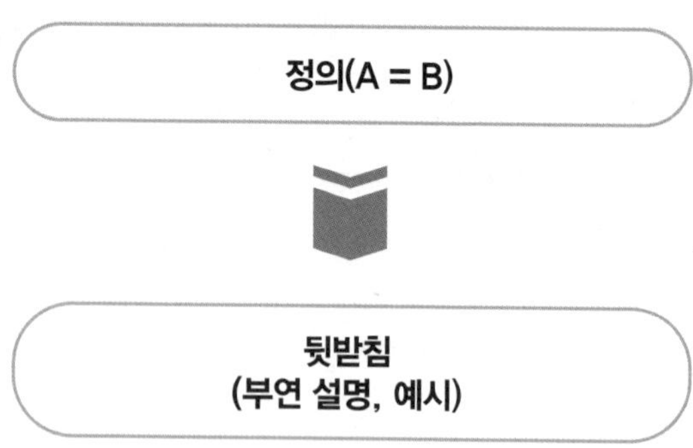

Unit 07 실험, 조사, 연구 결과

기출 문제 118~133p

1 전략

대표적인 양괄식 구조의 글이다. 도입부에서 주제문을 밝히고 그 뒤에 실험, 조사, 연구 결과로 뒷받침하는 구조이다. 실험, 조사, 연구 결과는 도입부에서 밝힌 주제문(진술, 주장)의 객관성을 확보해 주는 역할을 한다. 그리고 후반부에서 진술, 조사, 연구 결과의 결과나 의의를 밝히는데, 이러한 결과나 의의가 글의 요지가 된다.

심험, 조사, 연구 결과 지문의 경우 먼저 실험군과 대조군을 잡은 후에, 실험 결과에 초점을 두면 쉽게 답을 도출할 수 있다. 이때 실험 결과는 대조의 연결사 또는 비교급으로 제시되는 경우가 많다.

1) 대조의 연결사

But, Yet, However, In contrast, On the other hand, While, Whereas

2) 비교 구문

A is more ~ than(as ~ as) B

3) 실험

Research, Study, Test, Experiment

Researcher, Sociologist, Scientists + find, show, suggest, discover + 실험 결과(주제문)

Result, Finding, Recent work

2 최빈출 구문 구조

Unit 08 나열

기출 문제 134~139p

1 전략

나열 또한 대표적인 두괄식 글의 전개 방식이다. 도입부에 주제문을 제시하고, 그 주제문을 뒷받침하는 내용이나 부연 설명 또는 예시가 되는 내용을 순서대로 나열하는 방식이다.

여러 개의 개념이나 요소가 나열되는 경우에는 공통된 성질이 주제문이 된다. 예를 들어 토지 사용권, 토지 처분권, 토지 수익권 등이 나열되면 토지 소유자의 권리에 관한 문장이 주제문이 되고, 토지 사유제, 사회주의 토지 공유제, 토지 가치 공유제 등의 개념이 나열되면 토지 제도에 관한 문장이 주제문이 된다.

1) 'Many, Several, Various, 구체적인 숫자 + 명사'의 형태로 나열되면 나열되는 내용의 공통점이나 명사가 주제가 된다.

2) Moreover, Furthermore, Also, Besides, In addition, What is more 등의 연결어는 추가 나열에 사용되는데, 앞에 나온 내용과 뒤에 나온 내용의 공통 소재를 담고 있는 문장이 주제문이 된다.

3) Similarly, Likewise, At the same time 등의 연결어 뒤에는 보통 다른 소재가 제시되는 경우가 많은데, 이런 경우 지문 전체의 내용을 파악하는 것이 중요하다.

2 최빈출 구문 구조

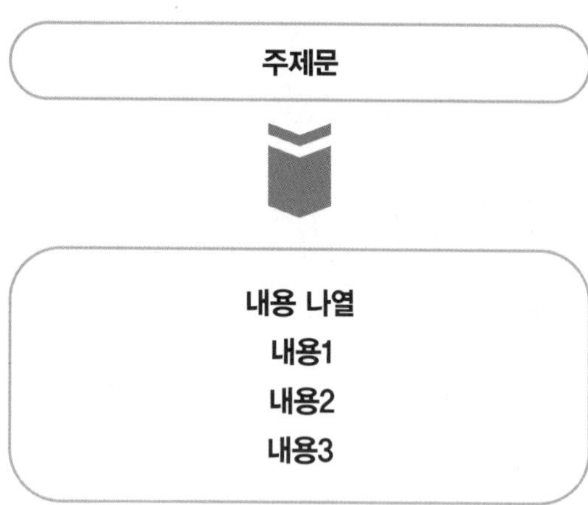

Unit 09 예증의 구조

기출 문제 140~147p

1 전략

전형적인 두괄식 구성의 글이다. 초반부에 주장(주제문)을 제시하고 예증을 나타내는 표현을 단서로 주고, 후반부에는 구체적인 예시를 제공하는 구조이다. 예증을 나타내는 단서가 지문에 제시되면 그 뒤는 skip하고 답을 찾을 수 있다. 예시를 드는 이유는 안에 나온 주제문의 개념이 어렵기 때문이다.

예시는 앞에 언급된 추상적인 개념을 구체적으로 설명하기 위한 구조로, 예시 앞부분의 추상적이고 큰 개념이 주제문이 된다. 이때 예시의 연결사 For example이나 For instance 등은 자주 생략되며, 인명이나 지명의 고유명사, 구체적인 숫자, 연도, if절 등을 예시로 주는 경우가 많다.

For instance For example Let's take some example	예를 들어
To illustrate	설명하기 위해서
그 밖에 지나치게 구체적인 표현들 (too specific)	고유명사(이름, 지명) 숫자 시간, 날짜, 연도

2 최빈출 구문 구조

Unit 10 당위성 강조 구문

기출 문제 148~159p

1 전략

지문 내에서 '~해야 한다', '~하는 것이 중요하다', '~하는 것이 가치 있다' 등의 표현이 제시되면, 바로 그 문장이 글쓴이가 강조하거나 주장하는 내용으로 주제문이 된다.

1) '~해야 한다'

must R, should R, have to R, ought to R, need to R

2) '~하는 게 더 낫다'

had better (A than B), would rather (A than B)

3) 판단의 형용사

중요한 : important, significant, vital, critical, crucial

필요한 : necessary, essential, mandatory, imperative

4) '중요하다'

matter, count

5) 주장

I believe/think/suppose/suggest that~

6) 기타 당위성 표현들

It is worth –ing : ~하는 것은 가치 있다

In my opinion : 제 생각으로는

It goes without saying that~ : ~는 말할 필요도 없다

7) 그 밖의 강조구문들

not A but B, not only A but also B, Instead of A, B, Although A, B [B가 강조]

8) 유사 연결사

that is, that is to say, namely, so to speak, as it were

['즉, 다시 말해서'와 같은 유사 연결사가 제시되면 주제문과 관련될 가능성이 많다]

2 최빈출 구문 구조

Unit 11 의문문 문제 제기 구조

기출 문제 160~169p

1 전략

'하루에 커피를 몇 잔이나 마시세요?' 등과 같이 의문문으로 지문이 시작되거나 지문에 의문문이 포함되는 지문이 자주 등장한다. 의문문으로 문제를 제기하고 그 질문에 대한 답변으로 의견을 제시하는 형식이다. 이때 질문은 글의 소재가 되고, 답변은 글쓴이의 관점으로 주제문이 된다.

해결책 제시 방법

by Ring
To R(In order to R)
The best way to N is to R
need to R
But, Yet, However
now

2 최빈출 구문 구조

의문문(문제 제기 – 소재)

답변(해결책/관점 – 주제문)

Unit 12 시간 대조 방식

기출 문제 170~177p

1 전략

시간 대조 방식은 통념/반박의 구조와 굉장히 유사하다. 전반부에 과거에 있었던 통념을 제시하고, 후반부에 현재의 사실이나 저자의 관점을 제시하는 방식이다. 주제문은 후반부에 위치한다.

과거(통념)	현재(관점)
in the past once previously used to R those days at first It has long believed that~ After S V, S finally V	at present no longer most recently now, currently these days later

2 최빈출 구문 구조

과거(통념)

현재(주제문)

MEMO

Unit 01

독해 마스터! 기출 지문

주제문 찾기(두괄식 구조)

01 다음 글의 요지로 가장 적절한 것은? (21. 지방직 9급)

"In Judaism, we're largely defined by our actions, says Lisa Grushcow, the senior rabbi at Temple Emanu-El-Beth Sholom in Montreal. "You can't really be an armchair do-gooder." This concept relates to the Jewish notion of tikkun olam, which translates as "to repair the world." Our job as human beings, she says," is to mend what's been broken. It's incumbent on us to not only take care of ourselves and each other but also to build a better world around us." This philosophy conceptualizes goodness as something based in service. Instead of asking "Am I a good person?" you may want to ask "What good do I do in the world?" Grushcow's temple puts these beliefs into action inside and outside their community. For instance, they sponsored two refugee families from Vietnam to come to Canada in the 1970s.

① We should work to heal the world.
② Community should function as a shelter.
③ We should conceptualize goodness as beliefs.
④ Temples should contribute to the community.

어휘

Judaism 유대교 **senior** 수석 **rabbi** 랍비(유대교의 지도자) **armchair** 안락의자, 탁상공론식의 **do-gooder** 공상적 박애주의자 **mend** 고치다 **notion** 생각, 개념 **translate** 번역하다 **incumbent on** ~에게 의무로 주어지는 **conceptualize** 개념화하다 **goodness** 선 **in service** 봉사하는 **temple** 절, 사원 **put A into action** A ~를 실천하다 **refugee** 난민

지문 분석

주제문

1 "In Judaism, / we're largely defined by our actions, / says Lisa Grushcow, / the senior rabbi at Temple Emanu-El-Beth Sholom in Montreal. / "You can't really be an armchair do-gooder." / This concept relates to the Jewish notion / of tikkun olam(소재), / which translates as "to repair the world(소재)." /

소재와 주제문 소재 : tikkun olam(유대인 개념–세상을 고치다) | 주제 : 우리는 대개 우리의 행동에 의해 정의된다.

2 Our job as human beings , / she says , / "is to mend what's been broken. / It's incumbent on us / to not only take care of ourselves / and each other but also to build a better world around us."/ This philosophy conceptualizes goodness / as something based in service. / Instead of asking / "Am I a good person?" you may want to ask / "What good do I do in the world?" /

부연1 봉사에 기반을 둔 선을 강조

3 Grushcow's temple puts these beliefs into action / inside and outside their community. / For instance, / they sponsored two refugee families / from Vietnam to come to Canada / in the 1970s.

부연2 믿음을 실천으로 옮김(베트남에서 온 두 난민 가족 후원)

해석 "유대교에서, 우리는 대개 우리의 행동에 의해 정의된다."라고 몬트리올의 Emanu-El-Beth Sholom 사원의 수석 랍비인 Lisa Grushcow가 말한다. "당신은 정말 탁상공론적인 박애주의자가 될 수 없다." 이 개념은 "세상을 고치다"로 번역되는 tikkun olam이라는 유대인 개념과 관련 있다. 그녀는 인간으로서의 우리의 일이 "망가진 것을 고치는 것이다. 우리 자신과 서로를 돌보는 것뿐만 아니라 우리 주변에 더 나은 세상을 만드는 것이 우리의 의무이다."라고 말한다. 이 철학은 선을 봉사에 기반을 둔 것으로 개념화한다. "내가 좋은 사람인가?"라고 묻는 대신, 여러분은 "내가 세상에 무슨 도움을 주는가?"라고 묻고 싶을지도 모른다. Grushcow의 사원은 이러한 믿음을 그들의 공동체 내부와 외부에서 실천으로 옮긴다. 예를 들어, 그들은 1970년대에 캐나다로 오기 위해 베트남에서 온 두 난민 가족을 후원했다.

① 우리는 세상을 고치기 위해 노력해야 한다.
② 공동체는 쉼터 역할을 해야 한다.
③ 우리는 선을 믿음으로 개념화해야 한다.
④ 사원은 지역사회에 기여해야 한다.

정답 및 해설

정답 ①

이 글은 랍비 Lisa Grushcow의 말을 인용하여 'tikkun olam(세상을 고치다)'이라는 유대인 개념에 관해 설명하는 글이다. 인간으로서 우리의 일은 망가진 것을 고치는 것, 즉 더 나은 세상을 만드는 것이라 했으며 자신이 세상에 무슨 도움이 되는지 질문해야 한다고 언급되므로, 글의 요지로 가장 적절한 것은 ① '우리는 세상을 고치기 위해 노력해야 한다.'이다.

02 다음 글의 주제로 가장 적절한 것은? (20. 법원직 9급)

The rise of cities and kingdoms and the improvement in transport infrastructure brought about new opportunities for specialization. Densely populated cities provided full-time employment not just for professional shoemakers and doctors, but also for carpenters, priests, soldiers and lawyers. Villages that gained a reputation for producing really good wine, olive oil or ceramics discovered that it was worth their while to specialize nearly exclusively in that product and trade it with other settlements for all the other goods they needed. This made a lot of sense. Climates and soils differ, so why drink mediocre wine from your backyard if you can buy a smoother variety from a place whose soil and climate is much better suited to grape vines? If the clay in your backyard makes stronger and prettier pots, then you can make an exchange.

① How climates and soils influence the local product.

② Ways to gain a good reputation for local specialties.

③ What made people engage in specialization and trade.

④ The rise of cities and full-time employment for professionals.

rise 발달 improvement 발달 transport infrastructure 교통시설 specialization 전문화
densely populated 인구 밀도가 높은 priest 성직자 gain a reputation 명성을 얻다
be worth (one's) while 시간과 노력의 가치가 있는 specialize 전문화하다 exclusively 독점적으로
settlement 지역 goods 상품 make sense 타당하다 soil 토양 differ 다르다 mediocre 평범한
backyard 뒤뜰 grape vines 포도덩굴 variety 품종 be suited to ~에 적합하다 clay 진흙
professional 전문직 pot 항아리

지문 분석

주제문

1 The rise (of cities and kingdoms) / and the improvement (in transport infrastructure) / brought about / new opportunities for specialization.(소재)

소재와 주제문 소재 : specialization(전문화) | 주제문 : 도시와 왕국의 발생과 운송 기반 시설의 발달은 전문화를 위한 새로운 기회를 가져왔다.

2 Densely populated cities / provided full-time employment / not just for professional shoemakers and doctors, / but also for carpenters, priests, soldiers and lawyers. /

부연(근거)1 도시가 전문직 종사자들에게 일자리 제공

3 Villages (that gained a reputation (for producing really good wine, olive oil or ceramics)) discovered / that it was worth their while / to specialize nearly exclusively in that product / and trade it / with other settlements / for all the other goods (they needed). / This made a lot of sense. /

부연(근거)2 상거래의 가치를 깨달음

4 Climates and soils differ, / so why drink mediocre wine (from your backyard) / if you can buy a smoother variety / from a place (whose soil and climate is much better suited to grape vines)? / If the clay (in your backyard) / makes stronger and prettier pots, / then you can make an exchange.

예시 다른 지역의 전문화된 상품(와인, 항아리)과 우리 지역의 전문화 상품 교환

해석 도시와 왕국의 발생과 교통시설의 발달은 전문화를 위한 새로운 기회를 가져왔다. 인구 밀도가 높은 도시들은 전문 제화공과 의사뿐만 아니라 목수, 성직자, 군인, 변호사에게도 정규직 일자리를 제공했다. 정말 좋은 품질의 와인, 올리브오일 또는 도자기 생산으로 명성을 얻은 마을들은 그들의 상품을 거의 독점적으로 전문화하고 그들이 필요로 하는 다른 모든 상품을 위해 그것을 다른 지역과 교환하는 것이 가치가 있다는 것을 깨닫게 되었다. 이것은 아주 타당한 일이었다. 기후와 토양이 다르므로, 토양과 기후가 포도덩굴에 훨씬 더 적합한 곳에서 나온 부드러운 품종을 살 수 있다면 왜 여러분의 뒤뜰에서 나온 평범한 와인을 마시겠는가? 만약 뒤뜰에 있는 진흙이 더 강하고 더 예쁜 항아리를 만든다면, 그렇다면 당신은 교환할 수 있다.

① 기후와 토양이 어떻게 지역 상품에 영향을 미치는가
② 지역 특산품에서 좋은 평판을 얻기 위한 방법
③ 무엇이 사람들을 전문화와 상거래에 참여하게 만들었나
④ 도시와 전문직을 위한 정규직

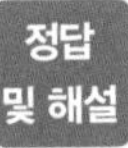

정답 및 해설

정답 ③

전체 글의 단락 구성을 보면 4가지 단락으로 나눌 수 있다. 첫 번째 단락에서 소재(전문화)와 주제(도시와 교통의 발달이 전문화를 가져왔다)가 제시되어 있고, 두 번째 단락에서 도시의 발달, 세 번째 단락에서 상거래의 발달, 네 번째 단락에서 전문화의 예시로 항아리와 와인을 들고 있다. 첫 번째 단락에서 소재와 주제문을 제시하는 전형적인 두괄식 구성의 글이다.

③ '무엇이 사람들로 하여금 전문화와 상거래에 참여하게 만들었나'가 주제문(도시와 상거래의 발달의 전문화를 가져왔다)과 일치하므로 글의 주제가 될 수 있다. 따라서 ③이 정답이다.

오답 분석

글의 소재인 specialization이 들어가지 않은 ①, ②, ④를 쉽게 소거할 수 있다.
① 정답 보기에서 글의 소재(specialization)가 포함되어야 하는데, local product(지역 제품)는 소재에서 벗어난다.
② local specialties(지역 특산물)는 소재에서 벗어난다.
④ full time employment(정규직)에 대한 글이 아니다.

03 다음 글의 제목으로 가장 적절한 것은? (20. 법원직 9급)

To be sure, no other species can lay claim to our capacity to devise something new and original, from the sublime to the sublimely ridiculous. Other animals do build things - birds assemble their intricate nests, beavers construct dams, and ants dig elaborate networks of tunnels. "But airplanes, strangely tilted skyscrapers and Chia Pets, well, they're pretty impressive," Fuentes says, adding that from an evolutionary standpoint, "creativity is as much a part of our tool kit as walking on two legs, having a big brain and really good hands for manipulating things." For a physically unprepossessing primate, without great fangs or claws or wings or other obvious physical advantages, creativity has been the great equalizer — and more — ensuring, for now, at least, the survival of Homo sapiens.

① Where does human creativity come from?

② What are the physical characteristics of primates?

③ Physical advantages of homo sapiens over other species.

④ Creativity : a unique trait human species have for survival.

to be sure 분명히 lay claim to ~를 자기 것이라 주장하다 capacity 능력 devise 고안하다 sublime 황당한 original 독창적인 sublimely 심하게 ridiculous 터무니없는 intricate 복잡한 nest 둥지 ant 개미 assemble 조립하다 elaborate 정교한 tilted 기울어진 skyscraper 고층 건물 Chia Pets 잔디가 머리털처럼 자라는 피규어 impressive 인상적인 evolutionary 진화의 standpoint 관점 creativity 창의성 tool kit 도구들 manipulate 다루다 physically 신체적으로 unprepossessing 평범한 primate 영장류 fang 송곳니 claw 발톱 obvious 분명한 disadvantage 단점 for now 우선은 at least 적어도 ensure 보장하다 equalizer 보완재 come from 유래하다 characteristics 특징 trait 특징, 특성

지문 분석

시그널 주제문 소재

1 To be sure, / no other species can lay claim / to our capacity (to devise something new and original, / from the sublime / to the sublimely ridiculous). /

소재와 주제문 소재 : creativity(창의성) | 주제문 : 창의성은 인간의 것이다.

2 Other animals do build things / - birds assemble their intricate nests, / beavers construct dams, / and ants dig elaborate networks of tunnels. /

부연 다른 종의 능력

시그널

3 "But airplanes, strangely tilted skyscrapers and Chia Pets, / well, / they're pretty impressive," / Fuentes says, / adding / that from an evolutionary standpoint, / "creativity is as much a part (of our tool kit) / as walking on two legs, / having a big brain and really good hands (for manipulating things). /

소재

예시 인간의 창의성

4 For a physically unprepossessing primate, / (without great fangs or claws or wings or other obvious physical advantages), / creativity has been the great equalizer / - and more - / ensuring, for now, at least, the survival of Homo sapiens.

주제 보강 창의성은 부족한 신체 능력을 보완하는 것이다.

해석 확실히, 황당한 것들부터 심하게 터무니없는 것들까지, 새롭고 독창적인 것을 고안하는 우리의 능력에 대해 다른 어떤 종도 자기 것이라고 주장할 수 없다. 다른 동물들도 물건들을 만든다 – 새들은 복잡한 둥지를 조립하고, 비버는 댐을 건설하고, 그리고 개미는 정교한 터널 망을 판다. Fuentes가 말하기를, '하지만 항공기, 기묘하게 기울어진 고층 건물과 Chia Pets(잔디 머리 피규어)는, 글쎄요, 매우 인상적입니다.'라고 한다. 그리고 진화적 관점에서 볼 때 '창의성은 두 다리로 걷는 것만큼, 큰 뇌와 물건들을 다루기 위해 정말 좋은 손을 가지고 있는 것만큼 우리 도구들의 일부입니다'라고 덧붙였다. 큰 송곳니나 발톱이나 날개 또는 다른 눈에 띄는 신체적 장점들이 없는 신체적으로 평범한 영장류에게, 창의성은 우선, 적어도, 호모 사피엔스의 생존을 보장하는 좋은 보완재—그 이상—이다.

① 인간의 창의성은 어디에서 나오나?
② 영장류의 신체적 특징들은 무엇인가?
③ 다른 종보다 뛰어난 호모 사피엔스의 신체적 장점들
④ 창의성 : 생존을 위해 인간이 지닌 독특한 특징

정답 및 해설 **정답 ④**

이 글은 4가지 단락으로 나눌 수 있고 첫 번째 단락에 주제문이 있는 전형적인 두괄식 구조의 글이다. 첫 번째 단락에서 '창의성은 인간만이 가지고 있는 특징이다'라고 주제문을 제시하고, 그 뒤에 이어지는 글에서 다른 종의 능력을 언급하고, 마지막 단락에서 창의성은 다른 동물에 비해 신체적으로 불리한 인간에게 생존을 위한 보완재라고 말하며 주제문을 보강하고 있다.
④에서 소재인 Creativity가 제시되어 있고, '창의성은 인간이 생존을 위해 지니는 독특한 특징'이라는 내용은 주제문(창의성은 인간만이 가지는 능력)과 일치하므로 글의 제목이 될 수 있다. 따라서 ④가 정답이다.

오답 분석 우선 글의 소재인 creativity가 들어가지 않은 ②와 ③은 소거한다.
① 정답 보기가 되기 위해서는 글의 소재인 creativity가 문장에 포함되어야 한다. ①은 creativity를 포함하고 있지만, 창의성의 원천에 관한 글이 아니므로 소거한다.
② Physical Characteristics of Primates(영장류의 신체적인 특징)는 소재에서 거리가 멀다.
③ 다른 종보다 뛰어난 호모 사피엔스의 능력은 글의 내용과 반대되는 것이므로 소거한다.

04 다음 글의 주제로 가장 적절한 것은? (18. 국가직 9급)

Worry is like a rocking horse. No matter how fast you go, you never move anywhere. Worry is a complete waste of time and creates so much clutter in your mind that you cannot think clearly about anything. The way to learn to stop worrying is by first understanding that you energize whatever you focus your attention on. Therefore, the more you allow yourself to worry, the more likely things are to go wrong! Worrying becomes such an ingrained habit that to avoid it you consciously have to train yourself to do otherwise. Whenever you catch yourself having a fit of worry, stop and change your thoughts. Focus your mind more productively on what you do want to happen and dwell on what's already wonderful in your life so more wonderful stuff will come your way.

① What effects does worry have on life?

② Where does worry originate from?

③ When should we worry?

④ How do we cope with worrying?

worry 걱정 **rocking horse** 흔들목마 **waste of time** 시간 낭비 **clutter** 혼란, 어수선함
energize 활력을 북돋우다 **go wrong** (일이) 잘못되다 **ingrained habit** 몸에 밴 습관 **consciously** 의식적으로
otherwise 다르게 **fit** 욱하는 감정, 격함 **productively** 생산적으로 **dwell on** 곰곰이 생각하다 **stuff** 물건, 일
originate from ~에서 유래하다 **cope with** 대처하다

지문 분석

소재

1 Worry is like a rocking horse. / No matter how fast you go, / you never move anywhere. / Worry is a complete waste of time / and creates so much clutter / in your mind / that you cannot think clearly about anything. /

소재 worry(걱정)

주제문

2 The way (to learn to stop worrying) is / by first understanding / that you energize / whatever you focus your attention on. / Therefore, / the more you allow yourself to worry, / the more likely things are to go wrong! /

주제문 걱정을 멈추도록 배우는 방법

3 Worrying becomes such an ingrained habit / that to avoid it / you consciously ①have Strain yourself / to do otherwise. / Whenever you catch yourself having a fit of worry, / ②stop and change your thoughts. / ③Focus your mind more productively / on what you do want to happen / and ④dwell on what's already wonderful / in your life / so more wonderful stuff will come your way.

부연 구체적인 방법들 ① 걱정을 의식적으로 피하도록 훈련 ② 멈추고 사고를 전환 ③ 정신을 더 생산적인 것에 집중 ④ 이미 멋진 것을 생각

해석 걱정은 흔들목마 같다. 당신이 아무리 빨리 가더라도, 당신은 결코 어디로도 움직일 수 없다. 걱정은 완전한 시간 낭비이고, 당신의 정신에 너무 많은 혼란을 만들어서 당신은 어떤 것에 대해서도 명확하게 생각할 수 없게 된다. 걱정을 멈추도록 배우는 방법은 당신이 관심을 두는 것은 무엇이든 활력을 북돋운다는(관심을 둠으로써 동력을 주고 있다는) 것을 먼저 이해하는 것이다. 그러므로 당신이 스스로에게 더 걱정하도록 허락하면 할수록, 일들은 잘못될 수 있는 가능성이 커진다. 걱정하는 것은 몸에 너무 밴 습관이므로 그것을 피하기 위해 당신은 의식적으로 스스로가 걱정하지 않도록 훈련시켜야 한다. 당신이 걱정의 감정을 가지고 있는 자신을 알아챌 때마다, 멈추고 당신의 사고를 바꾸어라. 더 멋진 일들이 당신에게 일어나도록 당신이 진정으로 발생하기를 원하는 것에 정신을 더 생산적으로 집중시키고, 보다 멋진 일들이 다가올 수 있도록, 당신의 삶에서 이미 멋진 일들을 곱씹어라(곰곰이 생각하다).

① 걱정은 삶에 어떤 영향을 미치는가?
② 걱정은 어디에서 유래하는가?
③ 우리는 언제 걱정을 해야 하는가?
④ 우리는 어떻게 걱정을 극복해야 하는가?

정답 및 해설

정답 ④

이 글은 첫 번째 단락에서 소재 worry가 제시되어 있고, 두 번째 단락에서 주제문(The way to learn to stop worrying : 걱정을 멈추도록 배우는 방법)이 제시되어 있다. 그리고 세 번째 단락에서 구체적으로 걱정을 멈추는 방법을 열거하고 있다. 따라서 걱정을 멈추는 방법에 관한 글임을 알 수 있다.
④ How do we cope with worrying?(우리는 어떻게 걱정을 극복해야 하는가?)이 주제문(걱정을 멈추게 하는 방법)을 재표현한 것으로 정답이 된다.

오답 분석

보기 모두 글의 소재인 worry가 포함되어 있는 문장이므로 내용으로 따져 봐야 한다.
① 소재인 worry는 포함하고 있지만, 걱정이 우리 삶에 미치는 영향에 관한 글이 아니므로 소거해야 한다.
② 소재인 worry는 포함하고 있지만, 걱정의 유래에 관한 글이 아니므로 소거해야 한다.
③ 소재인 worry는 포함하고 있지만, 지문의 내용은 걱정을 멈추는 방법인데 '언제 걱정해야 하는가'는 내용에 반하는 것이므로 소거해야 한다.

05 다음 글의 주제로 가장 적절한 것은? (18. 국가직 9급)

Short-term stress can boost your productivity and immunity. But when stress lingers, you may find yourself struggling. People show some signs when they suffer from more stress than is healthy. First, you can't concentrate. In times of stress, your body goes into fight or flight mode, pouring its efforts into keeping safe from danger. That's why it may be hard to concentrate on a single task, and you're more likely to get distracted. "The brains response becomes all about survival", says Heidi Hanna, author of Stressaholic: 5 Steps to Transform Your Relationship with Stress. "The fear response takes up all the energy of the brain for how to protect yourself." Second, you tend to get pessimistic. Because you're primed for survival, your brain has more circuits to pay attention to negatives than to positives. "When you're feeling overwhelmed by the chaos of life, take time to appreciate everything that's going well. You have to be intentional about practicing positivity", Hanna says.

① Advantages of short-term stress

② Why people keep distracted

③ Dangers of pessimism

④ Signs of excessive stress

short-term 단기간의 **boost** 드높이다, 북돋우다 **productivity** 생산성 **immunity** 면역성 **linger** 오래 머물다 **struggle** 허덕이다, 투쟁하다 **concentrate** 집중하다 **fight and flight mode** 투쟁 도피 모드 **pour** 퍼붓다 **distracted** 주의가 산만한 **survival** 생존 **transform** 변형시키다 **relationship** 관계 **fear** 공포, 두려움 **take up** 쓰다, 차지하다 **tend to** ~하는 경향이 있다 **pessimistic** 비관적인 **be primed for** ~의 준비가 된 **circuit** 회로 **overwhelm** 압도하다 **chaos** 혼란 **appreciate** 감사하다 **intentional** 의도적인 **practice positivity** 긍정성을 실천하다 **pessimism** 비관주의 **excessive** 과도한

지문 분석

1 Short-term [소재] stress / can boost your productivity and immunity. / [시그널] But / when stress lingers, / you may find yourself struggling. /

소재 stress(스트레스)

2 [주제문] People show some signs / when they suffer from more stress / than is healthy. /

주제문 사람들은 과도한 스트레스를 받으면 몇 가지 신호를 보낸다.

3 [시그널] First, / you can't concentrate. / In times of stress, / your body goes into fight or flight mode, / pouring its efforts into keeping safe / from danger. / That's why it may be hard / to concentrate on a single task, / and you're more likely to get distracted. / "The brain's response becomes all about survival", / says Heidi Hanna, author of Stressaholic: 5 Steps to Transform Your Relationship with Stress. / "The fear response takes up all the energy (of the brain) / for how to protect yourself. /

부연1 첫 번째 신호 – 집중할 수 없다.

4 [시그널] Second, you tend to get pessimistic. / Because you're primed for survival, / your brain has more circuits (to pay attention to negatives / than to positives). / "When you're feeling overwhelmed / by the chaos (of life), / take time (to appreciate everything (that's going well). / You have to be intentional / about practicing positivity", / Hanna says.

부연2 두 번째 신호 – 비관적으로 된다.

해석 단기 스트레스는 당신의 생산성과 면역성을 높일 수 있다. 그러나 스트레스가 지속되면 당신은 자신이 허덕이는 모습을 발견하게 될 수도 있다. 사람들은 건강에 좋은 것보다 더 많은 스트레스로 고통받을 때 몇 가지 신호를 보인다. 첫 번째로 당신은 집중할 수가 없다. 스트레스의 시기에 당신의 신체는 투쟁 도피 모드로 진입해 위험으로부터 안전을 유지하는 데 신체의 노력을 쏟게 된다. 이것이 바로 한 가지 일에 집중하는 것이 어려울 수 있는 이유이다. 그리고 당신은 더욱 산만해질 가능성이 있다. "두뇌의 반응은 완전히 생존에만 관한 것이 된다"라고 〈스트레스 중독자: 당신과 스트레스와의 관계를 변화시키는 5단계〉의 저자 Heidi Hanna는 말한다. "공포 반응은 당신 스스로를 보호할 방법을 찾기 위하여 뇌의 모든 에너지를 소모한다." 두 번째로 당신은 비관적으로 되는 경향이 있다. 당신은 생존을 위한 준비가 됐으므로 당신의 두뇌는 긍정적인 것들보다는 부정적인 것들에 주목하는 회로를 더 많이 가지게 된다. "당신이 삶의 혼란에 의해서 압도되었다고 느낄 때, 잘 되어 가는 모든 것에 대해 감사하는 시간을 가져라. 긍정성을 실천하는 것에 관해서 당신은 의도적이어야 한다"라고 Hanna는 말한다.

① 단기 스트레스의 이점　　② 왜 사람들은 계속해서 산만한가
③ 비관주의의 위험　　④ 과도한 스트레스의 신호

정답 및 해설

정답 ④

앞부분에서 '사람들은 과도한 스트레스를 받으면 몇 가지 신호를 보낸다'라는 주제문이 제시되어 있고, 세 번째와 네 번째 단락에서 그 신호에 대해서 구체적으로 설명하고 있다. 과도한 스트레스를 받으면 집중할 수 없고, 비관적이게 된다. 따라서 이 글의 주제는 ④ Signs of excessive stress가 된다.

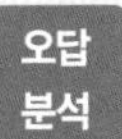

오답 분석

우선 보기에서 소재(stress)가 포함되어 있지 않은 ②, ③을 소거한다.
① 지문에 stress라는 소재가 포함되어 있지만, 단기 스트레스의 이점은 글의 앞부분에서 짧게 언급되는 것으로 글의 전체 내용과는 관련 없는 것이다.
② '왜 사람들은 계속해서 산만한가'라는 세 번째 단락(집중할 수 없는 이유)에서 과도한 스트레스 신호 중의 하나로 집중할 수 없다가 제시되어 있지만, 전체 내용과는 거리가 멀다.
③ pessimism(비관주의)과는 관련이 없는 글이므로 소거해야 한다.

06 다음 글의 주제로 가장 적절한 것은? (19. 국가직 9급)

Mapping technologies are being used in many new applications. Biological researchers are exploring the molecular structure of DNA ("mapping the genome"), geophysicists are mapping the structure of the Earth's core, and oceanographers are mapping the ocean floor. Computer games have various imaginary "lands" or levels where rules, hazards, and rewards change. Computerization now challenges reality with "virtual reality, artificial environments that stimulate special situations, which may be useful in training and entertainment. Mapping techniques are being used also in the realm of ideas. For example, relationships between ideas can be shown using what are called concept maps. Starting from a general or "central" idea, related ideas can be connected, building a web around the main concept. This is not a map by any traditional definition, but the tools and techniques of cartography are employed to produce it, and in some ways it resembles a map.

① Computerized maps vs. traditional maps
② Where does cartography begin?
③ Finding ways to DNA secrets
④ Mapping new frontiers

map 지도를 제작하다, 지도 **application** 응용 분야 **biological** 생물학의 **explore** 탐색하다 **molecular** 분자의 **structure** 구조 **genome** 게놈(세포나 생명체의 유전자 총체) **geophysicist** 지구 물리학자 **core** 중심부, 지구의 중심 핵 **oceanographer** 해양학자 **ocean base** 해저 **imaginary** 상상의, 가상의 **hazard** 위험 **reward** 보상 **computerization** 컴퓨터화 **virtual reality** 가상 현실 **artificial** 인공의, 인조의 **stimulate** 자극하다 **realm** 영역 **concept map** 개념도 **definition** 정의 **cartography** 지도 제작법 **computerize** 컴퓨터화하다, 전산화하다 **frontier** 미개척 분야

지문 분석

소재 주제문

1 Mapping technologies are being used / in many new applications. /

소재와 주제문 소재 : Mapping technologies(지도 제작 기술) | 주제문 : 지도 제작 기술은 많은 새로운 응용 분야에서 사용되고 있다.

2 Biological researchers are exploring / the molecular structure / of DNA ("mapping the genome"), / geophysicists are mapping / the structure (of the Earth's core), / and oceanographers are mapping / the ocean floor. / Computer games have / various imaginary "lands" or levels (where rules, hazards, and rewards change). / Computerization now challenges reality / with "virtual reality," / artificial environments (that stimulate special situations), / which may be useful / in training and entertainment. /

뒷받침1 예시(생물학, 지구 물리학, 해양학, 컴퓨터 게임 영역)

3 Mapping techniques are being used / also in the realm (of ideas). For example, / relationships (between ideas) / can be shown / using what are called concept maps. / Starting from a general or "central" idea, / related ideas can be connected, / building a web / around the main concept. / This is not a map / by any traditional definition, / but the tools and techniques (of cartography) are employed / to produce it, / and in some ways / it resembles a map.

뒷받침2 예시(발상의 영역)

해석 지도 제작 기술은 많은 새로운 응용 분야에서 사용되고 있다. 생물학 연구자들은 DNA(게놈 지도)의 분자 구조를 탐구하고 있고, 지구 물리학자들은 지구의 중심 핵의 구조를 지도로 제작하고 있으며, 해양학자들은 해저를 지도로 제작하고 있다. 컴퓨터 게임은 규칙, 위험, 그리고 보상이 변화하는 다양한 상상의 '땅'이나 레벨들을 가지고 있다. 컴퓨터화는 이제 특수한 상황을 자극하는 인공적인 환경인 가상 현실'로 현실에 도전하는데, 이것은 교육과 오락에 유용할 수도 있다. 지도 제작 기술은 또한 발상의 영역에서도 사용되고 있다. 예를 들어, 발상들 사이의 관계는 개념도라고 불리는 것을 사용하여 보일 수 있다. 일반적이거나 '중심적인' 생각에서 출발해서, 관련된 생각들은 주요 개념 주변으로 망을 구축하면서 연결될 수 있다. 이것은 어떤 전통적인 정의에 의한 지도는 아니지만, 지도 제작법의 도구와 기술이 이것을 만들기 위해 사용됐으며, 어떤 면에서 그것은 지도를 닮았다.

① 컴퓨터화된 지도 vs. 전통적인 지도
② 지도 제작법은 어디에서 시작되나?
③ DNA의 비밀에 이르는 방법 찾기
④ 새로운 영역을 지도화하기

정답 및 해설

정답 ④

이 글은 전형적인 두괄식 구성의 지문이다. 첫 번째 단락에서 소재인 Mapping technologies와 주제문(지도 제작 기술은 새로운 응용 분야에서 사용되고 있다)이 제시되어 있고, 그 뒤로 여러 분야에서 사용되는 구체적인 예시가 뒷받침되고 있다. 따라서 글의 제목은 Mapping new frontiers(새로운 영역을 지도화하기)이다. 여기서 frontier는 특정한 지식이나 활동 영역을 말한다.

오답 분석

우선 소재인 mapping이나 map이 들어가지 않은 ②와 ③은 소거한다.
① 전형적인 지도와 컴퓨터화된 지도의 장단점을 분석하는 글이 아니므로 소거한다.
② '지도 제작이 어디에서 시작되었는가'와는 관련 없는 지문이므로 소거한다.
③ DNA라는 단어는 지문에 언급되었지만, DNA 비밀에 관한 글이 아니므로 소거해야 한다.

07 다음 글에서 필자가 주장하는 바로 가장 적절한 것은? (19. 법원직 9급)

Creating a culture that inspires out-of-the-box thinking is ultimately about inspiring people to stretch and empowering them to drive change. As a leader, you need to provide support for those times when change is hard, and that support is about the example you set, the behaviors you encourage and the achievements you reward. First, think about the example you set. Do you consistently model out-of-the-box behaviors yourself? Do you step up and take responsibility and accountability, focus on solutions and display curiosity? Next, find ways to encourage and empower the people who are ready to step out of the box. Let them know that you recognize their efforts; help them refine their ideas and decide which risks are worth taking. And most importantly, be extremely mindful of which achievements you reward. Do you only recognize the people who play it safe? Or, do you also reward the people who are willing to stretch, display out-of-the-box behaviors and fall short of an aggressive goal?

① 책임감 있는 리더가 되기 위해서는 보편적 윤리관을 가져야 한다.
② 구성원에 따라 다양한 전략과 전술을 수립하고 적용해야 한다.
③ 팀원들의 근무 환경 개선을 위해 외부의 평가를 받아야 한다.
④ 팀원에게 창의적인 사고를 할 수 있는 토대를 만들어 줘야 한다.

inspire 북돋우다, 격려하다 **out-of-the-box** 틀에서 벗어난 **thinking** 사고 **ultimately** 궁극적으로
stretch (기술 능력 등을) 최대한 발휘하다 **empower** 권한을 주다 **drive change** 변화를 추진하다 **reward** 보상하다
consistently 지속적으로 **model** 본보기를 보이다 **step up** 앞으로 나아가다 **accountability** 책임, 의무
curiosity 호기심 **recognize** 알아차리다 **refine** 다듬다 **most importantly** 무엇보다도 **mindful** 유념하는
play it safe 신중을 기하다, 조심하다 **fall short of** ~에 못 미치다 **aggressive** 적극적인, 공격적인

지문 분석

소재

1 Creating a culture / that inspires out-of-the-box thinking / is ultimately about inspiring people to stretch / and empowering them to drive change . /

소재 inspires out-of-the-box thinking(틀에서 벗어나는 사고를 북돋아 주기)

주제문

2 As a leader, / you need to provide support / for those times / when change is hard, / and that support is about the example (you set), / the behaviors (you encourage and the achievements (you reward).

주제문 지도자는 변화가 힘들 때 지원을 제공해야 한다.

시그널

3 First, / think about the example (you set) Do you consistently model / out-of-the-box behaviors / yourself? / Do you step up / and take responsibility and accountability, / focus on solutions / and display curiosity? / 시그널 Next, / find ways / to encourage and empower the people (who are ready / to step out of the box). / Let them know / that you recognize their efforts; / help them / refine their ideas / and decide which risks are worth taking. / And 시그널 most importantly, / be extremely mindful / of which achievements you reward. / Do you only recognize the people who play it safe? Or, do you also reward the people who are willing to stretch, / display out-of-the-box behaviors / and fall short of an aggressive goal?

뒷받침 지도자의 역할 / First – 본보기 설정 / Next – 격려와 권한 부여 / most importantly – 성과에 대한 보상

해석 틀에서 벗어난 사고를 고무시키는 문화를 만드는 것은 궁극적으로 사람들이 능력의 최대치를 발휘하도록 격려하고 변화를 추진하도록 그들에게 권한을 주는 것에 관한 것이다. 지도자로서 당신은 변화가 힘들 때 지원을 제공해 줄 필요가 있고, 그 지원은 당신이 설정하는 본보기, 당신이 장려하는 행동, 그리고 당신이 보상하는 성과에 관한 것이다. 우선 당신이 설정하는 본보기에 대해 생각해 보아라. 당신은 스스로 지속적으로 틀에서 벗어난 행동을 본보기로 보이고 있는가? 당신은 앞으로 나아가서 책임과 의무를 다하고, 해결책에 집중하며, 호기심을 표현하는가? 그 다음, 틀에서 벗어날 준비가 된 사람들을 격려하고 권한을 줄 수 있는 방법을 찾아라. 그들 노력을 당신이 알고 있다는 것을 그들이 알게 하라; 그들의 생각을 다듬고 어떠한 위험이 감수할 만한 가치가 있는지 결정하도록 그들을 도와라. 그리고 무엇보다도 당신이 어떤 성과에 보상을 하는지에 대해 극히 신경 써라. 당신은 오직 조심하는 사람들만 인정하는가? 아니면 당신은 기꺼이 능력을 최대한 발휘하고, 틀에서 벗어난 행동을 보여 주어 공격적인 목표에는 미치지 못하는 사람들 또한 보상하는가?

정답 및 해설

정답 ④

이 글은 틀에서 벗어난 사고를 북돋우는 방법에 관한 글이다. 주제문(지도자로서 틀에서 벗어난 사고를 지원해야 한다)이 앞부분에 제시된 두괄식 구성의 지문이다. 앞부분에서 주제문을 제시하고, 그 뒤로 틀에서 벗어난 사고를 북돋우기 위한 지도자의 역할을 열거하고 있다. 따라서 ④ '팀원에게 창의적인 사고를 할 수 있는 토대를 만들어 줘야 한다'가 주제문을 정확하게 반영하고 있으므로 정답이다.

오답 분석

우선 글의 소재 out-of-the-box thinking(틀에서 벗어난 사고 또는 창의적인 사고)을 포함하고 있지 않는 보기인 ①, ②, ③은 소거해야 한다.

① 보편적 윤리관과는 관련이 없는 지문이다.

② 다양한 전략과 전술과는 관련이 없는 지문이다.

③ 외부 평가와는 관련이 없는 지문이다.

08 다음 글의 주제로 가장 적절한 것은? (19. 법원직 9급)

The rapidity of Al deployment in different fields depends on a few critical factors: retail is particularly suitable for a few reasons. The first is the ability to test and measure. With appropriate safeguards, retail giants can deploy Al and test and measure consumer response. They can also directly measure the effect on their bottom line fairly quickly. The second is the relatively small consequences of a mistake. An Al agent landing a passenger aircraft cannot afford to make a mistake because it might kill people. An Al agent deployed in retail that makes millions of decisions every day can afford to make some mistakes, as long as the overall effect is positive. Some smart robot technology is already happening in retail. But many of the most significant changes will come from deployment of Al rather than physical robots or autonomous vehicles.

① dangers of Al agent
② why retail is suited for Al
③ retail technology and hospitality
④ critical factors of Al development

rapidity 속도, 민첩성 **AI(Artificial Intelligence)** 인공지능 **deployment** 배치, 전개 **critical** 중요한 **factor** 요인 **suitable** 적합한 **appropriate** 적절한 **safeguard** 보호 장치, 안전장치 **retail giant** 대형 소매업체 **deploy** 전개하다 **bottom line** 최종 결산 결과 **fairly quickly** 상당히 빠르게 **relatively** 상대적으로 **consequence** 결과, 중요성 **agent** 에이전트 **afford to R** ~할 여력이 되다 **autonomous** 자율적인, 자치의 **be suitable for** ~에 적합한 **hospitality**(새로운 사상의) 이해, 수용

지문 분석

소재 / 주제문

1 The rapidity (of AI deployment) in different fields / depends on a few critical factors: / retail is particularly suitable / for a few reasons. /

소재와 주제문 소재 : AI deployment | 주제문 : 인공지능 배치는 몇 가지 이유로 소매업에서 특히 적합하다.

시그널

2 The first is the ability (to test and measure). / With appropriate safeguards, / retail giants can deploy AI / and test and measure consumer response. / They can also directly measure / the effect (on their bottom line) / fairly quickly.

뒷받침1 첫 번째 이유 – 소비자의 반응을 시험 및 측정할 수 있다.

시그널

3 The second is the relatively small consequences (of a mistake). / An AI agent (landing a passenger aircraft) / cannot afford to make a mistake / because it might kill people. / An AI agent (deployed in retail) (that makes millions of decisions every day) / can afford to make some mistakes, / as long as the overall effect is positive. / Some smart robot technology / is already happening in retail. / But / many of the most significant changes / will come from deployment (of AI) / rather than physical robots or autonomous vehicles.

뒷받침2 두 번째 이유 – 실수의 결과가 상대적으로 사소하다

해석 여러 다른 분야에서 인공지능의 배치 속도는 몇 가지 중요한 요인들에 달려 있다: 소매업은 몇 가지 이유로 특히 적합하다. 첫째는 시험하고 측정하는 능력이다. 적절한 보호 장치를 이용하여, 대형 소매업체들은 인공지능을 배치하여 소비자 반응을 시험하고 측정할 수 있다. 그들은 또한 직접적으로 꽤나 신속하게 그들의 최종 결산에 미치는 효과를 측정할 수 있다. 둘째는 실수의 결과가 상대적으로 사소하다는 점이다. 여객기를 착륙시키는 인공지능 에이전트는 실수를 해서는 안 되는데 왜냐하면 그것은 사람들의 목숨을 빼앗을지도 모르기 때문이다. 매일 수백만 개의 결정을 내리는 소매업에 배치된 인공지능 에이전트는 전반적인 효과가 긍정적이기만 하다면 약간 실수를 해도 된다. 어떤 스마트 로봇 기술은 소매업에서 이미 구현되고 있다. 그러나 가장 의미 있는 변화들 중 많은 것들은 물리적 로봇이나 자율 주행차보다는 오히려 인공지능의 배치에서 나올 것이다.

① 인공지능 에이전트의 위험들
② 왜 소매업이 인공지능에 적합한가
③ 소매업 기술과 수용
④ 인공지능 발전의 중요한 요인들

정답 및 해설

정답 ②

이 글의 소재는 AI deployment(AI 전개)이고 주제문은 '인공지능의 배치는 소매업에 특히 적합하다'이다. 그리고 이어지는 글에서 인공지능의 배치가 소매업에 적합한 이유가 뒷받침되고 있다. 따라서 ② 'why retail is suited for AI'가 주제문의 내용을 그대로 재표현한 것이므로 정답이 된다.

오답 분석

글의 소재인 AI가 포함되지 않은 보기인 ③은 우선 소거한다.
① AI의 위험에 관한 글이 아니므로 소거한다.
③ 소재를 포함하고 있지 않은 지문이므로 소거한다.
④ 소재인 AI는 포함하고 있지만 인공지능 발전에 중요한 요인들에 관한 글이 아니므로 소거해야 한다.

09 글의 내용과 가장 부합하는 속담은? (18. 서울시 9급)

It is one thing to believe that our system of democracy is the best, and quite another to impose it on other countries. This is a blatant breach of the UN policy of non-intervention in the domestic affairs of independent nations. Just as Western citizens fought for their political institutions, we should trust the citizens of other nations to do likewise if they wish to. Democracy is also not an absolute term—Napoleon used elections and referenda to legitimize his hold on power, as do leaders today in West Africa and Southeast Asia. States with partial democracy are often more aggressive than totally unelected dictatorships which are too concerned with maintaining order at home. The differing types of democracy make it impossible to choose which standards to impose. The U.S. and European countries all differ in terms of restraints on government and the balance between consensus and confrontation.

① The grass is always greener on the other side of the fence.

② One man's food is another's poison.

③ There is no rule but has exceptions.

④ When in Rome, do as the Romans do.

A is one thing, and B is another A와 B는 별개이다, 다르다 **impose** 강요하다, 적용하다 **blatant** 뻔뻔스러운 **breach** 위반, 불이행 **non-intervention** 비간섭 **domestic affairs** 국내의 문제 **institution** 제도 **likewise** 마찬가지로 **term** 용어 **referenda** 국민 투표 **legitimize** 합법화 **hold on power** 정권 장악 **state** 나라 **aggressive** 공격적인 **unelected** 비선출직의 **dictatorship** 독재 정권 **be concerned with** ~에 관심이 있다 **order at home** 국내의 질서 **in terms of** ~의 면에서 **restraint** 규제 **consensus** 합의 **confrontation** 대립 **grass** 잔디 **fence** 울타리 **poison** 독약 **exceptions** 예외

지문 분석

주제문 소재

1 It is one thing to believe / that our system of democracy is the best, / and quite another to impose it / on other countries. / This is a blatant breach / (of the UN policy of non-intervention) / in the domestic affairs / (of independent nations.) / Just as Western citizens fought for their political institutions, / we should trust the citizens / (of other nations) to do likewise / if they wish to. /

소재와 주제문 소재 : democracy(민주주의) | 주제문 : 우리 민주주의가 최고라고 믿는 것과 다른 나라에 강요하는 것은 다른 것이다.

2 Democracy is also not an absolute term / —Napoleon used elections and referenda / to legitimize his hold on power /, as do leaders today / (in West Africa and Southeast Asia.) States (with partial democracy) / are often more aggressive than / totally unelected dictatorships / (which are too concerned with maintaining order at home.) /

뒷받침(이유1) 민주주의는 절대적인 용어가 아니다(예시 : 나폴레옹, 서아프리카와 동남아시아의 부분 민주주의 국가들).

3 The differing types (of democracy) make it impossible to choose / which standards to impose. / The U.S. and European countries / all differ in terms of restraints / on government and the balance / (between consensus and confrontation.)

뒷받침(이유2) 상이한 유형의 민주주의로 어떤 기준을 적용할지 선택하는 것은 불가능하다.

해석 우리의 민주주의 체계가 최고라고 믿는 것과 그것을 다른 나라들에 강요하는 것은 상당히 다른 것이다. 이것은 독립 국가의 국내 문제들에 불간섭이라는 UN 정책에 대한 뻔뻔스러운 위반이다. 정치적 제도를 위해 서구의 시민들이 싸웠던 것처럼, 우리는 다른 국가들의 시민들이 만약 그들이 원한다면 똑같이 할 것을 믿어야 한다. 민주주의는 또한 절대적인 용어가 아니다. – 나폴레옹은 그의 정권 장악을 합법화하기 위해 오늘날의 서아프리카와 동남아시아의 지도자들이 하는 것처럼 선거와 국민 투표를 이용했다. 부분 민주주의의 나라들은 본국에서 질서를 유지하는 것에 지나치게 관심이 있는 완전히 비선출된 독재 정권들보다 종종 더 공격적이다. 상이한 유형의 민주주의는 어떤 기준을 적용할 것인지 선택하는 것을 불가능하게 만든다. 미국과 유럽의 국가들은 정부에 대한 규제와 합의와 대립 사이 균형의 측면에서 모두 다르다.

① 울타리 저 편 잔디가 더 푸르다.
② 한 사람에게는 음식인 것이 다른 사람에게는 독이다.
③ 예외 없는 규칙은 없다.
④ 로마에 가면 로마 법을 따르라.

정답 및 해설

정답 ②

첫 번째 단락에서 우리의 민주주의 체계가 최고라고 믿는 것과 그것을 다른 나라들에 강요하는 것은 상당히 다르다라는 주제문이 제시되어 있다. 이어지는 글에서 독립 국가의 국내 사건에 개입하지 않아야 한다는 UN 정책에 대한 위반이며, 민주주의는 절대적인 용어가 아니다라는 내용이 나온다. 그리고 마지막 단락에서 나라마다 유형이 다를 수 있으므로 어떤 기준을 적용할지 결정하는 것은 불가능하다라고 했으므로, 지문의 내용과 부합하는 속담은 '한 사람에게는 음식인 것이 다른 사람에게는 독이다(한 사람에게는 이로운 것이 다른 사람에게는 독이 될 수 있다)'라고 표현한 ②가 정답이다.

오답 분석

① '남의 떡이 더 크게 보인다'라는 속담이다.
③ 말 그대로 '모든 규칙에는 예외가 있다'라는 표현이다.
④ 그 집단마다 규칙이 있으므로, 평소 자기가 하던 대로 하지 말고 그곳의 규칙을 따르라는 속담이다.

10 다음 글에서 Locke의 주장으로 가장 적절한 것은? (17. 지방직 9급)

In Locke's defense of private property, the significant point is what happens when we mix our labor with God's land. We add value to the land by working it; we make fertile what once lay fallow. In this sense, it is our labor that is the source of the value, or the added value, of the land. This value-creating power of my labor makes it right that I own the piece of land which I have made valuable by clearing it, the well I have made full by digging it, the animals I have raised and fattened. With Locke, Homo faber-'the man of labor'-becomes for the first time in the history of political thought a central rather than peripheral figure. In Locke's world, status and honor still flowed to the aristocrats, who were entitled to vast landholdings but were letting history pass them by precisely because new economic realities were in the process of shifting wealth to a bourgeoisie that actually created value by work. In time, Locke's elevation of the significance of labor was bound to appeal to the rising bourgeoisie.

① Ownership of property comes from labor.
② Labor is the most important ideal to aristocratic society.
③ The accumulation of private property is a source of happiness.
④ A smooth transition to bourgeois society is essential for social progress.

defense 방어, 옹호 **private property** 사유 재산 **fertile** 비옥한 **lay fallow** 땅을 묵히다, 휴한하다
value-creating power 가치 창출 능력 **make it right** 정당하게 만들다 **clear** 개간하다 **well** 우물 **dig** 파다
raise 기르다 **fatten** 살찌우다 **Home faber** 도구를 만드는 사람 **for the first time** 난생 처음으로
political thought 정치 사상 **peripheral** 주변의 **figure** 인물 **status** 신분 **aristocrat** 귀족
vast landholding 광대한 토지 소유 **pass by** 스쳐 지나가다 **bourgeoisie** 부르주아지(자본가 계급)
elevation 상승, 승격 **be bound to R** ~하도록 예정되다 **appeal to** ~에게 매력을 주다 **ownership** 소유
ideal 이상 **accumulation** 축적 **transition** 전환

지문 분석

1 In Locke's defense / (of private property[소재]), / the significant point is / what happens / (when we mix our labor with God's land.) / We add value to the land / by working it; / we make fertile / what once lay fallow. / In this sense, / it is our labor / that is the source of the value, / or the added value, of the land. /[주제문]

소재와 주제문 소재 : private property(사유재산) | 주제문 : 토지의 부가가치의 원천은 노동이다(토지와 노동이 결합되었을 때 사유재산이 형성된다).

2 This value-creating power / (of my labor) makes it right / that I own the piece of land / (which I have made valuable by clearing it), / the well (I have made full by digging it), / the animals (I have raised and fattened). /

뒷받침1 예시 – 토지, 우물, 가축

3 (With Locke,) Homo faber-(the man of labor')-becomes for the first time / in the history of political thought / a central rather than peripheral figure. / (In Locke's world), status and honor still flowed to the aristocrats, / (who were entitled to vast landholdings) / but were letting history pass them / by precisely because new economic realities / were in the process of shifting wealth / to a bourgeoisie (that actually created value by work.) / (In time), Locke's elevation (of the significance of labor) was bound to appeal / to the rising bourgeoisie.

뒷받침2 부연 – 노동의 인간이 정치사에서 처음으로 중심 인물이 되었다.

해석 로크의 사유 재산에 대한 옹호에서, 중요한 점은 우리가 우리의 노동을 하나님의 땅과 결합시키면 무슨 일이 일어나는가이다. 우리는 토지를 경작함으로써 그것에 가치를 더한다. 우리는 한때 휴경지인 채로 놓였던 것을 비옥하게 만든다. 이런 의미에서, 토지의 가치 혹은 부가 가치의 원천은 우리의 노동이다. 이러한 나의 노동의 가치 창출 능력은 내가 그것을 개간함으로써 가치 있게 만든 토지, 내가 파냄으로써 가득 채운 우물, 내가 기르고 살찌운 동물들을 소유하는 것을 정당하게 만든다. 로크와 함께, 노동의 인간인 '호모파베르'는 정치 사상의 역사에서 처음으로 주변적인 인물이라기보다 중심적인 인물이 된다. 로크의 세계에서 지위와 명예는 여전히 귀족들에게로 흘러갔는데, 이들은 광대한 토지 소유에 대한 권리가 주어졌지만 역사가 그들을 그냥 스쳐 지나가게 하고 있었고, 그 이유는 바로 새로운 경제 실체가 노동으로 실제로 가치를 창출했던 중산 계급으로 부를 이동시키는 과정에 있었기 때문이다. 이윽고 노동의 중요성에 대한 로크의 승격은 떠오르는 중산층에게 매력을 줄 수밖에 없었다.

① 재산의 소유권은 노동으로부터 비롯된다.
② 노동은 귀족 사회에 가장 중요한 이상이다.
③ 사유 재산의 축적은 행복의 근원이다.
④ 중산 계급 사회로의 순조로운 전환은 사회의 진보를 위해 필수적이다.

정답 및 해설

정답 ①

주제문에서 '토지의 부가 가치의 원천은 노동이다' 즉, 토지와 노동이 결합되었을 때 사유 재산이 형성된다라고 주장하고 있으므로 로크가 주장하는 것은 바로 '재산의 소유권은 노동으로부터 비롯된다'라고 표현한 ① Ownership of property comes from labor이다.

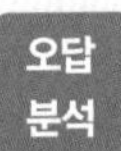

오답 분석

② 노동이 언급되었지만, '귀족 사회에서 노동이 가장 중요한 이상이다'라는 것은 사실과 다른 내용이다.
③ 사유 재산의 축적에 관한 글이 아니다.
④ 중산 계급 사회로의 전환은 글의 주제에서 벗어나는 진술이다.

11 다음 글에 나타난 Johnbull의 심경으로 가장 적절한 것은? (21. 국가직 9급)

In the blazing midday sun, the yellow egg-shaped rock stood out from a pile of recently unearthed gravel. Out of curiosity, sixteen-year-old miner Komba Johnbull picked it up and fingered its flat, pyramidal planes. Johnbull had never seen a diamond before, but he knew enough to understand that even a big find would be no larger than his thumbnail. Still, the rock was unusual enough to merit a second opinion. Sheepishly, he brought it over to one of the more experienced miners working the muddy gash deep in the jungle. The pit boss's eyes widened when he saw the stone. "Put it in your pocket," he whispered. "Keep digging." The older miner warned that it could be dangerous if anyone thought they had found something big. So Johnbull kept shoveling gravel until nightfall, pausing occasionally to grip the heavy stone in his fist. Could it be?

① thrilled and excited

② painful and distressed

③ arrogant and convinced

④ detached and indifferent

blazing 타는 듯한 **midday sun** 한낮의 태양 **unearth** 땅을 파다 **gravel** 자갈 **curiosity** 호기심 **minor** 광부 **plane** 평면 **thumbnail** 엄지손톱 **merit** ~을 받을 만하다 **sheepishly** 소심하게 **muddy** 진흙 투성이의 **gash deep** 깊은 곳 **pit** 구덩이, 갱 **whisper** 속삭이다 **shovel** 삽질하다 **grip** 꼭 붙잡다 **nightfall** 해 질 녘 **fist** 주먹

지문 분석

1 In the blazing midday sun, / the yellow egg-shaped rock / stood out from a pile of recently unearthed gravel. / [시그널] **Out of curiosity**, / sixteen-year-old miner Komba Johnbull / [주제문] picked it up/ and fingered its flat, pyramidal planes. / Johnbull had never seen a [소재] diamond before, / but he knew enough / to understand that / even a big find would be no larger than his thumbnail. /

소재와 주제문 소재 : diamond(다이아몬드) | 주제문 : Johnbull이 커다란 다이아몬드 발견

2 Still, / the rock was unusual enough / to merit a second opinion. / [시그널] **Sheepishly**, / he brought it over to one of the more experienced miners / working the muddy gash deep in the jungle. / The pit boss's eyes widened / when he saw the stone. / "Put it in your pocket," / he whispered. / "Keep digging." / The [주제문] older miner warned that / it could be dangerous / if anyone thought / they had found something big. /

부연1 경험 많은 광부에게 가져가서 의견을 물음

3 So Johnbull kept shoveling gravel / until nightfall, / pausing occasionally / to grip the heavy stone in his fist. / [시그널] **Could it be ?** /

부연2 해 질 무렵까지 작업하는 척하면서 이게 정말 다이아몬드일까라고 생각함

해석 타는 듯이 더운 한낮의 태양 아래, 최근에 발굴된 자갈 더미에서 노란 달걀 모양의 보석이 눈에 띄었다. 호기심에서, 16살의 광부 Komba Johnbull은 그것을 집어 들고 납작한 피라미드 형태의 면을 손으로 만졌다. Johnbull은 이전에 다이아몬드를 본 적이 없지만, 큰 발견물조차도 그의 엄지손톱보다 크지 않으리라는 것을 충분히 알고 있었다. 그럼에도 불구하고, 그 보석은 다른 사람의 의견을 얻을 만큼 충분히 특이했다. 소심하게, 그는 그것을 정글 깊숙한 곳에서 진흙탕을 파는 더 경험이 있는 광부들 중 한 명에게 가져다 주었다. 그 돌을 본 총괄 감독은 눈이 휘둥그래졌다. "주머니에 넣어." 그가 속삭였다. "계속 파" 그 나이든 광부는 만약 누군가가 그들이 뭔가 큰 것을 발견했다고 생각한다면 위험할 수 있다고 경고했다. 그래서 Johnbull은 해 질 무렵까지 계속해서 자갈을 파내고, 무거운 돌을 손으로 잡기 위해 가끔씩 멈췄다. 이게 정말일까?

① 짜릿하고 흥분되는
② 고통스럽고 괴로운
③ 거만하고 확신하는
④ 무심하고 무관심한

정답 ①

이 글은 16살의 광부인 Komba Johnbull이 엄청나게 큰 다이아몬드를 발견했다는 내용이다. 글쓴이의 심정은 out of curiosity(호기심에서), sheepishly(소심하게), could it be?(이게 사실일까?)에서 잘 나타나고 있다. 전반적인 내용으로 봐서 Johnbull은 매우 흥분되고 호기심에 넘치고 열의에 찬 상태임을 알 수 있으므로 정답은 ① '짜릿하고 흥분되는'이다.

Unit 02 독해 마스터! 기출 지문

통념, 반박의 구조(중괄식 구조)

01 다음 글의 주제로 가장 적절한 것은? (21. 국가직 9급)

During the late twentieth century socialism was on the retreat both in the West and in large areas of the developing world. During this new phase in the evolution of market capitalism, global trading patterns became increasingly interlinked, and advances in information technology meant that deregulated financial markets could shift massive flows of capital across national boundaries within seconds. 'Globalization' boosted trade, encouraged productivity gains and lowered prices, but critics alleged that it exploited the low-paid, was indifferent to environmental concerns and subjected the Third World to a monopolistic form of capitalism. Many radicals within Western societies who wished to protest against this process joined voluntary bodies, charities and other non-governmental organizations, rather than the marginalized political parties of the left. The environmental movement itself grew out of the recognition that the world was interconnected, and an angry, if diffuse, international coalition of interests emerged.

① The affirmative phenomena of globalization in the developing world in the past
② The decline of socialism and the emergence of capitalism in the twentieth century
③ The conflict between the global capital market and the political organizations of the left
④ The exploitative characteristics of global capitalism and diverse social reactions against it

어휘

socialism 사회주의 retreat 후퇴 phase 단계, 국면 market capitalism 시장 자본주의 interlinked 상호 연결된 advance 발전 deregulate 규제를 철폐하다 shift 옮기다 national boundaries 국경 globalization 세계화 boost 북돋우다 gain 개선, 증가 allege 주장하다 exploit 착취하다 indifferent 무관심한 subject 종속시키다 monopolistic 독점적인 radical 급진주의자 charity 자선단체 marginalize 소외시키다 political parties 정당 recognition 인식 diffuse 퍼뜨리다, 퍼지다 coalition 연합 affirmative 긍정적인 decline 쇠퇴 conflict 갈등

지문 분석

1 (During the late twentieth century) / socialism was on the retreat / both in the West / and in large areas of the developing world. / (During this new phase / in the evolution of market capitalism[소재],) / global trading patterns / became increasingly interlinked, / and advances in information technology meant that / deregulated financial markets / could shift massive flows / (of capital across national boundaries) / (within seconds.) /

소재 market capitalism(시장 자본주의) 20세기 후반 사회주의의 후퇴와 시장 자본주의의 대두

2 'Globalization' boosted trade, / encouraged productivity gains / and lowered prices, / **but**[시그널] critics alleged that/ it exploited the low-paid, / was indifferent to environmental concerns / and subjected the Third World / to a monopolistic form of capitalism. /[주제문]

주제문 but + 주제문(비평가들은 임금 노동자를 착취하고 환경문제에 무관심하고 제3세계를 독점적 자본주의에 종속시켰다고 주장했다)

3 Many radicals (within Western societies) / who wished to protest against this process / joined voluntary bodies, / charities and other non-governmental organizations, / rather than the marginalized political parties of the left. / The environmental movement itself / grew out of the recognition that / the world was interconnected, / and an angry, (if diffuse,) / international coalition of interests emerged.

부연 자발적 단체, 자선단체, 비정부기구에 가입하고, 환경운동이 분노한 국제적 이익 연합을 출현시킴.

해석 20세기 후반 사회주의는 서구와 개발도상국의 넓은 지역에서 후퇴하고 있었다. 시장 자본주의 진화의 이 새로운 국면에서, 세계 무역 패턴은 점점 더 상호 연결되었고, 정보 기술의 발전은 규제가 철폐된 금융 시장이 몇 초 만에 국가 경계를 넘어 거대한 자본의 흐름을 바꿀 수 있다는 것을 의미했다. '세계화'는 무역을 활성화시키고, 생산성 향상을 장려하고, 가격을 낮췄지만, 비판자들은 그것이 저임금 노동자들을 착취하고, 환경문제에 무관심하며 제3세계를 독점적인 형태의 자본주의에 종속시켰다고 주장했다. 이 과정에 반대하고자 했던 서구 사회 내의 많은 급진주의자들은 좌파의 뒤처진 정당들보다는 자발적 단체, 자선단체, 그리고 다른 비정부기구들에 가입했다. 환경운동 자체는 세계가 서로 연결되어 있다는 인식에서 비롯되었으며, 운동이 확산된 경우 분노한 국제적 이익 연합이 출현했다.

① 과거 개발도상국에서의 세계화의 긍정적 현상
② 사회주의의 쇠퇴와 20세기 자본주의의 출현
③ 세계 자본시장과 좌파 정치조직 사이의 갈등
④ 세계 자본주의의 착취적 특성과 그에 대한 다양한 사회적 반응

정답 및 해설

정답 ④

이 글은 20세기 후반 시장 자본주의의 특성과 그 반향에 대한 글이다. 주제문은 critics alleged that it exploited the low-paid, was indifferent to environmental concerns and subjected the Third World to a monopolistic form of capitalism(비판가들은 저임금 노동자들을 착취하고, 환경문제에 무관심하며 독점적인 형태의 자본주의에 종속시켰다라고 주장했다)이고, 이에 대한 반항으로 자발적 단체, 자선단체, 비정부기구 등이 환경운동을 일으켰고 분노한 국제적 이익 연합이 출현했다고 했으므로 글의 주제는 ④ '세계 자본주의의 착취적 특성과 그에 대한 다양한 사회적 반응'이 가장 적절하다.

02 다음 글의 요지로 가장 적절한 것은? (20. 소방직 9급)

Perhaps every person on Earth has at least once been in a situation when he or she has an urgent task to do, but instead of challenging it head on, he or she postpones working on this task for as long as possible. The phenomenon described here is called procrastination. Unlike many people got used to believing, procrastination is not laziness, but rather a psychological mechanism to slow you down and give you enough time to sort out your priorities, gather information before making an important decision, or finding proper words to recover relationship with another person. Thus, instead of blaming yourself for procrastinating, you might want to embrace it at least sometimes.

① Stop delaying work and increase your efficiency.
② Procrastination is not a bad thing you have to worry about.
③ Challenge can help you fix a relationship with another person.
④ Categorize your priorities before making an important decision.

on earth 지구상의 **urgent** 긴급한 **task** 일 **challenge** 도전하다 **head on** 정면으로 **postpone** 미루다 **phenomenon** 현상 **procrastination** 미루기 **get used to -ing** ~하는 것에 익숙하다 **laziness** 게으름 **psychological mechanism** 심리 기제 **slow down** 느긋하게 하다 **sort out** 선별하다 **priority** 우선사항 **blame oneself** 자책하다 **might want** ~하는 것이 좋다 **embrace** 받아들이다 **efficiency** 능률 **fix a relationship** 관계를 바로잡다 **categorize** 분류하다

지문 분석

1 Perhaps every person on Earth / has at least once been in a situation / (when he or she has an urgent task to do, / but instead of challenging it head on, / he or she postpones working on this task / for as long as possible). / The phenomenon (described here) is called procrastination. [소재] /

소재와 통념 소재 : procrastination(미루기) | 통념 : every person~(누구나 미루기의 경험이 있다)

2 [시그널] **Unlike** many people got used to believing, / [주제문] procrastination is not laziness, / but rather a psychological mechanism / (to slow you down / and give you enough time / to sort out your priorities, gather information) / before making an important decision, / or finding proper words / (to recover relationship with another person). /

주제문 Unlike + 반박(주제문) : 미루기는 게으름이 아니라 긍정적인 역할을 하는 심리적인 기제

3 [시그널] **Thus** / instead of blaming yourself for procrastinating, / you might want to embrace it / - at least sometimes. /

부연 Thus + 결론 : 자책하지 말고 미루기를 받아들이자.

해석 아마도 지구상의 모든 사람들이 해야 할 긴급한 일이 있지만, 정면으로 그것에 도전하는 대신에 가능한 한 오래 그 일을 하는 것을 미뤄 두는 상황이 적어도 한두 번은 있었을 것이다. 여기서 묘사된 현상은 procrastination(미루기)이라고 불린다. 많은 사람들이 익숙하게 믿는 것과 달리, 미루기는 게으름이 아니라 오히려 중요한 결정을 내리거나 다른 사람과의 관계를 회복시켜 줄 적절한 말을 찾기 전에 당신을 느긋하게 하고 당신에게 우선 사항을 선별하고 정보를 모을 충분한 시간을 주는 심리 기제이다. 따라서 미루기에 대해 자책하는 대신에 당신은 그것을 받아들여야 한다 – 최소한 가끔은 말이다.

① 일을 미루는 것을 멈추고 능률을 높여라.
② 미루기는 당신이 걱정해야 할 나쁜 것이 아니다.
③ 도전은 당신이 다른 사람과의 관계를 바로잡도록 도울 수 있다.
④ 중요한 결정을 내리기 전에 우선순위를 분류해라.

정답 및 해설

정답 ②

전형적인 통념, 반박의 글의 구조이다. 첫 번째 단락에서 소재 procrastination(미루기)를 제시한 후 두 번째 단락에서 Unlike라는 역접의 표현과 함께 주제문(미루기는 게으름이 아니라 긍정적인 역할을 하는 심리적인 기제)을 제시하고 있다. 그리고 세 번째 단락에서 Thus와 함께 결론을 말하고 있다. 따라서 글의 요지는 ② Procrastination is not a bad thing you have to worry about(미루기는 당신이 걱정해야 할 나쁜 것이 아니다)이다.

오답 분석

보기에서 소재인 procrastination이 포함되지 않은 ①, ③, ④를 소거한다.
① 주제와 반대되는 내용이다.
③ challenge(도전)에 관한 글이 아니므로 글의 소재에서 완전히 벗어나는 선택지이다.
④ 미루기를 함으로써 우선순위를 선별한 시간을 가질 수 있다는 내용이 지문에 언급되었지, 중요한 결정을 내리기 전에 우선순위를 분류하라는 내용은 아니다. 이 선택지의 경우 지문에 사용된 단어인 categorize(sort out), priorities, an important decision을 가지고 매력적인 오답으로 만들었기 때문에 정확한 해석이 안 된 상태에서 접근하면 틀리기 쉬운 유형이다.

03 〈보기〉 글의 제목으로 가장 적절한 것은? (18. 서울시 9급)

Many visitors to the United States think that Americans take their exercise and free time activities too seriously. Americans often schedule their recreation as if they were scheduling business appointments. They go jogging every day at the same time, play tennis two or three times a week, or swim every Thursday. Foreigners often think that this kind of recreation sounds more like work than relaxation. For many Americans, however, their recreational activities are relaxing and enjoyable, or at least worthwhile, because they contribute to health and physical fitness.

① Health and fitness

② Popular recreational activities in the united states

③ The american approach to recreation

④ The definition of recreation

take something seriously ~을 진지하게 여기다 **schedule** 일정을 잡다 **relaxation** 휴식
recreational 레크리에이션의 **as if + 가정법** 마치 ~처럼 **business appointments** 비즈니스 약속
go - Ring ~하러 가다 **enjoyable** 즐거운 **worthwhile** 가치 있는, 보람 있는 **contribute to** ~에 기여하다
physical fitness 신체 건강(단련) **approach** 접근법 **definition** 정의

지문 분석

1 Many visitors(시그널) / to the United States / think / that Americans take their exercise and free time activities(소재) too seriously.

소재와 통념 소재 : exercise and free time activities(운동과 여가활동)
통념 : Many visitors~(미국의 많은 방문자들은 미국인들이 운동과 여가활동을 너무 진지하게 여긴다고 생각한다)

2 Americans often schedule their recreation / as if they were scheduling business appointments. / They go jogging every day / at the same time, / play tennis two or three times a week, / or swim every Thursday. / Foreigners often think / that this kind of recreation sounds more like work / than relaxation.

부연 미국인들은 레크레이션 일정을 비즈니스 약속을 잡듯이 한다.

3 For many Americans, / however,(시그널) / their recreational activities are relaxing and enjoyable, / or at least worthwhile, / because they contribute to health and physical fitness.(주제문)

주제문 However + 반박(주제문) : 많은 미국인들에게는 레크리에이션이 휴식이며, 즐거운 활동이다.

해석 미국의 많은 방문자들은 미국 사람들이 운동과 여가 시간의 활동을 지나치게 진지하게 여긴다고 생각한다. 흔히 미국인들은 그들이 마치 비즈니스 약속을 잡듯이 레크리에이션에 대한 일정을 잡는다. 그들은 매일 같은 시간에 조깅을 하거나 주 2~3회 테니스를 치거나, 또는 매주 목요일에 수영을 한다. 외국인들은 종종 이런 종류의 레크리에이션이 휴식보다 일 같다고 생각한다. 그러나 많은 미국인들에게 그들의 레크리에이션 활동은 편안하고 즐겁다. 또는 적어도 그들은 건강과 신체 단련에 기여하기 때문에 가치가 있다.

① 건강과 운동
② 미국에서 인기 있는 레크리에이션 활동들
③ 레크리에이션에 대한 미국인들의 접근 방식
④ 레크리에이션의 정의

정답 및 해설 **정답 ③**

전형적인 통념, 반박의 글의 구조이다. 앞부분에 많은 외국인들은 미국인들이 여가활동을 너무 진지하게 여겨서 마치 비즈니스 약속을 잡듯이 한다는 통념이 제시되고, 마지막 단락에서 역접의 접속부사 however와 함께 주제문(많은 미국인들에게 레크리에이션이 휴식이며, 즐거운 활동이다)이 제시되는 미괄식 구조이다. 따라서 글의 제목은 ③ The American Approach to Recreation(레크리에이션에 대한 미국인들의 접근 방식)이 된다.

오답 분석 선택지에서 소재 exercise and free time activities(recreation)가 포함되지 않은 ①은 소거한다.
① 건강과 운동은 지나치게 포괄적인 제목으로 이 글의 제목으로는 적절하지 않다.
② 미국에서 인기 있는 레크리에이션 활동을 언급하는 글이 아니다.
④ 레크리에이션의 정의는 글의 내용과 관련이 없으므로 소거한다.

04 다음 글의 주제로 가장 적절한 것은? (18. 경찰직 2차)

It is commonly believed that writers are working alone. Yet people see only the surface of the process. Consider, for example, a writer who creates a novel in the solitary confinement of her house. The writer is alone only in a very narrow sense. Indeed, she is writing, typically, about people, with people, and for people. The process of writing a novel can hardly be reduced to an individual cognitive reflection. Thus, the imaginary reader is always present in the creative process of writing —— as an addressee, a possible judge of the creation, and, more generally, a partner in a dialogue that each human creation ultimately is. Our writer arguably also is motivated by specifically human, social purposes, such as to be understood, respected and needed by others.

① characteristic of the writer as a social being
② dialogues between the writer and the reader
③ importance of the writer's creativity
④ solitude of the imaginary reader

어휘

commonly 일반적으로 **surface** 표면 **process** 과정 **solitary** 홀로, 외딴 **confinement** 갇힘
in a narrow sense 좁은 의미에서 **indeed** 사실은 **cognitive** 인지의, 인식의 **reflection** 숙고, 반영
addressee 수신인 **judge** 심사위원, 심판 **ultimately** 궁극적으로 **arguably** 거의 틀림없이 **characteristic** 특징
a social being 사회적 존재 **solitude** 고독

지문 분석

시그널 / 소재

1 It is commonly believed / that writers are working alone. /

소재와 통념 소재 : writers(작가) | 통념 : It is commonly believed that~(작가는 혼자 작업한다고 생각된다)

시그널

2 Yet / people see only the surface (of the process). / Consider, / for example, / a writer (who creates a novel / in the solitary confinement (of her house)). / The writer is alone / only in a very narrow sense. /

Yet + 반박 : 매우 좁은 의미에서만 혼자다.

시그널 / 주제문

3 Indeed, / she is writing, typically, / about people, with people, and for people. The process (of writing a novel) / can hardly be reduced / to an individual cognitive reflection. /

주제문 Indeed + 주제문 : 작가는 대체적으로 사람들에 관해, 사람들과 함께, 그리고 사람들을 위해 글을 쓰고 있다.

시그널

4 Thus, / the imaginary reader is always present / in the creative process of writing / -as an addressee, a possible judge of the creation, / and, more generally, / a partner in a dialogue (that each human creation ultimately is). / Our writer arguably also is motivated / by specifically human, social purposes, (such as to be understood respected and needed / by others).

Thus + 결론 : 작가는 사회적 목적들에 의해 동기를 부여받는다.

해석 작가들은 혼자 작업하고 있다고 일반적으로 믿어진다. 그러나 사람들은 그 과정의 표면만을 보고 있는 것이다. 예를 들어, 그녀의 집에 홀로 틀어박혀 소설을 창작하는 한 작가를 생각해 보아라. 그 작가는 매우 좁은 의미에서만 혼자다. 사실, 그녀는 대체적으로, 사람들에 대해, 사람들과 함께, 그리고 사람들을 위해 쓰고 있다. 소설을 쓰는 과정은 개인적 인지의 숙고로 거의 축소될 수 없다. 그러므로 창작물의 수신인으로서, 가능한 심사위원으로서, 그리고, 더욱 일반적으로는 각 인간 존재의 궁극적인 대화의 파트너로서 상상의 독자는 글쓰기의 창의적인 과정 안에 항상 존재한다. 우리의 작가는 또한 거의 틀림없이 타인에 의해 이해되고, 존경받고, 필요로 되기 위해 구체적으로는 인간적, 사회적 목적들에 의해서 동기를 부여받는다.

① 사회적 존재로서의 작가의 특징
② 작가와 독자 사이의 대화들
③ 작가의 창의력의 중요성
④ 상상 속 독자의 고독

정답 및 해설 **정답 ①**

전형적인 통념, 반박의 글의 구조이다. 첫 단락에서 '작가는 혼자 작업한다고 생각된다'라는 통념이 제시되고, yet과 함께 반박하는 내용이 나온다. 그 다음 접속부사 Indeed와 함께 주제문(작가는 대체적으로 사람들에 관해, 사람들과 함께, 그리고 사람들을 위해 글을 쓰고 있다)이 제시된다. 그리고 마지막 Thus와 함께 결론(작가는 사회적 목적들에 의해서 동기를 부여받는다)이 나오므로 이 글의 주제는 ① characteristic of the writer as a social being(사회적 존재로서의 작가의 특징)이다.

오답 분석 우선 글의 소재인 writer가 포함되지 않은 ④는 소거한다.
② 작가와 독자의 대화가 주제는 아니다.
③ 작가의 창의성에 관한 글이 아니다.
④ 상상 속의 독자가 존재한다는 내용이 언급되었지만, 상상 속 독자의 고독은 완전히 다른 내용이다.

05 주어진 글의 제목으로 가장 적절한 것을 고르시오. (15. 지방직 9급)

Depending on your values, different kinds of numbers may be important to you. To some, it's cholesterol count and blood pressure figures to others, it's the number of years they've been married. To many, the sum total in the retirement account is the number one number, and some people zero in on the amount left on their mortgage. But I contend that your per-hour worth should be among the top-of-mind numbers that are important to you – no matter what your values or priorities are - even if you don't earn your living on a per-hour rate. Knowing the value of your time enables you to make wise decisions about where and how you spend it so you can make the most of this limited resource according to your circumstances, goals, and interests. Obviously, the higher you raise your per-hour worth while upholding your priorities, the more you can propel your efforts toward meeting your goals, because you have more resources at your disposal - you have either more money or more time, whichever you need most.

① Your Time Is Money
② Maintaining High Motivation
③ Part-time Jobs Are Better
④ Living Within Your Income

depending on ~에 따라서 cholesterol count 콜레스테롤 수치 blood pressure figures 혈압 수치
sum total 총액 retirement account 퇴직 계좌 zero in on ~에 집중하다 mortgage 대출 contend 주장하다
per-hour worth 시간당 가치 top-of-mind 가장 먼저 떠오르는 priorities 우선순위 enable 가능하게 만들다
make the most of ~을 최대한 활용하다 obviously 분명히 uphold 유지하다 propel 몰고 가다, 나아가게 하다
meet one's goals 목표를 달성하다 at one's disposal ~의 마음대로 사용할 수 있는

지문 분석

소재

1 Depending on your values, / different kinds of numbers may be important to you. / To some, / it's cholesterol count and blood pressure figures; / to others, / it's the number of years (they've been married). / To many, / the sum total (in the retirement account) is the number-one number, / and some people zero in on the amount left (on their mortgage). /

소재 different kinds of numbers may be important(사람마다 중요한 숫자가 다를 수 있다)

시그널 주제문

2 But / I contend / that your per-hour worth should be / among the top-of-mind numbers / (that are important to you) / - no matter what your values or priorities are - / even if you don't earn your living / on a per-hour rate. /

주제문 But + 주제문(주장) : 시간당 가치가 가장 중요한 가치가 되어야 한다.

3 Knowing the value (of your time) enables / you to make wise decisions (about where and how you spend it) / so you can make the most of this limited resource / according to your circumstances, goals, and interests. / Obviously, / the higher you raise your per-hour worth / while upholding your priorities, / the more you can propel your efforts (toward meeting your goals), / because you have more resources (at your disposal) / - you have either more money / or more time, / whichever you need most.

부연 이유 – 한정된 자원을 어디에 어떻게 사용할지에 관한 현명한 결정을 할 수 있게 해 준다.

해석 당신의 가치관에 따라, 다양한 종류의 숫자가 당신에게 중요할지도 모른다. 어떤 사람들에게, 그것은 콜레스테롤 수치와 혈압 수치이다; 다른 사람들에게, 그것은 그들이 결혼한 연수이다. 많은 사람들에게, 퇴직 계좌의 총액이 최고의 숫자이고, 어떤 사람은 그들의 주택 담보 대출금의 잔고에 집중한다. 그러나 나는 – 당신의 가치 또는 우선순위가 무엇이든 간에 – 당신이 시간당으로 당신의 생계를 벌지 않는다 해도 당신의 시간당 가치는 가장 중요한 숫자들 중에 하나여야 한다고 주장한다. 당신의 시간의 가치를 아는 것은 당신이 자신의 환경, 목표, 그리고 관심사에 따라 이 한정된 자원을 가장 잘 활용할 수 있도록 당신이 이것을 어디에, 어떻게 쓸 건지에 대해 현명한 결정을 내릴 수 있게 만든다. 명백하게도 당신이 당신의 우선순위를 유지하면서 당신의 시간의 가치를 높이면 높일수록, 더욱더 당신의 목표를 달성하기 위한 당신의 노력에 박차를 가할 수 있는데, 왜냐하면, 당신은 당신이 마음대로 쓸 수 있는 더 많은 자원을 가지기 때문이다 – 당신은 더 많은 돈 또는 더 많은 시간, 어느 쪽이든 당신이 가장 필요한 것을 갖게 되는 것이다.

① 당신의 시간은 돈이다
② 높은 동기 유지하기
③ 부업이 더 낫다
④ 당신의 수입에 맞춰 살기

정답 및 해설

정답 ①

사람마다 중요한 숫자가 다를 수 있다고 언급한 후에 but과 함께 주제문(시간당 가치가 가장 중요한 숫자가 되어야 한다)이 제시되어 있다. 시간당 가치는 '결국 시간은 돈이다'라는 말과 일맥상통하는 것이므로 제목으로는 ① Your Time Is Money가 가장 좋다.

오답 분석 시간당 가치(돈)에 관한 글이므로 ②, ③, ④ 모두 주제에서 벗어난다.

06 다음 글의 요지로 가장 적절한 것은? (13. 국가직 9급)

It's long been part of folk wisdom that birth order strongly affects personality, intelligence and achievement. However, most of the research claiming that firstborns are radically different from other children has been discredited, and it now seems that any effects of birth order on intelligence or personality will likely be washed out by all the other influences in a person's life. In fact, the belief in the permanent impact of birth order, according to Toni Falbo, a social psychologist at the University of Texas at Austin, comes from the psychological theory that your personality is fixed by the time you're six. That assumption simply is incorrect. The better, later and larger studies are less likely to find birth order a useful predictor of anything. When two Swiss social scientists, Cecile Ernst and Jules Angst, reviewed 1,500 studies a few years ago they concluded that "birth order differences in personality are nonexistent in our sample. In particular, there is no evidence for a firstborn personality."

① A first child is kind to other people.

② Birth order influences a person's intelligence.

③ An elder brothers personality is different from that of his younger brother.

④ Birth order has nothing to do with personality.

folk wisdom 대중의 지혜 **birth order** 태어난 순서 **affect** 영향을 미치다 **personality** 성격 **intelligence** 지능 **achievement** 성취 **firstborns** 첫째 아이 **radically different** 급격하게 다른 **discredit** 신빙성을 잃다 **wash out** 씻어 내다 **permanent** 영구적인 **psychologist** 심리학자 **assumption** 가정 **predictor** 예측 변수 **nonexistent** 존재하지 않는 **in particular** 특히 **have nothing to do with** ~와 관련이 없다

지문 분석

시그널 / 소재

1 It's long been part of folk wisdom that / birth order strongly affects / personality, intelligence and achievement.

소재와 통념 소재 : birth order(태어난 순서) | 통념 : 태어난 순서가 성격과 지능에 영향을 미친다.

시그널

2 However, / most of the research claiming that / firstborns are radically different / from other children / has been discredited, / and it now seems that / any effects of birth order / on intelligence or personality / will likely be washed out / by all the other influences / in a person's life. /

시그널 / 주제문

주제문 태어난 순서가 성격과 지능에 영향을 미치지 않는다.

3 In fact, / the belief / in the permanent impact of birth order, / according to Toni Falbo, / a social psychologist at the University of Texas at Austin, / comes from the psychological theory / that your personality is fixed / by the time you're six. / That assumption / simply is incorrect. / The better, later and larger studies / are less likely to find / birth order a useful predictor of anything. / When two Swiss social scientists, / Cecile Ernst and Jules Angst, / reviewed 1,500 studies a few years ago / they concluded that / "birth order differences in personality / are nonexistent in our sample. / In particular, / there is no evidence / for a firstborn personality."

부연 많은 연구 결과가 태어난 순서와 성격과의 관련성이 없음을 보였다.

해석 태어난 순서가 성격, 지능 그리고 성취에 지대한 영향을 끼친다는 것은 오랫동안 대중의 지혜의 일부분이 되어 왔다. 하지만, 첫째가 다른 아이들과는 급격하게 다르다는 것을 주장하는 대부분의 연구는 신빙성을 잃어 왔으며, 이제는 지능이나 성격에 있어 태어난 순서에 따른 어떤 영향이라도 사람의 인생의 다른 영향들에 의해 씻겨 나갈 것으로 보인다. 사실, 태어난 순서의 영구적 영향에 대한 믿음은, Austin에 있는 Texas 대학의 사회 심리학자인 Toni Falbo에 따르면, 당신의 성격은 당신이 여섯 살 때까지 고정된다는 심리학적 이론에서 기인한다고 한다. 그러한 가정은 전혀 옳지 않다. 그보다 더 낫고, 그 이후에 이루어진 더 큰 규모의 연구들이 태어난 순서가 어떤 것에도 유용한 예측 변수가 될 것을 밝혀 낼 가능성은 적다. 스위스의 사회 과학자인 Cecile Ernst와 Jules Angst는, 몇 년 전 1,500개의 연구들을 검토했을 때 "성격에 있어 태어난 순서의 차이는 우리 표본에서는 존재하지 않는다. 특히, 첫째만의 성격이라는 것에 대한 어떠한 증거도 없다"라는 결론을 내렸다.

① 첫째 아이가 다른 사람들에게 친절하다.
② 태어난 순서가 개인의 지능에 영향을 미친다.
③ 형의 성격은 동생의 성격과는 다르다.
④ 태어난 순서와 성격과는 관련이 없다.

정답 및 해설

정답 ④

이 글은 전형적인 통념과 반박의 글의 구성이다. 앞부분에 통념(태어난 순서가 성격과 지능에 영향을 미친다)이 제시되어 있고 However와 함께 반박의 주제문(태어난 순서가 성격과 지능에 영향을 미치지 않는다)이 제시되어 있으므로 글의 요지는 ④ Birth order has nothing to do with personality(태어난 순서와 성격과는 관련이 없다)이다.

오답 분석 ①, ②, ③은 태어난 순서와 성격이 관련이 있다는 내용이므로 '태어난 순서와 성격은 관련이 없다'라는 주제에 반대되는 진술이다.

07 글의 제목으로 가장 적절한 것은? (16. 사복직 9급)

When we think of the people who make our lives miserable by spreading malicious viruses, most of us imagine an unpopular teenager boy, brilliant but geeky, venting his frustrations from the safety of a suburban bedroom. Actually, these stereotypes are just that – stereotypes -according to Sarah Gordon, an expert in computer viruses and security technology. Since 1992, Gordon has studied the psychology of virus writers. "A virus writer is just as likely to be the guy next door to you," she says. The virus writers Gordon has come to know have varied backgrounds; while predominantly male, some are female. Some are solidly academics, while others are athletic. Many have friendships with members of the opposite sex, good relationships with their parents and families; most are popular with their peers. They don't spend all their time in the basement. One virus writer volunteers in his local library, working with elderly people. One of them is a poet and a musician, another is an electrical engineer, and others work for a university quantum physics department.

① Unmasking Virus Writers
② Virus Writers: Gender and Class
③ Underground Virus Writers
④ Mysterious Activities by Virus Write

miserable 끔찍한 **malicious** 악의적인 **geeky** 괴짜의 **vent** 표출하다 **frustration** 불만, 좌절감
suburban 근교의 **stereotype** 고정관념 **psychology** 심리 **varied background** 다양한 배경
predominantly 압도적으로 **solidly** 견고히, 확실하게 **academics** 학구적인 사람 **athletic** 운동선수 같은
opposite 반대의 **peers** 동료 **electrical engineer** 전기 기술자 **quantum physics** 양자 물리학
unmask 정체를 드러내다 **gender** 성별 **class** 계급, 계층 **underground** 지하의, 숨은 **mysterious** 기이한

지문 분석

시그널

1 When we think of the people / (who make our lives miserable / by spreading malicious viruses,) / **most of us imagine** / an unpopular teenager boy, / brilliant but geeky, / venting his frustrations / (from the safety of a suburban bedroom.) /

소재와 통념 소재 : virus writers(바이러스 개발자) | 통념 : 대부분의 사람들은 바이러스 개발자라 하면 지하실에서 영리하지만 괴짜인 인기 없는 10대 소년이 불만을 표출하는 것을 상상한다.

시그널

2 **Actually**, / these stereotypes are just that / - stereotypes /—(according to Sarah Gordon,) / (an expert / in computer viruses and security technology.) / (Since 1992,) / Gordon has studied / the psychology of virus writers. / "A virus writer is just / as likely to be the guy / next door to you," / she says. / The virus writers / (Gordon has come to know) / have varied backgrounds; / (while predominantly male,) / some are female. / Some are solidly academics, / while others are athletic. / Many have friendships / with members of the opposite sex, / good relationships / with their parents and families; / most are popular with their peers. /

주제문 소재

주제문 바이러스 개발자는 옆집에 사는 사람과 별로 다를 것이 없다.

3 They don't spend all their time / in the basement. / One virus writer / volunteers in his local library, / (working with elderly people.) One of them / is a poet and a musician, / another is an electrical engineer, / and others work for a university quantum physics department.

뒷받침 예시 – 자원봉자자, 시인, 음악가, 전기 기술자, 양자 물리학자

해석 우리가 악성 바이러스를 유포함으로써 우리 삶을 괴롭게 만드는 사람들을 떠올릴 때, 우리 대부분은 교외 침실의 안전한 곳에서 영리하지만 괴짜인 인기 없는 10대 소년이 불만을 밖으로 표출하는 것을 상상한다. 실제로, 이러한 고정관념은, 컴퓨터 바이러스와 보안 기술 전문가인 Sarah Gordon에 따르면, 단지 고정관념일 뿐이다. 1992년 이래로, Gordon은 바이러스 개발자들의 심리를 연구해 왔다. "바이러스 개발자는 당신의 옆집에 사는 남자와 별로 다를 것이 없습니다"라고 그녀는 말한다. Gordon이 알게 된 바이러스 개발자들은 다양한 배경을 가지고 있다. 남성이 압도적이지만, 몇몇은 여성이다. 몇몇은 확실히 학구적인데 반해, 몇몇은 운동선수 같다. 많은 이들이 이성과 교제하며, 그들의 부모와 가족들과 좋은 관계를 유지하고 있다. 대부분이 그들의 동료들에게 인기가 많다. 그들은 지하실에서 모든 시간을 보내지 않는다. 한 바이러스 개발자는 지역 도서관에서 자원봉사를 하며 노인들과 함께 일한다. 그들 중 한 명은 시인이자 음악가이며, 다른 사람은 전기 기술자이고 다른 사람은 대학교의 양자 물리학과에서 일한다.

① 바이러스 개발자들의 정체를 드러내기 ② 바이러스 개발자들: 성별과 계층
③ 지하의 바이러스 개발자들 ④ 바이러스 개발자들이 하는 기이한 활동들

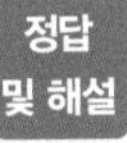

정답 ①

지문의 앞부분에 통념(바이러스 개발자들은 인기 없는 10대 소년이라고 상상하다)을 제시하고, 두 번째 단락에서 Actually(사실은)와 함께 주제문(바이러스 개발자는 옆집에 사는 사람과 별로 다를 것이 없다)을 제시하고 마지막에 조사 결과 이들의 다양한 직업을 예시로 들고 있으므로 이 글의 제목은 ① Unmasking Virus Writers(바이러스 개발자들의 정체를 드러내기)가 가장 적절하다.

② 바이러스 개발자의 성별과 계층을 다루는 지문이 아니다.
③ 지문에서 바이러스 개발자들은 지하에서 모든 시간을 보내지 않는다고 했으므로 사실과 다른 내용이다.
④ 바이러스 개발자들이 외곽의 지하실에서 작업할 것이라는 통념과 달리 실제로는 다양한 직업을 가지고 있는, 우리 주변에서 흔히 볼 수 있는 사람들이라고 했으므로 사실과 다르다.

08 글의 요지로 가장 적절한 것을 고르시오. (14. 사복직 9급)

There is widespread fear among policy makers and the public today that the family is disintegrating. Much of that anxiety stems from a basic misunderstanding of the nature of the family in the past and a lack of appreciation for its resiliency in response to broad social and economic changes. The general view of the family is that it has been a stable and relatively unchanging institution through history and is only now undergoing changes; in fact, change has always been characteristic of it.

① The structure of the family is disintegrating.

② The traditional family system cannot adapt to broad social changes.

③ Contrary to the general view, change has always characterized the family.

④ The family has been a stable unit but is undergoing changes nowadays.

widespread 널리 퍼진 **policy maker** 정책 입안자 **disintegrate** 해체되다 **anxiety** 걱정
stem from ~으로부터 생겨나다 **misunderstanding** 오해 **appreciation** 인식 **resiliency** 탄력성
in response to ~에 대응하는 **stable** 안정적인 **institution** 제도, 기관 **undergo** 경험하다, 겪다
characteristic 특징, 특성 **adapt** 적응하다 **adapt to** ~에 적용하다 **contrary to** ~와는 달리

지문 분석

소재

1 There is widespread fear / (among policy makers and the public today) / that the family is disintegrating. / Much of that anxiety / stems from a basic misunderstanding / (of the nature of the family / in the past) / and a lack of appreciation / (for its resiliency / in response / to broad social and economic changes.) /

소재와 통념 소재 : family(가족) | 통념 : 가족이 해체되고 있다는 널리 퍼진 두려움이 있다.

시그널

2 The general view of the family / is that / it has been a stable / and relatively unchanging institution / (through history) / and is only now undergoing changes; /

통념 가족은 안정적이고 상대적으로 변하지 않는 제도이다.

시그널 주제문

3 in fact /, change has always been characteristic of it.

뒷받침 In fact + 반박(주제문) : 변화는 가족의 특징이 되어 왔다.

해석 오늘날 정책 입안자들과 대중들 사이에는 가족이 해체되고 있다는 널리 퍼진 두려움이 있다. 그런 염려의 많은 부분은 과거 가족의 성질에 대한 기본적인 오해와 광범위한 사회적, 경제적 변화에 대응하는 그것의 탄력성에 대한 인식의 부족으로부터 생겨난다. 가족에 대한 일반적인 관점은 그것이 역사에 걸쳐 안정적이었고 상대적으로 변하지 않는 제도였으며 현재에 와서야 변화를 경험하고 있다는 것이다. 사실, 변화는 항상 가족의 특징이었다.

① 가족의 구조는 해체되고 있다.

② 전통적인 가족 제도는 광범위한 사회적 변화에 적응할 수 없다.

③ 일반적인 관점과 대조적으로, 변화는 항상 가족의 특징이 되어 왔다.

④ 가족은 안정적인 구성 단위였지만 요즘에는 변화를 경험하고 있다.

정답 및 해설 **정답 ③**

두 번째 단락에서 통념(가족은 안정적이고 상대적으로 변하지 않은 제도인데, 현재에 와서야 변화를 경험하고 있다)이 있고, 세 번째 단락에서 In fact와 함께 주제문(변화는 가족의 특징이었다)이 제시되고 있으므로 글의 요지는 주제문을 그대로 재표현한 ③ Contrary to the general view, change has always characterized the family(일반적인 관점과 대조적으로, 변화는 항상 가족의 특징이 되어 왔다)가 정답이다.

오답 분석 ①(가족의 구조는 해체되고 있다)과 ④(가족은 안정적인 구성 단위였지만, 요즘에는 변화를 경험하고 있다)는 통념에 해당하는 것이므로 소거한다. ②(전통적인 가족 제도는 광범위한 사회적 변화에 적응할 수 없다)는 지문의 내용(변화는 가족의 특징이었다)과는 상반되는 것이므로 정답이 될 수 없다.

Unit 03 독해 마스터! 기출 지문

결론 도출 구조(미괄식 구조)

01 다음 글에서 필자가 주장하는 바로 가장 적절한 것은? (19. 소방직 9급)

Many people store their medications in the bathroom. But this popular spot is actually one of the worst places to keep medicine. Bathroom cabinets tend to be warm and humid, an environment that speeds up a drug's breakdown process. This is especially true for tablets and capsules. Being exposed to heat and moisture can make medicines less potent before their expiration date. For example, a warm, muggy environment can cause aspirin tablets to break down into acetic acid (vinegar), which can irritate the stomach. Instead, keep medicines in a cool, dry, secure place out of a child's reach. Be aware that medicine that is improperly stored can become toxic.

① 올바른 장소에 약을 보관하라.
② 목욕 전에는 약을 복용하지 마라.
③ 약은 따뜻한 물과 함께 복용하라.
④ 의약품 보관 시 유효기간을 확인하라.

어휘

store 저장하다, 보관하다 medication 약(물) bathroom 욕실 spot 장소 cabinet 수납장 humid 습한
peed up 속도를 높이다 breakdown (화학)분해, 고장 process 과정, 절차 true for ~에 해당되는, 적용되는
tablet 정제 potent 효력이 있는 expiration 만료, 만기 muggy 후덥지근한 break down 분해되다
acetic acid 아세트산, 초산 vinegar 식초 irritate 자극하다 secure 안전한, 확실한
out of reach 손이 닿지 않는 곳에 be aware that ~을 알고 계세요 improperly 적절하지 않게 toxic 유독한, 독성의

지문 분석

시그널 / 소재

1 Many people store their medications / in the bathroom.

소재와 통념 소재 : medications(약) | 통념 : Many people~(많은 사람들이 약을 욕실에 보관)

시그널

2 But / this popular spot is actually one / (of the worst places) / to keep medicine. / Bathroom cabinets tend to be warm and humid, / an environment / (that speeds up a drug's breakdown process). / This is especially true for tablets and capsules. / Being exposed to heat and moisture / can make medicines less potent / before their expiration date. /

But + 반박 : 욕실은 약을 보관하기에는 최악의 장소

3 For example, / a warm, muggy environment / can cause aspirin tablets / to break down into acetic acid (vinegar), / which can irritate the stomach. /

예시 아스피린

시그널 / 주제문

4 Instead / keep medicines / in a cool, dry, secure place / out of a child's reach / Be aware / that medicine / (that is improperly stored) / can become toxic.

주제문 서늘하고, 건조한 장소에 보관하라.

해석 많은 사람들이 약을 욕실에 보관한다. 하지만 이 인기 있는 장소는 사실 약을 보관하기에 가장 최악의 장소들 중의 하나이다. 욕실 수납장은 따뜻하고 습한 경향이 있는데, 이는 약의 분해 과정을 가속하는 환경이다. 이것은 알약과 캡슐에 특히 해당된다. 열과 습기에 노출되는 것은 유효기간이 지나기 전에 약의 효력을 떨어뜨릴 수 있다. 예를 들어, 따뜻하고 후덥지근한 환경은 아스피린 알약이 아세트산(식초)으로 분해되도록 할 수 있는데, 이는 위를 자극할 수 있다. 대신에, 약을 아이들의 손이 닿지 않는 서늘하고 건조하며 안전한 장소에 보관하라. 부적절하게 보관된 약은 독성을 가질 수 있다는 것을 염두해 두어라.

정답 및 해설

정답 ①

이 글은 통념(많은 사람들은 약을 욕실에 보관한다), 반박(욕실은 약을 보관하기에는 최악의 장소이다), 예시(아스피린)를 앞에 제시하고, 마지막에 Instead와 함께 주제문(약을 서늘하고 건조한 곳에 보관하라)이 제시되는 전형적인 미괄식 구조의 글이다. 따라서 필자의 주장은 주제문의 내용을 담고 있는 ① '올바른 장소에 약을 보관하라'가 정답이다.

오답 분석 이 글은 약의 보관 장소에 관한 글이지 복용 방법에 관한 글이 아니므로 ②, ③은 소거한다. 또한 유효기간에 관한 내용도 아니므로 ④도 제거한다.

02 다음 글의 주제로 가장 적절한 것은? (19. 국가직 9급)

Imagine that two people are starting work at a law firm on the same day. One person has a very simple name. The other person has a very complex name. We've got pretty good evidence that over the course of their next 16 plus years of their career, the person with the simpler name will rise up the legal hierarchy more quickly. They will attain partnership more quickly in the middle parts of their career. And by about the eighth or ninth year after graduating from law school the people with simpler names are about seven to ten percent more likely to be partners - which is a striking effect. We try to eliminate all sorts of other alternative explanations. For example, we try to show that it' s not about foreignness because foreign names tend to be harder to pronounce. But even if you look at just white males with Anglo-American names - so really the true in-group, you find that among those white males with Anglo' names they are more likely to rise up if their names happen to be simpler. So simplicity is one key feature in names that determines various outcomes.

① the development of legal names
② the concept of attractive names
③ the benefit of simple names
④ the roots of foreign names

law firm 법률 사무소 complex 복잡한 over the course of ~동안에 career 경력 rise up 성공하다, 올라가다 legal 법률의 hierarchy (사회나 조직 내의) 계급, 서열 attain 획득하다 partnership (법률 회사의) 파트너 자리 striking 눈에 띄는 effect 효과, 영향 eliminate 제거하다 alternative 대안적인 foreignness 외래성, 이질성 pronounce 발음하다 male 남성 Anglo-American 영국계 미국인의 in-group 내집단 simplicity 간단함, 단순함 feature 특성, 특징 outcome 결과 attractive 매력적인

지문 분석

시그널 / 소재

1 Imagine / that two people are starting work / at a law firm on the same day. / One person has a very simple name. / The other person has a very complex name. / We've got pretty good evidence / that over the course (of their next 16 plus years of their career), / the person (with the simpler name) / will rise up the legal hierarchy / more quickly. / They will attain partnership more quickly / in the middle parts of their career. / And / by about the eighth or ninth year / after graduating from law school / the people (with simpler names) / are about seven to ten percent more likely to be partners / - which is a striking effect. /

소재 simple name(단순한 이름) – 단순한 이름이 더 빨리 성공

2 We try to eliminate / all sorts of other alternative explanations. / For example, / we try to show / that it's not about foreignness / because foreign names tend to be harder to pronounce. / But even if you look / at just white males / (with Anglo-American names) / - (so really the true in-group), / you find / that among those white males / (with Anglo names) / they are more likely to rise up / it's their names happen to be simpler. /

부연 다른 대안적인 설명 제거 + For example(예시)

시그널 / 주제문

3 So / simplicity is one key feature (in names) / (that determines various outcomes).

주제문 So + 결론(주제문) : 이름의 단순함이 다양한 결과를 결정하는 하나의 중요한 특징이다.

해석 두 사람이 한 법률 사무소에서 같은 날에 근무하기 시작한다고 상상해 보라. 한 사람은 매우 단순한 이름을 갖고 있다. 다른 사람은 매우 복잡한 이름을 갖고 있다. 우리는 그들의 향후 16년 이상의 커리어 내내 더 단순한 이름을 가진 사람이 더 빠르게 법조계 서열을 올라갈 것이라는 상당히 타당한 근거를 갖고 있다. 그들은 그들의 커리어 중반부에 파트너의 자리를 더 빨리 획득할 것이다. 그리고 로스쿨에서 졸업하고 나서 8년 또는 9년차 정도가 되었을 때 더 단순한 이름을 가진 사람들은 파트너가 될 가능성이 대략 7에서 10퍼센트 더 높은데, 이것은 놀랄 만한 결과이다. 우리는 모든 종류의 다른 대안적인 설명들을 제거하기 위해 노력한다. 가령, 우리는 그것이 외래성에 관한 것이 아님을 보여 주려 하는데, 왜냐하면 외국 이름은 발음하기 더 어려운 경향이 있기 때문이다. 그러나 정말로 진정한 내집단에 속한 영국계 미국식 이름을 지닌 백인 남성들을 보더라도, 그 영국계 미국식 이름을 가진 백인 남자들 가운데서도 만약 그들의 이름이 우연히 더 단순하다면 그들은 성공할 가능성이 더 높다는 것을 알게 된다. 그러므로 이름에 있어서 단순함은 다양한 결과들을 결정하는 하나의 중요한 특징이다.

① 법적 이름의 발달
② 매력적인 이름의 개념
③ 단순한 이름의 이점
④ 외국 이름의 뿌리

정답 및 해설 **정답 ③**

이 글은 단순한 이름이 더 빨리 성공한다는 내용의 지문이다. 예로서 법률 회사에서 단순한 이름을 가진 사람이 복잡한 이름을 가진 사람들보다 파트너의 자리에 더 빨리 올라간다는 사실을 언급하고 있다. 그리고 마지막에 so(따라서)와 함께 주제문(이름의 단순함이 다양한 결과를 결정하는 중요한 특징이다)이 제시되므로 이 글의 주제는 ③ the benefit of simple names(단순한 이름의 이점)가 된다.

오답 분석 선택지 모두 name은 포함하고 있지만, 이 글의 소재는 simple name이다. ① legal names(법적 이름), ② attractive names(매력적인 이름), ④ foreign names(외국 이름) 모두 글의 소재와는 맞지 않으므로 정답에서 제외된다.

03 다음 글의 요지로 가장 적절한 것은? (18. 교육행정직 9급)

When the state spends money which it has raised by taxation, it is taking money out of the pockets of the taxpayers to put it into the pockets of those upon whom it is spending. The expenditure may be really an investment: education, for instance, is an investment in the young, and is universally recognized as part of the duty of the state. In such a case, provided the investment is sound, public expenditure is obviously justified: the community would not be ultimately enriched by ceasing to educate its children, nor yet by neglecting harbors, roads, and public works generally.

① The state should inform its taxpayers of its investment plans.

② Reducing public expenditure will make the community richer.

③ Public expenditure can be justified through a proper investment.

④ The state should spend more money on public works than on education.

state 국가 **raise** 모으다, 걷다 **taxation** 조세 **taxpayer** 납세자 **expenditure** 지출 **investment** 투자
for instance 예를 들어 **universally** 보편적으로 **in such a case** 그런 경우에 **provided** 만약 ~라면
sound 건전한, 타당한 **obviously** 분명하게 **justify** 정당화하다 **ultimately** 궁극적으로 **enrich** 풍요롭게 하다
cease 중단하다 **nor** 그리고 ~는 아니다 **neglect** 소홀히 하다 **public works** 공공사업

지문 분석

1 When the state [소재] spends money / (which it has raised by [소재] taxation), / it is taking money / out of the pockets (of the taxpayers) / to put it into the pockets (of those) (upon whom it is spending). /

소재 국가의 조세 지출

2 The expenditure may be really an investment: / education, for instance, is an investment in the young, / and is universally recognized / as part (of the duty of the state). /

예시 지출이 투자가 될 수 있다(교육)

3 [주제문] In such a case, / [시그널] provided the investment is sound, / public expenditure is obviously justified: / the community would not be ultimately enriched / by ceasing to educate its children, / nor yet by neglecting / harbours, roads, and public works generally.

주제문 투자가 타당하다면, 공공 지출은 정당화될 수 있다.

해석 국가가 조세로 거두어들인 돈을 쓸 때, 국가는 돈을 쓰고 있는 사람들의 주머니 안으로 돈을 넣기 위해 납세자들의 주머니에서 돈을 꺼내고 있는 것이다. 지출은 사실상 투자일 수도 있다: 예를 들어, 교육은 젊은이들에게 하는 투자이며, 국가의 의무의 일부로 보편적으로 인식된다. 그런 경우, 투자가 타당하다면 공공 지출은 분명히 정당화된다: 즉, 어린이 교육을 중단하거나 항구, 도로 및 공공사업 전반을 소홀히 함으로써 지역 사회가 궁극적으로 부유해지지는 않을 것이다.

① 국가는 납세자에게 투자 계획을 알려야 한다.
② 공공 지출을 줄이면 지역 사회가 더욱 부유해질 것이다.
③ 공공 지출은 적절한 투자를 통해 정당화될 수 있다.
④ 정부는 교육보다는 공공사업에 더 많은 돈을 지출해야 한다.

정답 및 해설

정답 ③

이 글은 국가의 조세 지출에 관한 글이다. 지문의 앞부분에서 국가의 조세 지출은 투자가 될 수 있다는 내용이 나오고, 예를 들어 교육을 언급하고 있다. 그리고 마지막 부분에 주제문(투자가 타당하다면, 공공 지출은 정당화될 수 있다)이 제시되므로 이 글의 요지는 주제문의 내용을 그대로 재표현한 ③ Public expenditure can be justified through a proper investment(공공 지출은 적절한 투자를 통해 정당화될 수 있다)가 정답이다.

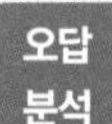

오답 분석

① 투자 계획에 관한 글이 아니므로 소거한다.
② 공공 지출은 줄이는 게 지역 사회를 더 부유하게 한다는 내용은 지문의 내용에 반대되는 것이므로 소거한다.
④ 정부는 교육보다는 공공사업에 더 많은 돈을 지출해야 한다는 것은 지문에 언급되지 않은 내용이므로 소거한다.

04 글의 제목으로 가장 적절한 것은? (18. 지방직 7급)

Healing Touch was developed by Janet Mentgen, a nurse who has used energy-based care in her practice in Colorado since 1980. It incorporated techniques and concepts from ancient Asian healing traditions. The National Institutes of Health(NIH) classifies Healing Touch as a "biofield therapy" because its effects are thought to be a result of manipulation of energy fields around the body. NIH considers Healing Touch and other types of energy medicine among the most controversial of complementary and alternative medicine practices because neither the external energy fields nor their therapeutic effects have been demonstrated convincingly by any biophysical means. Nonetheless, NIH notes on its website that energy medicine is gaining popularity in the marketplace and is now being studied at several academic medical centers. Results of those studies are still pending.

① The Asian Roots of Healing Touch

② Energy Medicine: Popular but Unproven

③ Traditional Treatment vs. Modem Medicine

④ How to Manipulate Energy Fields over the Body

nurse 간호사 practice 업무 incorporate 통합하다 ancient 고대의 classify 분류하다
biofield therapy 생물장 치료법 manipulation 조종 energy field 에너지 장(개인에게 존재하는 정신적 에너지)
controversial 논란의 여지가 있는 complementary 보완적인 therapeutic effect 치료상의 효과
convincingly 설득력 있게 biophysical 생물 물리학적인 means 수단
pending 미결의, 아직 나오지 않은, 곧 있을

지문 분석

소재

1 Healing Touch was developed by Janet Mentgen, / (a nurse (who has used energy-based care in her practice / in Colorado since 1980)). / It incorporated / techniques and concepts (from ancient Asian healing traditions). / The National Institutes of Health(NIH) classifies Healing Touch / as a "biofield therapy" / because its effects are thought / to be a result (of manipulation (of energy fields around the body). /

소재 Healing Touch의 유래

2 NIH considers / Healing Touch and other types of energy medicine / among the most controversial (of complementary and alternative medicine practices) / because neither the external energy fields / nor their therapeutic effects / have been demonstrated convincingly / by any biophysical means. /

부연 증명되지 않은 효과

시그널 주제문

3 Nevertheless, / NIH notes on its website / that energy medicine is gaining popularity in the marketplace / and is now being studied at several academic medical centers. / Results (of those studies) are still pending.

주제문 Nevertheless + 주제문 : 에너지 의학은 인기를 얻고 연구되고 있지만 그 결과는 아직 나오지 않았다.

해석 Healing Touch는 1980년 이래로 콜로라도에서 그녀의 업무에 에너지를 기반으로 하는 치료를 사용해 왔던 Janet Mentgen이라는 간호사에 의해서 개발되었다. 그녀는 고대 아시아의 치료 전통으로부터 기법과 개념을 통합했다. NIH(국립보건연구소)는 Healing Touch의 효과가 신체 주변의 에너지 장의 조절의 결과로 생각되기 때문에 Healing Touch를 생물장 치료법으로 분류한다. 국립보건연구소는 외부 에너지 장이나 그것들의 치료상의 효과가 어떠한 생물 물리학적인 수단으로 설득력 있게 증명되지 않았기 때문에, Healing Touch와 다른 종류의 에너지 의학을 가장 논란의 여지가 있는 보완적이고 대체적인 의료 행위로 여기고 있다. 그럼에도 불구하고 NIS는 에너지 의학이 시장에서 인기를 얻고 있고, 여러 학술의료센터에서 연구되고 있다고 웹사이트에서 언급한다. 이러한 연구의 결과는 아직 나오지 않았다.

① Healing Touch의 아시아 뿌리
② 에너지 의학: 인기있지만, 아직 입증되지 않은
③ 전통적인 치료법 대 현대 의학
④ 신체에 에너지 장을 조정하는 방법

정답 및 해설

정답 ②

이 글은 첫 단락에서 Healing Touch의 유래에 대해서 설명하고, 두 번째 단락에서 효과가 검증되지 않았다고 말하고 있다. 그리고 마지막 단락에서 Nevertheless(그럼에도 불구하고)와 함께 주제문(에너지 의학은 인기를 얻고 있지만, 연구 결과는 아직 나오지 않았다)을 제기하고 있으므로 이 글의 제목은 주제문의 내용을 그대로 압축한 ② Energy Medicine: Popular but Unproven(에너지 의학: 인기있지만, 아직 입증되지 않은)이 정답이다.

오답 분석

① Healing Touch는 고대 아시아의 치료법을 기반으로 했다는 내용이 언급되지만 주제문과는 거리가 멀다. 따라서 소거한다.
③ 전통 치료법과 현대 의학을 비교하는 글이 아니므로 소거한다.
④ Healing Touch는 신체에 에너지 장을 조정하는 것이라는 설명이 나오지만, 이 글이 신체에 에너지 장을 조정하는 방법에 관한 글은 아니므로 소거한다.

05 다음 글을 통해 IQ에 대하여 유추할 수 있는 것은? (16. 사복직 9급)

IQ is a lot like height in basketball. Does someone who is five foot six have a realistic chance of playing professional basketball? Not really. You need to be at least six foot or six one to play at that level, and, all things being equal, it's probably better to be six two than six one, and better to be six three than six two. But past a certain point, height stops mattering so much. A player who is six foot eight is not automatically better than someone two inches shorter. (Michael Jordan, the greatest player ever, was six six after all.) A basketball player only has to be tall enough—and the same is true of intelligence. Intelligence has a threshold.

① IQ is just a myth; it has nothing to do with how smart you are.

② Once your IQ is over a certain level, it may not really matter anymore in terms of intelligence.

③ The higher IQ you have, the more intelligent you must be.

④ The more you practice, the higher your IQ will get.

height 키 basketball 농구 Not really 그렇지 않다 all things being equal 모든 조건이 동일하다면
past ~을 지나면 matter 중요하다, 문제가 되다 after all 결국 automatically 자동적으로 threshold 한계점
myth 근거 없는 통념 have nothing to do with ~와 관련이 없다 in terms of ~의 측면에서 practice 연습하다

지문 분석

소재

1 IQ is a lot like height in basketball. / Does someone (who is five foot six) have a realistic chance / (of playing professional basketball)? / Not really. / You need to be at least six foot or six one / to play at that level, / and, all things being equal, / it's probably better / to be six two than six one, / and better to be six three than six two. /

소재 IQ(농구선수의 키와 비교)

시그널 주제문

2 But past a certain point, / height stops mattering so much. / A player who is six foot eight is not automatically better / than someone two inches shorter. / (Michael Jordan, / the greatest player ever, / as six six after all.) /

주제문 But + 주제문 : 키와 마찬가지로 아이큐도 어느 정도를 넘으면, 중요하지 않다.

3 A basketball player only has to be tall enough / —and the same is true of intelligence. / Intelligence has a threshold.

부연 농구선수의 키와 마찬가지로 IQ에도 한계점이 있다.

해석 아이큐는 농구에서의 키와 매우 비슷하다. 5피트 6인치인 사람이 프로 농구에서 경기를 할 현실적인 가능성이 있을까? 그렇지 않다. 그 수준에서 경기를 하기 위해서 당신은 적어도 6피트나 6피트 1인치가 되어야 하며, 그리고 모든 조건이 동일하다면, 6피트 1인치보다는 6피트 2인치인 것이 아마 더 나을 것이고, 6피트 2인치보다는 6피트 3인치가 더 나을 것이다. 그러나 어느 정도를 넘으면, 키는 그렇게 중요하지 않다. 6피트 8인치인 선수가 2인치 더 작은 사람보다 자동적으로 더 낫지는 않다(역대 가장 위대한 선수인 마이클 조던은 어쨌든 6피트 6인치였다). 농구 선수는 어느 정도 충분히 키가 크기만 하면 된다. 그리고 지능도 마찬가지이다. 지능은 한계점이 있다.

① 아이큐는 근거 없는 통념일 뿐이다. 그것은 당신이 얼마나 똑똑한지와 관련이 없다.
② 일단 당신의 아이큐가 어느 정도를 넘어서면 지능 측면에서 그것은 더이상 그다지 중요하지 않을 수 있다.
③ 당신이 더 높은 아이큐를 가질수록, 당신은 틀림없이 더 똑똑할 것이다.
④ 당신이 더 많이 훈련할수록, 당신은 더 높은 아이큐를 얻게 될 것이다.

정답 및 해설

정답 ②

지문의 초반에 아이큐는 농구에서의 키와 매우 비슷하다고 한 뒤, 프로농구에서 경기를 하려면 키가 큰 것이 더 낫긴 하지만 어느 정도를 넘으면 키가 그렇게 중요하지 않듯이 지능도 이와 마찬가지로 한계점이 있다고 했으므로, 아이큐가 어느 정도를 넘어서면 지능 측면에서 그것은 더 이상 그다지 중요하지 않을 수 있다는 것을 유추할 수 있다. 따라서 정답은 주제문을 가장 잘 반영한 ② Once your IQ is over a certain level, it may not really matter anymore in terms of intelligence(일단 당신의 아이큐가 어느 정도를 넘어서면 지능 측면에서 그것은 더이상 그다지 중요하지 않을 수 있다)이다.

오답 분석

① 아이큐가 근거 없는 통념인지는 언급되지 않았다.
③ IQ가 높을수록 더 똑똑하다는 것은 지문에서 주장하는 바와 거리가 멀다.
④ 더 많이 훈련할수록 더 높은 아이큐를 얻게 될 것인지는 언급되지 않았다.

06 다음 글을 쓴 목적으로 가장 적절한 것은? (14. 지방직 9급)

Last month felt like the longest in my life with all the calamities that took us by surprise. There was only one light at the end of the tunnel, and that light was you. I cannot begin to tell you how much your thoughtfulness has meant to me. I'm sure I was too tired to be thinking clearly, but each time you appeared to whisk my children off for an hour so that I could rest, or to bring a dinner with a pitcher of iced tea, all I knew was that something incredibly wonderful had just happened. Now that we are back to normal, I know that something incredibly wonderful was you. There are no adequate words to express thanks with, but gratefulness will always be in my heart.

① 어려움에 처한 사람을 격려하려고
② 아이들을 돌보아 줄 사람을 찾아 부탁하려고
③ 힘들 때 도와주었던 사람에게 감사하려고
④ 건강이 좋지 않았던 사람의 안부를 물으려고

calamity 재난, 재앙 **by surprise** 불시에 **thoughtfulness** 친절, 사려 깊음 **whisk** 데려가다, 가져가다 **pitcher** 항아리 **incredibly** 믿을 수 없을 정도로 **adequate** 충분한, 적절한 **gratefulness** 감사함

지문 분석

1 Last month / felt like the longest in my life / with all the calamities / that took us by surprise. / There was only one light / at the end of the tunnel, / and that light was you. / I cannot begin to tell you / how much [소재] your thoughtfulness has meant to me. /

소재 your thoughtfulness – 재난으로 힘들 때 당신은 한줄기 빛이었다.

2 I'm sure / I was too tired / to be thinking clearly, / but each time you appeared / to whisk my children off / for an hour / so that I could rest, / or to bring a dinner / with a pitcher of iced tea, / all I knew / was that something incredibly wonderful / had just happened. /

부연 글쓴이가 해 주었던 일 예시 – 휴식, 식사

3 [시그널] Now that we are back to normal, / I know that something incredibly wonderful was you. / [주제문] There are no adequate words / to express thanks with, / but gratefulness will always be / in my heart.

주제문 감사함은 언제나 가슴 속에 간직

해석 우리에게 불시에 일어난 모든 재난들로 지난달은 제 인생에서 가장 긴 것처럼 느껴졌습니다. 터널의 끝에는 단 한 줄기의 빛이 있었고, 그 빛은 당신이었습니다. 당신의 친절이 제게 얼마나 큰 의미였는지를 저는 당신에게 이루 말할 수가 없습니다. 저는 분명히 너무 지쳐서 분명하게 생각할 수가 없었지만, 제가 쉴 수 있도록 당신이 한 시간 동안 제 아이들을 데려가기 위해, 또는 한 주전자의 차가운 차와 함께 저녁 식사를 가져다주기 위해 나타났을 때마다, 제가 알았던 것은 믿을 수 없을 정도로 멋진 무언가가 방금 일어났다는 것뿐이었습니다. 이제 우리는 정상으로 돌아왔기 때문에, 믿을 수 없을 정도로 멋진 무언가가 당신이었다는 것을 저는 압니다. 감사의 뜻을 표현할 충분한 말이 없지만, 감사함은 언제나 제 가슴 속에 있을 것입니다.

정답 및 해설

정답 ③

지문 처음에 글쓴이가 불시에 일어난 재난들로 힘들었을 때, 한 줄기의 빛이 당신이었다고 언급한 뒤, 이어서 그 힘들었던 상황에서 상대방이 글쓴이에게 해 주었던 일들을 떠올리고 있다. 또한 지문 마지막에서 글쓴이는 감사의 뜻을 표현할 충분한 말이 없지만 감사함은 언제나 자신의 가슴 속에 있을 것이라고 했으므로, 이 글의 목적은 주제문 There are no adequate words / to express thanks with, / but gratefulness will always be / in my heart(감사의 뜻을 표현할 충분한 말이 없지만, 감사함은 언제나 제 가슴 속에 있을 것입니다)를 가장 잘 반영한 ③ '힘들 때 도와주었던 사람에게 감사하려고'가 정답이다.

07 다음 글의 요지로 가장 적절한 것을 고르시오. (14. 사복직 9급)

Biologists often say that the tallest tree in the forest is the tallest not just because it grew from the hardiest seed. They say that is also because no other trees blocked its sunlight, the soil around it was rich, no rabbit chewed through its bark, and no lumberjack cut it down before it matured. We all know that successful people come from hardy seeds. But do we know enough about the sunlight that warmed them, the soil where they put down the roots, and the rabbits and lumberjacks they were lucky enough to avoid? They are beneficiary of hidden advantages and extraordinary opportunities and cultural legacies.

① Success comes through the disadvantages.

② Heroes are born in bad circumstances.

③ Success arises out of the accumulation of advantages.

④ Success depends on the efforts of the individual.

biologist 생물학자 hardy 강한 seed 씨앗 block 막다 chew through 갉아서 뚫다 bark 나무껍질 lumberjack 벌목꾼 mature 다 자라다, 발달하다 put down roots 뿌리를 내리다 beneficiary 수혜자 extraordinary 뛰어난 legacy 유산 disadvantage 불이익, 어려움 circumstance 환경 arise out of ~에서 생겨나다 accumulation 축적

지문 분석

1 Biologists often say / that [소재] the tallest tree in the forest / is the tallest not just / because it grew from / the hardiest seed. /

소재 the tallest tree – 가장 큰 나무는 가장 강한 씨앗 때문만은 아니다.

2 They say / that is also / because no other trees blocked its sunlight, / the soil around it / was rich, / no rabbit chewed through its bark, / and no lumberjack cut it down / before it matured. / We all know / that successful people / come from hardy seeds. / But do we know enough / about the sunlight / that warmed them, / the soil / where they put down the roots, / and the rabbits and lumberjacks / they were lucky enough to avoid? /

뒷받침 예시 – 성공의 다른 요인들

3 [주제문] They are beneficiary / of hidden advantages / and extraordinary opportunities / and cultural legacies.

주제문 그들은 숨겨진 이점들과 뛰어난 기회들과 문화적 유산들의 수혜자이다.

해석 생물학자들은 종종 숲에서 가장 키가 큰 나무는 단지 그것이 가장 강한 씨앗으로부터 자랐기 때문에 가장 큰 것만은 아니라고 말한다. 그들은 그것은 또한 다른 나무들이 그것의 햇빛을 막지 않았으며, 그것 주위의 토양이 비옥했고, 토끼가 그것의 나무껍질을 갉아서 뚫지 않았으며, 그리고 다 자라기 전에 벌목꾼이 그것을 베지 않았기 때문이라고 말한다. 우리 모두는 성공한 사람들이 강인한 씨앗으로부터 온다는 것을 알고 있다. 그러나 우리는 그들을 따스하게 해 준 햇빛, 그들이 뿌리를 내린 토양, 그리고 그들이 운 좋게 피한 토끼들과 벌목꾼들에 대해 충분히 알고 있는가? 그들은 숨겨진 이점들과 뛰어난 기회들과 문화적 유산들의 수혜자이다.

① 성공은 어려움을 통해 온다.
② 영웅들은 나쁜 한경에서 태어난다.
③ 성공은 이점들의 축적으로부터 생겨난다.
④ 성공은 개인의 노력에 달려 있다.

정답 및 해설

정답 ③

이 글은 성공한 사람들을 숲의 나무에 빗대어 설명하고 지문 마지막에서 성공한 사람들에게는 그들을 따스하게 해 준 햇빛, 그들이 뿌리를 내린 토양, 그들이 운 좋게 피한 토끼들과 벌목꾼들이 있다고 하며 성공한 사람들은 숨겨진 이점들과 뛰어난 기회들과 문화적 유산들의 수혜자라는 내용을 다루고 있다. 따라서 이 지문의 요지는 ③ Success arises out of the accumulation of advantages(성공은 이점들의 축적으로부터 생겨난다)이다.

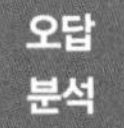

오답 분석

① '성공은 이점의 축적으로 생긴다'는 주제문과 반대되는 내용이다.
② 영웅에 관한 내용이 아니므로 소재를 담지 않은 진술이다.
④ 개인의 노력에 관한 내용이 아니라 주위의 이점이 축적되어서 성공으로 이어진다는 글이므로 논점에서 일탈한 진술이다.

Unit 04

독해 마스터! 기출 지문

양괄식 구조

01 다음 글의 제목으로 가장 적절한 것은? (16. 지방직 9급)

Few words are tainted by so much subtle nonsense and confusion as profit. To my liberal friends the word connotes the proceeds of fundamentally unrespectable and unworthy behaviors minimally, greed and selfishness ; maximally, the royal screwing of millions of helpless victims. Profit is the incentive for the most unworthy performance. To my conservative friends, it is a term of highest endearment, connoting efficiency and good sense. To them, profit is the ultimate incentive for worthy performance. Both connotations have some small merit, of course, because profit may result from both greedy, selfish activities and from sensible, efficient ones. But overgeneralizations from either bias do not help us in the least in understanding the relationship between profit and human competence.

① Relationship Between Profit and Political Parties

② Who Benefits from Profit

③ Why Making Profit Is Undesirable

④ Polarized Perceptions of Profit

어휘

be tainted (평판 등을) 더럽히다 subtle 미묘한 confusion 혼란 liberal 자유 민주적인 connote 함축하다 proceeds 수익금 fundamentally 본질적으로, 완전히 unrespectable 존경스럽지 않은 unworthy (존경을 받을) 자격이 없는 minimally 최소한으로 greed 탐욕 selfishness 이기주의 maximally 최대한으로 royal screw 몹시 가혹한 배반 incentive 장려책 conservative 보수적인 endearment 애정 efficiency 효율성 connotation 함축 merit 가치 result from ~이 원인이다 overgeneralization 과잉 일반화 bias 편견 in the least 조금도 competence 능숙함 political parties 정당 undesirable 바람직하지 않은 polarize 양극화되다 perception 인식

지문 분석

소재

1 Few words are tainted / by so much subtle nonsense / and confusion as profit. /

소재 profit(이익)

주제문

2 To my liberal friends / the word connotes / the proceeds of fundamentally unrespectable / and unworthy behaviors / : minimally, / greed and selfishness ; / maximally, / the royal screwing of millions / of helpless victims. / Profit is the incentive / for the most unworthy performance. /

주제문(관점1) 진보주의자 – 욕심, 이기주의, 배신

주제문

3 To my conservative friends, / it is a term / of highest endearment, / connoting efficiency and good sense. / To them, / profit is the ultimate incentive / for worthy performance. / Both connotations / have some small merit, / of course, / because profit may result from / both greedy, selfish activities / and from sensible, efficient ones. /

주제문(관점2) 보수주의자 – 효율성, 가치 있는 행동의 보상

4 But overgeneralizations from either bias / do not help us / in the least in understanding / the relationship / between profit and human competence.

부연 지나친 일반화는 금물

해석 profit처럼 그렇게 미묘한 허튼소리와 혼동에 의해 오염된 단어는 거의 없다. 나의 진보주의자 친구들에게 그 단어는 근본적으로 존경할 가치가 없고 가치 없는 행동으로부터 나온 이익임을 암시한다: 최소한으로 말하자면, 욕심과 이기주의이고; 최대로 말하자면, 수백만의 힘없는 희생자들을 쥐어짠 지독한 배신이다. profit이란 가장 가치가 없는 행동에 대한 보상이다. 내 보수주의자 친구들에게, 이 단어는 가장 애정 어린 용어로, 효율성과 양식을 암시하고 있다. 그들에게, 이익은 가치가 있는 성과에 대한 궁극적인 보상이다. 이 두 의미는 약간의 작은 장점이 있다. 왜냐하면 이익은 탐욕스럽고, 이기적인 활동과 이성적이고 효율적인 행동 모두에게서 나올 수 있기 때문이다. 그러나 어떤 편견으로부터 지나치게 일반화하는 것은 우리가 이익과 인간의 능숙함 사이의 관계를 이해하는 데 있어 조금도 도움을 주지 않는다.

① 이익과 정당 간의 관계
② 누가 이익으로부터 혜택을 받는가
③ 이익을 내는 것이 바람직하지 않은 이유
④ 양극화된 이익에 대한 인식

정답 및 해설

정답 ④

이 글은 profit에 대한 대조적인 두 가지 관점을 이야기하는 양괄식 구조의 글이다. 진보주의자들은 profit이라는 단어를 '욕심, 이기주의, 배신' 등으로 표현하는 반면, 보수주의자들은 '가장 애정 어린 용어, 효율성, 가치 있는 행동의 궁극적 보상'으로 표현한다며 예를 들어 설명하고 있다. 따라서 이 글의 제목으로는 '양극화(polarized)'라는 단어가 들어간 ④ Polarized Perceptions of Profit(양극화된 이익에 대한 인식)이 적절하다.

오답 분석

① 두 가지 관점에서의 이익을 설명하는 글이지 이익과 정당과의 관계를 설명하는 글이 아니다.
② 누가 이익으로부터 혜택을 보는가에 관한 글이 아니다.
③ 진보주의자 입장에서는 이익을 내는 것이 바람직하지 않지만, 보수주의자 입장에서는 이익은 가치 있는 성과에 대한 보상이라고 했으므로 지문의 내용과는 다르다.

02 다음 글의 제목으로 가장 적절한 것은? (17. 국가직 9급)

Drama is doing. Drama is being. Drama is such a normal things. It is something that we all engage in every day when faced with difficult situations. You get up in the morning with a bad headache or an attack of depression, yet you face the day and cope with other people, pretending that nothing is wrong. You have an important meeting or an interview coming up, so you talk through the issues with yourself beforehand and decide how to present a confident, cheerful face, what to wear, what to do with your hands, and so on. You've spilt coffee over a colleague's papers, and immediately you prepare an elaborate excuse. Your partner has just run off with your best friend yet you cannot avoid going in to teach a class of inquisitive students. Getting on with our day-to-day lives requires a series of civilized masks if we are to maintain our dignity and live in harmony with others.

① Dysfunctions of Drama
② Drama in Our Daily Lives
③ Drama as a Theatrical Art
④ Dramatic Changes in Emotions

normal 보통의, 평범한 **engage in** ~에 참여하다 **headache** 두통 **attack of depression** 우울증의 공격
cope with 다루다, 대처하다 **pretend** ~인 척하다 **come up** 다가오다 **talk through** 끝까지 이야기하다
beforehand 미리 **confident** 자신 있는 **cheerful** 즐거운 **spill** 흘리다, 쏟다 **elaborate** 정교한, 정성들인
excuse 변명, 여유 **run off with** ~와 눈이 맞아 달아나다 **inquisitive** 꼬치꼬치 캐묻는, 탐구심이 많은
day-to-day 나날의 **civilized** 문명화된 **dignity** 존엄성, 위엄, 품위 **in harmony with** ~와 어울려서
dysfunction 역기능, 기능 장애 **theatrical art** 공연 예술 **emotion** 감정

지문 분석

소재 / 주제문

1 Drama is doing. / Drama is being. / Drama is such a normal things. / It is something / that we all engage in every day / when faced with difficult situations. /

소재와 주제문 소재 : Drama(드라마) | 주제문 : 드라마는 매일 하는 것이다.

2 You get up in the morning / with a bad headache / or an attack of depression, / yet you face the day / and cope with other people, / pretending that / nothing is wrong. / You have an important meeting / or an interview coming up, / so you talk through the issues / with yourself beforehand / and decide / how to present a confident, cheerful face, / what to wear, / what to do with your hands, / and so on. / You've spilt coffee over a colleague's papers, / and immediately you prepare an elaborate excuse. / Your partner has just run off / with your best friend / yet you cannot avoid / going in to teach a class / of inquisitive students. /

예시 힘들지만 아무렇지 않은 척 해야 하는 것

주제문

3 Getting on with our day-to-day lives / requires a series of civilized masks / if we are to maintain our dignity / and live in harmony with others.

주제문 강조 매일의 삶이 문명화된 마스크(드라마)를 요구한다.

해석 드라마는 행해지고 있다. 드라마는 존재한다. 드라마는 평범한 것이다. 우리가 어려운 상황을 마주할 때 매일 참여하는 것이다. 당신은 심한 두통이나 우울증의 공격으로 아침에 일어난다. 하지만 당신은 하루를 마주하고 아무런 일도 없다는 듯 행동하며 다른 사람들을 대한다. 당신은 중요한 미팅이나 다가올 인터뷰가 있다. 그래서 당신은 사전에 당신 스스로 이슈에 대해 이야기하며, 어떻게 자신 있고 유쾌한 얼굴을 보이고, 어떤 옷을 입고, 어떤 손짓을 해야 하는지 등을 결정한다. 당신은 친구의 페이퍼(논문)에 커피를 쏟았고, 즉시 당신은 세련된 사과(변명)를 준비한다. 당신의 파트너가 당신의 가장 친한 친구와 바람이 났다고 해서 당신은 탐구심이 많은 학생들이 있는 반에 가르치러 가는 것을 피할 수 없다. 만약 우리가 우리의 존엄함을 유지하고 다른 사람들과의 조화 속에서 살아가기 위해서라면, 매일매일의 삶을 살아나가는 것은 일련의 문명화된 마스크를 요구한다.

① 드라마의 역기능들
② 우리 일상생활 속의 드라마
③ 연극 예술로서의 드라마
④ 감정의 극적인 변화

정답 및 해설

정답 ②

첫 단락에서 드라마의 정의(매일 하는 것이다)를 내리고, 이어서는 예시들을 나열하고, 마지막 단락에서 주제문을 재진술(매일의 삶이 문명화된 마스크를 요구한다)하고 있다. 따라서 이 글의 제목은 ② Drama in Our Daily Lives(우리 일상생활 속의 드라마)가 적절하다.

오답 분석

① 드라마의 역기능은 지문에 언급되지 않았다.
③ 우리의 삶이 한편의 드라마와 같다는 내용이지 예술 분야로서의 드라마를 말하는 것은 아니다.
④ dramatic은 drama의 형용사형이지만 의미는 완전히 다르다. '극적인'이라는 의미이다. 따라서 지문의 내용과 전혀 관련 없는 진술이다.

03 다음 글의 주제로 가장 적절한 것은? (20. 소방직 9급)

Weather plays a big part in determining how far and how fast a forest fire will spread. In periods of drought, more forest fires occur because the grass and plants are dry. The wind also contributes to the spread of a forest fire. The outdoor temperature and amount of humidity in the air also play a part in controlling a forest fire. Fuel, oxygen and a heat source must be present for a fire to burn. The amount of fuel determines how long and fast a forest fire can burn. Many large trees, bushes, pine needles and grass abound in a forest for fuel. Flash fires occur in dried grass, bushes and small branches. They can catch fire quickly and then ignite the much heavier fuels in large trees.

① 산불 확대 요인
② 다양한 화재 유형
③ 신속한 산불 진압 방법
④ 산불 예방을 위한 주의사항

play a big part 중요한 역할을 하다 **forest fire** 산불 **spread** 번지다 **drought** 가뭄 **grass** 잔디 **plant** 식물 **contribute to** ~에 일조하다 **humidity** 습기, 습도 **fuel** 연료 **oxygen** 산소 **heat source** 열원 **bush** 덤불, 관목 **pine needle** 솔잎 **abound** 많이 있다 **flash fire** 돌발 화재 **branch** 나뭇가지 **catch fire** 불이 붙다 **ignite** 불을 붙이다, 점화시키다

지문 분석

1 Weather plays a big part / in determining / how far and how fast a forest fire will spread. / In periods of drought, / more forest fires occur / because the grass and plants are dry. / The wind also contributes / to the spread of a forest fire. / The outdoor temperature and amount of humidity in the air / also play a part / in controlling a forest fire. / Fuel, oxygen and a heat source must be present / for a fire to burn. /

(주제문1: Weather plays a big part / in determining / how far and how fast a forest fire will spread. 소재: a forest fire)

소재와 주제문 소재 : a forest fire(산불) | 주제문 1 : 날씨가 산불이 얼마나 멀리 그리고 얼마나 빠르게 번질 것인지를 결정한다.

2 The amount of fuel determines / how long and fast a forest fire can burn. / Many large trees, bushes, pine needles and grass / abound in a forest / for fuel. / Flash fires occur / in dried grass, bushes and small branches. / They can catch fire quickly / and then ignite the much heavier fuels in large trees.

(주제문2: The amount of fuel determines / how long and fast a forest fire can burn.)

주제문2 주제문 2 : 연료의 양은 산불이 얼마나 오래 그리고 얼마나 빨리 탈 수 있는지를 결정한다.

해석 날씨는 산불이 얼마나 멀리 그리고 얼마나 빨리 번질 것인지를 결정하는 데 중요한 역할을 한다. 가뭄 동안에는, 풀과 식물이 마르기 때문에 더 많은 산불이 일어난다. 바람 또한 산불의 확산에 일조한다. 실외 온도와 대기의 습도량 또한 산불을 제어하는 데 역할을 한다. 불이 타기 위해서는 연료, 산소, 그리고 열원이 존재해야 한다. 연료의 양은 산불이 얼마나 오래 그리고 얼마나 빨리 탈 수 있는지를 결정한다. 수많은 커다란 나무, 덤불, 솔잎, 그리고 풀은 연료로서 숲에 많이 있다. 돌발 화재는 마른 풀, 덤불, 그리고 작은 나뭇가지에서 일어난다. 그것들은 빠르게 불이 붙고 나서 커다란 나무의 훨씬 더 많은 연료에 불을 붙인다.

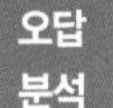

정답 및 해설 **정답 ①**

이 글은 산불 확대 요인에 관한 글이다. 날씨가 산불이 얼마나 멀리 그리고 얼마나 빠르게 번질 것인가를 결정하고, 연료의 양이 산불이 얼마나 오래 그리고 얼마나 빨리 탈 수 있는지를 결정한다고 했으므로 이 글의 주제는 ① '산불 확대 요인'이 가장 적절하다.

오답 분석

② 산불의 확대 요인에 관한 글이지 다양한 화재 유형에 관한 글이 아니다.
③ 산불 진압 방법을 설명하는 글이 아니다.
④ 산불 예방을 위한 주의사항에 관한 글이 아니다.

04 다음 글의 주제로 가장 적절한 것은? (20. 법원직 9급)

In addition to controlling temperatures when handling fresh produce, control of the atmosphere is important. Some moisture is needed in the air to prevent dehydration during storage, but too much moisture can encourage growth of molds. Some commercial storage units have controlled atmospheres, with the levels of both carbon dioxide and moisture being regulated carefully. Sometimes other gases, such as ethylene gas, may be introduced at controlled levels to help achieve optimal quality of bananas and other fresh produce. Related to the control of gases and moisture is the need for some circulation of air among the stored foods.

① The necessity of controlling harmful gases in atmosphere

② The best way to control levels of moisture in growing plants and fruits

③ The seriousness of increasing carbon footprints every year around the world

④ The importance of controlling certain levels of gases and moisture in storing foods

in addition to ~이외에도 **temperature** 온도 **fresh produce** 신선 농산물 **atmosphere** 공기 **moisture** 습기 **dehydration** 건조, 탈수 **storage** 보관 **mold** 곰팡이 **commercial** 상업의 **carbon dioxide** 이산화탄소 **regulate** 규제하다 **ethylene** 에틸렌 **optimal** 최상의 **circulation** 순환 **necessity** 필요성 **harmful gases** 유해 가스 **seriousness** 심각성 **carbon footprint** 탄소 발자국, 이산화탄소의 배출량

지문 분석

1 In addition to controlling temperatures / when handling fresh produce[소재] / control of the atmosphere is important.[주제문] /

소재와 주제문 소재 : 신선한 농산물 보관 시 공기 관리 | 주제문 : 신선한 농산물 보관 시 공기 관리가 중요하다.

2 Some moisture is needed in the air / to prevent dehydration during storage, / but too much moisture can encourage growth of molds. / Some commercial storage units / have controlled atmospheres, / with the levels of / both carbon dioxide and moisture / being regulated carefully. / Sometimes / other gases, / (such as ethylene gas), / may be introduced / at controlled levels / to help achieve optimal quality / (of bananas and other fresh produce). /

뒷받침 습도 조절의 필요성, 가스 조절의 필요성

3 Related to the control of gases and moisture / is the need / (for some circulation of air / (among the stored foods)).[주제문]

주제문 강조 가스와 습도 조절로 공기를 순환한다.

해석 신선한 농산물을 취급할 때 온도를 조절하는 것 이외에도 공기의 관리도 중요하다. 보관 중에 건조를 예방하기 위해 약간의 습기가 공기에 필요하지만, 너무 많은 습기는 곰팡이의 성장을 부추길 수 있다. 일부 상업 저장고는 공기를 관리해 왔고, 이산화탄소의 농도와 습도가 신중하게 조절되었다. 때때로, 에틸렌 가스 같은 다른 가스들이 바나나와 다른 신선한 농산물의 최상의 품질을 얻는 데 도움이 되도록 조절된 수준으로 유입될 수도 있다. 보관된 식품 사이의 공기 순환에 대한 필요성은 가스와 습기의 조절과 관련이 있다.

① 공기 중의 유해 가스를 조절할 필요성
② 식물과 과일을 재배할 때 습도를 조절하는 최상의 방법
③ 세계적으로 해마다 증가하는 탄소 발자국의 심각성
④ 식품 보관에서 가스 농도와 습도 조절의 중요성

정답 및 해설

정답 ④

이 글은 첫 단락에서 신선 농산물 보관 시 공기 관리가 중요하다고 말한 후, 이어지는 문장에서 습도와 가스 조절의 필요성을 언급한 후, 마지막 단락에서 주제문 재진술(신선 식품의 공기 순환을 위해서 가스와 습도 조절이 필요하다)을 하고 있으므로 이 글의 주제는 주제문을 가장 잘 반영한 ④ The importance of controlling certain levels of gases and moisture in storing foods(식품 보관에서 가스 농도와 습도 조절의 중요성)가 적절하다.

오답 분석

① 유해 가스에 관한 글이 아니다.
② 신선 식품 보관을 위해서 가스와 습도 조절이 필요하다는 내용이지, 습도를 조절하는 최상의 방법에 관한 글은 아니다.
③ 탄소 발자국의 심각성을 알리는 글이 아니다.

05 다음 글의 주제로 가장 적합한 것은? (15. 사복직 9급)

It may seem improbable that you can make money by selling to people who don't have much, but companies that have actually bothered to try are flourishing. Hindustan Lever has built a lucrative business in Africa and India selling brand-name consumer goods, from lotion to salt. Casas Bahia, a department-store chain, now sells more than five billion dollars' worth of brand-name electronics and appliances to working-class Brazilians every year. Big companies often disdain what they think of as the low-end market, because they make a lot less money on each sale than they do selling high-end goods. But, because of the sheer size of that market, they can still make a lot of money on it.

① Poor people do not have high standards for their products.

② The objectives of big companies should not be solely based on profits.

③ People in low-end markets can be a great opportunity for large businesses.

④ The individual purchasing power is still very low in the developing countries.

improbable 사실 같지 않은 make money 수익을 얻다 bother 애쓰다, 수고하다 flourish 번창하다 lucrative 수익성이 좋은 brand-new 새로운 electronic 전자 기기 appliance 가정용 기기 disdain 무시하다, 업신여기다 low-end 저가의 high-end 고가의 on each scale 각각의 단위에서 sheer 순전히, 완전히 objective 목표 solely 전적으로 purchasing power 구매력 developing country 개발 도상국

지문 분석

주제문

1 It may seem improbable / that you can make money / by selling to people / who don't have much, / but companies / that have actually bothered to try / are flourishing. /

주제문 돈이 많지 않은 사람들에게 판매함으로써 수익을 낼 수 있다.

2 Hindustan Lever has built lucrative business / in Africa and India / selling brand-name consumer goods, / from lotion to salt. / Casas Bahia, / a department-store chain, / now sells more than five billion dollars' worth of brand-name electronics and appliances / to working-class Brazilians every year. /

예시 저가시장에서 성공한 회사들 소개

소재

3 Big companies often disdain / what they think of / as the low-end market. / because they make a lot less money / on each sale / than they do selling high-end goods. / **But**, because of the sheer size of that market, / they can still make a lot of money on it.

주제문

소재와 주제문 재진술 소재 : low–end market(저가시장) | 주제문 강조 : 저가시장의 엄청난 규모로 인해, 많은 돈을 벌 수 있다.

해석 돈이 많지 않은 사람들에게 판매하여 수익을 얻을 수 있다는 것은 사실 같지 않아 보일 수도 있지만, 실제로 애써 노력한 회사들은 번창하고 있다. Hindustan Lever는 로션부터 소금까지 유명 상표 소비재를 판매하는 수익성이 좋은 사업체를 아프리카와 인도에 설립했다. 백화점 체인인 Casas Bahia는 현재 해마다 노동 계급의 브라질 사람들에게 50억 달러어치 이상의 유명 상표 전자 기기와 가정용 기기들을 판매한다. 대기업들은 고가의 상품을 판매할 때보다 각 판매에서 훨씬 더 적은 돈을 벌기 때문에, 저가시장이라고 생각하는 것들을 종종 무시한다. 그러나 순전히 그 시장의 규모로 인해, 그들은 여전히 그 시장에서 엄청나게 많은 돈을 벌 수 있다.

① 가난한 사람들은 상품에 대해 높은 기준을 가지고 있지 않다.
② 대기업들의 목표가 이익에만 기반을 두어서는 안 된다.
③ 저가시장의 사람들은 대형 사업체에게 훌륭한 기회가 될 수 있다.
④ 개발도상국에서 개인의 구매력은 여전히 매우 낮다.

정답 및 해설

정답 ③

앞부분에서 주제문(돈이 많지 않은 사람들에게 판매해서 수익을 낼 수 있다)을 제시하고, 그 예로, Hindustan Lever와 Casas Bahia를 들고 있다. 그리고 마지막에서 주제문을 재진술(저가시장의 크기로 인해 각 판매 시 수익이 적더라도 엄청나게 많은 돈을 벌 수 있다)하고 있기 때문에 이 글의 주제는 주제문을 가장 잘 반영한 ③ People in low–end markets can be a great opportunity for large businesses(저가시장의 사람들은 대형 사업체에게 훌륭한 기회가 될 수 있다)가 정답이다.

오답 분석

① '가난한 사람들은 상품에 대한 기준이 낮다'라는 것은 언급되지 않았다.
② '대기업의 목표는 이익에만 기반을 두어서는 안 된다'라는 것은 언급되지 않았다.
④ 개발도상국에서 개인의 구매력에 관한 글이 아니다.

Unit 05 독해 마스터! 기출 지문

현상

01 다음 글의 주제로 가장 적절한 것은? (20. 국가직 9급)

For many people, work has become an obsession. It has caused burnout, unhappiness and gender inequity, as people struggle to find time for children or passions or pets or any sort of life besides what they do for a paycheck. But increasingly, younger workers are pushing back. More of them expect and demand flexibility— paid leave for a new baby, say, and generous vacation time, along with daily things, like the ability to work remotely, come in late or leave early, or make time for exercise or meditation. The rest of their lives happens on their phones, not tied to a certain place or time—why should work be any different?

① ways to increase your paycheck
② obsession for reducing inequity
③ increasing call for flexibility at work
④ advantages of a life with long vacations

어휘

obsession 강박 상태 **burnout** 극도의 피로 **unhappiness** 불행 **gender inequity** 성 불공평
struggle to ~하기 위해 분투하다 **passions** 열정, 좋아하는 일 **besides** ~이외에 **paycheck** 급료
flexibility 유연성 **push back** 반발하다 **paid leave** 유급 휴가 **generous** 넉넉한 **along with** ~와 함께
work remotely 재택근무하다 **meditation** 명상 **increasing call for** ~에 대해 증가하는 요구

지문 분석

1 For many people, / work has become an obsession. / It has caused burnout, / unhappiness / and gender inequity, / as people struggle to find / time for children / or passions or pets / or any sort of life / besides what they do for a paycheck. /

현상 많은 이들에게 노동은 강박

2 [소재] But increasingly, / younger workers are pushing back. / [주제문] More of them expect and demand flexibility. [소재] /

소재와 주제문 소재 : flexibility(탄력성) | 주제문 : 점차적으로 젊은 노동자들이 탄력성을 요구한다.

3 — paid leave for a new baby, / say, / and generous vacation time, / along with daily things, / like the ability to work remotely, / come in late / or leave early, / or make time for exercise or meditation. / The rest of their lives / happens on their phones, / not tied to a certain place or time / —why should work be any different?

뒷받침 탄력성의 예시

해석 많은 이들에게 있어서 노동은 강박이 되어 왔다. 이것은 사람들이 그들의 자녀나 좋아하는 일, 애완동물, 또는 급여 명세서를 위해 일하는 것 외의 삶의 어떤 모습을 위해서 시간을 내기 위해 분투하면서 번아웃과 불행, 성차별 등을 일으켜 왔다. 그러나 점차적으로 젊은 노동자들은 반발하고 있다. 많은 젊은이들이 직장에서의 탄력성을 기대하고 요구한다. – 재택근무나 탄력적 업무 시간, 운동이나 명상을 위해 시간을 낼 수 있는 것들과 같은 매일 하는 것들과 함께 유급 육아 휴가, 넉넉한 휴가 기간을 말한다. 삶의 나머지 부분은 특정 시간이나 장소에 구애받지 않고 전화상에서 발생한다. 노동은 왜 달라야만 하는가?

① 급여를 인상하는 방법
② 불평등을 줄이기 위한 강박관념
③ 직장에서의 융통성에 대한 요구의 증가
④ 긴 휴가가 있는 인생의 장점

정답 및 해설

정답 ③

이 글은 소재가 flexibility이고, 주제문은 '점차적으로 많은 노동자들이 탄력성을 요구한다'이다. 따라서 이 글의 제목은 주제문을 가장 잘 반영한 ③ increasing call for flexibility at work(직장에서의 융통성에 대한 요구의 증가)이다.

오답 분석

① 급여를 인상하는 방법에 관한 글이 아니다.
② 불평등을 다루는 글이 아니다.
④ 긴 휴가를 원한다는 내용이 부분적으로 나오지만, 긴 휴가의 장점에 관한 글이 아니다.

02 다음 글의 제목으로 가장 적절한 것은? (19. 기상직 9급)

The need for perfection and the desire for inner tranquility conflict with each other. Whenever we are attached to having something a certain way, better than it already is, we are, almost by definition, engaged in a losing battle. Rather than being content and grateful for what we have, we are focused on what's wrong with something and our need to fix it. When we are zeroed in on what's wrong, it implies that we are dissatisfied, discontent. The solution here is to catch yourself when you fall into your habit of insisting that things should be other than they are. Gently remind yourself that life is okay the way it is, right now. In the absence of your judgment, everything would be fine. As you begin to eliminate your need for perfection in all areas of your life, you'll begin to discover the perfection in life itself.

① Develop Your Compassion
② Make Peace with Imperfection
③ Keys to Living a Less Hectic Life
④ How to Pick Your Battles More Wisely

perfection 완벽 **tranquility** 평안 **conflict** 갈등하다 **be attached to** ~에 집착하다 **by definition** 분명히 **engage** ~에 관여시키다, 사로잡다 **losing battle** 지는 전쟁 **rather than** ~하는 대신에 **content** 만족한 **grateful** 감사하는 **zero in on** ~에 모든 관심을 집중시키다 **imply** 암시하다 **dissatisfy** 언짢게 하다 **discontent** 불만스러운 **fall into** ~에 빠져들다, 시작하다 **insist** 주장하다, 고집하다 **gently remind** 부드럽게 상기시키다 **in the absence of** ~의 부재중에 **eliminate** 제거하다 **compassion** 연민 **make peace with** ~와 화해하다 **imperfection** 불완전 **hectic** 정신없이 바쁜 **pick your battles** 전장을 고르다

지문 분석

1 The need for perfection / and the desire for inner tranquility / conflict with each other. /

소재 The need for perfection(완벽에 대한 필요성)

2 Whenever we are attached / to having something a certain way, / better than it already is, / we are, / almost by definition, / engaged in a losing battle. / Rather than being content and grateful / for what we have, / we are focused / on what's wrong with something / and our need to fix it. / When we are zeroed in / on what's wrong, / it implies / that we are dissatisfied, discontent. /

현상 잘못에 대한 집착은 불만족으로 이어짐(불만족의 원인)

3 The solution here is to catch yourself / when you fall into your habit (of insisting / that things should be other than they are.) / Gently remind yourself / that life is okay the way it is, right now. / In the absence (of your judgment), / everything would be fine. /

해결책 이대로 괜찮다 + 판단하지 않으면 모든 게 순조롭다.

4 As you begin to eliminate / your need (for perfection) / in all areas of your life, / you'll begin to discover the perfection / in life itself.

주제문 완벽에 대한 욕구를 제거하면 삶 자체에서 완벽함을 발견한다.

해석 완벽에 대한 필요성과 내적 평안에 대한 욕구는 서로 대립한다. 우리가 어떤 것을 현재의 상태보다 더 낫게, 특정 방식으로 하는 것에 집착할 때마다 우리는 거의 분명히 승산 없는 싸움에 휘말린 것이다. 우리가 가진 것에 대해 만족하고 감사하기보다, 우리는 무언가에 대해 잘못된 것이 무엇인지와 그것을 고쳐야 한다는 필요성에 집중하게 된다. 우리가 잘못된 것에 모든 관심을 집중시킬 때, 그것은 우리가 못마땅해하고 불만족스럽다는 것을 암시한다. 여기에서 해법은 당신이 상황이 현재와는 달라야 된다고 고집하는 당신의 습관으로 빠져들 때, 당신 자신을 붙잡는 것이다. 삶은 바로 지금 이대로 괜찮다고 부드럽게 당신 자신에게 상기시켜라. 당신의 판단이 없으면, 모든 것은 순조로워질 것이다. 당신이 당신 삶의 모든 분야에서 완벽에 대한 당신의 욕구를 제거하기 시작할 때, 당신은 삶 그 자체에서 완전함을 발견하기 시작할 것이다.

① 당신의 연민을 발현시켜라
② 불완전함과 화해하라
③ 덜 바쁜 삶을 살기 위한 비결
④ 당신의 투쟁을 어떻게 더 현명하게 선별할 것인가

정답 및 해설 **정답 ②**

글의 앞부분에서 현재 상태에 만족하지 않고, 잘못에 대해 집착함으로써 불만으로 이어진다고 말하고 있다. 그리고 해결책(현재 상태를 받아들이고, 판단하지 않으면 모든 게 순조롭다)을 제시하고 마지막에 주제문(완벽에 대한 욕구를 제거하면 삶 자체에서 완벽함을 발견한다)이 있으므로 이 글의 제목은 주제문을 가장 잘 반영한 ② Make Peace with Imperfection(불완전함과 화해하라)이다.

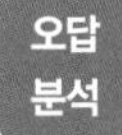

오답 분석

① compassion(연민)에 관한 글이 아니다.
③ 여유로운 삶을 살기 위한 방법에 관한 글이 아니다.
④ battles(투쟁, 전장)에 관한 글이 아니다.

03 다음 글의 주제로 가장 적절한 것은? (17. 지방직 9급)

It is easy to look at the diverse things people produce and to describe their differences. Obviously a poem is not a mathematical formula, and a novel is not an experiment in genetics. Composers clearly use a different language from that of visual artists, and chemists combine very different things than do playwrights. To characterize people by the different things they make, however, is to miss the universality of how they create. For at the level of the creative process, scientists, artists, mathematicians, composers, writers, and sculptors use a common set of what we call "tools for thinking", including emotional feelings, visual images, bodily sensations, reproducible patterns, and analogies. And all imaginative thinkers learn to translate ideas generated by these subjective thinking tools into public languages to express their insights, which can then give rise to new ideas in other's minds.

① distinctive features of various professions

② the commonality of the creative process

③ the difference between art and science

④ obstacles to imaginative thinking

어휘

diverse 다양한 **difference** 차이점 **obviously** 분명히 **poem** 시 **mathematical formula** 수학적 공식 **experiment** 실험 **genetics** 유전학 **composer** 작곡가 **visual artist** 시각 예술가 **chemist** 화학자 **characterize** 특징짓다 **university** 보편성 **playwright** 극작가 **sculptor** 조각가 **what we call** 소위, 이른바 **reproducible** 복제 가능한 **analogy** 비유 **subjective** 주관의, 주관적인 **insight** 통찰력 **give rise to** ~이 생기게 하다 **distinctive** 독특한, 특유의 **feature** 특징, 기능 **commonality** 공통성 **obstacle** 장애

지문 분석

1 It is easy / to look at the diverse things (people produce) / and to describe their [소재] differences / Obviously / a poem is not a mathematical formula, / and a novel is not an experiment (in genetics). /

Composers clearly use a different language / from that (of visual artists), / and chemists combine very different things / than do playwrights. /

소재 differences(차이점) – 수학, 소설, 작곡가, 시각 예술가, 화학자, 극작가들의 차이점

2 To characterize people by the different things (they make), / [시그널] however, / is to miss the [소재] universality (of how they create). /

소재 universality(보편성)

3 [주제문] For at the level (of the creative process), / scientists, artists, mathematicians, composers, writers, and sculptors / use a common set (of what we call "tools for thinking / including emotional feelings, visual images, bodily sensations, reproducible patterns, and analogies). / And all imaginative thinkers / learn to translate ideas (generated by these subjective thinking tools) / into public languages (to express their insights), / which can then give rise to new ideas / in other's minds.

주제문 모든 창의적 사상가들은 자신의 통찰력을 주관적 사고의 도구를 이용해서 대중적인 언어로 번역한다.

해석 사람들이 제작하는 다양한 것들을 보고 그것들의 차이점을 서술하는 것은 쉽다. 확실히 시는 수학적 공식이 아니고 소설은 유전학에서의 실험이 아니다. 작곡가는 분명히 시각 예술가들의 언어와는 다른 언어를 사용하고, 화학자들은 극작가들이 하는 것과 매우 다른 것들을 결합시킨다. 그러나 사람들이 만드는 다양한 것들로 그들을 특징 짓는 것은 그들이 어떻게 창조하는가에 대한 보편성을 놓치는 것이다. 왜냐하면 창조 과정의 단계에서 과학자, 예술가, 수학자, 작곡가, 작가, 그리고 조각가들은 감정, 시각적 이미지, 육체적 감각, 복제 가능한 패턴, 그리고 비유를 포함하는, 소위 우리가 '사고의 도구'라고 하는 공통적인 세트를 사용하기 때문이다. 그리고 모든 창의적인 사상가들은 이러한 주관적인 사고의 도구들로 만들어진 아이디어들을 자신들의 통찰력을 표현하기 위해 대중적인 언어로 번역하는 것을 배우는데, 그것은 다른 사람들의 마음속에 새로운 아이디어가 생겨나게 할 수 있다.

① 다양한 전문 직종의 독특한 특징
② 창조 과정의 공통성
③ 예술과 과학의 차이점
④ 창의적인 사고의 방해물들

정답 및 해설

정답 ②

이 글은 앞부분에 수학, 소설, 작곡, 시각 예술, 화학 등 모든 창의적인 활동들의 차이점을 묘사한 후에, 주제문에서 이 모든 창의적인 활동들은 사고의 도구라는 공통적인 세트를 사용한다는 창조의 공통성에 대해 말하고 있다. 따라서 이 글의 주제는 주제문을 가장 잘 표현한 ② the commonality of the creative process(창조 과정의 공통성)가 정답이다.

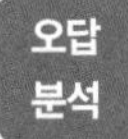

오답 분석

① 이 글은 다양한 전문 직종의 독특한 특징보다는 공통성에 대한 글이다.
③ 차이점이 아닌 공통성에 관한 글이다.
④ 창의적 사고의 방해물에 관한 글이 아니다.

04 다음 글의 제목으로 가장 적절한 것은? (15. 국가직 9급)

America gets 97% of its limes from Mexico, and a combination of bad weather and disease has sent that supply plummeting and prices skyrocketing. A 40-lb. (18kg) box of limes that cost the local restaurateurs about $20 late last year now goes for $120. In April, the average retail price for a lime hit 56 cents, more than double the price last year. Across the U.S., bars and restaurants are rationing their supply or, like Alaska Airlines, eliminating limes altogether. In Mexico, the value spike is attracting criminals, forcing growers to guard their limited supply of "green gold" from drug cartels. Business owners who depend on citrus are hoping that spring growth will soon bring costs back to normal.

① An Irreversible Change in Wholesale Price of Lime
② Mexican Lime Cartel Spreading to the U.S.
③ Americans Eat More Limes than Ever
④ A Costly Lime Shortage

어휘

combination 조합 **supply** 공급량, 비축량 **plummet** 급락하다 **skyrocket** 치솟다 **restaurateur** 식당 경영자 **retail** 소매의 **bar** 술집 **ration** 배급을 주다 **eliminate** 제거하다 **altogether** 완전히 **spike** 급등 **criminal** 범죄자 **drug cartel** 마약 범죄 조직 **citrus** 감귤류 **growth** 재배, 성장 **bring ~ back to normal** ~을 정상으로 돌아오게 하다 **irreversible** 되돌릴 수 없는 **wholesale** 도매의 **spread** 퍼지다 **shortage** 부족

지문 분석

소재 / 주제문

1 America gets 97% of its limes / from Mexico, / and a combination of bad weather and disease / has sent that supply plummeting / and prices skyrocketing. /

소재와 주제문 소재 : limes(라임) | 주제문 : 궂은 날씨와 질병의 결합은 라임 공급량을 급락하게 했고 라임 가격을 치솟게 했다.

2 A 40-lb.(18kg) box of limes / that cost the local restaurateurs / about $20 late last year / now goes for $120. / In April, / the average retail price for a lime / hit 56 cents, / more than double the price last year. /

뒷받침1 가격 하락의 예

3 Across the U.S., / bars and restaurants / are rationing their supply / or, like Alaska Airlines, / eliminating limes altogether. / In Mexico, / the value spike is attracting criminals, / forcing growers to guard their limited supply / of "green gold" from drug cartels. / Business owners / who depend on citrus / are hoping / that spring growth will soon bring costs back to normal.

뒷받침2 부연 설명 – 술집과 식당 그리고 라임 재배자들이 어려움을 겪고 있다.

해석 미국은 라임의 97퍼센트를 멕시코에서 구입하는데, 궂은 날씨와 질병의 결합은 공급량이 급락하고 가격이 치솟게 했다. 작년 하반기에는 지역 식당 경영자들에게 약 20달러를 지출하게 했던 40파운드(18킬로그램)짜리 라임 한 상자는 이제 120달러가 되었다. 4월에는, 라임 한 개의 평균 소매가가 작년 가격의 두 배 이상인 56센트에 이르렀다. 미국 전역에서, 술집과 식당들은 그들의 공급을 할당하거나, 혹은 알래스카 항공사처럼 라임을 (메뉴에서) 완전히 제외하고 있다. 멕시코에서는 이 가격 급등이 범죄자들을 끌어모으고 있어서, 재배자들로 하여금 그들의 제한된 '녹색 금'의 공급량을 마약 범죄 조직들로부터 지켜야 하도록 만들고 있다. 감귤류 과일에 의존하는 사업체 소유주들은 봄철 재배가 곧 가격을 다시 정상으로 돌려놓기를 희망하고 있다.

① 라임 도매가의 되돌릴 수 없는 변동
② 미국으로 퍼지는 멕시코의 라임 범죄 조직
③ 미국인들은 그 어느 때보다 더 많은 라임을 먹는다
④ 값비싼 라임의 부족 사태

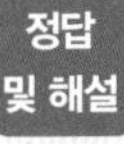

정답 및 해설

정답 ④

지문 처음에 '궂은 날씨와 질병의 결합은 공급량을 급락하게 했고 라임 가격을 치솟게 했다'라는 주제문이 제시되고, 구체적인 가격 상승의 예가 나오고, 그 결과로 라임을 사용하는 술집과 식당, 그리고 라임 재배자들이 어려움을 겪고 있다는 내용이 이어진다. 따라서 글의 제목은 ④ A Costly Lime Shortage(값비싼 라임의 부족 사태)가 적절하다.

오답 분석

① 라임 도매가 변동에 관한 글이 아니다.
② 멕시코 라임 범죄 조직에 관한 글이 아니다.
③ 미국이 97퍼센트의 라임을 멕시코로부터 수입한다는 내용은 나오지만 그 어느 때보다 많은 라임을 먹는다는 내용은 언급되지 않았다.

05 글의 제목으로 가장 적절한 것을 고르시오. (16. 지방직 9급)

The planet is warming, from North Pole to South Pole, and everywhere in between. Globally, the mercury is already up more than 1 degree Fahrenheit, and even more in sensitive polar regions. And the effects of rising temperatures aren't waiting for some far-flung future. They're happening right now. Signs are appearing all over, and some of them are surprising. The heat is not only melting glaciers and sea ice; it's also shifting precipitation patterns and setting animals on the move.

① Preventive Measures Against Climate Change

② Melting Down of North Pole's Ice Cap

③ Growing Signs of Global Warming

④ Positive Effects of Temperature Rise

North Pole 북극 **South Pole** 남극 **mercury** 수은주 **Fahrenheit** 화씨 **sensitive** 민감한
polar region 극지방 **far-flung** 먼, 멀리 떨어진 **glacier** 빙하 **shift** 변화시키다, 바꾸다 **precipitation** 강수량
on the move 이동하는 **preventive** 예방을 위한 **measure** 대책, 조치 **ice cap** 만년설

지문 분석

소재

1 The planet is warming, / from North Pole to South Pole, / and everywhere / in between. Globally, / the mercury is already up more than 1 degree Fahrenheit, / and even more in sensitive polar regions. /

소재 The planet is warming(지구온난화)

주제문

2 And the effects of rising temperatures / aren't waiting for some far-flung future. / They're happening right now. / Signs are appearing all over, / and some of them are surprising. /

주제문 지구온난화의 영향은 먼 미래에 있지 않고 지금 당장 도처에서 일어나고 있으며, 몇몇은 놀랍다.

3 The heat is not only melting glaciers and sea ice; / it's also shifting precipitation patterns / and setting animals on the move.

뒷받침 지구온난화 영향의 예시 – 빙하와 빙해, 강수량 패턴 변화, 동물의 이동

해석 지구는 북극에서 남극까지 그리고 그 사이의 모든 곳에서 따뜻해지고 있다. 전 세계적으로 수은주는 이미 화씨 1도 이상 올랐으며 민감한 극지방에서는 훨씬 더 많이 올랐다. 그리고 상승하는 기온의 영향은 어떤 먼 미래를 기다리고 있지 않다. 그것들은 지금 당장 일어나고 있다. 징후들이 도처에서 나타나고 있으며, 그중 몇몇은 놀랍다. 열기는 빙하와 빙해를 녹이고 있을 뿐만 아니라 또한 강수량의 패턴을 변화시키고 있으며 동물들을 이동하도록 만들고 있다.

① 기후 변화에 대한 예방책
② 북극 만년설의 해빙
③ 지구 온난화의 증가하는 징후
④ 온도 상승의 긍정적 효과

정답 및 해설

정답 ③

이 글은 첫 단락에서 소재(지구온난화)를 제시하고 두 번째 단락에서 주제문(지구 온난화의 영향은 먼 미래에 있지 않고 지금 당장 도처에서 일어나고 있으며, 몇몇은 놀랍다)을 제시하고 마지막 단락에서 지구 온난화 영향의 예시로 '빙하와 빙해, 강수량 패턴 변화, 동물의 이동'을 들고 있다. 따라서 이 글의 제목은 주제문을 가장 잘 반영한 ③ Growing Signs of Global Warming(지구 온난화의 증가하는 징후)이 정답이다.

오답 분석

① 기후 변화의 예방적 조치에 관한 글이 아니다.
② 북극과 남극에서 온난화의 영향으로 빙하와 빙해가 녹고 있다는 것은 온난화 징후의 하나의 예시이다.
④ 온도 상승의 긍정적인 효과는 하나도 언급하고 있지 않다.

06 다음 글의 주제로 가장 적절한 것은? (19. 지방직 7급)

To build houses and communities with the idea of conservation in mind would create an "ecological village" — a human settlement that is sustainable ecologically, economically, culturally, and spiritually. Sustainability is the ability of an ecosystem, a community, or a person to maintain itself over the long term without using up or damaging any essential functions. Many people now believe that working in cooperation with nature is increasingly essential in our human activities in the physical world and that we must respect the needs of nature and the natural system while we respect our human needs.

① analysis of human needs in the age of consumption

② causes of damage to the ecosystem

③ crisis of modern architecture under the threat of new technology

④ ecological village as a sustainable place in cooperation with nature

conservation 보존 in mind ~을 염두해 두고 ecological 생태의, 생태학적인 human settlement 거주지 sustainable 지속 가능한 ecologically 생태적으로 spiritually 정신적으로 sustainability 지속 가능성 ecosystem 생태계 maintain 유지하다 over the long term 장기간에 걸쳐서 use up 고갈시키다, 다 써 버리다 essential 필수적인 cooperation 협력 increasingly 점점 더 physical 실제의, 물리적인 human needs 인간의 필요 analysis 분석 consumption 소비 crisis 위기 architecture 건축

지문 분석

1 To build houses and communities / with the idea of conservation in mind / would create an [소재] "ecological village" / — a human settlement / that is sustainable / [주제문] ecologically, economically, culturally, and spiritually. /

소재와 주제문 소재 : "ecological village"(생태 마을)
주제문 : 생태 마을은 생태적으로, 경제적으로, 문화적으로, 그리고 정신적으로 지속 가능한 인간 거주지이다.

2 Sustainability is the ability of an ecosystem, / a community, or a person / to maintain itself / over the long term / without using up or damaging any essential functions. /

뒷받침1 지속 가능성 설명

3 Many people now believe / that working / in cooperation with nature / is increasingly essential in our human activities / in the physical world / and that we must respect / the needs of nature / and the natural system / while we respect our human needs. /

뒷받침2 부연 설명 – 현재 많은 사람들이 자연과 협력해서 일하는 것이 필요하다고 생각하고 있다.

해석 마음속에 보존에 대한 생각을 염두해 두고 주택과 지역 사회를 건설하는 것은 '생태 마을'을 만드는 것이다 – 이것은 생태적으로, 경제적으로, 문화적으로, 그리고 정신적으로 지속 가능한 인간의 거주지이다. 지속 가능성은 어떠한 필수적인 기능을 고갈하거나 손상시키지 않고 그 자체를 오랜 기간에 걸쳐 유지하는 생태계, 지역 사회, 또는 개인의 능력이다. 현재 많은 사람들은 자연과 협력해서 일하는 것이 실제 세계에서 인간의 활동에 있어서 점점 더 필수적이고, 우리는 인간의 욕구를 존중하는 동시에 자연과 자연 시스템의 필요성을 존중해야 한다고 생각한다.

① 소비의 시대에서 인간의 욕구에 대한 분석
② 생태계 파괴의 원인
③ 새로운 기술의 위협하에서 현대 건축의 위기
④ 자연과 협력하는 지속 가능한 장소로서의 생태 마을

정답 및 해설 **정답 ④**

이 글은 소재(생태 마을)에 관한 글이고, 주제문에서 '생태 마을은 생태적으로, 경제적으로, 문화적으로, 그리고 정신적으로 지속 가능한 인간 거주지이다'라고 설명하고 있다. 이어지는 글에서 지속 가능성에 대해 설명하고 있고 현재 많은 사람들이 자연과 협력해서 일하는 것이 필요하다고 생각하고 있다고 말하고 있으므로 이 글의 주제는 소재와 주제문을 그대로 반영한 ④ ecological village as a sustainable place in cooperation with nature(자연과 협력하는 지속 가능한 장소로서의 생태 마을)이 정답이다.

오답 분석
① 소비의 시대는 소재가 맞지 않다.
② 생태계 파괴의 원인에 관한 글이 아니다.
③ 현대 건축의 위기 역시 소재가 벗어나는 것으로 소거해야 한다.

07 다음 글의 요지로 가장 적절한 것은? (19. 지방직 7급)

There are millions of people today who are able and eager to work but are unemployed. In this time of high unemployment, putting job satisfaction before job security is a luxury most people can't afford. For example, a friend of mine gave up a secure secretarial job to find work that was more rewarding and exciting. That was five years ago. She is still not employed full-time. If she wanted to return to her old job, she would no longer be qualified, since the company now requires computer skills. She risked job security to look for more interesting work, and she lost. She's not only having a hard time making ends meet, but she also has none of the ordinary job benefits, such as medical insurance or a pension plan.

① Job security can be achieved by learning new skills.

② It is wiser these days for people to choose job security.

③ Presently, job satisfaction is of great importance to most of the unemployed.

④ Today it is inevitable for job seekers to take some risks for a better income

eager 간절히 ~하고 싶어 하는 **unemployed** 직업이 없는 **unemployment** 실업
put ~ before ~를 ~보다 우선시하다 **luxury** 사치 **afford** ~할 여유가 있다 **give up** 포기하다 **secure** 안정된
secretarial 비서의 **rewarding** 보람이 있는 **qualified** 자격이 있는 **risk** ~을 걸다
make ends meet 겨우 먹고 살 만큼 벌다 **ordinary** 보통의 **job benefits** 고용이 주는 혜택 **insurance** 보험
pension 연금 **achieve** 이루다 **inevitable** 불가피한, 필연적인 **take risk** 위험을 감수하다

지문 분석

1 There are millions of people today / who are able and eager to work / but are unemployed. / In this time of high unemployment, / putting job satisfaction before [job security] (소재) / is a luxury / most people can't afford. (주제문) /

소재와 주제문 소재 : job security(직업 보장)

주제문 : 실업률이 높은 시기에, 고용 보장보다 직업 만족도를 우선시하는 것은 사치이다.

2 For example, / a friend of mine / gave up a secure secretarial job / to find work / (that was more rewarding and exciting.) / That was five years ago. / She is still not employed full-time. / (If she wanted to return to her old job,) / she would no longer be qualified, / (since the company now requires computer skills.) / She risked job security / to look for more interesting work, / and she lost. / She's not only having a hard time / making ends meet, / but she also has / none of the ordinary job benefits, / (such as medical insurance or a pension plan).

예시 흥미로운 일을 찾기 위해서 고용 보장을 포기한 친구 이야기(힘든 시간을 보내고 있다)

해석 오늘날 일할 능력이 있고, 간절히 일하고 싶어 하지만 직업이 없는 수백만의 사람들이 있다. 이러한 높은 실업률의 시대에, 고용 보장보다 직업 만족도를 우선시하는 것은 대부분의 사람들이 부릴 수 없는 사치이다. 예를 들어, 나의 친구는 더욱 보람이 있고 흥미로운 일을 찾기 위해 안정된 비서 일을 포기했다. 그것은 5년 전이었다. 그녀는 여전히 정규직으로 고용되지 않았다. 만약 그녀가 그녀의 예전 직업으로 돌아가기를 원한다면, 그 회사가 이제 컴퓨터 기술을 요구하기 때문에 그녀는 더 이상 자격이 되지 않을 것이다. 그녀는 더 흥미로운 일을 찾기 위해 고용 보장을 걸었고, 그녀는 (그것을) 잃었다. 그녀는 겨우 먹고 살 만큼 버는 데 힘든 시간을 보내고 있을 뿐만 아니라, 의료 보험이나 퇴직 연금 제도와 같은 일반적인 직장 혜택의 어떤 것도 받지 않는다.

① 고용 보장은 새로운 기술을 배움으로써 이루어질 수 있다.
② 사람들이 고용 보장을 선택하는 것이 요즘에는 더 현명하다.
③ 현재, 직업 만족도는 대부분의 직업이 없는 사람들에게 매우 중요하다.
④ 오늘날 구직자들이 더 많은 수입을 위해 몇몇 위험을 감수하는 것은 불가피한 것이다.

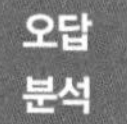

정답 및 해설 **정답 ②**

이 글은 고용 보장을 강조하는 글로, 첫 단락에 주제문(요즘 같이 높은 실업률의 시기에는, 고용 보장보다 직업 안정도를 우선시하는 것은 대부분의 사람들에게 사치이다–고용 보장이 더 중요하다)을 제시하고 있고, 이어지는 글에서 흥미로운 일을 찾기 위해 고용 보장을 포기하고 힘든 시간을 보내고 있는 친구의 이야기를 예시로 들면서 뒷받침하고 있다. 따라서 이 글의 요지는 ② It is wiser these days for people to choose job security(사람들이 고용 보장을 선택하는 것이 요즘에는 더 현명하다)이다.

오답 분석

① 고용 보장을 얻을 수 있는 방법에 관한 글이 아니다.
③ 직업 만족도에 관한 글이 아니다.
④ 더 많은 수입을 위해 위험을 감수하는 것이 불가피하다는 것은 지문에서 언급된 사실이 아니다.

Unit 06

독해 마스터! 기출 지문

정의

01 다음 글의 제목으로 가장 적절한 것은? (21. 지방직 9급)

The definition of 'turn' casts the digital turn as an analytical strategy which enables us to focus on the role of digitalization within social reality. As an analytical perspective, the digital turn makes it possible to analyze and discuss the societal meaning of digitalization. The term 'digital turn' thus signifies an analytical approach which centers on the role of digitalization within a society. If the linguistic turn is defined by the epistemological assumption that reality is constructed through language, the digital turn is based on the assumption that social reality is increasingly defined by digitalization. Social media symbolize the digitalization of social relations. Individuals increasingly engage in identity management on social networking sites(SNS). SNS are polydirectional, meaning that users can connect to each other and share information.

* epistemological 인식론의

① Remaking Identities on SNS
② Lingidstic Turn Versus Digital Turn
③ How to Share Information in the Digital Age
④ Digitalization Within the Context of Social Reality

어휘

definition 정의 **cast** 던지다, 제시하다 **digital turn** 디지털 전환 **analytic** 분석적인 **digitalization** 전산화 **perspective** 관점 **signify** 의미하다 **linguistic turn** 언어론적 전환(현대의 철학적 방법론 중 하나. 현대철학이 기호논리학이나 언어철학을 기반으로 문제의 해명을 논리분석과 언어분석에서 찾는 동향을 가리킨다) **epistemological** 인식론의 **symbolize** 상징하다 **identify management** 계정 관리 **polydirectional** 다방향의

지문 분석

소재 / 주제문

1 The definition of 'turn' / casts the digital turn / as an analytical strategy / (which enables us to focus on the role of digitalization (within social reality.) (As an analytical perspective,) the digital turn makes it possible / to analyze and discuss / the societal meaning of digitalization. / The term 'digital turn' thus signifies / an analytical approach (which centers on the role of digitalization) (within a society.)

소재와 주제문 소재 : digital turn(디지털 전환)

주제문 : 디지털 전환은 사회적 현실에서 디지털화의 역할을 강조한다.

2 If the linguistic turn is defined / by the epistemological assumption / that reality is constructed through language, / the digital turn is based on the assumption that / social reality is increasingly defined by digitalization. /

부연1 언어적 전환 : 언어를 통한 현실의 구현 | 디지털 전환 : 사회적 현실이 점점 더 디지털화되는 것

3 Social media symbolize / the digitalization of social relations. / Individuals increasingly engage in identity management / on social networking sites(SNS). / SNS are polydirectional, / meaning that / users can connect to each other / and share information.

부연2 소셜 미디어는 디지털화를 상징한다.

해석 '전환'이라는 용어의 정의는 디지털 전환을 우리가 사회적 현실에서 디지털화의 역할에 집중할 수 있도록 하는 분석 전략으로 제시한다. 분석적 관점으로서, 디지털 전환은 디지털화의 사회적 의미를 분석하고 토론하는 것을 가능하게 한다. 따라서 '디지털 전환'이라는 용어는 한 사회 내에서 디지털화의 역할에 초점을 맞춘 분석적 접근 방식을 의미한다. 만약 언어적 전환이 언어를 통해 현실이 구성된다는 인식론적 가정에 의해 정의된다면, 디지털 전환은 사회적 현실이 점점 디지털화에 의해 정의된다는 가정에 기초한다. 소셜 미디어는 사회적 관계의 디지털화를 상징한다. 개인들이 소셜 네트워킹 사이트(SNS)에서 신원 관리를 하는 경우가 늘고 있다. SNS는 다방향적인데, 그것은 사용자가 서로 접속해 정보를 공유할 수 있는 것을 의미한다.

① SNS에서의 정체성 재구성
② 언어적 전환 대 디지털 전환
③ 디지털 시대에서의 정보 공유 방법
④ 사회적 현실의 맥락 안에서 디지털화

정답 및 해설 **정답 ④**

이 글은 digital turn이라는 용어의 의미를 정의하면서 social reality에서 이것이 어떤 의미를 갖는지를 설명하고 있다. 글의 중반부에 나오는 linguistic turn(언어적 전환)이라는 용어는 현대철학에서 많이 사용되는 용어로, digital turn의 의미를 설명하기 위해 가져온 것이기 때문에 이 두 가지 개념을 비교하거나 대조하는 글이 아니다. 따라서 정답은 주제문을 그대로 반영한 ④이다.

02 다음 글의 제목으로 가장 적절한 것은? (17. 지방직 9급)

Fear and its companion pain are two of the most useful things that men and animals possess, if they are properly used. If fire did not hurt when it burnt, children would play with it until their hands were burnt away. Similarly, if pain existed but fear did not, a child would bum himself again and again, because fear would not warn him to keep away from the fire that had burnt him before. A really fearless soldier —-and some do exist——is not a good soldier, because he is soon killed; and a dead soldier is of no use to his army. Fear and pain are therefore two guards without which human beings and animals might soon die out.

① Obscurity of Fear and Pain in Soldiers

② Indispensability of Fear and Pain

③ Disapproval of Fear and Pain

④ Children's Association with Fear and Pain

companion 동반자 possess 소유하다 exist 존재하다 warn 경고하다 keep away from ~을 멀리하다 soldier 병사, 군인 be of no use to ~에게 쓸모 없는 obscurity 모호함 indispensability 필수불가결한 일 disapproval 반감 association 연관성

지문 분석

소재 / 주제문

1 Fear and its companion pain / are two of the most useful things / (that men and animals possess,) / (if they are properly used.) /

소재와 주제문 소재 : fear and pain(두려움과 고통) | 주제문 : 적절하게 이용된다면, 두려움과 고통은 유용한 것이다.

2 (If fire did not hurt when it burnt,) / children would play / with it / until their hands / were burnt away. / Similarly, / (if pain existed / but fear did not,) a child would burn himself / again and again, / because fear would not warn him / to keep away from the fire / (that had burnt him before.) / A really fearless soldier / —-and some do exist— / is not a good soldier, / because he is soon killed; / and a dead soldier / is of no use to his army. /

예시 아이 – 불, 병사 – 두려움

시그널 / 주제문

3 Fear and pain / are **therefore** two guards / without which / human beings and animals might soon die out.

therefore + 결론(주제문 강조) : 두려움과 고통이 없다면 인간과 동물은 멸종될 것이다.

해석 만일 적절하게 이용된다면, 두려움과 동반하는 고통은 인간과 동물이 지닌 가장 유용한 두 가지이다. 만일 불이 탈 때 고통을 주지 않는다면 아이들은 그들의 손이 타서 없어질 때까지 그것을 가지고 놀 것이다. 유사하게 두려움이 이전에 그를 태웠던 불을 멀리하도록 경고하지 않을 것이기 때문에 만일 고통은 있지만 두려움이 없다면 아이는 반복적으로 자신을 태울 것이다. 정말로 두려움이 없는 병사는 – 일부 그런 병사가 진정으로 존재하는데 – 훌륭한 병사가 아니다. 왜냐하면 그는 곧 죽임을 당하기 때문이다. 그리고 죽은 병사는 그의 군대에서 쓸모가 없다. 그러므로 두려움과 고통은 그것이 없다면 인간과 동물이 곧 죽어 없어질 두 개의 보호물이다.

① 병사들의 두려움과 고통의 불명확함
② 두려움과 고통의 불가결함
③ 두려움과 고통에 대한 반감
④ 두려움과 고통과 아이들의 연관성

정답 및 해설

정답 ②

이 글은 고통과 두려움에 관한 글로, 첫 단락에 주제문(두려움과 동반하는 고통은 인간과 동물이 지닌 가장 유용한 두 가지이다)을 제시하고, 그 예로 아이와 병사를 들고 있다. 그리고 마지막 단락에서 주제문 반복(두려움과 고통은 그것이 없다면 인간과 동물이 곧 죽고 없어지게 될 두 개의 보호물이다)을 통해 주제문을 강조하고 있다. 따라서 이 글의 제목은 주제문을 가장 잘 반영한 ② Indispensability of Fear and Pain(공포와 고통의 불가결함)이다.

오답 분석

선택지 모두 소재인 fear and pain을 포함하고 있으므로 내용을 확인해야 한다.
① 두려움과 고통의 불명확함에 대한 글이 아니다.
③ 두려움과 고통의 반감을 말하는 글이 아니다.
④ 만약 아이가 불에 대한 두려움이 없다면 반복적으로 자신을 태울 것이라는 것은 하나의 예시이다.

03 다음 글의 제목으로 가장 적절한 것은? (12. 국가직 9급)

Taking time to clear your mind through meditation can boost your spirits and your immunity. Psychologist, Richard Davidson, gave 40 people a flu vaccine. Half of them followed a regular meditation schedule for an hour a day, six days a week. The others just got the vaccine. After eight weeks, the meditators had higher levels of flu-fighting antibodies than those who didn't meditate. They were also better able to deal with stress and had increased activity in the area of the brain linked to good moods. "Meditation produces measurable biological changes in the brain and body," says Davidson. "It is safe and can be of great benefit."

① Relationship between Flu Vaccine and Antibody

② Process of Forming Immune System

③ Length of Meditation and Stress

④ Positive Effects of Meditation

take the time to R 시간 내어서 ~하다 **meditation** 명상 **boost** 늘리다, 증가하다 **immunity** 면역력 **psychologist** 심리학자 **flu** 독감 **antibody** 항체 **deal with stress** 스트레스를 다루다 **be able to** ~할 수 있다 **measurable** 측정할 수 있는 **biological** 생물학적인 **benefit** 이익, 도움 **flu vaccine** 독감 백신 **length** 길이

지문 분석

주제문 소재

1 Taking time / to clear your mind / through meditation / can boost your spirits and your immunity. /

소재와 주제문 소재 : meditation(명상) | 주제문 : 명상은 영혼과 면역력 신장

2 Psychologist, Richard Davidson, / gave 40 people a flu vaccine. / Half of them / followed a regular meditation schedule / for an hour a day, six days a week. / The others just got the vaccine. /

뒷받침 명상 실험

3 After eight weeks, / the meditators had higher levels / of flu-fighting antibodies / than those / who didn't meditate. / They were also better able to deal with stress / and had increased activity / in the area of the brain / linked to good moods. / "Meditation produces measurable biological changes / in the brain and body," / says Davidson. / "It is safe and / can be of great benefit.'

실험 결과 1. 독감과 싸우는 항체 보유 2. 스트레스 대처 3. 좋은 기분

해석 시간을 내어서 명상을 통해 당신의 마음을 정리하는 것은 당신의 영혼과 면역력을 신장시킬 수 있다. 심리학자 Richard Davidson은, 40명의 사람들에게 독감 백신을 놨다. 그들 중 반은 하루에 한 시간씩, 일주일에 6일, 규칙적인 명상 스케줄을 따랐다. 다른 사람들은 백신만 맞았다. 8주 뒤, 명상을 했던 사람들은 그렇지 않은 사람들보다 더 높은 레벨의 독감과 싸우는 항체를 가지고 있었다. 그들은 또한 스트레스를 더 잘 다룰 수 있었고 좋은 기분과 연결된 뇌의 영역에서의 활동이 증가했다. "명상은 뇌와 신체에서 측정 가능한 생물학적 변화를 만들어 냅니다" Davidson은 말한다. "그것은 안전하며 큰 도움이 될 수도 있습니다"

① 독감 백신과 항체 사이의 관계
② 면역 체계를 형성하는 과정
③ 명상과 스트레스의 길이
④ 명상의 긍정적 효과

정답 및 해설

정답 ④

이 글의 소재는 meditation이고 첫 단락에서 주제문(명상은 영혼과 면역력을 신장시킨다)이 제시되고, 이를 뒷받침하기 위해서 실험 결과를 제시하고 있다. 실험 결과로 확인된 명상의 좋은 점은 1. 독감과 싸우는 항체 보유 2. 더 나은 스트레스 대처 3. 좋은 기분을 관리하는 뇌의 활동 증가를 들며 설명하고 있으므로, 이 글의 제목은 ④ Positive Effects of Meditation(명상의 긍정적 효과)이 가장 적절하다.

오답 분석

① 소재인 명상이 빠져 있어서 소거한다.
② 역시 소재인 명상이 빠져 있고, 면역 체계를 형성하는 과정을 다루는 글이 아니다.
③ 소재인 명상을 포함하고 있지만, 명상과 스트레스의 길이에 관한 글이 아니다.

04 〈보기〉 글의 요지로 가장 적절한 것은? (18. 서울시 9급)

Feelings of pain or pleasure or some quality in between are the bedrock of our minds. We often fail to notice this simple reality because the mental images of the objects and events that surround us, along with the images of the words and sentences that describe them, use up so much of our overburdened attention. But there they are, feelings of myriad emotions and related states, the continuous musical line of our minds, the unstoppable humming of the most universal of melodies that only dies down when we go to sleep, a humming that turns into all-out singing when we are occupied by joy, or a mournful requiem when sorrow takes over.

① Feelings are closely associated with music.

② Feelings are composed of pain and pleasure.

③ Feelings are ubiquitous in our minds.

④ Feelings are related to the mental images of objects and events.

pain 고통 **pleasure** 즐거움 **quality** 성질 **in between** 그 사이에 있는 **bedrock** 기반 **object** 사물 **event** 사건 **surround** 에워싸다 **use up** 다 써 버리다 **mental image** 심상 **overburdened** 과부하가 걸린 **attention** 주의 **myriad** 무수한, 다양한 **state** 상태 **musical line** 노래 가사 **unstoppable** 멈출 수 없는 **the most universal of the melodies** 가장 보편적인 선율 **all-out** 총력을 기울인 **occupy** 차지하다 **mournful** 애도하는 **requiem** 진혼곡 **sorrow** 슬픔 **take over** 점거하다 **be composed of** ~로 구성된 **ubiquitous** 편재하는, 어디에나 존재하는

소재 / 주제문

1 Feelings (of pain or pleasure / or some quality (in between)) / are the bedrock (of our minds). /

소재와 주제문 소재 : Feelings(감정들) | 주제문 : 고통과 쾌락과 같은 감정들은 우리 마음의 기반이다.

2 We often fail to notice this simple reality / because the mental images / (of the objects) and events / (that surround us), / along with the images (of the words and sentences / that describe them), / use up so much / (of our overburdened attention). /

부연 우리 주변의 사건들이나 심상들로 인해 많은 주의가 소모적으로 분산되므로 잘 깨닫지 못한다.

시그널 / 주제문

3 But there they are, / feelings (of myriad emotions and related states), / the continuous musical line (of our minds), / the unstoppable humming / (of the most universal of melodies / (that only dies down when we go to sleep), / a humming (that turns into all-out singing / when we are occupied by joy, / or a mournful requiem / when sorrow takes over).

주제문 강조 그러나 늘 거기에 있다.

해석 고통이나 쾌락 또는 그 사이의 어느 특성에 대한 감정들은 우리 마음의 기반이다. 우리는 종종 이 단순한 현실을 알아차리지 못하는데, 우린 주변을 에워싼 사물들과 사건들의 심상들이 그것들을 묘사하는 단어들과 문장들의 심상들과 더불어 과부하가 걸린 우리 주의력의 너무 많은 부분을 소모하기 때문이다. 그러나 거기에 그것들이, 즉 무수한 감성들과 그와 연관된 상태들의 감정들, 계속 이어지는 우리 마음의 노래 가사, 막을 수 없이 나와서 우리가 잠들어야만 겨우 잦아드는 가장 보편적인 선율들의 허밍, 우리가 기쁨에 사로잡힐 때 전력을 다하는 노래가 되거나 슬픔이 점거할 때 애도의 진혼곡이 되는 허밍이 있다.

① 감정들은 음악과 밀접하게 관련이 있다.
② 감정들은 고통과 쾌락으로 구성된다.
③ 감정들은 우리 마음 어디에나 존재한다.
④ 감정들은 사물들과 사건들의 심상과 관련이 있다.

정답 및 해설

정답 ③

이 글은 감정에 관한 글인데, 앞부분에 주제문(고통과 쾌락과 같은 감정은 우리 마음의 기반이다)을 제시하고, 우리 주변의 사건들이나 심상으로 인해 많은 주의가 소모적으로 분사되므로 잘 깨닫지 못할 뿐이지 '감정은 항상 거기 있다'라고 마지막에 주제문을 재진술하고 있다. 따라서 이 글의 요지는 ③ Feelings are ubiquitous in our minds(감정들은 우리 마음 어디에나 존재한다)이다.

오답 분석

① 감정은 우리 마음에 항상 존재하는데 음악으로 표현될 수 있는 것을 예를 들고 있지만, '감정과 음악이 밀접하게 관련이 있다'라는 내용은 언급되지 않았다.
② 지문 중간에 무수히 많은 감정이 있다고 했으므로 사실과 다르다.
④ 사물과 사건들의 심상으로 주의가 분산되어서 감정을 잘 깨닫지 못한다는 내용이 나오지만 '감정이 사물과 사건들의 심상과 관련이 있다'라는 내용은 제시되지 않았다.

05 다음 글의 요지로 가장 적절한 것은? (17. 지방직 9급)

Novelty-induced time expansion is a well-characterized phenomenon which can be investigated under laboratory conditions. Simply asking people to estimate the length of time they are exposed to a train of stimuli shows that novel stimuli simply seem to last longer than repetitive or unremarkable ones. In fact, just being the first stimulus in a moderately repetitive series appears to be sufficient to induce subjective time expansion. Of course, it is easy to think of reasons why our brain has evolved to work like this — presumably novel and exotic stimuli require more thought and consideration than familiar ones, so it makes sense for the brain to allocate them more subjective time.

① Response to stimuli is an important by-product of brain training.

② The intensity of stimuli increases with their repetition.

③ Our physical response to stimuli influences our thoughts.

④ New stimuli give rise to subjective time expansion.

novelty 새로움 **induce** 유발하다, 유도하다 **expansion** 확장, 증대 **phenomenon** 현상 **investigate** 연구하다 **condition** 환경 **estimate** 추정하다 **length of time** 시간의 길이 **a train of** 일련의 **stimulus** 자극 **novel** 새로운 **repetitive** 반복적인 **unremarkable** 평범한 **moderately** 적당히 **sufficient** 충분한 **subjective** 주관적인 **evolve** 진화하다 **presumably** 아마 **exotic** 색다른, 이국적인 **make sense** 이치에 맞다 **consideration** 숙고, 사려 **allocate** 할당하다 **by-product** 부산물, 부차적 결과 **intensity** 강도 **repetition** 반복 **physical** 신체적인 **give rise to** 유발하다, 야기시키다

지문 분석

[소재] [주제문]

1 Novelty-induced time expansion / is a well-characterized phenomenon / (which can be investigated / under laboratory conditions). /

소재와 주제문 소재 : Novelty-induced time expansion(새로움에 의해 유발되는 시간 확장)

주제문 : 새로움에 의해 유발되는 시간 확장은 실험실 환경에서 잘 특징지어진 현상이다.

2 Simply asking people / to estimate the length of time / (they are exposed to a train of stimuli) shows / that [주제문] novel stimuli simply seem to last longer / than repetitive or unremarkable ones. /

주제문 새로운 자극이 반복적이거나 평범한 자극들보다 더 오래 지속된다.

[시그널]

3 In fact, / just being the first stimulus / in a moderately repetitive series / appears to be sufficient / to induce subjective time expansion. / Of course, / it is easy to think of reasons / (why our brain has evolved to work like this) / - presumably / novel and exotic stimuli / require more thought and consideration / than familiar ones, / so it makes sense / for the brain to allocate them more subjective time.

부연 설명 이유 – 새로운 자극이 더 많은 생각과 숙고를 필요로 해서 더 많은 주관적 시간을 할당한다.

해석 새로움에 의해 유발되는 시간 확장은 실험실 환경에서 연구될 수 있는 잘 특징지어진 현상이다. 단지 사람들에게 일련의 자극에 노출된 시간의 길이를 추정하도록 요구하는 것조차도 새로운 자극이 반복적이거나 평범한 자극들보다 더 오래 지속되는 것 같다는 것을 보여 준다. 사실 적당히 반복적으로 연속되는 것에서 단지 첫 번째 자극이 되는 것이 주관적인 시간 확장을 유발하기에 충분한 것으로 보인다. 물론 우리의 뇌가 왜 이렇게 작용하도록 진화된 이유를 생각해 보는 것은 쉽다 – 아마 새롭거나 색다른 자극은 친숙한 것보다 더 많은 생각과 숙고를 필요로 해서 뇌가 새롭고 색다른 자극에 더 많은 주관적 시간을 할당한다는 것은 일리가 있다.

① 자극에 반응하는 것은 두뇌 훈련의 중요한 부차적 결과이다.
② 자극의 강도는 자극의 반복과 함께 증가한다.
③ 자극에 대한 우리의 신체적 반응은 우리의 사고에 영향을 준다.
④ 새로운 자극은 주관적인 시간 확장이 생기게 한다.

정답 및 해설

정답 ④

이 글은 Novelty–induced time expansion(새로움에 유발되는 시간 확장)에 관한 것으로 두 번째 단락에 주제문(새로운 자극이 반복적이거나 평범한 자극들보다 더 오래 지속되는 것 같다)을 제시하고 In fact 뒤에 주제문을 재진술(첫 번째 자극이 주관적인 시간 확장을 유발한다)로 강조하고 있다. 따라서 이 글의 요지는 주제문 재진술을 그대로 반영한 ④ New stimuli give rise to subjective time expansion(새로운 자극은 주관적인 시간 확장이 생기게 한다)이 정답이다.

오답 분석

① 두뇌 훈련에 관한 글이 아니다.
② 반복적인 자극보다는 첫 번째 자극이 더 오래 지속된다는 내용이 나오므로 사실과 다른 진술이다.
③ 자극에 대한 우리의 신체적 반응에 관한 글이 아니다.

06 글의 제목으로 가장 적절한 것은? (16. 국가직 7급)

If you're faced with a complicated problem, it is very tempting to chop it up into a lot of simple problems, and then knock them off one by one. It is sometimes claimed that if you have solved all the simple problems you've solved the whole thing. That's reductionism in a nutshell. And as a methodology it works extremely well. In my discipline, which is physics, it's had some amazing successes. Look at the world about us, just see how complicated it is, the richness and diversity of nature. How are we ever to come to understand it? Well, a good way to start is by breaking it up into small bite-sized pieces. One example is atomism. The belief that the entire universe is made up of atoms, or some sort of fundamental particles, and that everything that happens in nature is just the rearrangement of these particles, has proved extraordinarily fruitful. Once you focus down to the level of individual atoms you can work out all the laws and principles that govern them. You can figure out in detail what they are doing. It's then tempting to believe that if you understand individual atoms and the way they interact, you understand everything.

① Application of Reductionism to Problem Solving
② Cooperative Relationships between Reductionism and Atomism
③ Importance of Taking a Comprehensive Approach to Problems
④ Superiority of Physics over Other Science Disciplines

be faced with ~와 직면한 **complicated** 복잡한 **tempting** 구미가 당기는 **chop up** 잘게 자르다
knock ~ off 해치우다 **reductionism** 환원주의 **in a nutshell** 간단명료하게 말하다 **methodology** 방법론
discipline 학문, 분야 **physics** 물리학 **atomism** 원자론 **diversity** 다양성 **break up into** 쪼개다
bite-sized 바이트 크기의 **be made up of** ~로 구성된 **atom** 원자 **participle** 입자 **rearrangement** 재배열
extraordinarily 엄청나게, 대단히 **fruitful** 유익한, 생산적인 **down to** ~에 이르기까지 **principle** 원칙
govern 지배하다 **interact** 상호작용하다 **application** 적용 **cooperative** 협력적인
comprehensive 포괄적인, 종합적인 **superiority** 우월성

지문 분석

1 If you're faced with a complicated problem, / it is very tempting / to chop it up into a lot of simple problems, / and then knock them off / one by one. / It is sometimes claimed / that if you have solved all the simple problems / you've solved the whole thing. / That's reductionism [소재] in a nutshell. /

소재 소재 : reductionism(환원주의) – 복잡한 문제를 간단한 문제들로 나누어서 단순한 문제들을 모두 해결하는 방법

2 And as a methodology / it works extremely well. [주제문] / In my discipline, / which is physics, / it's had some amazing successes. / Look at the world about us, / just see how complicated it is, / the richness and diversity of nature. / How are we ever to come to understand it? / Well, a good way to start is / by breaking it up into small bite-sized pieces. /

주제문 방법론으로 굉장히 효과적이다.

3 One example is atomism. / The belief that the entire universe is made up of atoms, / or some sort of fundamental particles, / and that everything that happens in nature / is just the rearrangement of these particles, / has proved extraordinarily fruitful. / Once you focus down to / the level of individual atoms / you can work out all the laws and principles / that govern them. / You can figure out in detail / what they are doing. / It's then tempting to believe / that if you understand individual atoms / and the way they interact, / you understand everything .

예시 물리학의 원자론 – 우주는 원자로 구성되어 있고, 이 원자들을 지배하는 모든 법칙과 원리를 이해함으로써 우주를 이해할 수 있다.

해석 만약 당신이 복잡한 문제에 직면해 있다면, 그것을 많은 간단한 문제들로 잘게 자르고 나서 그것들을 하나씩 해치우는 것은 매우 구미가 당긴다. 만약 당신이 단순한 문제들을 모두 해결한다면, 당신이 모든 것을 해결했다고 종종 주장될 수 있다. 간단하게 말하면 그것은 환원주의이다. 그리고 방법론으로서 그것은 굉장히 효과가 있다. 물리학인 나의 학문 분야에서, 그것은 몇 가지 놀라운 성공을 이루었다. 우리 주변의 세상을 보아라, 그것이 얼마나 복잡한지를, 자연의 풍요로움과 다양성을 보아라. 어떻게 우리가 그것을 이해할 수 있겠는가? 자, 시작할 한 가지 좋은 방법은 그것을 아주 작은 바이트 크기의 조각들로 쪼개는 것을 통해서이다. 한 가지 예가 원자론이다. 전 우주가 원자, 즉 어떤 종류의 기본적인 입자로 구성되어 있으며 자연에서 발생하는 모든 것은 단지 이러한 입자들의 재배열이라는 생각은 엄청나게 유익한 것으로 증명되어 왔다. 일단 당신이 각각의 원자들 수준에 이르기까지 집중한다면, 그것들을 지배하는 모든 법칙과 원리를 이해할 수 있다. 당신은 그것들이 무엇을 하는지 구체적으로 알아낼 수 있다. 그때 만약 당신이 각각의 원자들과 그것들이 상호작용하는 방식을 이해한다면, 당신이 모든 것을 이해한다고 생각하는 것은 구미가 당긴다.

① 문제 해결을 위한 환원주의의 적용
② 환원주의와 원자론 사이의 협력적인 관계
③ 문제에 대해 포괄적인 접근을 하는 것의 중요성
④ 다른 과학 학문 분야에 비한 물리학의 우월성

정답 및 해설

정답 ①

이 글은 환원주의에 관한 글이다. 문제를 해결하기 위해 복잡한 문제를 많은 간단한 문제들로 나누는 것이라고 환원주의를 정의하고, 문제 해결의 방법론으로 굉장히 효과가 있다고 주제문에서 밝히고 있다. 그리고 이어지는 글에서 환원주의의 방법론에서의 적용 예로 물리학의 원자론을 들고 있다(우주는 원자로 구성되어 있고, 이 원자들을 지배하는 모든 법칙과 원리를 이해함으로써 우주를 이해한다). 따라서 이 글의 제목은 ① Application of Reductionism to Problem Solving(문제 해결을 위한 환원주의의 적용)이 가장 적절하다.

오답 분석

② 환원주의의 적용 예로 원자론을 들고 있는 것이지 그 둘 사이의 협력 관계를 말하는 것은 아니다.
③ 환원주의와 포괄적인 접근 방법은 상반되는 것으로 소거해야 한다.
④ 물리학의 우월성에 관한 글이 아니다.

Unit 07 독해 마스터! 기출 지문

실험, 조사, 연구 결과

01 다음 글의 제목으로 가장 적절한 것은? (21. 국가직 9급)

Warming temperatures and loss of oxygen in the sea will shrink hundreds of fish species - from tunas and groupers to salmon, thresher sharks, haddock and cod - even more than previously thought, a new study concludes. Because warmer seas speed up their metabolisms, fish, squid and other water-breathing creatures will need to draw more oxygen from the ocean. At the same time, warming seas are already reducing the availability of oxygen in many parts of the sea. A pair of University of British Columbia scientists argue that since the bodies of fish grow faster than their gills, these animals eventually will reach a point where they can't get enough oxygen to sustain normal growth. "What we found was that the body size of fish decreases by 20 to 30 percent for every 1 degree Celsius increase in water temperature," says author William Cheung.

① Fish Now Grow Faster than Ever

② Oxygen's Impact on Ocean Temperatures

③ Climate Change May Shrink the World's Fish

④ How Sea Creatures Survive with Low Metabolism

어휘

oxygen 산소 shrink 줄어들게 하다, 감소시키다 species 종 tuna 참치 grouper 농어 salmon 연어 thresher shark 환도상어 haddock 해덕 cod 대구 speed up 가속화시키다 metabolism 신진대사 squid 오징어 water-breathing creatures 수중 호흡 생물 availability 이용 가능성 gill 아가미 sustain 지속시키다 Celsius 섭씨

지문 분석

소재 / 주제문

1 Warming temperatures / and loss of oxygen (in the sea) / will shrink hundreds of fish species / - from tunas and groupers to salmon, thresher sharks, haddock and cod / - even more than previously thought, / a new study concludes. /

소재와 주제문 소재 : Warming temperatures(해양의 온난화) | 주제문 : 해양의 온난화는 어종을 더 많이 감소시킬 것이다.

2 Because warmer seas speed up their metabolisms, / fish, squid and other water-breathing creatures / will need to draw more oxygen / from the ocean. / At the same time, / warming seas are already reducing / the availability of oxygen / in many parts of the sea. /

부연1 따뜻한 바다는 물고기의 신진대사를 가속화시켜 산소를 더 필요하게 함.

3 A pair of University of British Columbia scientists / argue that / since the bodies of fish / grow faster than their gills, / these animals eventually will reach a point / where they can't get enough oxygen / to sustain normal growth. / "What we found was that / the body size of fish decreases / by 20 to 30 percent / for every 1 degree Celsius increase / in water temperature," / says author William Cheung.

부연2 수온이 올라갈 때마다, 물고기의 몸통은 줄어듦.

해석 해양의 온난화와 산소 손실이 참치와 농어에서 연어, 환도상어, 해덕, 대구까지 수백 종의 어종을 이전에 생각했던 것보다 더 많이 감소시킬 것이라고 새로운 연구는 결론 내렸다. 따뜻한 바다는 물고기들의 신진대사를 가속화하기 때문에 물고기, 오징어 그리고 다른 수중 호흡 생물들은 바다에서 더 많은 산소를 끌어내야 할 것이다. 이와 동시에, 바다가 따뜻해지면서 이미 바다의 많은 부분에서 산소의 이용 가능성이 줄고 있다. University of British Columbia의 한 쌍의 과학자들은 물고기의 몸통이 아가미보다 더 빨리 자라기 때문에, 이 동물들은 결국 정상적인 성장을 지속하기에 충분한 산소를 얻을 수 없는 지경에 이르게 될 것이라고 주장한다. "우리가 발견한 것은 물고기의 몸통 크기가 수온이 섭씨 1도 증가할 때마다 20에서 30퍼센트씩 줄어든다는 것입니다."라고 저술가인 William Cheung은 말한다.

① 이제 물고기는 그 어느 때보다 더 빨리 자란다
② 산소가 해양 기온에 미치는 영향
③ 기후 변화가 세계의 어류를 감소시킬 수 있다
④ 낮은 신진대사로 바다 생물들이 살아남는 방법

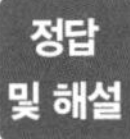

정답 및 해설

정답 ③

이 글은 해양의 온난화로 인해 다양한 어종들과 수중 호흡 생물들이 감소할 것이라는 내용이다. 이에 대한 부연 설명으로 과학자들과 William Cheung의 주장을 제시하고 있다. 따라서 글의 제목으로 가장 적절한 것은 ③ '기후 변화가 세계의 어류를 감소시킬 수 있다'이다.

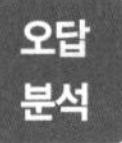

오답 분석

글의 소재인 warming temperature가 들어가지 않은 ①과 ④는 쉽게 소거할 수 있다.
① 기후가 올라갈수록 물고기의 몸통은 줄어든다고 했으므로 사실과 다른 진술이다.
② 기온 상승이 물고기 개체 수에 미치는 영향에 관한 글이므로 사실과 다른 진술이다.
④ 수온이 상승해서 신진대사가 가속화된다고 했으므로 사실과 다른 진술이다.

02 주어진 글의 주제로 가장 적절한 것은? (13. 국가직 9급)

A team of researchers has found that immunizing patients with bee venom instead of with the bee's crushed bodies can better prevent serious and sometimes fatal sting reactions in the more than one million Americans who are hypersensitive to bee stings. The crushed-body treatment has been standard for fifty years, but a report released recently said that it was ineffective. The serum made from the crushed bodies of bees produced more adverse reactions than the injections of the venom did. The research compared results of the crushed-body treatment with results of immunotherapy that used insect venom and also with results of a placebo. After six to ten weeks of immunization, allergic reactions to stings occurred in seven of twelve patients placebo, seven of twelve treated with crushed body extract, and one of eighteen treated with the venom.

① A new treatment for people allergic to bee stings
② A more effective method of preventing bee stings
③ The use of placebos in treating hypersensitive patients
④ Bee venom causing fatal reactions in hypersensitive patients

immunize 면역력을 갖게 하다 **bee** 벌 **venom** 독 **crushed body** 뭉개진 몸통 **fatal** 치명적인 **sting** 침 **reaction** 반응 **hypersensitive** 과민한 **ineffective** 효과가 없는 **serum** 혈청 **adverse** 부정적인 **injection** 주사, 투입 **immunotherapy** 면역 요법 **placebo** 위약, 속임약(환자가 진짜 약으로 믿어 좋은 반응을 유도하도록 만든 가짜 약) **immunization** 면역 **extract** 추출물

지문 분석

1 A team of researchers **has found**(시그널) that / immunizing patients with bee venom(소재) / instead of with the bee's crushed bodies / can better prevent serious and sometimes fatal sting reactions / in the more than one million Americans / who are hypersensitive to bee stings. / (주제문)

소재와 주제문 소재 : immunizing patients with bee venom(벌침으로 면역력을 갖게 하는 것)
주제문 : 뭉개진 몸통보다 벌침 독에 대해 면역력이 있는 환자들이 치명적인 침에 대한 반응을 더 잘 예방할 수 있다.

2 The crushed-body treatment / has been standard for fifty years, / **but**(시그널) a report / released recently / said that / it was ineffective. /

통념 과거에는 뭉개진 몸통을 통한 치료가 기본적이었다.

3 The serum / made from the crushed bodies of bees / produced more adverse reactions / than the injections of the venom did. / The research compared results / of the crushed-body treatment / with results of immunotherapy / that used insect venom / and also with results of a placebo. / After six to ten weeks of immunization, / allergic reactions to stings / occurred / in seven of twelve patients placebo, / seven of twelve / treated with crushedbody extract, / and one of eighteen / treated with the venom.

연구 방법과 연구 결과 뭉개진 몸통에 의한 치료보다 벌침 독에 의한 치료가 알레르기 반응의 치료에 더 효과적이다.

해석 한 연구팀은 벌의 뭉개진 몸통보다 벌침 독으로 면역을 갖게 하는 것이 벌침에 대해 과민한 백만 명이 넘는 미국인들이 가진 심각하고 때로는 치명적인 침에 대한 반응을 더 잘 예방할 수 있다는 것을 발견했다. 뭉개진 몸통을 통한 치료는 50년 동안 기본적인 치료였으나, 최근 발표된 보고서에서는 그것이 효과가 없다고 한다. 벌의 뭉개진 몸통에서 나오는 혈청은 벌침 독을 투입하는 것보다 더욱 부정적인 반응을 생성했다. 그 연구는 벌의 뭉개진 몸통을 통한 치료의 결과와 곤충(벌)의 독을 사용한 면역 요법의 결과, 그리고 플라시보의 결과를 비교했다. 6주에서 10주 동안의 면역법 후에, 플라시보에서는 열두 명 중 일곱 명의 환자들에게서, 뭉개진 몸통을 통한 치료에서는 열두 명 중 일곱 명의 환자들에게서, 그리고 벌침 독에서는 열여덟 명 중 한 명의 환자에게서 침에 대한 알레르기 증상이 나타났다.

① 벌침에 알레르기 반응이 있는 사람들을 위한 새로운 치료법
② 벌침에 쏘이는 것을 예방하기 위한 좀 더 효과적인 방법
③ 과민증 환자 치료에서의 플라시보의 활용
④ 과민증 환자의 치명적 반응을 유발하는 벌침 독

정답 및 해설

정답 ①

이 글은 벌침 알레르기 치료법에 관한 글이다. 이전에 표준이었던 몸통 치료법을 먼저 소개한 후, 보다 효과적인 새로운 치료법을 제시하고 있다. 그리고 마지막에 조사 결과(뭉개진 몸통에 의한 치료보다 벌침 독에 의한 치료가 알레르기 반응의 치료에 더 효과적이다)를 제시하고 있으므로 이 글의 주제는 ① A new treatment for people allergic to bee stings(벌침에 알레르기 반응이 있는 사람들을 위한 새로운 치료법)가 적절하다.

오답 분석

② 이 글은 벌침에 알레르기가 있는 사람들을 위한 치료법을 소개하는 글이지 벌침에 쏘이는 것을 예방하기 위한 방법에 관한 글은 아니다.
③ 연구 결과를 비교하기 위해서 플라시보를 활용한 것이지, 과민증 환자를 치료하기 위해 플라시보를 활용한 것은 아니다.
④ 이 글은 벌침의 독을 이용해서 벌침 알레르기가 있는 사람들을 면역시키는 치료법에 관한 글이지 벌침의 독 자체가 글의 소재는 아니므로 소거해야 한다.

03 다음 글의 제목으로 가장 적절한 것은? (16. 국가직 9급)

After analyzing a mass of data on job interview results, a research team discovered a surprising reality. Did the likelihood of being hired depend on qualifications? Or was it work experience? In fact, it was neither. It was just one important factor : did the candidate appear to be a pleasant person. Those candidates who had managed to ingratiate themselves were very likely to be offered a position ; they had charmed their way to success. Some had made a special effort to smile and maintain eye contact. Others had praised the organization. This positivity had convinced the interviewers that such pleasant and socially skilled applicants would fit well into the workplace, and so should be offered a job.

① To Get a Job, Be a Pleasant Person
② More Qualifications Bring Better Chances
③ It Is Ability That Counts, Not Personality
④ Show Yourself As You Are at an Interview

analyze 분석하다 **a mass of** 많은 **likelihood** 가능성 **depend on** ~에 의존하다, 의지하다
qualifications 자격 요건 **candidate** 후보자 **pleasant** 즐거운, 유쾌한 **manage to R** 그럭저럭 ~하다
ingratiate 환심을 사다 **be offered a position** 일자리를 제안받다 **charm** 사로잡다 **praise** 칭찬하다
organization 조직, 회사 **positivity** 적극성 **convince** 설득하다 **interviewer** 면접관
socially skilled 사교적 기술이 있는 **fit into** 적합하다 **workplace** 직장 **count** 계산하다, 중요하다
personality 성격

지문 분석

1 After analyzing a mass of data / on [소재] job interview results, / a research team discovered a surprising reality. / Did the likelihood of being hired / depend on qualifications? / Or was it work experience? /

소재 소재 : job interview(면접 인터뷰)

2 [시그널] In fact, it was neither. / It was just one important factor : / [주제문] did the candidate / appear to be a pleasant person. / Those candidates / (who had managed to / ingratiate themselves) / were very likely / to be offered a position ; / they had charmed their way to success. / Some had made a special effort (to smile and maintain eye contact.) / Others had praised the organization. /

in fact + 주제문 In fact + 주제문 : 채용 인터뷰에서 가장 중요한 것은 얼마나 기분 좋은 사람으로 보이느냐이다.

3 This positivity had convinced the interviewers / that such pleasant and socially skilled applicants / would fit well into the workplace, / and so should be offered a job.

주제문 강조 기분 좋고, 사교적인 사람이 일자리를 얻는다.

해석 면접 결과에 대한 방대한 양의 자료를 분석하고 나서, 한 연구팀이 놀라운 사실을 발견했다. 채용의 가능성이 자격 조건에 달려 있었을까? 혹은 근로 경험에 달려 있었을까? 사실, 그 둘 다 아니었다. 그저 한 가지 중요한 요소가 있었다: 채용 후보자가 기분 좋은 사람으로 보였느냐 하는 것이다. 환심을 얻으려고 그들 스스로 애쓴 후보자들은 직책을 얻을 가능성이 매우 높았다; 그들은 매력을 어필하여 성공을 얻어 냈다. 어떤 이들은 미소를 짓고 아이컨택을 유지하기 위해 특별한 노력을 기울였다. 다른 이들은 조직을 극찬했다. 이러한 적극성은 면접관들에게 이러한 유쾌하고 사교적 능력이 뛰어난 구직자들이 직장에 잘 들어맞을 것이며, 일자리를 제공받아야 한다는 것을 확신시켰다.

① 직업을 얻고 싶다면, 즐거운 사람이 되어라
② 더 많은 자격이 더 좋은 기회를 가져온다
③ 중요한 것은 능력이지, 성격이 아니다
④ 면접에서 너의 있는 그대로를 보여 줘라

정답 및 해설

정답 ①

이 글은 job interview를 소재로 하는 글인데, 채용의 가능성은 자격이나 근로 경험이 아닌 얼마나 유쾌하게 보이는가에 달렸다는 연구 결과를 소개하고 있다. 그리고 미소, 아이컨택, 적극성, 사교적 능력이 중요하다고 뒷받침하고 있으므로 이 글의 제목은 ① To Get a Job, Be a Pleasant Person(직업을 얻고 싶다면, 즐거운 사람이 되어라)이 적절하다.

오답 분석

② 본문에서 '직업을 얻는 데, 자격과 경험이 중요하지 않다'라고 했으므로 사실과 다른 내용이다.
③ 본문의 내용은 능력보다는 호감을 주는 성격이 더 중요하다는 것이므로 사실과 반대되는 진술이다.
④ 면접에서 있는 그대로를 보이라는 것이 아니라 잘 보이고 호감을 사도록 노력하라는 것이므로 사실과 다른 내용이다.

04 다음 글의 요지를 가장 잘 나타낸 속담 또는 격언은? (14. 지방직 9급)

The benefits of exercise extend far beyond physical health improvement. Many people work out as much for mental and spiritual well-being as for staying fit. Can being physically active make you happy? Can it help you deal with life stress? Can it lead to a more spiritual and religious life? For many, the answer is yes. Exercise, such as walking, increases blood flow to the brain. A study of people over 60 found that walking 45 minutes a day at 6km/h enhanced the participants, thinking skills. They started at 15 minutes of walking and gradually increased exercise time and speed. The result was that the participants were found mentally sharper with this walking programs.

① Practice makes perfect.

② A sound mind in sound body.

③ Experience is the best teacher.

④ Time and tide wait for no man.

extend beyond ~너머까지 미치다 **physical** 신체적인 **improvement** 향상 **work out** 운동하다 **mental** 정신적인 **spiritual** 영혼의 **well-being** 건강 **stay fit** 건강을 유지하다 **lead to** ~로 이끌다 **religious** 종교적인, 신앙의 **blood flow** 혈류 **enhance** 개선하다 **gradually** 점진적으로 **participant** 참가자 **sharp** 예리한 **practice** 연습 **sound** 건강한 **tide** 조수

소재 / 주제문

1 The benefits of exercise / extend far beyond / physical health improvement. / Many people work out / as much for mental and spiritual well-being / as for staying fit. / Can being physically active make you happy? / Can it help you deal with life stress? / Can it lead to a more spiritual and religious life? / For many, / the answer is yes. / Exercise, such as walking, / increases blood flow to the brain. /

소재와 주제문 소재 : benefits of exercise | 주제문 : 운동의 효과는 신체 건강 증진을 훨씬 너머까지 미친다.

시그널

2 A study of people over 60 / found that / walking 45 minutes a day / at 6km/h / enhanced the participants, thinking skills. / They started at 15 minutes of walking / and gradually increased exercise time and speed. /

연구 방법

시그널 / 주제문

3 The result was that / the participants were found / mentally sharper / with this walking programs.

연구 결과(주제문 강조) 걷기 프로그램으로 정신적으로 더 건강해졌다.

해석 운동의 효과는 신체 건강 증진을 훨씬 너머까지 미친다. 많은 사람들이 체형을 유지하기 위한 것만큼이나 정신과 영혼의 건강을 위해 운동을 한다. 신체적으로 활동적인 것이 당신을 행복하게 만들 수 있는가? 그것이 당신 인생의 스트레스를 조절하는 데 도움을 줄 수 있는가? 그것이 더 정신적이고 신앙적인 삶으로 이끌 수 있는가? 많은 사람들에게 있어서, 그에 대한 대답은 '맞다'이다. 걷기와 같은 운동은, 당신의 뇌로 가는 혈류를 증가시킨다. 60세가 넘는 사람들을 대상으로 이루어진 연구는 하루에 45분 동안 6km/h의 속도로 걷는 것이 참가자들의 사고 능력을 강화시켜 준다는 것을 찾아냈다. 그들은 15분 동안 걷는 것에서 시작해서 점진적으로 운동 시간과 속도를 증가시켰다. 결과는 참가자들이 이 걷기 프로그램으로 정신적으로 더 예리해졌다는 것을 찾았다는 것이다.

① 연습이 완벽을 만든다.
② 건전한 신체에 건전한 정신이 깃든다.
③ 경험이 최고의 선생이다.
④ 세월은 사람을 기다리지 않는다.

정답 ②

이 글은 운동의 긍정적인 효과를 소개하는 글이다. 글의 소재는 운동의 효과이고, 주제문은 The benefits of exercise extend far beyond physical health improvement(운동의 효과는 신체 건강 증진을 훨씬 너머까지 미친다)이다. 그리고 주제문을 뒷받침하기 위해서 연구 결과를 예시(걷기 프로그램으로 정신적으로 더 건강해졌다)로 제시하고 있다. 따라서 이 글의 요지를 가장 잘 나타낸 속담은 ② A sound mind in sound body(건전한 신체에 건전한 정신이 깃든다)이다.

오답 분석

① 연습을 통해서 완벽해진다는 속담이다.
③ 경험을 강조하는 속담이다.
④ 시간은 우리를 기다려주지 않으니 해야 할 일을 미루지 말고 부지런히 하라는 속담이다.

05 다음 글의 제목으로 가장 적절한 것은? (18. 지방직 9급)

With the help of the scientist, the commercial fishing industry has found out that its fishing must be done scientifically if it is to be continued. With no fishing pressure on a fish population, the number of fish will reach a predictable level of abundance and stay there. The only fluctuation would be due to natural environmental factors, such as availability of food, proper temperature, and the like. If a fishery is developed to take these fish, their population can be maintained if the fishing harvest is small. The mackerel of the North Sea is a good example. If we increase the fishery and take more fish each year, we must be careful not to reduce the population below the ideal point where it can replace all of the fish we take out each year. If we fish at this level, called the maximum sustainable yield, we can maintain the greatest possible yield, year after year. If we catch too many, the number of fish will decrease each year until we fish ourselves out of a job. Examples of severely overfished animals are the blue whale of the Antarctic and the halibut of the North Atlantic. Fishing just the correct amount to maintain a maximum annual yield is both a science and an art. Research is constantly being done to help us better understand the fish population and how to utilize it to the maximum without depleting the population.

① Say No to Commercial Fishing
② Sea Farming Seen As a Fishy Business
③ Why Does the Fishing Industry Need Science?
④ Overfished Animals: Cases of Illegal Fishing

commercial 상업적인 **fishing industry** 어업 **population** 개체군 **predictable** 예측 가능한 **abundance** 풍부 **fluctuation** 변동 **availability** 이용 가능성 **fishery** 어장, 어업 **fishing harvest** 어획량 **mackerel** 고등어 **North Sea** 북해 **maximum sustainable yield** 최대 유지 어획량 **sustainable yield** 유지 가능한 어획량 **overfish** 물고기를 남획하다 **blue whale** 흰긴수염고래 **Antarctic** 남극 **halibut** 넙치 **North Atlantic** 북대서양 **annual** 매년의, 연례의 **utilize** 이용하다 **deplete** 고갈시키다 **sea farming** 양식 어업 **illegal fishing** 불법 어업

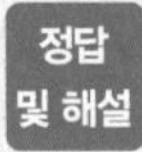

정답 ③

이 글은 주제문(어업을 계속 유지하려면 과학적으로 이루어져야 한다)이 맨 앞에 위치하는 두괄식 구성의 글이다. 이어지는 글에서 물고기의 개체 유지의 중요성을 설명하고, 남획된 물고기 예시를 제시하고 있다. 그리고 마지막에서 '연 최대 어획량을 유지하기 위해 정확한 양의 물고기를 잡는 것은 과학인 동시에 기술이다'라고 강조하고 있다. 따라서 이 글의 제목은 ③ Why Does the Fishing Industry Need Science?(왜 어업에 과학이 필요한가?)가 적절하다.

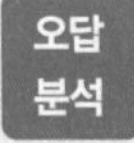

① 이 글은 최대 어획량을 유지하기 위해 상업적 어업을 과학적으로 하자는 내용이지 상업을 어업 자체를 거부하자는 내용은 아니다.
② 양식 어업에 관한 글이 아니므로 소거한다.
④ 주제문을 강조하기 위해 남획된 물고기의 사례를 들고 있지만, 불법 어업에 관한 글은 아니다.

지문 분석

소재 / 시그널 / 주제문

1 (With the help of the scientist,) / the commercial fishing industry has found out / that its fishing must be done scientifically / if it is to be continued. /

소재와 주제문 소재 : fishing industry, scientifically(과학적인 어업) | 주제문 : 어업이 지속되려면, 어업이 과학적으로 이루어져야 한다.

2 With no fishing pressure (on a fish population), / the number of fish will reach / a predictable level (of abundance) / and stay there. / The only fluctuation would be / due to natural environmental factors, / (such as availability (of food), / proper temperature, and the like). / If a fishery is developed to take these fish, / their population can be maintained / if the fishing harvest is small. / The mackerel (of the North Sea) is a good example. / If we increase the fishery / and take more fish each year, / we must be careful / not to reduce the population / below the ideal point / (where it can replace all of the fish / (we take out each year)). / If we fish / at this level, (called the maximum sustainable yield), / we can maintain the greatest possible yield, / year after year. /

부연1 물고기 개체 유지의 중요성

3 If we catch too many, / the number (of fish) will decrease / each year / until we fish ourselves out of a job. / Examples (of severely overfished animals) / are the blue whale (of the Antarctic) / and the halibut (of the North Atlantic). /

부연2 남획은 물고기 개체 수를 감소시킴.

주제문

4 Fishing just the correct amount / to maintain a maximum annual yield / is both a science and an art. / Research is constantly being done / to help us better understand / the fish population / and how to utilize it to the maximum / without depleting the population.

주제문 강조 물고기 개체 유지는 과학

해석 과학자들의 도움으로, 상업적 어업은 그것이 계속되려면 어업이 과학적으로 이루어져야 한다는 것을 알아냈다. 물고기 개체군에 대한 어업의 압박이 없다면, 물고기의 개체 수는 예측 가능한 풍부한 수준에 도달하여 그 수준을 유지할 것이다. 유일한 변동이 있다면 먹이의 이용 가능성, 적절한 온도 등과 같은 자연환경 요인 때문일 것이다. 만약 이러한 물고기를 잡도록 어장이 개발될 경우, 어획량이 적다면 어장의 개체 수는 유지될 수 있다. 북해의 고등어가 좋은 예이다. 만약 우리가 어장을 늘려서 매년 더 많은 물고기를 잡는다면, 우리는 그 어장이 우리가 매년 잡아들이는 모든 물고기를 대체할 수 있는 이상적인 수준 아래로 개체 수를 줄이지 않도록 주의해야 한다. 만약 우리가 '최대 유지 가능 어획량'이라고 하는 이러한 수준으로 물고기를 잡는다면, 우리는 가능한 최다 어획량을 해마다 유지할 수 있다. 만약 우리가 너무 많이 잡는다면 우리가 어업을 할 수 없을 때까지 물고기의 수는 매년 줄어들 것이다. 과도하게 남획된 동물의 사례로는 남극의 흰긴수염고래와 북대서양의 넙치가 있다. 연 최대 어획량을 유지하기 위해 꼭 정확한 양의 물고기를 잡는 것은 과학인 동시에 기술이다. 우리가 물고기 개체군을 더 잘 이해하고 개체군을 고갈시키지 않고 최대한 이용하는 방법을 더 잘 이해하도록 돕기 위한 연구는 계속 진행되고 있다.

① 상업적 어업을 거부하라
② 수산업으로 간주되는 양식 어업
③ 왜 어업에 과학이 필요한가?
④ 남획된 물고기들: 불법 어업의 사례들

06 다음 글의 제목으로 가장 적절한 것을 고르시오. (14. 사복직 9급)

The digital world offers us many advantages, but if we yield to that world too completely we may lose the privacy we need to develop a self. Activities that require time and careful attention, like serious reading, are at risk; we read less and skim more as the Internet occupies more of our lives. And there's a link between self-hood and reading slowly, rather than scanning for quick information, as the Web encourages us to do. Recent work in sociology and psychology suggests that reading books, a private experience, is an important aspect of coming to know who we are.

① In Praise of Slow Reading
② In Praise of Artificial Memory
③ In Praise of Digital World
④ In Praise of Private Life

advantage 이점 **yield to** ~에 굴복하다 **completely** 완전히 **privacy** 사생활 **self** 자아
serous reading 진지한 독서 **at risk** 위험에 처한 **skim** 대충 읽다 **occupy** 차지하다 **self-hood** 자아, 개성
rather than ~대신에, ~보다는 **scan** 훑어보다 **sociology** 사회학 **psychology** 심리학 **aspect** 측면
praise 예찬, 칭찬 **artificial** 인공적인

지문 분석

1 The digital world / offers us many advantages, / but if we yield to that world / too completely / we may lose the privacy / we need to develop a self. / Activities that require time and careful attention, / (like [소재] serious reading,) are at risk; / we read less and skim more / as the Internet occupies more of our lives. /

소재 serious reading(진지한 독서) – 디지털 세계에서 진지한 독서와 같이 시간과 주의를 필요로 하는 활동들이 위험에 처해 있다.

2 [주제문] And there's a link / between self-hood and reading slowly, / rather than scanning for quick information, / as the Web encourages us to do. /

주제문 자아와 느리게 읽는 것 사이에는 연관성이 있다.

3 Recent work / (in sociology and psychology) / [시그널] **suggests** that / reading books, (a private experience,) / is an important aspect / of coming to know who we are.

최근 연구 결과 책을 읽는 것은 우리가 누구인지를 알게 해 주는 중요한 측면이 있다.

해석 디지털 세계는 우리에게 많은 이점들을 제공하지만, 만약 우리가 그 세계에 너무 완전히 굴복한다면, 우리는 우리가 자아를 발달시키기 위해 필요한 사생활을 잃을 수도 있다. 진지한 독서와 같이 시간과 주의 깊은 관심을 필요로 하는 활동들은 위험에 처해 있다. 우리는 인터넷이 우리의 삶을 더 많이 차지함에 따라 덜 읽고 더 대충 읽는다. 그리고 인터넷이 우리에게 권장하는 것처럼 빠른 정보를 위해 훑어보는 것보다는, 자아와 느리게 읽는 것 사이에 연관성이 있다. 사회학과 심리학에서의 최근의 연구는 개인적인 경험인 책을 읽는 것은 우리가 누구인지를 알게 되는 중요한 측면이라는 것을 시사한다.

① 느리게 읽는 것에 대해 예찬하며
② 기억술에 대해 예찬하며
③ 디지털 세계에 대해 예찬하며
④ 사생활에 대해 예찬하며

정답 ①

이 글은 serious reading(진지한 독서)에 관한 것으로, 인터넷으로 정보 검색을 위해서 빠르게 훑어보는 것이 아니라, 느리게 읽는 것이 자아와 연관이 있다고 주제문에서 밝히고 있다. 이어지는 글에서 책을 읽는 것은 우리가 누구인지를 알게 되는 중요한 측면이라는 내용으로 마무리하고 있으므로 이 글의 제목은 ① In Praise of Slow Reading(느리게 읽는 것에 대해 예찬하며)이 가장 적절하다.

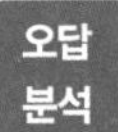

② 기억술에 관한 글이 아니다.
③ 디지털 세계의 위험에 대해서 앞부분에서 언급하고 있으므로 사실과 다른 진술이다.
④ 진지한 독서를 위해 사생활이 필요하다는 내용이 나오지만, 사생활을 예찬하는 글은 아니다.

07 다음 글의 제목으로 가장 적절한 것을 고르시오. (14. 사복직 9급)

The heavy eye make-up favored by ancient Egyptians may have been good for the eyes. Lead is usually a risk to health. But the study by French scientists published in the journal Analytical Chemistry suggests that the lead salt in the cosmetics helps prevent and treat eye illness. At very low levels, salts promote the action of cells in the immune system to fight off bacteria that can cause eye infections. The scientists from the Louvre Museum and the CNRS research institute also found that the lead salts found in the make-up could actually have a positive effect to protect people against eye disease.

① Egyptians Suffering from Lead

② Eye Make-up Has Health Benefits

③ Eye Make-up Causes Eye Infections

④ Cosmetics Attract People's Attention

make-up 화장 **ancient** 고대의 **favor** 선호하다, 편들다 **lead** 납 **leas salt** 소금납 **cosmetics** 화장품 **prevent** 예방하다 **treat** 치료하다 **illness** 질환 **cell** 세포 **immune system** 면역 체계 **fight off** 싸워 물리치다 **infection** 감염 **suffer from** ~로 고통받다 **benefit** 이점, 혜택 **attract** 관심을 끌다

지문 분석

1 The [소재] heavy eye make-up / (favored by ancient Egyptians) / [주제문] may have been good for the eyes. / Lead is usually a risk to health. / [시그널] **But** the study by French scientists / (published in the journal Analytical Chemistry) [시그널] **suggests** / that the lead salt in the cosmetics / helps prevent and treat eye illness. / At very low levels, / salts promote the action of cells / in the immune system / to fight off bacteria / (that can cause eye infections).

소재와 주제문 소재 : heavy eye make-up(짙은 눈화장) | 주제문 : 고대 이집트인들에 의해서 선호되었던 눈 화장은 눈에 좋았을 수도 있다.

2 The scientists / (from the Louvre Museum and the CNRS research institute) [시그널] **also found** / that the lead salts / (found in the make-up) could actually have a positive effect / to protect people against eye disease.

뒷받침(다른 연구 결과) 소금납이 안구 질환으로부터 사람들을 보호하는 긍정적인 효과가 있다.

해석 고대 이집트인들에 의해 선호되었던 진한 눈 화장은 어쩌면 눈에 좋았을 수도 있다. 납은 보통 건강에 대한 위협이다. 하지만 학술지 '애널리터컬 케미스트리'에 실린 프랑스 과학자들에 의한 연구는 화장품 속에 있는 소금납이 안구 질병을 예방하고 치료하는 것을 돕는다는 점을 시사한다. 매우 낮은 수준에서, 소금은 안구 감염을 유발할 수 있는 박테리아와 싸워 물리치는 면역 체계 세포들의 활동을 촉진한다. 루브르 박물관과 CNRS 연구소의 과학자들은 또한 화장품에서 발견된 소금납이 사실상 안구 질환으로부터 사람들을 보호하는 긍정적인 효과를 가질 수도 있다는 것을 알아냈다.

① 납으로 고통받는 이집트인들
② 눈 화장은 건강상의 이점을 가진다
③ 눈 화장은 안구 감염을 유발한다
④ 화장품은 사람들의 주의를 끈다

정답 및 해설

정답 ②

이 글은 첫 단락에서 주제문(고대 이집트인들에 의해서 선호되었던 눈 화장은 눈에 좋았을 수도 있다)을 제시하고, 이어지는 글에서 낮은 수준의 소금은 면역 체계의 세포들의 활동을 촉진시킨다고 그 원인을 설명하고 있다. 그리고 마지막에서 소금납이 안구 질환으로부터 사람들을 보호하는 긍정적인 효과가 있다는 또 다른 연구 결과로 뒷받침하고 있으므로 이 글의 제목은 ② Eye Make-up Has Health Benefits(눈 화장은 건강상의 이점을 가진다)가 가장 적절하다.

오답 분석

① 짙은 눈 화장에 포함된 소금납의 긍정적인 효과를 설명하고 있으므로 사실과 다르다.
③ 눈 화장이 안구 감염으로부터 보호한다는 내용이 제시되어 있으므로 사실과 다르다.
④ 눈 화장이 안구 건강에 도움이 된다는 내용이지 다른 사람의 시선을 끈다는 것과는 관련이 없다.

08 다음 글의 주제로 가장 적절한 것은? (14. 사복직 9급)

According to Dr. Weil, green tea is prepared in a much more gentle fashion than ordinary black tea. Green tea leaves are steamed, rolled and dried to preserve the antioxidant compounds that give us health benefits. Dr. Weil suggests this antioxidant protects our heart by lowering cholesterol and boosting metabolism, and guards against cancer by removing radicals that can damage cells and push them in the direction of uncontrolled growth. Green tea also has antibacterial properties, which help prevent and fight illness. In China, green tea has been used as a medicine for at least 400 years, and numerous studies are reporting drinking green tea brings positive aspects to their health.

① advice for curing cancer

② food choices making us positive

③ manner of drinking and serving tea

④ health advantages of drinking green tea

green tea 녹차 **gentle** 조심스러운 **fashion** 방식, 유행 **black tea** 홍차 **steam** 찌다, 김을 내뿜다 **preserve** 보존하다, 지키다 **antioxidant** 산화 방지제, 방부제 **compound** 화합물 **boost** 촉진하다 **metabolism** 신진대사 **guard against** ~로부터 지키다 **cancer** 암 **radicals** 라디칼 **cell** 세포 **antibacterial** 항균성의 **property** 속성, 특징 **numerous** 수많은 **cure** 치료하다 **serve** 대접하다

지문 분석

소재

1 (According to Dr. Weil,) / green tea is prepared / in a much more gentle fashion / than ordinary black tea. / 주제문 Green tea leaves are steamed, rolled and dried / to preserve the antioxidant compounds / (that give us health benefits.) /

소재와 주제문 소재 : green tea(녹차) | 주제문 : 녹차는 건강상의 이익을 주는 산화방지 화합물을 보존하기 위해서 조심스럽게 준비된다.

시그널

2 Dr. Weil suggests / this antioxidant protects our heart / by lowering cholesterol / and boosting metabolism, / and guards against cancer / by removing radicals / that can damage cells / and push them in the direction of uncontrolled growth. / Green tea also has antibacterial properties, / (which help prevent and fight illness.) /

뒷받침1(녹차의 건강상의 이점) 콜레스테롤을 낮추고, 심장을 보호하고, 암을 예방하고, 병과 맞서 싸우는 것을 돕는다.

시그널

3 (In China,) / green tea has been used as a medicine / for at least 400 years, / and numerous studies are reporting / drinking green tea / brings positive aspects to their health.

뒷받침2(부연) 중국에서는 400년 이상 녹차를 약으로 사용해 왔다.

해석 Dr. weil에 따르면 녹차는 일반적인 홍차보다 훨씬 더 조심스러운 방식으로 준비된다. 녹찻잎은 우리에게 이익을 주는 산화 방지제 화합물들을 보존하기 위해 쪄지고 둥글게 말아져서 건조된다. Dr. Weil은 이 산화 방지제가 콜레스테롤을 낮추고 신진대사를 촉진함으로써 우리의 심장을 보호하고, 세포에 손상을 줄 수 있고 그것들을 통제되지 않는 성장 방향으로 밀어 넣을 수 있는 라디칼을 제거함으로써 암으로부터 지켜 준다고 주장한다. 녹차는 또한 항균성의 속성들을 가지는데, 그것은 병을 예방하고 병에 맞서 싸우는 것을 돕는다. 중국에서, 녹차는 적어도 400년 동안 약으로 사용되어 왔고, 수많은 연구들은 녹차를 마시는 것이 그들의 건강에 긍정적인 측면을 가져다준다고 보고하고 있다.

① 암을 치료하기 위한 조언
② 우리를 긍정적으로 만드는 음식 선택
③ 차를 마시고 대접하는 방법
④ 녹차를 마시는 것의 건강상의 이점

정답 및 해설

정답 ④

이 글은 녹차가 건강에 이점을 준다는 내용의 글이다. 첫 단락에서 주제문(녹차는 건강상의 이익을 주는 산화 방지 화합물을 보존하기 위해서 조심스럽게 준비된다)을 제시하고, 이어지는 글에서 녹차의 건강상의 이점을 열거하고 있고, 마지막으로 중국에서는 400년 이상 녹차를 약으로 사용한다는 내용으로 뒷받침하고 있다. 따라서 이 글의 주제는 ④ health advantages of drinking green tea(녹차를 마시는 것의 건강상의 이점)가 가장 적절하다.

오답 분석

① 녹차의 이점 중의 하나로 암을 예방한다는 내용이 나오지만, 암을 치료하기 위한 조언에 관한 글은 아니다.
② 음식을 주제로 잡으면 지나치게 포괄적으로 되므로 적절하지 않다.
③ 이 글은 녹차가 건강에 주는 긍정적인 측면에 관한 글이지, 녹차를 마시고 대접하는 방법에 관한 글은 아니다.

Unit 08

독해 마스터! 기출 지문

나열

01 다음 글의 요지로 가장 적절한 것은? (20. 국가직 9급)

Listening to somebody else's ideas is the one way to know whether the story you believe about the world-as well as about yourself and your place in it-remains intact. We all need to examine our beliefs, air them out and let them breathe. Hearing what other people have to say, especially about concepts we regard as foundational, is like opening a window in our minds and in our hearts. Speaking up is important. Yet to speak up without listening is like banging pots and pans together : even if it gets you attention, it's not going to get you respect. There are three prerequisites for conversation to be meaningful. 1. You have to know what you're talking about, meaning that you have an original point and are not echoing a worn-out, hand-me-down or pre-fab argument ; 2. You respect the people with whom you're speaking and are authentically willing to treat them courteously even if you disagree with their positions ; 3. You have to be both smart and informed enough to listen to what the opposition says while handling your own perspective on the topic with uninterrupted good humor and discernment.

① We should be more determined to persuade others.

② We need to listen and speak up in order to communicate well.

③ We are reluctant to change our beliefs about the world we see.

④ We hear only what we choose and attempt to ignore different opinions.

어휘

intact 온전한, 전혀 다치지 않은 foundational 기본의, 기초적인 prerequisite 전제 조건 authentically 확실히 courteously 예의 바르게, 공손하게 disagree with 동의하지 않다 opposition 반대 handle 다루다 perspective 관점, 시각 uninterrupted 중단되지 않은 humor 유머 discernment 안목, 분별력

오답 분석

① 좋은 대화를 위한 전제 조건에 관한 글이지 설득에 관한 글이 아니다.
③ 선입견에 관한 것으로 지문의 내용과 관련이 없다.
④ 확증 편향에 관한 것으로 지문의 내용과 관련이 없다.

지문 분석

주제문

1 Listening to somebody else's ideas is / the one way to know / whether the story you believe about the world / —as well as about yourself / and your place in it / -remains intact. / We all need to examine our beliefs, / air them out / and let them breathe. / Hearing what other people have to say, / especially about concepts / we regard as foundational, / is like opening a window in our minds / and in our hearts. / Speaking up is important. / Yet to speak up without listening is / like banging pots and pans together : / even if it gets you attention, / it's not going to get you respect. /

소재와 주제문 소재 : meaningful conversation(의미 있는 대화) | 주제문 : 다른 사람의 생각을 듣는 것은 자신과 세상에 대해 알 수 있는 방법이다.

시그널 / 소재

2 There are three prerequisites / for conversation to be meaningful. /

주제문 강조 의미 있는 대화를 위한 3가지 전제 조건

3 1. You have to know / what you're talking about, / meaning that / you have an original point / and are not echoing / a worn-out, hand-me-down / or pre-fab argument : /

나열1 독창적 요점

4 2. You respect the people / with whom you're speaking / and are authentically willing / to treat them courteously / even if you disagree with their positions ; /

나열2 상대방 존중

5 3. You have to be both smart and informed / enough to listen to / what the opposition says / while handling your own perspective / on the topic / with uninterrupted good humor and discernment. /

나열3 똑똑하고 충분한 정보

해석 다른 사람의 생각을 듣는 것이 당신이 세상에 대해 믿는 이야기뿐만 아니라 자신과 그 안에 있는 당신의 위치에 대해서도 그대로 있는지를 아는 하나의 방법이다. 우리 모두는 우리의 신념을 살펴보고, 그것들을 밖으로 내보내고, 숨쉬게 할 필요가 있다. 특히 우리가 기본이라고 여기는 개념에 대해 다른 사람들이 해야 할 말을 듣는 것은 우리의 마음과 가슴에 창을 여는 것과 같다. 큰 소리로 말하는 것은 중요하다. 그러나 듣지도 않고 큰 소리로 말하는 것은 솥과 팬을 부딪치는 것과 같다. 주의는 끌 수 있어도 존중받을 수는 없다. 대화가 의미 있게 되려면 3가지 전제 조건이 있다: 1. 당신은 당신이 무슨 말을 하고 있는지 알아야 한다. 즉, 당신이 독창적인 요점을 가지고 있고 낡은, 기성품 같은 독창성 없는, 조립식 건물과 같은 이전의 주장을 반복하고 있지 않다는 것을 의미한다. 2. 당신은 당신이 대화하고 있는 사람들을 존중하고, 비록 당신이 그들의 입장에 동의하지 않더라도 그들을 정중하게 대할 용의가 있어야 한다. 3. 끊임없이 좋은 유머와 분별력을 가지고 주제에 대한 당신 자신의 관점을 다루면서 상대방의 말을 들을 수 있을 만큼 똑똑하고 충분한 정보를 얻어야 한다.

① 우리는 다른 사람들을 설득하기 위해 더 단호해져야 한다.
② 우리는 의사소통을 잘하기 위해 듣고 목소리를 높여야 한다.
③ 우리는 우리가 보는 세상에 대한 우리의 믿음을 바꾸는 것을 꺼린다.
④ 우리는 우리가 선택한 것만 듣고 다른 의견을 무시하려고 한다.

정답 및 해설

정답 ②

글의 중반부인 Yet 이후부터 글쓴이의 생각을 알 수 있으며, There are three prerequisite for conversation to be meaningful이라는 의미 있는 대화를 하기 위한 팁들을 제시해 주고 있으므로 글의 요지 또한 이와 관련 있는 ②가 가장 적절하다.

02 다음 글의 제목으로 가장 적절한 것은? (13. 지방직 9급)

Children usually feel sick in the stomach when traveling in a car, airplane, or train. This is motion sickness. While traveling, different body parts send different signals to the brain. Eyes see things around and they send signals about the direction of movement. The joint sensory receptors and muscles send signals about the movement of the muscles and the position in which the body is. The skin receptors send signals about the parts of the body which are in contact with the ground. The inner ears have a fluid in the semicircular canals. This fluid senses motion and the direction of motion like forward, backward, up or down. When the brain gets timely reports from the various body parts, it finds a relation between the signal and sketches a picture about the body's movement and position at a particular instant. But when the brain isn't able to find a link and isn't able to draw a picture out of the signals, it makes you feel sick.

① How Motion Sickness Is Caused

② Best Ways to Avoid Motion Sickness

③ Various Symptoms of Motion Sickness

④ First Aid to Motion Sickness in Children

feel sick 아프다 **stomach** 위 **motion sickness** 멀미 **direction** 방향
joint sensory receptor 관절 감각 수용체 **muscle** 근육 **inner ear** 내이 **fluid** 유체
semicircular canals 반고리관 **link** 연결 고리

지문 분석

소재

1 Children usually feel sick / in the stomach / when traveling in a car, airplane, or train. / This is motion sickness.

시그널

/ While traveling, different body parts / send different signals to the brain. /

소재 motion sickness(멀미)

2 Eyes see things around / and they send signals / about the direction of movement. / The joint sensory receptors and muscles / send signals / about the movement of the muscles / and the position / in which the body is. / The skin receptors / send signals / about the parts of the body / which are in contact with the ground. / The inner ears / have a fluid / in the semicircular canals. / This fluid senses motion / and the direction of motion / like forward, backward, up or down. / When the brain gets timely reports / from the various body parts, / it finds a relation / between the signal and / sketches a picture / about the body's movement and position / at a particular instant. /

부연 멀미가 일어나는 과정 나열

시그널 주제문

3 But when the brain isn't able to find a link / and isn't able to draw a picture / out of the signals, / it makes you feel sick. /

but + 주제문 뇌가 연관성을 찾지 못하고 신호들을 통해 밑그림을 그리지 못하면 메스껍게 된다.

해석 아이들은 보통 자동차, 비행기, 기차를 타고 여행할 때 속이 메스꺼워진다. 이건 멀미이다. 여행하는 동안, 다른 신체 부위는 뇌에 다른 신호를 보낸다. 눈은 주변의 사물을 보고 움직임의 방향에 대한 신호를 보낸다. 관절 감각 수용체와 근육은 근육의 움직임과 신체가 있는 위치에 대한 신호를 보낸다. 피부 수용기는 땅과 접촉하는 신체 부위에 대한 신호를 보낸다. 내이들은 반고리관에 유체를 가지고 있다. 이 유체는 움직임과 전방, 후방, 위 또는 아래 같은 움직임의 방향을 감지한다. 뇌는 다양한 신체 부위로부터 시기적절하게 보고를 받으면, 그 신호 사이의 관계를 발견하고 특정한 순간에 신체의 움직임과 위치에 대한 그림을 스케치한다. 하지만, 뇌가 연결 고리를 찾을 수 없고 그 신호들로 그림을 그릴 수 없을 때, 그것은 여러분을 아프게 한다.

① 어떻게 멀미가 야기되는가
② 멀미를 피하는 최고의 방법
③ 멀미의 다양한 증상들
④ 어린이 멀미의 응급처치

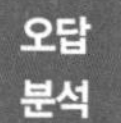

정답 및 해설

정답 ①

이 글은 멀미를 소재로 멀미가 일어나는 과정을 설명하는 지문이다. 신체의 여러 기관에서 다른 신호를 보내는데, 뇌가 그 신호들의 연관성을 찾지 못하고 그 신호들을 통해 밑그림을 그리지 못하면 메스꺼움을 야기한다고 했으므로 정답은 ①이다.

오답 분석

② 멀미를 피하는 방법에 관한 글이 아니다.
③ 멀미가 일어나는 과정에 관한 글이지 멀미의 증상에 관한 글이 아니다.
④ 멀미의 응급 처치에 관한 글이 아니다.

03 다음 글의 주제로 적절한 것은? (15. 기상급 9급)

The dictionary emphasizes the trivial matters of language. The precise spelling of a word is relatively trivial because, however the word is spelled, it nevertheless remains only an approximation of the spoken word. "A machine chose the chords" is a correctly spelled English sentence, but what is written as "ch" is spoken with the three different sounds. In addition, all dictionaries give a distorted view of a language because of their alphabetical organization. This organization emphasizes the prefixes, which come at the beginning of words, rather than the suffixes, which come at the end. Yet, in English and in many other languages, suffixes have more effect on words than do prefixes. Finally, an adequate dictionary usually takes at least a decade to prepare, and by the time it has been completed it is the dictionary of a changed language, simply because the meanings of words do not stay the same from year to year.

① 사전의 문제점
② 사전의 편찬 과정
③ 사전에 대한 인식 변화
④ 사전과 학습자의 인지 전략

trivial 사소한 **precise** 정확한, 정밀한 **approximation** 근사치 **distorted** 비뚤어진, 왜곡된 **organization** 구성 **prefix** 접두사 **suffix** 접미사 **have an effect on** ~에 영향을 미치다 **adequate** 충분한, 적절한 **from year to year** 매년, 해마다

지문 분석

소재 주제문

1 The dictionary emphasizes the trivial matters (of language). / The precise spelling (of a word) / is relatively trivial / because, however the word is spelled, / it / nevertheless / remains only an approximation (of the spoken word). / "A machine chose the chords" is a correctly spelled English sentence, / but what is written as "ch" is spoken / with the three different sounds. /

소재와 주제문 소재 : dictionary(사전) | 주제문1 : 사소한 문제들을 강조

시그널 주제문

2 In addition, / all dictionaries give a distorted view (of a language) / because of their alphabetical organization. / This organization emphasizes the prefixes, (which come at the beginning of words), / rather than the suffixes, (which come at the end). / Yet, / in English and in many other languages, / suffixes have more effect on words / than do prefixes. /

In addition + 주제문2 언어에 대한 왜곡된 시각

시그널 주제문

3 Finally, / an adequate dictionary usually takes at least a decade / to prepare, / and by the time (it has been completed) / it is the dictionary (of a changed language), / simply because the meanings (of words) do not stay the same / from year to year.

Finally + 주제문3 변화를 반영하지 못함

해석 사전은 언어의 사소한 문제들을 강조한다. 단어의 정확한 철자는 상대적으로 사소한데, 왜냐하면 단어가 어떤 철자로 쓰이더라도, 그럼에도 불구하고 단어는 말로 된 단어의 근사치에 불과하기 때문이다. 'A machine chose the chords'는 정확한 철자로 쓰인 영어 문장이지만 'ch'로 쓰인 것은 세 가지 다른 소리로 말해진다. 게다가 모든 사전은 그들의 알파벳순 구성으로 인해 언어에 대한 왜곡된 시각을 준다. 이 구성은 단어의 끝에 오는 접미사보다 단어의 앞머리에 오는 접두사를 강조한다. 그러나 영어와 다른 많은 언어에서 접미사는 접두사가 영향을 주는 것보다 단어에 더 영향을 미친다. 마지막으로, 적절한 사전은 대개 준비하는 데 적어도 십 년은 소요되고 사전이 완료될 때쯤 사전은 달라진 언어의 사전이 되는데, 그야말로 단어의 의미는 매년 똑같이 유지되지 않기 때문이다.

정답 및 해설

정답 ①

이 글은 사전의 문제점을 나열하는 지문이다. 첫 번째로 사소한 문제를 강조하고, 게다가 언어에 대한 왜곡된 시각을 주고, 마지막으로 변화를 반영하지 못한다고 나열하는 방식으로 서술하고 있다. 따라서 정답은 ①이다.

오답 분석

② 사전의 편찬 과정과는 무관한 글이다.
③ 사전에 대한 인식 변화에 관한 글이 아니다.
④ 학습자의 인지 전략과는 무관한 글이다.

Unit 09 독해 마스터! 기출 지문

예증의 구조

01 다음 글의 주제로 가장 적절한 것은? (19. 경찰직 2차)

> Deforestation can destroy natural habitats for millions of species. To illustrate, seventy percent of Earth's land animals and plants live in forests, and many cannot survive the deforestation. Deforestation also deprives the forest of its canopy that blocks the sun's rays during the day and holds in heat at night. This disruption leads to more extreme temperature swing that can be harmful to plants and animals. Furthermore, trees help maintain the water cycle by returning water back into the atmosphere. Without trees to fill these roles, many former forest lands can quickly become deserts.

① The process of deforestation by desertification
② Efforts to prevent deforestation around the world
③ Negative effects of deforestation on the environment
④ A bitter controversy over forest development

어휘

deforestation 삼림 벌채 destroy 파괴하다 habitat 서식지 species 종 to illustrate 예를 들면 forest 숲, 산림 survive 살아남다 deprive A of B A에게서 B를 canopy 지붕, 덮개 ray 광선 block 차단하다 hold 유지하다 disruption 파괴 lead to ~를 야기하다 swing 변동, 변화 harmful ~에 해로운 maintain 유지하다 atmosphere 대기 fill 수행하다, 이행하다 desertification 사막화 negative 부정적인 bitter 격렬한, 쓴 controversy 논쟁

지문 분석

소재 / 주제문

1 Deforestation can destroy natural habitats (for millions of species). /

소재와 주제문 소재 : deforestation(삼림 벌채) | 주제문 : 삼림 벌채는 동식물의 서식지를 파괴한다.

시그널

2 To illustrate, / seventy percent (of Earth's land animals and plants) live in forests, / and many cannot survive the deforestation. /

To illustrate + 예시 육지 동물의 70%가 숲에 살고 대부분은 삼림 벌채로 살아남지 못함.

시그널

3 Deforestation also deprives the forest / of its canopy (that blocks the sun's rays / during the day / and holds in heat / at night.) / This disruption leads / to more extreme temperature swing (that can be harmful / to plants and animals). /

also + 추가 예시 숲의 지붕 제거로 극단적 온도 변화로 이어짐.

시그널

4 Furthermore, / trees help maintain the water cycle / by returning water back into the atmosphere. / Without trees (to fill these roles), / many former forest lands can quickly become deserts.

Furthermore + 추가 예시 육지의 사막화

해석 삼림 벌채는 수백만 종의 자연 서식지를 파괴할 수 있다. 구체적으로 말하면, 지구의 육지 동식물의 70%가 숲에 살고 있어서, 다수가 삼림 벌채에서 살아남지 못한다. 또한 삼림 벌채는 낮 동안 태양 광선을 차단하고 밤에 열을 유지하는 숲의 지붕을 빼앗는다. 이러한 파괴는 식물과 동물들에게 해로울 수 있는 더 극단적인 온도 변화로 이어진다. 게다가, 나무는 물을 다시 대기로 돌려보냄으로써 물의 순환을 유지하는 데 도움을 준다. 이러한 역할을 수행하는 나무가 없다면, 이전에 숲이었던 많은 땅은 빠르게 사막이 될 수 있다.

① 사막화에 의한 삼림 벌채 과정
② 전 세계의 삼림 벌채를 막기 위한 노력
③ 삼림 벌채가 환경에 미치는 부정적인 영향
④ 삼림 개발에 대한 격렬한 논쟁

정답 및 해설

정답 ③

이 글은 두괄식 글의 구조로 앞 부분에 주제문(삼림 벌채는 동식물의 서식지를 파괴한다)을 제시하고, 삼림 벌채가 환경에 미치는 부정적인 영향을 예시(숲의 지붕을 제거하고, 육지를 사막화한다)를 들어서 설명하고 있다. 따라서 이 글의 주제는 ③ Negative effects of deforestation on the environment(삼림 벌채가 환경에 미치는 부정적인 영향)가 적절하다.

오답 분석

① 삼림 벌채의 부정적인 영향의 예시 중의 하나로 사막화를 들고 있지만, 사막화에 의한 삼림 벌채 과정을 다루는 글은 아니다.
② 삼림 벌채를 막기 위한 노력은 언급되지 않았다.
④ 삼림 벌채에 대한 논쟁은 언급되지 않았다.

02 다음 글의 제목으로 가장 적절한 것은? (19. 소방직 9급)

When we attempt to make major change in our lives, it is natural for us to want to go from all to nothing or vice versa. Let's take Bob, for instance. Bob never really exercised in the past, but wanted to get into shape. To do so, he decided to exercise for an hour every day of the week. Within a few weeks, Bob burned out, lost his motivation, and stopped exercising. He took on too much, too quickly. On the other hand, if Bob had eased into a fitness regimen by starting with two half hour workouts per week, and then slowly added workout days and workout time over a few months, he would've had a better chance of sticking with the program and of the change lasting. Easing into change helps make it seem less overwhelming and more manageable.

① Extremes Don't Work
② How to Avoid Obesity
③ Why Is It Easy to Be Unhealthy?
④ Workout Time: The More, The Better!

attempt to 시도하다 make a change 변화하다 all to nothing 최대한으로, 한번에 vice versa 거꾸로, 반대로 for instance 예로 get into shape 건강을 유지하다 burn out 녹초가 되다, 에너지를 소진하다 motivation 의욕, 동기 take on ~를 떠맡다 ease into 천천히 익숙해지다, 천천히 시작하다 regimen 교육 프로그램 workout 운동 stick with 고수하다 lasting 지속적인 ease into change 변화에 천천히 적응하다 overwhelming 압도적인 manageable 감당할 수 있는 extreme 지나친, 과도한 obesity 비만 the more, the better 다다익선이다

지문 분석

1 When we attempt to [make major change]^소재 (in our lives) / it is natural / for us to want to go [from all to nothing]^소재 / or vice versa. /

소재 make major change + from all to nothing → 변화의 속도

2 **Let's take Bob, / for instance**^시그널. / Bob never really exercised in the past, / but wanted to get into shape. To do so, / he decided to exercise / for an hour every day (of the week). / Within a few weeks, / Bob burned out, / lost his motivation, / and stopped exercising. / He took on too much, too quickly. /

Bob의 실패 사례 예시

3 **On the other hand**^시그널, / if Bob had eased into a fitness regimen / by starting with two half-hour workouts / per week, / and then slowly added workout days and workout time / over a few months, / he would've had a better chance (of sticking with the program / and of the change lasting). /

성공 사례 가정

4 Easing into change / helps make it seem less overwhelming and more manageable.^주제문

주제문 변화에 천천히 익숙해지는 것은 덜 압도적이고 더 감당할 수 있어 보이게 한다.

해석 우리가 우리의 삶에 중대한 변화를 하려고 시도할 때, 우리가 최대치에서 시작하고 싶어 하거나 그 반대로 하고 싶어 하는 것은 당연하다. Bob을 예시로 들어 보자. Bob은 사실 과거에 운동을 한 적이 없지만 건강을 유지하고 싶었다. 그러기 위해서 그는 일주일 내내 한 시간씩 운동하기로 결심했다. 몇 주 내에, Bob은 녹초가 됐고, 의욕을 잃었으며, 운동을 그만 두었다. 그는 너무 많은 것을 너무 빨리 떠맡았다. 반면에, 만일 Bob이 운동을 일주일에 30분씩 두 번으로 시작해서 운동 훈련에 천천히 적응해서, 그러고 나서 몇 달에 걸쳐 천천히 운동 일수와 운동 시간을 추가했다면, 그는 그 프로그램을 계속하고 변화를 지속했을 가능성이 더 높았을 것이다. 변화에 천천히 적응하는 것은 그것이 덜 압도적이고 더 감당할 수 있는 것처럼 보이게 하는 데 도움이 된다.

① 지나침은 효과가 없다
② 비만을 피하는 방법
③ 왜 건강이 나빠지기 쉬울까?
④ 운동 시간: 더 많을수록 더 좋다!

정답 및 해설 **정답 ①**

이 글은 변화의 속도에 관한 지문으로 급격한 변화의 실패 사례로 Bob을 예시로 들고 있다. 반면 Bob이 변화에 천천히 적응했더라면, 변화를 지속했을 가능성이 더 높았을 것이라고 가정을 하고 있고, 마지막에 주제문(변화에 천천히 익숙해지는 것은 그것을 덜 압도적이고 더 감당할 수 있어 보이게 하는 데 도움이 된다)을 제시하는 두괄식 구조의 글이다. 따라서 이 글의 제목으로는 ① Extremes Don't Work(지나침은 효과가 없다)이 가장 적절하다.

오답 분석
② 비만에 관한 글이 아니다.
③ 변화에 천천히 적응하는 게 좋다는 취지의 글로 변화의 예시로 운동을 들고 있지만, 건강에 관한 지문은 아니다.
④ '변화에 천천히 적응하는 게 좋다'라는 주제문과 반대되는 진술이므로 소거해야 한다.

03 다음 글의 주제로 가장 적절한 것은? (18. 교육행정직 9급)

Cholesterol-lowering drugs are among the most widely used medications in the world. Your body produces cholesterol, and it's found in many foods. But what is it for? Clearly, there is a reason for cholesterol because your liver naturally makes it, but why? You may be surprised to know that your body does need cholesterol as a foundation of good health in many ways. For example, cholesterol is used by the body to make hormones that help your body respond to physical and mental stress. It also is the foundation for the production of sex hormones, contributing to regulation of body actions from puberty to pregnancy, including all aspects of reproductive function.

① the reasons we need cholesterol in our body

② the way cholesterol is produced in the body

③ the mechanism of cholesterol-lowering drugs

④ the reproductive function of cholesterol

lower 낮추다 **medication** 약물 **liver** 간 **naturally** 자연적으로 **foundation** 기반, 토대 **for example** 예를 들어 **respond to** ~에 반응하다 **physical** 신체적인 **mental** 정신적인 **sex hormone** 성 호르몬 **contribute** 기여하다, 공헌하다 **regulation** 규제, 규정 **puberty** 사춘기 **pregnancy** 임신 **reproductive** 생식의, 재생의 **function** 기능 **mechanism** 구조, 방법

지문 분석

1 Cholesterol-lowering drugs are / among the most widely used medications / in the world. / Your body produces cholesterol[소재], / and it's found / in many foods. /

소재 cholesterol(콜레스테롤)

2 But what is it for? / Clearly, / there is a reason (for cholesterol)[주제문] / because your liver naturally makes it, / but why? / You may be surprised to know / that your body does need cholesterol / as a foundation of good health / in many ways. /

주제문 신체가 콜레스테롤을 생성하는 이유가 있다.

3 For example[시그널], / cholesterol is used by the body / to make hormones / (that help your body respond / to physical and mental stress). / It also is the foundation / for the production (of sex hormones,) / (contributing to regulation of body actions / from puberty to pregnancy), / (including all aspects of reproductive function).

예시 ① 스트레스에 반응하는 호르몬 생성 ② 성 호르몬 생성

해석 콜레스테롤을 낮춰 주는 약은 세계에서 가장 널리 사용되는 의약품들 중 하나이다. 당신의 몸은 콜레스테롤을 생산하고, 그것은 많은 음식들에서 발견된다. 그러나 무엇을 위한 것일까? 명백히, 당신의 간이 그것을 자연적으로 만들기 때문에 콜레스테롤에 대한 이유는 있지만, 그러나 왜일까? 당신은 당신의 몸이 여러 가지 면에서 좋은 건강의 기반으로서 콜레스테롤을 필요로 한다는 것을 안다면 놀랄 것이다. 예를 들어, 콜레스테롤은 당신의 몸이 신체적 그리고 정신적 스트레스에 반응하는 것을 돕는 호르몬을 만들기 위해 몸에 의해 사용된다. 그것은 또한 생식 기능의 모든 측면을 포함한 사춘기부터 임신까지의 육체 활동을 조절하는 것에 기여하는 성 호르몬 생산의 토대이기도 하다.

① 우리가 우리 몸에 콜레스테롤을 필요로 하는 이유
② 콜레스테롤이 몸 안에서 생성되는 방식
③ 콜레스테롤을 낮추는 약의 구조
④ 콜레스테롤의 생식 기능

정답 및 해설

정답 ①

이 글은 콜레스테롤에 관한 글로, 콜레스테롤을 낮추는 약이 가장 널리 사용되는 의약품 중의 하나이지만, 신체가 건강을 위해서 콜레스테롤을 생성하고 또한 여러 가지 면에서 건강에 도움이 된다고 주장하고 있다. 그 예시로 콜레스테롤은 스트레스에 반응하는 호르몬을 생성하기 위해서 사용되고, 성호르몬 생산의 토대가 된다고 했으므로 이 글의 주제는 ① the reasons we need cholesterol in our body(우리가 우리 몸에 콜레스테롤을 필요로 하는 이유)가 가장 적절하다.

오답 분석

② 콜레스테롤의 생성 방식에 관한 글이 아니다.
③ 지문의 앞부분에 콜레스테롤을 낮추는 약이 가장 널리 사용되는 의약품 중의 하나라는 내용은 나오지만, 콜레스테롤을 낮추는 약의 구조에 관한 글이 아니다.
④ 콜레스테롤이 건강에 도움이 된다는 예시로 성 호르몬 생산의 토대가 된다는 내용이 나오지만, 콜레스테롤의 생식 기능에 관한 글은 아니다.

04 주어진 글의 제목으로 가장 적절한 것을 고르시오. (15. 지방직 9급)

Making mistakes is central to the education of budding scientists and artists of all kinds, who must have the freedom to experiment, try this idea, flop, try another idea, take a risk, be willing to get the wrong answer. One classic example is Thomas Edison's reply to a reporter who was lamenting Edison's ten thousand experimental failures in his effort to create the first incandescent light bulb. "I have not failed," he told the reporter. "I successfully discovered 10,000 elements that don't work." Most children, however, are denied the freedom to noodle around, experiment, and be wrong in ten ways, let alone ten thousand. The focus on constant testing to measure and standardize children's accomplishments has intensified their fear of failure. It is certainly important for children to learn to succeed; but it is just as important for them to learn not to fear failure.

① Getting It Right the First Time
② The Secret Inventions of Edison
③ Road to Creativity: Avoid Risks
④ Failure: Nothing to Be Afraid Of

make a mistake 실수하다 budding 신예의, 싹트기 시작하는 experiment 실험하다 flop 완전히 실패하다 take a risk 위험을 무릅쓰다 lament 안타까워하다 incandescent 백열의 light bulb 전구 discover 알아내다 element 요소 noodle around 만지작거리다, 시험 삼아 해 보다 let alone ~은 고사하고 constant 끊임없는 measure 측정하다 standardize 표준화하다 accomplishment 성취 intensify 강화하다 invention 발명품, 발명 creativity 창의성 be afraid of ~을 두려워하는

지문 분석

소재

1 Making mistakes is central / to the education / (of budding scientists and artists of all kinds,) / (who must have the freedom to experiment, / try this idea, / flop, / try another idea, / take a risk, / be willing to get the wrong answer). /

소재 Making mistakes(실수하는 것) – 실수를 하는 것은 모든 신예 과학자들과 예술가들의 교육에서 가장 중요하다.

시그널

2 One classic example / is Thomas Edison's reply to a reporter / (who was lamenting Edison's ten thousand experimental failures / in his effort to create / the first incandescent light bulb.) / "I have not failed," / he told the reporter. / "I successfully discovered 10,000 elements / (that don't work.") /

예시 토머스 에디슨의 백열 전구를 만들기 위한 만 번의 실패를 안타까워하던 기자와의 인터뷰

3 Most children, / however, / are denied the freedom / to noodle around, / experiment, / and be wrong in ten ways, / let alone ten thousand. / The focus on constant testing / to measure and standardize children's accomplishments / has intensified their fear of failure. / 주제문 It is certainly important / for children / to learn to succeed; / but it is just as / important for them to learn not to fear failure.

주제문 아이들이 성공하는 법을 배우는 것은 중요하지만, 실패를 두려워하지 않는 법을 배우는 것 또한 그만큼 중요하다.

해석 실수를 하는 것은 실험하고, 한 가지 발상을 시도하고, 완전히 실패하고, 또 다른 발상을 시도하고, 위험을 무릅쓰고, 기꺼이 잘못된 답을 얻을 자유가 있어야 하는 모든 유형의 신예 과학자들과 예술가들의 교육에서 가장 중요하다. 하나의 고전적인 예는 토머스 에디슨이 최초의 백열 전구를 만들기 위한 그의 노력에서의 만 번의 실험 실패를 안타까워하던 기자에게 한 대답이다. 그는 "저는 실패하지 않았습니다"라고 기자에게 말했다. "저는 작동하지 않는 만 가지 요소들을 성공적으로 알아냈습니다". 하지만 대부분의 아이들은 시험 삼아 해 보고, 실험하고, 또 만 가지는 고사하고 열 가지 방법으로조차 실패해 볼 자유를 허락받지 못한다. 아이들의 성취를 측정하고 표준화하기 위한 끊임없는 시험에 대한 집중은 실패에 대한 그들의 두려움을 강화시켜 왔다. 아이들이 성공하는 법을 배우는 것은 확실히 중요하다. 하지만 그들이 실패를 두려워하지 않는 법을 배우는 것 또한 그만큼 중요하다.

① 한 번에 제대로 하는 것
② 에디슨의 비밀 발명품들
③ 창의성으로 이르는 길: 위험을 피하라
④ 실패: 두려워할 것이 없다

정답 및 해설 **정답 ④**

글의 앞부분에서 '실수를 하는 것은 모든 신예 과학자들과 예술가들의 교육에서 가장 중요하다'라고 주장하고 이어지는 글에서 토머스 에디슨이 백열 전구를 만들기 위해 거친 만 번의 실수를 안타까워하던 기자와의 인터뷰를 예를 들고 있다. 그리고 마지막 단락에서 주제문(아이들이 성공하는 법을 배우는 것은 중요하지만, 실패를 두려워하지 않는 법을 배우는 것 또한 그만큼 중요하다)을 밝히고 있으므로 이 글의 제목으로는 ④ Failure: Nothing to Be Afraid Of(실패: 두려워할 것이 없다)가 가장 적절하다.

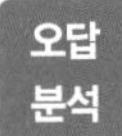

오답 분석

① 실패를 두려워하지 말라는 주제문과 반대되는 내용이므로 소거해야 한다.
② 실패를 두려워하지 않은 예로 토머스 에디슨의 백열 전구 발명을 들고 있지만, 에디슨의 비밀 발명품에 관한 글은 아니다.
③ 본문에 위험을 기꺼이 감내하라는 내용이 나오므로 내용이 일치하지 않는 진술이다.

Unit 10 독해 마스터! 기출 지문

당위성 강조 구문

01 다음 글의 요지로 적절한 것은? (19. 국가직 9급)

When giving performance feedback, you should consider the recipients past performance and your estimate of his or her future potential in designing its frequency, amount, and content. For high performers with potential for growth, feedback should be frequent enough to prod them into taking corrective action, but not so frequent that it is experienced as controlling and saps their initiative. For adequate performers who have settled into their jobs and have limited potential for advancement, very little feedback is needed because they have displayed reliable and steady behavior in the past, knowing their tasks and realizing what needs to be done. For poor performers – that is, people who will need to be removed from their jobs if their performance doesn't improve — feedback should be frequent and very specific, and the connection between acting on the feedback and negative sanctions such as being laid off or fired should be made explicit.

① Time your feedback well.

② Customize negative feedback.

③ Tailor feedback to the person.

④ Avoid goal-oriented feedback.

어휘

performance 업무 성과 recipient 받는 사람 estimate 예상, 평가 potential 가능성, 잠재력 frequency 빈도 content 내용 prod into ~하게끔 자극하다 corrective 수정하는 take action ~에 대해 조치를 취하다 sap 약화시키다 initiative 주도권, 솔선수범 adequate 보통 수준의, 적당한 settle into 정착하다, 자리 잡다 advancement 진전 reliable 믿을 만한 steady 꾸준한 specific 구체적인 act on ~에 따라 행동하다 sanction 제재 조치 be laid off 실직을 당하다 explicit 분명한, 명백한 time 시간을 맞추다 customize ~에 따라 맞추다 tailor 맞추다 goal-oriented 목표 지향적인

지문 분석

소재 / 시그널 / 주제문

1 When giving performance feedback, / you should consider / the recipient's past performance / and your estimate (of his or her future potential) / in designing its frequency, amount, and content. /

소재와 주제문 소재 : feedback(피드백) | 주제문 : 피드백을 제공할 때, 받는 사람의 과거 성과와 미래 잠재력을 고려하라.

시그널

2 For high performers / (with potential for growth), / feedback should be frequent enough / to prod them into taking corrective action, / but not so frequent / that it is experienced as controlling and saps their initiative. /

– 상위 성과자의 피드백

시그널

3 For adequate performers / (who have settled into their jobs / and have limited potential for advancement), / very little feedback is needed / because they have displayed reliable and steady behavior in the past, / knowing their tasks and realizing what needs to be done. /

– 중위 성과자의 피드백

시그널

4 For poor performers / - that is, people (who will need to be removed / from their jobs / if their performance doesn't improve) - / feedback should be frequent and very specific, / and the connection (between acting on the feedback and negative sanctions (such as being laid off or fired)) / should be made explicit.

– 하위 성과자의 피드백

해석 성과에 대한 피드백을 제공할 때, 당신은 그 빈도, 양 및 내용을 설계할 때 피드백을 받는 사람의 과거의 성과와 그 또는 그녀의 미래 잠재력에 대한 당신의 기대치를 고려해야 한다. 성장 가능성이 있는 상위 성과자의 경우, 피드백은 그들을 자극해서 교정 조치를 취할 만큼 충분히 자주 이루어져야 하지만 그것이 통제하는 것으로 경험되고 그들의 솔선수범을 약화시킬 정도로 너무 잦아서는 안 된다. 자신들의 업무에 적응했고 발전 가능성은 많지 않은 보통 수준의 성과자들의 경우, 피드백이 거의 필요하지 않은데, 그 이유는 그들이 과거에 믿을 만하고 꾸준한 행동을 보여 왔으며 그들의 업무를 알고 있고 무엇을 해야 할 필요가 있는지 인식하고 있기 때문이다. 형편없는 성과자들 – 즉, 그들의 성과가 향상되지 않으면 그들의 직장에서 퇴출되어야 할 사람들 –의 경우, 피드백은 빈번하고 매우 구체적이어야 하며, 피드백에 따라 행동하는 것과 실직하거나 해고되는 것과 같은 부정적인 제재 조치 사이의 연관성을 명백하게 해야 한다.

① 당신의 피드백의 시간을 잘 맞춰라.
② 부정적인 피드백을 맞춤 설계하라.
③ 피드백을 그 사람에게 맞춰라.
④ 목표 지향적인 피드백을 피하라.

정답 및 해설 **정답 ③**

feedback을 소재로 하는 글로, 주제문(피드백을 제공할 때, 받는 사람의 과거성과 미래 잠재력을 고려하라)이 앞부분에 위치하는 두괄식 구조의 글이다. 그리고 이어지는 글에서 피드백을 받는 사람들의 성과에 따라서 어떻게 피드백을 맞춰서 주어야 하는지를 설명하고 있으므로 이 글의 요지는 ③ Tailor feedback to the person(피드백을 그 사람에게 맞춰라)이 가장 적절하다.

오답 분석
① 업무 성과의 수준에 따라서 피드백을 맞추라는 내용이지 피드백을 주는 시간에 관한 글이 아니다.
② 글의 소재가 부정적인 피드백이 아니다.
④ 목표 지향적인 피드백은 본문에서 언급되지 않았다.

02 다음 글의 요지로 가장 적절한 것은? (19. 법원직 9급)

It is first necessary to make an endeavor to become interested in whatever it has seemed worthwhile to read. The student should try earnestly to discover wherein others have found it good. Every reader is at liberty to like or to dislike even a masterpiece; but he is not in a position even to have an opinion of it until he appreciates why it has been admired. He must set himself realize not what is bad in a book, but what is good. The common theory that the critical faculties are best developed by training the mind to detect shortcoming is as vicious as it is false. Any carper can find the faults in a great work; it is only the enlightened who can discover all its merits. It will seldom happen that a sincere effort to appreciate good book will leave the reader uninterested.

① Give attention to a weakness which can damage the reputation of a book.

② Try to understand the value of the book before judging it.

③ Read books in which you are not only interested but also uninterested.

④ Until the book is finished, keep a critical eye on the theme.

endeavor 노력 worthwhile ~할 가치가 있는 earnestly 진지하게 wherein 어디에, 어떤 점에 liberty 자유
dislike 싫어하다 masterpiece 걸작 appreciate 감상하다, 진가를 인정하다 admire 존경하다
set oneself to ~하려고 애쓰다 realize 깨닫다 common theory 통설 critical faculty 비판력
detect 발견하다, 감지하다 shortcoming 결점 vicious 악의 있는 carper 혹평가, 트집쟁이 fault 흠, 결점
enlightened 깨우친, 계몽된 merit 장점 sincere 진정한 uninterested 무관심한
give attention to ~에게 관심을 주다 weakness 약점 judge 판단하다 critical eye 비판적인 시각

지문 분석

시그널 / 주제문

1 It is first necessary / to make an endeavor / (to become interested / in whatever it has seemed worthwhile to read). / The student should try earnestly / to discover wherein others have found it good. /

시그널

소재와 주제문 소재 : 글을 이해하려는 노력 | 주제문 : 독자는 글의 좋은 점을 발견하기 위해 노력해야 한다.

2 Every reader is at liberty / (to like or to dislike) / even a masterpiece; / but he is not in a - position / (even to have an opinion of it) / until he appreciates / why it has been admired. / He must set himself to realize / not what is bad in a book, / but what is good. / The common theory / that the critical faculties are best developed / by training the mind to detect shortcoming / is as vicious / as it is false. / Any carper can find the faults / in a great work; / it is only the enlightened / who can discover all its merits. / It will seldom happen / that a sincere effort / (to appreciate good book) / will leave the reader uninterested.

부연 좋아하거나 싫어할 수 있지만, 단점을 찾기 전에 그 책의 가치를 먼저 이해하는 것이 중요하다.

해석 읽을 가치가 있어 보였던 것이라면 무엇이든 관심을 가지려는 노력을 하는 것이 우선 필요하다. 학생은 다른 사람들이 어떤 점에서 그것이 좋다고 생각하는지를 발견하려고 진지하게 노력해야 한다. 모든 독자는 심지어 걸작일지라도 좋아하거나 싫어할 자유가 있다; 하지만 그는 왜 그것이 칭송받아 왔는지를 그가 이해할 때까지는 그것에 대한 의견조차 가질 수 있는 위치에 있지 않다. 그는 책에서 무엇이 나쁜지가 아니라 무엇이 좋은지를 깨달으려고 애써야 한다. 비판력은 단점을 찾아내기 위해 정신을 훈련시킴으로써 가장 잘 발달된다는 통설은 그것이 거짓인 것만큼이나 사악하다. 어떤 혹평가라도 위대한 작품에서 결점을 찾아낼 수 있다; 그 작품의 모든 장점을 찾아낼 수 있는 사람은 정통한 사람들뿐이다. 좋은 책을 감상하려는 진정한 노력이 독자를 무관심하게 내버려둘 일은 거의 일어나지 않을 것이다.

① 책의 평판을 손상시킬 수 있는 약점에 주목하다.
② 판단하기 전에 그 책의 가치를 이해하려고 노력하라.
③ 당신이 관심을 갖는 책뿐 아니라 관심이 없는 책도 읽어라.
④ 책이 끝날 때까지 그 주제에 대한 비판적인 시각을 유지하라.

정답 및 해설 **정답 ②**

이 글은 주제문(독자는 글의 좋은 점을 발견하기 위해 노력해야 한다)이 앞부분에 위치하는 두괄식 구성의 글이다. 이어지는 글에서 '좋아하거나 싫어할 수 있지만, 비판하기 이전에 그 책의 가치를 먼저 이해하는 것이 중요하다'라고 했으므로 이 글의 요지로는 ② Try to understand the value of the book before judging it(판단하기 전에 그 책의 가치를 이해하려고 노력하라)이 가장 적절하다.

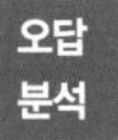

오답 분석
① 비판하기 전에 장점에 주목하라고 했으므로 틀린 내용이다.
③ 관심 있는 책뿐만 아니라 관심이 없는 책도 읽으라는 내용은 언급되지 않았다.
④ 비판적인 시각을 가지라는 것은 글의 요지와는 상반되는 내용이다.

03 다음 글의 제목으로 가장 적절한 것은? (20. 국가직 9급)

The future may be uncertain, but some things are undeniable: climate change, shifting demographics, geopolitics. The only guarantee is that there will be changes, both wonderful and terrible. It's worth considering how artists will respond to these changes, as well as what purpose art serves, now and in the future. Reports suggest that by 2040 the impacts of human-caused climate change will be inescapable, making it the big issue at the center of art and life in 20 years' time. Artists in the future will wrestle with the possibilities of the post-human and post-Anthropocene-artificial intelligence, human colonies in outer space and potential doom. The identity politics seen in art around the #MeToo and Black Lives Matter movements will grow as environmentalism, border politics and migration come even more sharply into focus. Art will become increasingly diverse and might not look like art as we expect. In the future, once we've become weary of our lives being visible online for all to see and our privacy has been all but lost, anonymity may be more desirable than fame. Instead of thousands, or millions, of likes and followers, we will be starved for authenticity and connection. Art could, in turn, become more collective and experiential, rather than individual.

① What will art look like in the future?

② How will global warming affect our lives?

③ How will artificial intelligence influence the environment?

④ What changes will be made because of political movements?

undeniable 부인할 수 없는 shifting 변화하는 demographics 인구 통계 geopolitics 지정학 guarantee 보장 terrible 끔찍한 be worth Ring ~하는 것은 가치 있다 inescapable 피할 수 없는 wrestle with ~을 해결하려고 애쓰다 possibility 가능성 post-human 포스트휴먼(현대 인류보다 월등히 앞설 것이라고 상상되는 진화 인류) Anthropocene 인류세(지구온난화 및 생태계 침범을 특징으로 하는 현재의 지질학적 시기) colony 식민지 potential 가능성이 있는 doom 파멸, 죽음 identity politics 정체성의 정치 matter 중요하다 environmentalism 환경 운동 border 국경 migration 이주 come into focus 뚜렷해지다 diverse 다양한 weary 지친, 피곤한 all but 거의 anonymity 익명(성) desirable 바람직한 fame 명성 starve for 갈망하다 authenticity 진실성, 진정성 connection 관계 in turn 결국, 결과적으로 collective 집단의, 공동의 experiential 경험하는 individual 개인적인

지문 분석

1 The [future: 소재] may be [uncertain: 소재], / but some things are undeniable: / climate change, shifting demographics, geopolitics. / The only guarantee is that / there will be changes, / both wonderful and terrible. /

소재 future, uncertain(미래와 불확실성)

2 **It's worth considering** (시그널) / how artists will respond / to these changes, (주제문) / as well as what purpose art serves, / now and in the future. /

주제문 예술가들이 미래의 불확실성에 어떻게 반응할지는 고려할 만한 가치가 있다.

3 Reports suggest that / by 2040 / the impacts of human-caused climate change / will be inescapable, / making it the big issue / at the center of art and life / in 20 years' time. / Artists in the future / will wrestle with the possibilities / of the post-human / and post-Anthropocene-artificial intelligence, / human colonies / in outer space and potential doom. / The identity politics / seen in art around the #MeToo / and Black Lives Matter movements / will grow as environmentalism, / border politics and migration / come even more sharply into focus. /

부연 예시 열거

4 Art will become increasingly diverse / and might not look like / art as we expect. / In the future, / once we've become weary of / our lives being visible online / for all to see / and our privacy has been all but lost, / anonymity may be more desirable than fame. / Instead of thousands, or millions, of likes and followers, / we will be starved for / authenticity and connection. / Art could, in turn, become more collective and experiential, / rather than individual.

주제문 강조 예술은 더 다양해질 것이고 우리가 기대하는 예술로는 보이지 않을 수 있다.

해석 미래는 불확실할지도 모르지만 기후 변화, 바뀌는 인구 통계, 지정학 같은 어떤 것들은 부인할 수 없는 것들이다. 단 한 가지 확실한 것은 변화가 있으리라는 점인데, 그 변화는 좋을 수도 있고 끔찍할 수도 있다. 현재와 미래에 예술이 어떤 목적을 제공할지 뿐만 아니라 이러한 변화에 예술가들이 어떻게 반응할지는 고려할 만한 가치가 있다. 보고서는 2040년까지 인간이 초래한 기후 변화의 영향은 피할 수 없을 것이고, 이는 20년 후 예술과 생활의 중심에서 큰 이슈가 될 것이라고 제시하고 있다. 미래의 예술가들은 인공지능, 우주에 있는 인간의 식민지, 그리고 잠재적인 파멸과 같은 포스트휴먼과 포스트 인류세의 가능성과 싸울 것이다. #미투(MeToo)와 흑인 민권 운동(흑인의 목숨도 중요하다)을 둘러싼 예술에서 볼 수 있는 정체성의 정치학은 환경 운동, 국경 정치, 그리고 이주가 훨씬 뚜렷해지면서 성장하게 될 것이다. 예술은 더욱 다양해질 것이고 우리가 기대하는 모습의 '예술처럼 보이지' 않을 수도 있다. 미래에, 우리 모두가 온라인에서 모든 사람이 볼 수 있는 우리의 삶에 지치게 되고 우리의 사생활이 거의 없어지면, 익명성이 명성보다 더 바람직할 수도 있다. 수천, 수백만의 좋아요와 팔로워 대신에 우리는 진실성과 관계에 갈망하게 될 것이다. 결과적으로 예술은 개인적인 것보다는 더 집단적이고 경험적인 것이 될 것이다.

① 미래에 예술은 어떤 모습일 것인가? / ② 지구온난화는 우리의 삶에 어떻게 영향을 미칠 것인가? / ③ 인공지능이 환경에 어떻게 영향을 미칠 것인가? ④ 정치 운동으로 어떤 변화가 생길 것인가?

정답 및 해설

정답 ①

이 글은 미래와 불확실성에 관한 글인데, 앞부분에 주제문(예술가들이 미래의 불확실성에 어떻게 반응할지는 고려할 만한 가치가 있다)을 제시하고, 이어지는 글에서 불확실성에 대한 예시를 열거하고 있다. 그리고 마지막에서 주제문 강조(예술은 더 다양해질 것이고 우리가 기대하는 예술로 보이지 않을 수도 있다)로 뒷받침하고 있으므로, 이 글의 제목은 ① What will art look like in the future?(미래에 예술은 어떤 모습일 것인가?)가 가장 적절하다.

오답 분석

② 미래 불확실성의 하나의 예로 지구온난화를 언급한 것이므로 소거한다.
③ 인공지능 역시 하나의 예로 언급된 것이다.
④ 정치 운동 역시 하나의 예로 언급된 것이다. 주제나 요지는 전체 내용을 아우를 수 있는 문장이 되어야 한다.

04 피드백에 대한 글쓴이의 주장으로 가장 적절한 것은? (14. 국가직 9급)

Feedback, particularly the negative kind, should be descriptive rather than judgmental or evaluative. No matter how upset you are, keep the feedback job-related and never criticize someone personally because of an inappropriate action. Telling people they're stupid, incompetent, or the like is almost always counterproductive. It provokes such an emotional reaction that the performance deviation itself is apt to be overlooked. When you're criticizing, remember that you're censuring a job-related behavior, not the person.

① 상대방에게 직접 전달하는 것이 바람직하다.
② 상대방의 인격보다는 업무에 초점을 두어야 한다.
③ 긍정적인 평가가 부정적인 것보다 더 많아야 한다.
④ 상대방의 지위와 감정을 고려해야 한다.

descriptive 서술적인 **rather than** ~대신에 **judgmental** 비판적인 **evaluative** 평가적인
no matter how 아무리 ~하더라도 **job-related** 업무와 관련된 **criticize** 비난하다 **inappropriate** 부적절한
incompetent 무능한 **counterproductive** 역효과를 낳는 **provoke** 유발하다 **deviation** 탈선, 벗어남
be apt to ~하기 쉽다 **overlook** 간과하다 **censure** 질책하다

지문 분석

소재

1 Feedback, / particularly the negative kind, / should be descriptive / rather than judgmental / or evaluative.

주제문

/ No matter how upset you are, / keep the feedback job-related / and never criticize someone personally / because of an inappropriate action . /

소재와 주제문 소재 : Feedback(피드백) | 주제문 : 피드백은 업무와 관련이 되어야 하며, 부적절한 행동 때문에 누군가를 개인적으로 비난하지 마라.

2 Telling people / they're stupid, incompetent, or the like / is almost always counterproductive. / It provokes such an emotional reaction / that the performance deviation itself / is apt to be overlooked. /

뒷받침(이유) 개인적 비난은 감정적인 반응을 유발해서 역효과를 낳는다.

주제문

3 When you're criticizing, / remember that / you're censuring a job-related behavior, / not the person.

주제문 강조 사람이 아니라 업무 관련 행동을 비판하라.

해석 피드백은, 특히 부정적인 유형의 피드백은 비판적이거나 평가적이기보다는 서술적이어야 한다. 당신이 얼마나 화났는지와 관계없이, 피드백은 업무과 관련된 것으로 유지하고 부적절한 행동 때문에 절대 누군가를 개인적으로 비난하지 마라. 사람들에게 그들이 멍청하고 무능하고, 또는 그와 비슷하다고 말하는 것은 거의 항상 역효과를 낳는다. 그것은 매우 감정적인 반응을 유발해서 업무의 탈선 행위 그 자체는 간과되기 쉽다. 당신이 비판할 때는, 당신이 개인이 아니라 업무와 관련된 행동을 질책하고 있다는 것을 기억하라.

정답 및 해설

정답 ②

이 글은 피드백에 관한 글인데, 앞부분에 주제문(얼마나 화났는지와 관계없이, 피드백은 업무와 관련이 되어야 하며, 부적절한 행동 때문에 누군가를 개인적으로 비난하지 말아라)을 제시하고 이어지는 글에서 개인적인 비난은 감정적인 반응을 유발해서 역효과를 낳는다고 뒷받침하고 있다. 그리고 마지막에서 개인이 아니라 업무와 관련된 행동을 질책하는 것을 기억하라고 주제문을 강조하고 있으므로 이 글의 주장은 ② '상대방의 인격보다는 업무에 초점을 두어야 한다'가 가장 적절하다.

오답 분석

① 피드백을 직접 전달하라는 내용은 언급되지 않았다.
③ 긍정적인 평가가 글의 소재가 아니므로 소거해야 한다.
④ 상대방의 인격보다는 업무에 초점을 맞추어 피드백을 제공하라는 내용이지, 상대방의 지위와 감정을 고려해서 피드백을 제공하라는 것은 아니다.

05 글의 제목으로 가장 적절한 것은? (19. 서울시 9급)

Economists say that production of an information good involves high fixed costs but low marginal costs. The cost of producing the first copy of an information good may be substantial, but the cost of producing(or reproducing) additional copies is negligible. This sort of cost structure has many important implications. For example, cost-based pricing just doesn't work: a 10 or 20 percent markup on unit cost makes no sense when unit cost is zero. You must price your information goods according to consumer value, not according to your production cost.

① Securing the Copyright
② Pricing the Information Goods
③ Information as Intellectual Property
④ The Cost of Technological Change

economist 경제학자 **production** 생산 **information good** 정보재 **involve** 포함하다 **fixed cost** 고정 비용 **marginal cost** 한계 비용 **substantial** 상당한 **negligible** 무시해도 될 정도의 **cost structure** 원가 구조 **implication** 의미, 암시 **markup** 가격 인상 **unit cost** 단위 원가 **make sense** 타당하다 **price** 가격을 책정하다 **consumer value** 소비자 가치 **secure** 확보하다 **copyright** 저작권 **intellectual property** 지적 재산

지문 분석

1 Economists say / that production of an [소재] information good / involves high fixed costs / but low marginal costs. / The cost of producing the first copy / (of an information good) / may be substantial, / but the cost / (of producing(or reproducing) additional copies) / is negligible. /

소재 information good(정보재) – 정보재의 생산은 높은 고정 비용과 낮은 한계 비용을 수반한다.

2 This sort of cost structure / has many important implications. / For example, / cost-based pricing / just doesn't work: / a 10 or 20 percent markup on unit cost / makes no sense / when unit cost is zero. / [시그널] You [주제문] must price your information goods / according to consumer value, / not according to your production cost.

주제문 정보재의 가격 책정은 생산비에 따른 것이 아닌 소비자 가치에 따라 결정되어야 한다.

해석 경제학자들은 정보재의 생산은 높은 고정 비용 그러나 낮은 한계 비용을 수반한다고 말한다. 정보재의 초본을 제작하는 비용은 상당할지도 모르지만, 추가 사본을 제작(또는 복제)하는 비용은 무시해도 될 정도이다. 이런 종류의 원가 구조는 많은 중요한 의미를 가지고 있다. 예를 들어, 원가 기반 가격 책정은 효과가 없다. 단위 원가가 0일 때 단위 원가에 대한 10퍼센트 또는 20퍼센트 가격 인상은 말이 안 된다. 당신은 당신의 생산비에 따른 것이 아닌 소비자 가치에 따라 당신의 정보재의 가격을 책정해야 한다.

① 저작권을 보호하는 것
② 정보재 가격 책정
③ 지적 재산으로서의 정보
④ 기술 변화의 비용

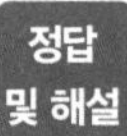

정답 및 해설

정답 ②

이 글은 정보재의 가격 책정에 관한 글인데, 서론에서 정보재의 생산은 높은 고정 비용과 낮은 한계 비용을 수반한다고 정보재의 특징을 설명하고 이어지는 글에서 단위 원가가 0이므로 원가 기반 가격 책정은 의미가 없다고 주장하고 있다. 그리고 마지막에 주제문(정보재의 가격 책정은 생산비에 다른 것이 아닌 소비자 가치에 따라 결정되어야 한다)을 제시하고 있으므로, 이 글의 제목은 ② Pricing the Information Goods(정보재 가격 책정)가 가장 적절하다.

오답 분석

① 저작권에 관한 글이 아니다.
③ 이 글은 지적 재산으로서의 정보에 관한 글이 아니라 정보재의 가격 책정에 관한 글이므로 소거해야 한다.
④ 기술 변화는 이 글의 소재와 관련성이 없으므로 소거해야 한다.

06 글의 요지로 가장 적절한 것은? (19. 서울시 7급)

Mark Twain, who knew as much about talking as he did about the humans who do it, wrote, "The difference between the almost-right word and the right word is really a large matter—it's the difference between the lightning bug and the lightning." Remember that the right word—the one instantly recognized and understood by your listener—is most often a simple word. For some reason, there's a natural human tendency to throw in a new buzzword or a recently popularized word, to make our speech sound more up-to-date. With the speed and reach of modern communications, new words and usages spread rapidly across the country. Unfortunately some of these new words don't do anything to improve our ability to communicate.

① An almost-right word is the right word if it's simple.

② It's important to know specific popular words to communicate.

③ A simple word can be a right word that is clear to the listener.

④ New words that sound more updated are right words to express meanings.

almost-right 거의 정확한 **a large matter** 중요한 문제 **lightning bug** 반딧불이 **instantly** 즉시 **recognize** 인식하다 **natural** 타고난, 자연스러운 **tendency** 성향, 경향 **throw in** ~을 덧붙이다 **buzzword** 유행어 **up-to-date** 최신의, 최신식의 **usage** 용법 **rapidly** 급속히, 신속히 **specific** 구체적인 **updated** 최신의 **meaning** 의미

지문 분석

1 Mark Twain, / who knew as much about talking / as he did about the humans / who do it, wrote, / "The difference / between the almost-right word / and the right word / is really a large matter / —it's the difference / between the lightning bug / and the lightning." /

도입 마크 트웨인의 말 인용 – 거의 정확한 단어와 정확한 단어의 차이는 아주 크다.

시그널 주제문

2 **Remember that** / the right word / —the one instantly recognized and understood / by your listener / —is most often a simple word. /

소재

소재와 주제문 소재 : a simple word | 주제문 : 단순한 단어가 즉시 인지되고 이해되는 정확한 단어이다.

3 For some reason, / there's a natural human tendency / to throw in a new buzzword / or a recently popularized word, / to make our speech / sound more up-to-date. / With the speed and reach of modern communications, / new words and usages spread rapidly / across the country. / Unfortunately / some of these new words / don't do anything / to improve our ability to communicate. /

부연 최근에 유행하는 단어는 의사소통 능력에 도움이 되지 않는다.

해석 인간이 하는 행동만큼 말하기에 대해서 잘 알았던 마크 트웨인은 "거의 정확한 단어와 정확한 단어의 차이는 아주 큰 문제이며, 그것은 개똥벌레(반딧불이)와 번개와의 차이이다"라고 썼다. 당신의 청자에 의해 즉시 인지되고 이해되는 정확한 단어는 대부분 보통 단순한 단어라는 것을 기억해라. 어떤 이유에선지, 우리의 담화가 더 최신인 것처럼 들리게 하기 위해 새로운 유행어나 최근에 대중화된 단어를 덧붙이는 타고난 인간의 성향이 있다. 현대 의사소통의 속도와 범위로, 새로운 단어와 용법들은 전국으로 급속히 확산된다. 불행하게도 이러한 새로운 단어들 중 몇몇은 우리의 의사소통 능력을 향상시키는 데 아무런 도움이 되지 않는다.

① 거의 정확한 단어는 그것이 단순하다면 정확한 단어이다.
② 의사소통하기 위해서는 특정한 인기 있는 단어들을 아는 것이 중요하다.
③ 단순한 단어는 청자에게 알아듣기 쉬운 정확한 단어가 될 수 있다.
④ 더 최신인 것처럼 들리는 새로운 단어들은 의미를 표현해 주는 정확한 단어들이다.

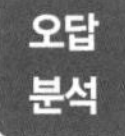

정답 및 해설 **정답 ③**

지문의 앞부분에서 마크 트웨인의 말을 인용해서 '거의 정확한 단어와 정확한 단어의 차이는 아주 크다'라고 주장하고 지문의 중간에 주제문(즉시 인지되고 이해되는 정확한 단어는 보통 단순한 단어이다)을 제시하는 중괄식 구조의 지문이다. 그리고 마지막에 최신 유행하는 단어를 사용하는 것은 의사소통에 아무런 도움을 주지 않는다고 뒷받침하고 있다. 따라서 이 글의 요지는 주제문을 정확하게 반영한 ③ A simple word can be a right word that is clear to the listener(단순한 단어는 청자에게 알아듣기 쉬운 정확한 단어가 될 수 있다)가 정답이다.

오답 분석
① 거의 정확한 단어와 정확한 단어의 차이는 크다고 했으므로 소거해야 한다.
② 특정 인기 있는 단어를 사용하는 것은 의사소통에 도움이 되지 않는다고 했으므로 사실과 다른 내용이다.
④ 최근에 유행하는 새로운 단어는 의사소통에 도움이 되지 않는다고 했으므로 소거해야 한다.

Unit 11

독해 마스터! 기출 지문

의문문 문제 제기 구조

01 다음 글의 요지로 적절한 것은? (19. 국가직 9급)

When giving performance feedback, you should consider the recipients past performance and your estimate of his or her future potential in designing its frequency, amount, and content. For high performers with potential for growth, feedback should be frequent enough to prod them into taking corrective action, but not so frequent that it is experienced as controlling and saps their initiative. For adequate performers who have settled into their jobs and have limited potential for advancement, very little feedback is needed because they have displayed reliable and steady behavior in the past, knowing their tasks and realizing what needs to be done. For poor performers – that is, people who will need to be removed from their jobs if their performance doesn't improve — feedback should be frequent and very specific, and the connection between acting on the feedback and negative sanctions such as being laid off or fired should be made explicit.

① Time your feedback well.

② Customize negative feedback.

③ Tailor feedback to the person.

④ Avoid goal-oriented feedback.

어휘

performance 업무 성과 recipient 받는 사람 estimate 예상, 평가 potential 가능성, 잠재력 frequency 빈도 content 내용 prod into ~하게끔 자극하다 corrective 수정하는 take action ~에 대해 조치를 취하다 sap 약화시키다 initiative 주도권, 솔선수범 adequate 보통 수준의, 적당한 settle into 정착하다, 자리 잡다 advancement 진전 reliable 믿을 만한 steady 꾸준한 specific 구체적인 act on ~에 따라 행동하다 sanction 제재 조치 be laid off 실직을 당하다 explicit 분명한, 명백한 time 시간을 맞추다 customize ~에 따라 맞추다 tailor 맞추다 goal-oriented 목표 지향적인

지문 분석

소재 / 시그널

1 As the digital revolution / upends newsrooms / across the country, / here's my advice for all the reporters. /

소재와 조언 소재 : digital revolution(디지털 혁명) | 조언 : 글쓴이의 조언으로 주의를 환기

2 I've been a reporter / for more than 25 years, / so I have lived through / a half dozen technological life cycles. / The most dramatic transformations / have come in the last half dozen years. / That means I am, / with increasing frequency, / making stuff up / as I go along. / Much of the time / in the news business, / we have no idea / what we are doing. / We show up in the morning / and someone says, / "Can you write a story / about (pick one) tax policy / immigration / climate change?" / When newspapers had once-a-day deadlines, / we said / a reporter would learn in the morning / and teach at night / —write a story / that could inform tomorrow's readers / on a topic / the reporter knew / nothing about 24 hours earlier. /

부연 기자로서의 경험 – 이전에는 하루에 한 번 마감

시그널 / 주제문

3 Now it is more like learning / at the top of the hour / and teaching at the bottom of the same hour. / I'm also running a political podcast, / for example, / and during the presidential conventions, / we should be able to use it / to do real-time interviews anywhere. /

Now + 주제문 최근에 유행하는 단어는 의사소통 능력에 도움이 되지 않는다.

주제문

4 I am just increasingly working without a script.

주제문 강조 점점 더 각본 없이 일하고 있다.

해석 디지털 혁명이 전국의 뉴스룸을 온통 뒤집어 놓고 있기 때문에, 모든 기자들을 위해 제가 조언을 하나 하려고 합니다. 저는 25년이 넘는 시간 동안 기자로 지내 왔으며 여섯 번 정도의 기술적 수명 주기를 겪었습니다. 가장 극적인 변화는 마지막 6년간에 있었습니다. 그것은 내가 점점 더 많이 이야기를 만들어 가면서 기사를 쓴다는 것을 의미합니다. 많은 시간을 뉴스 업계에 있으면서, 우리는 우리가 무엇을 하는지에 대한 생각을 가지고 있지 않습니다. 우리가 아침에 출근하면 누군가는 "세금 정책, 이민, 기후 변화에 대한 이야기를 써 주실 수 있어요?"라고 말합니다. 신문이 하루에 한 번 마감할 때, 우리끼리 '기자는 아침에 배운 걸 밤에 가르치는 거지. 24시간 전에 기자 자신도 알지 못했던 주제에 대해 독자에게 알려줄 내일 자 기사를 쓰는 거야'라고 말하곤 했습니다. 지금은 더 나아가서 지금 배운 것을 30분 뒤에 독자에게 가르쳐야 하는 수준이 되었습니다. 예를 들면, 나 역시 정치 관련 팟캐스트를 운영하고 있으며, 대통령 후보 전당 대회와 같은 건이 있을 때에는 어느 곳에서나 실시간 인터뷰를 진행하기 위해 그 팟캐스트를 사용해야만 합니다. 나는 점점 더 각본 없이 일하고 있는 중입니다.

① 교사로서의 기자 ② 기자와 즉흥성 ③ 정치학에서의 기술 ④ 언론과 기술의 분야들

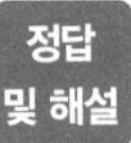

정답 및 해설

정답 ②

이 글은 기자 생활을 오래한 기자가 다른 기자들에게 조언을 해 주는 형식으로 쓰였다. 기술적 발전으로 인해 예전에는 하루에 한 번 기사를 준비했는데, 지금은 방금 배운 내용을 30분 후에 독자에게 가르치는 수준에 이르렀다고 말하고 있다. 그리고 점점 더 각본 없이 일하고 있다는 내용으로 마무리하고 있으므로 이 글의 주제는 ② a reporter and improvisation(기자와 즉흥성)이 가장 적절하다.

오답 분석

① 기자의 역할을 교사에 비유해서 설명한 것이지 교사로서의 기자가 글의 주제는 아니다.
③ 소재와 주제가 다 빠져 있으므로 소거해야 한다.
④ 기술 발전으로 언론이 점점 더 즉흥적으로 되어 가고 기자는 임기응변 능력이 있어야 한다는 내용이지 언론과 기술의 분야들을 다루는 글은 아니다.

02 다음 글의 요지로 가장 적절한 것은? (18. 지방직 9급)

My students often believe that if they simply meet more important people, their work will improve. But it's remarkably hard to engage with those people unless you've already put something valuable out into the world. That's what piques the curiosity of advisers and sponsors. Achievements show you have something to give, not just something to take. In life, it certainly helps to know the right people. But how hard they go to bat for you, how far they stick their necks out for you, depends on what you have to offer. Building a powerful network doesn't require you to be an expert at networking. It just requires you to be an expert at something. If you make great connections, they might advance your career. If you do great work, those connections will be easier to make. Let your insights and your outputs—not your business cards—do the talking.

① Sponsorship is necessary for a successful career.

② Building a good network starts from your accomplishments.

③ A powerful network is a prerequisite for your achievement.

④ Your insights and outputs grow as you become an expert at networking.

remarkably 매우, 몹시 **engage with** (좋은 관계를 위해) 접촉하다 **pique** 불쾌하게 하다, 자극하다 **curiosity** 호기심 **achievement** 업적 **go to bat for** ~을 도와주다 **stick one's neck out** 무모한 짓을 하다, 위험을 자초하다 **depend on** ~에 달렸다 **network** 네트워크 **connection** 연줄 **insight** 통찰력 **output** 결과 **career** 직업, 직장 생활 **prerequisite** 전제 조건

지문 분석

소재

1 My students often believe / that if they simply meet more important people, / their work will improve. / But it's remarkably hard / to engage with those people / unless you've already put something / valuable out into the world. / That's what piques / the curiosity of advisers and sponsors. / Achievements show / you have something to give, / not just something to take. / In life, / it certainly helps / to know the right people. /

소재 meet more important people(중요한 사람을 만나는 것 – 인맥)

시그널 주제문

2 But how hard they go to bat for you, / how far they stick their necks out for you, / depends on what you have to offer. /

But + 주제문 좋은 네트워크를 형성하기 위해서는 먼저 본인의 성과를 내는 것이 중요하다.

3 Building a powerful network / doesn't require you / to be an expert at networking. / It just requires / you to be an expert at something. / If you make great connections, / they might advance your career. / If you do great work, / those connections will be easier to make. / Let your insights and your outputs / —not your business cards / —do the talking.

부연 좋은 연줄은 경력에 도움이 된다. 좋은 성과를 내면 연줄을 만들기가 더 쉬워진다.

해석 나의 학생들은 종종 그들이 단순히 매우 중요한 사람을 만나기만 한다면, 그들의 능력이 향상될 것이라고 믿는다. 그러나 당신이 이미 이 세상에서 중요한 무언가를 내놓지 않았다면, 그러한 사람들과 만나는 것은 상당히 어려운 일이다. 그것은 바로 자문가나 후원자의 호기심을 자극하는 것이다. 성취는 단지 받기만 하는 것이 아니라 당신에게도 무언가 주어야 할 것이 있다는 것을 보여 준다. 인생에서 올바른 사람을 알게 되는 것은 확실히 도움이 된다. 하지만 그들이 당신을 위해 얼마나 도움을 줄지 당신을 위해 얼마나 위험을 감수할지는 당신이 그들에게 무엇을 제공하는가에 달려 있다. 강력한 인적 네트워크를 구축하는 것은 당신이 인적 네트워크 형성의 전문가가 되는 것을 요구하지 않는다. 그것은 단지 당신이 특정 분야에 전문가가 될 것을 요구한다. 당신이 좋은 연줄을 만든다면, 그들은 아마도 당신의 경력을 발전시켜 줄지도 모른다. 만약 당신이 좋은 성과를 낸다면, 그러한 연줄을 만들기가 훨씬 더 쉬울 것이다. 당신의 명함이 아닌 당신의 통찰력과 결과물이 대변할 수 있도록 하라.

① 후원은 성공적인 경력을 위해서 필요하다.
② 좋은 네트워크 형성은 당신의 성과로부터 시작한다.
③ 강력한 네트워크는 당신의 성공을 위한 전제 조건이다.
④ 당신의 통찰력과 결과물은 당신이 인적 네트워크 형성의 전문가가 됨에 따라서 성장한다.

정답 및 해설

정답 ②

이 글은 중요한 사람을 만나는 것(인맥 형성)과 성과의 관계에 대해서 말하고 있다. 앞부분에서 세상에 내놓을 성과가 없으면 중요한 사람을 만나기가 어렵다고 설명하고, 중간에 주제문(좋은 네트워크를 형성하기 위해서는 먼저 본인의 성과를 내는 것이 중요하다)을 제시하고, 마지막으로 좋은 연줄은 경력을 발전시키는 데 도움을 주는데, 좋은 성과를 낸다면 그러한 연줄을 만들기가 더 쉬워진다고 뒷받침하고 있다. 따라서 이 글의 요지는 ② Building a good network starts from your accomplishments(좋은 네트워크 형성은 당신의 성과로부터 시작한다)가 가장 적절하다.

오답 분석

① 성공적인 경력을 위해서 후원이 필요하다는 내용이 아니다.
③ 강력한 네트워크는 성공을 위한 전제 조건이라는 말은 주객이 전도된 문장이다. 성공이 있어야 강력한 네트워크를 형성할 수 있다는 내용이므로 틀린 진술이다.
④ 강력한 네트워크 형성을 위해서 네크워크 전문가일 필요는 없다고 했으므로 사실과 다른 진술이다.

03 다음 글의 요지로 가장 적절한 것은? (17. 국가직 9급)

How on earth will it help the poor if governments try to strangle globalization by stemming the flow of trade, information, and capital — the three components of the global economy? That disparities between rich and poor are still too great is undeniable. But it is just not true that economic growth benefits only the rich and leaves out the poor, as the opponents of globalization and the market economy would have us believe. A recent World Bank study entitled "Growth Is Good for the Poor" reveals a one-for-one relationship between income of the bottom fifth of the population and per capita GDP. In other words, incomes of all sectors grow proportionately at the same rate. The study notes that openness to foreign trade benefits the poor to the same extent that it benefits the whole economy.

① Globalization deepens conflicts between rich and poor.
② The global economy grows at the expense of the poor.
③ Globalization can be beneficial regardless of one's economic status.
④ Governments must control the flow of trade to revive the economy.

on earth 도대체 **the poor** 가난한 사람들 **strangle** 억압하다, 목 졸라 죽이다 **stem** 막다, 저지하다 **flow** 흐름 **capital** 자금 **component** 요소 **disparity** 차이 **undeniable** 부인할 수 없는 **leave out** 빼먹다, 빠뜨리다 **opponent** 반대자 **market economy** 시장 경제 **entitle** 제목을 붙이다 **reveal** 드러나다 **one-for-one** 1대1의 대응 **the bottom fifth** 하위 5% **population** 인구 **per capita GDP** 1인당 국내총생산 **in other words** 다른 식으로 말하면 **sector** 분야 **proportionately** 균형적으로 **extent** 범위 **deepen** 심화시키다 **conflict** 갈등 **at the expense of** ~의 희생으로 **economic status** 경제적 직위 **revive** 소생시키다

지문 분석

시그널 / 소재

1 How (on earth) will it help / the poor / if governments try to strangle globalization / by stemming / the flow (of trade, information, and capital) / — (the three components of the global economy)? / That disparities / (between rich and poor) / are still too great / is undeniable. /

소재와 문제 제기 소재 : globalization(세계화) | 의문문으로 문제 제기 : 정부가 세계화를 억압하면 어떻게 가난한 사람들을 도울 것인가?

시그널 / 주제문

2 But it is just not true / that economic growth / benefits only the rich / and leaves out the poor, / as the opponents / (of globalization and the market economy) / would have us believe. /

But + 주제문 세계화가 부유층뿐만 아니라 가능한 사람들에게도 혜택을 준다.

3 A recent World Bank study / (entitled "Growth Is Good for the Poor") / reveals / a one-for-one relationship / between income of the bottom fifth of the population / and per capita GDP. /

시그널 / 주제문

4 In other words, / incomes of all sectors / grow proportionately / at the same rate. / The study notes that / openness to foreign trade / benefits the poor / to the same extent / that it benefits the whole economy.

In other words + 주제문 강조 모든 분야의 소득은 같은 비율로 균형에 맞게 증가한다.

해석 만약 정부가 세계 경제의 세 가지 요소인 무역, 정보 그리고 자금의 흐름을 차단함으로써 세계화를 억압하면, 그것이 도대체 어떻게 가난한 사람들을 도울 것인가? 빈부의 격차가 여전히 너무 크다는 것은 명백하다. 그러나 세계화와 시장 경제를 반대하는 측이 우리로 하여금 믿게 만든, 경제 성장이 오직 부유층에게만 득이 되고 빈민층은 배제시킨다는 것은 사실이 아니다. "성장은 가난한 사람들을 위한 것이다"라는 제목의 최근 세계 은행의 연구는 인구 하위 1/5의 소득과 1인당 국내총생산의 1대1의 대응 관계를 보여 주고 있다. 다시 말해서 모든 분야의 소득은 같은 비율로 균형에 맞게 증가한다. 그 연구는 외국 무역에 대한 개방성이 전체 경제에 득이 되는 동일한 정도로 가난한 사람들에게도 득이 된다는 것을 나타낸다.

① 세계화가 빈부의 갈등을 악화시킨다.
② 세계 경제는 가난한 사람들의 희생으로 성장한다.
③ 세계화는 경제적 지위에 상관없이 유익할 수 있다
④ 정부는 경제 회생을 위하여 무역의 흐름을 통제해야 한다.

정답 및 해설

정답 ③

이 글은 세계화에 관한 글로 앞부분에 주제문(세계화가 부유층뿐만 아니라 가능한 사람들에게도 혜택을 준다)을 제시하고, 뒷부분에서 주제문 강조(모든 분야의 소득은 같은 비율로 균형에 맞게 증가한다)를 하고 있으므로 이 글의 요지는 ③ Globalization can be beneficial regardless of one's economic status(세계화는 경제적 지위에 상관없이 유익할 수 있다)가 가장 적절하다.

오답 분석

① 빈부의 격차가 여전히 크지만, 세계화는 부유한 사람들뿐만 아니라 가난한 사람들에게도 도움을 준다고 했으므로 빈부격차를 악화시킨다고는 볼 수 없다.
② 가난한 사람들에게도 똑같이 도움을 준다고 했으므로 사실과 다르다.
④ 앞부분에 무역, 정보, 자금의 흐름을 막아서는 안 된다는 내용이 나오므로 사실과 다른 진술이다.

04 다음 글의 제목으로 가장 적절한 것은? (15. 국가직 9급)

Everyone knows what the Mona Lisa and Michelangelo's David look like — or do we? They are reproduced so often that we may feel we know them even if we have never been to Paris or Florence. Each has countless spoofs — David in boxer shorts or the Mona Lisa with a mustache. Art reproductions are ubiquitous. We can now sit in our pajamas while enjoying virtual tours of galleries and museums around the world via the Web and CD-ROM. We can explore genres and painters and zoom in to scrutinize details. The Louvre's Website offers spectacular 360-degree panoramas of artworks like the Venus de Milo, Such tours may become ever more multi-sensory by drawing on virtual reality technology, which includes things like goggles and gloves. Lighting and stage set designers, like architects, already use this technology in their work.

① Should We Ban Art Reproductions?

② Why Are Virtual Artworks So Popular?

③ Art: More Widely Accessible Than Ever!

④ Secrets of Vanished Galleries and Museums

reproduce 모조하다, 복사하다 countless 수없이 많은 spoof 패러디 boxer short 사각팬티 mustache 콧수염 ubiquitous 아주 흔한, 어디에나 있는 virtual 가상의 gallery 화랑 museum 박물관 scrutinize 자세히 보다 details 세부 사항 spectacular 장관의, 볼만한 panorama 전경 artwork 예술품 multisensory 여러 감각이 관여하는 draw on 이용하다 virtual reality 가상 현실 architect 건축가 ban 금지하다 accessible 접근 가능한 vanish 사라지다

지문 분석

1 Everyone knows / what the Mona Lisa and Michelangelo's David look like / — or do we? / They are reproduced so often / that we may feel we know them / even if we have never been to Paris or Florence. / Each has countless spoofs / — David in boxer shorts / or the Mona Lisa with a mustache. / [소재] Art reproductions are ubiquitous.

소재 Art – 직접 가서 보지 않아도 '모나리자'나 '다비드' 같은 미술품을 모조품 등을 통해서 잘 알고 있다.

[주제문]

2 We can now sit in our pajamas / while enjoying virtual tours of galleries and museums / around the world / via the Web and CD-ROM. / We can explore genres and painters / and zoom in to scrutinize details. / The Louvre's Website offers / spectacular 360-degree panoramas / (of artworks) / (like the Venus de Milo,) / Such tours may become ever more multi-sensory / by drawing on virtual reality technology, / which includes things like goggles and gloves. / Lighting and stage set designers, / (like architects,) / already use this technology in their work.

주제문 집에서 웹사이트나 CD롬을 통해서 전 세계의 미술관과 박물관의 가상 체험을 할 수 있다.

해석 모두가 '모나리자'와 미켈란젤로의 '다비드'가 어떻게 생겼는지를 알고 있다. 아니면 정말 알고 있는 것일까? 그것들은 너무 자주 모조되어서 우리는 파리나 플로렌스에 가 본 적이 없어도 우리가 그것들을 알고 있다고 느낄 수도 있다. 각각에는 사각팬티를 입은 '다비드'나 콧수염이 있는 '모나리자'와 같이 수없이 많은 패러디가 있다. 예술품의 모조는 아주 흔하다. 이제 우리는 웹사이트와 CD롬을 통해서 전 세계의 미술관과 박물관의 가상 체험을 즐기는 동안에 잠옷을 입고 앉아 있을 수 있다. 우리는 장르와 화가들을 탐구하고 세부 묘사를 자세히 살펴보기 위해 확대할 수 있다. 루브르 박물관의 웹사이트는 '밀로의 비너스'와 같은 예술품의 멋진 360도 파노라마 사진을 제공하고 있고 이러한 체험은 고글과 장갑 같은 도구들을 포함하는 가상 현실 기술을 이용함으로써 점점 더 여러 가지 감각이 관여하는 것이 될 수도 있다. 건축가들과 같은 조명과 무대 장치 디자이너들은 이미 이러한 기술을 그들의 작품에 이용한다.

① 예술품 모조를 금지해야 하는가?
② 가상의 예술품들이 왜 그렇게 인기 있는가?
③ 예술 : 그 어느 때보다 더 폭넓게 접근할 수 있는!
④ 사라진 미술관과 박물관의 비밀

정답 및 해설

정답 ③

앞부분에서 예술품이 있는 곳에 직접 가 보지 않아도 '모나리자'나 '다비드'와 같은 미술품을 모조품 등을 통해서 잘 알고 있다고 언급한 후, 이어지는 글에서 주제문(집에서 웹사이트나 CD롬을 통해서 전 세계의 미술관과 박물관의 가상 체험을 할 수 있다)을 제시하고 있으므로 이 글의 제목은 ③ Art: More Widely Accessible Than Ever!(예술 : 그 어느 때보다 더 폭넓게 접근할 수 있는!)가 가장 적절하다.

오답 분석

① 모조를 통해서 잘 알고 있다는 내용이 언급되지만 모조를 금지해야 한다는 내용은 없다.
② 이 글은 가상 예술품에 대한 글이 아니고 가상 현실을 통해 예술품들에 쉽게 접근할 수 있다는 내용이다.
④ 사라진 미술품과 박물관의 비밀에 관한 글이 아니므로 소거해야 한다.

05 글의 요지로 가장 적절한 것은? (16. 사복직 9급)

How do you describe the times we live in, so connected and yet fractured? Linda Stone, a former Microsoft techie, characterizes ours as an era of continuous partial attention. At the extreme end are teenagers instant-messaging while they are talking on the cell phone, downloading music and doing homework. But adults too live with all systems go, interrupted and distracted, scanning everything, multi-technological-tasking everywhere. We suffer from the illusion, Stone says, that we can expand our personal bandwidth, connecting to more and more. Instead, we end up overstimulated, overwhelmed and, she adds, unfulfilled.

① Modern technology helps us to enrich our lives.

② We live in an age characterized by lack of full attention.

③ Family bond starts to weaken as a result of smart phone development.

④ The older generation can be as technologically smart as the younger one.

describe 묘사하다 **fractured** 균열된, 틈이 있는 **techie** 기술 전문가 **characterize** 특징짓다 **era** 시대 **partial** 부분적인 **interrupted** 방해받는 **distracted** 주의가 산만한 **scan** 훑어보다 **multi-technological-tasking** 과학 기술과 관련된 멀티태스킹 **illusion** 환상, 오해 **expand** 확장하다 **bandwidth** 대역폭 **end up Ring** 결국 ~되다 **overstimulated** 과도하게 자극받은 **overwhelmed** 압도된 **unfulfilled** 충족되지 못하는 **enrich** 삶의 질을 높이다 **bond** 유대 **weaken** 약해지다 **generation** 세대

지문 분석

1 How do you describe the times / (we live in), so connected and yet fractured? / Linda Stone, / a former Microsoft techie, / characterizes ours / as an era of continuous partial attention. /

(소재: How do you describe the times / (we live in) / 주제문: characterizes ours / as an era of continuous partial attention)

소재 소재 : How do you describe the times we live in(우리가 살고 있는 시대를 어떻게 묘사할 것인가?)

주제문 : 우리 시대를 지속적인 부분적 관심의 시대(완전한 관심이 결여된 시대)로 특징짓는다.

2 At the extreme end / are teenagers instant-messaging / while they are talking on the cell phone, / downloading music / and doing homework. / But adults too live with all systems go, / interrupted and distracted, / scanning everything, / multi-technological-tasking everywhere. /

예시 10대들은 통화, 음악, 숙제하면서 메시지를 확인하고, 성인들은 방해를 받으면서 여러 일을 한꺼번에 한다.

3 We suffer from the illusion, / Stone says, / that we can expand our personal bandwidth, / connecting to more and more. / Instead, we end up overstimulated, / overwhelmed / and, she adds, unfulfilled.

부연 더 많은 관계를 만들면서 개인의 대역폭을 넓힐 수 있다는 환상을 갖고 있다.

해석 잘 연결되어 있으면서도 균열되어 있는, 우리가 살고 있는 이 시대를 어떻게 묘사할 것인가? 전직 마이크로 소프트의 기술전문사 Linda Stone은 우리 시대를 지속적인 부분적 관심의 시대로 특징짓는다. 최극단에는 휴대전화로 통화하고, 음악을 다운로드하고, 숙제를 하는 동안 즉각적인 메시지를 보내는 10대들이 있다. 그러나 성인들도 모든 시스템을 갖추고, 방해받고 주의가 산만한 채로 모든 것을 훑어보며, 어디에서나 과학 기술과 관련된 여러 일을 한꺼번에 하면서 살아간다. 우리는 더 많은 관계를 만들면서 개인의 대역폭을 넓힐 수 있다는 환상을 겪는다고 Stone은 말한다. 대신에, 우리는 결국 과도하게 자극받고, 압도되며, 충족되지 못하게 된다고 그녀는 덧붙인다.

① 현대 과학 기술은 우리가 우리의 삶의 질을 높일 수 있도록 돕는다.
② 우리는 완전한 관심의 결여로 특징되는 시대에 살고 있다.
③ 스마트폰 개발의 결과로 가족의 유대가 약화되기 시작한다.
④ 구세대는 신세대만큼 과학 기술적으로 똑똑할 수 있다.

정답 및 해설

정답 ②

이 글은 '우리가 살고 있는 시대를 어떻게 묘사할 것인가'에 관한 글이다. 두괄식 구성으로 앞부분에 주제문[우리 시대를 지속적인 부분적인 관심의 시대(완전한 관심이 결여된 시대)로 특징짓는다]을 제시하고, 어떤 일을 하든지 메시지를 즉각적으로 확인하는 10대들과, 항상 방해받으면서 멀티태스킹을 하는 성인들을 예로 들고 있다. 그리고 마지막에 '우리는 더 많은 관계를 만들면서 개인의 대역폭을 넓힐 수 있다는 환상을 갖고 있다'고 뒷받침하고 있으므로 이 글의 요지는 ② We live in an age characterized by lack of full attention(우리는 완전한 관심의 결여로 특징되는 시대에 살고 있다)이 가장 적절하다.

오답 분석

① 현대 과학 기술에 관한 글이 아니므로 소거해야 한다.
③ 가족의 유대가 약해진다는 요지의 글이 아니므로 소거해야 한다.
④ 구세대가 신세대만큼 과학기술적으로 똑똑해질 수 있다는 내용의 글이 아니므로 소거해야 한다.

Unit 12 독해 마스터! 기출 지문

시간 대조 방식

01 다음 글의 제목으로 적절한 것은? (20. 지방직 9급)

Louis XIV needed a palace worthy of his greatness, so he decided to build a huge new house at Versailles, where a tiny hunting lodge stood. After almost fifty years of labor, this tiny hunting lodge had been transformed into an enormous palace, a quarter of a mile long. Canals were dug to bring water from the river and to drain the marshland. Versailles was full of elaborate rooms like the famous Hall of Mirrors, where seventeen huge mirrors stood across from seventeen large windows, and the Salon of Apollo, where a solid silver throne stood. Hundreds of statues of Greek gods such as Apollo, Jupiter, and Neptune stood in the gardens ; each god had Lewis's face!

① True Face of Greek Gods
② The Hall of Mirrors vs. the Salon of Apollo
③ Did the Canal Bring More Than Just Water to Versailles?
④ Versailles: From a Humble Lodge to a Great Palace

어휘

palace 궁전 **worthy of** ~에 걸맞은, ~할 만한 **greatness** 위대함 **tiny** 작은 **hunting lodge** 사냥꾼의 오두막 **transform** 변형하다 **labor** 작업, 노동 **enormous** 거대한 **quarter** 숙소 **canal** 운하 **dig** 파다, 건설하다 **drain** 물을 빼내다 **marshland** 습지대 **elaborate** 화려하게 꾸민 **mirror** 거울 **solid silver** 순은 **throne** 왕좌 **humble** 변변치 않은, 초라한

지문 분석

1 Louis XIV needed a palace / (worthy of his greatness), / so he decided to build a huge new house / at Versailles, / where a tiny hunting lodge stood. /

소재

소재 소재 : Versailles(베르사유)

2 After almost fifty years of labor, / this tiny hunting lodge / had been transformed / into an enormous palace, / (a quarter of a mile long). /

주제문

주제문 작은 오두막이 거대한 궁전으로 탈바꿈했다.

3 Canals were dug / to bring water from the river / and to drain the marshland. / Versailles was full of elaborate rooms / (like the famous Hall of Mirrors, / where seventeen huge mirrors stood / across from seventeen large windows, / and the Salon of Apollo, / where a solid silver throne stood). / Hundreds of statues of Greek gods / such as Apollo, Jupiter, and Neptune / stood in the gardens; / each god had Louis's face!

뒷받침 예시 운하, 화려한 방, 조각상

해석 루이 14세는 자신의 위대함에 걸맞은 궁전이 필요했고, 그래서 그는 베르사유에 거대한 새로운 집을 짓기로 결정했는데, 그곳에는 아주 작은 사냥꾼 오두막이 있었다. 거의 50년 동안의 작업 후에, 이 작은 사냥꾼 오두막은 4분의 1마일 길이의 거대한 궁전으로 완전히 변경되었다. 강에서 물을 가져오고 습지대에서 물을 빼기 위해서 운하가 건설되었다. 베르사유는 17개의 커다란 창문 맞은편에 17개의 거대한 거울이 있는 유명한 '거울의 방'과, 순은으로 된 왕좌가 놓여 있는 '아폴론의 방'과 같은 화려하게 꾸민 방들로 가득했다. Apollo와 Jupiter, Neptune과 같은 수백 개의 그리스 신들의 조각상이 정원에 있었다; 각각의 신들은 루이의 얼굴을 가지고 있었다!

① 그리스 신들의 진짜 얼굴
② 거울의 방 vs. 아폴론의 방
③ 운하가 베르사유에 물 이상의 것을 가져다주었을까?
④ 베르사유: 초라한 오두막에서 대궁전으로

정답 및 해설

정답 ④

이 글은 루이 14세가 자신의 위대함을 과시하기 위해서 아주 작은 사냥꾼 오두막을 화려한 베르사유 궁전으로 탈바꿈했다는 내용이다. 이 글의 소재는 베르사유 궁전이고 주제문(작은 오두막이 거대한 궁전으로 탈바꿈했다)이 앞쪽에 위치하는 두괄식 구성의 글이다. 이어지는 글에서 궁전의 화려함의 예시로 운하, 화려한 방, 조각상 등이 나열되고 있다. 따라서 이 글의 제목은 ④ Versailles: From a Humble Lodge to a Great Palace(베르사유: 초라한 오두막에서 대궁전으로)가 가장 적절하다.

오답 분석

① 그리스 신들의 조각상을 정원에 두고, 신들의 얼굴을 루이 자신의 얼굴로 했다는 내용이 언급되지만, 이 글 자체가 그리스 신들의 이야기가 아니므로 소거해야 한다.
② 베르사유 궁전의 화려함의 예시로 거울의 방과 아폴론의 방이 언급되었다.
③ 강에서 물을 끌어오기 위해서 운하를 건설했다는 내용만 나오므로 정답이 될 수 없다.

02 다음 글의 제목으로 가장 적절한 것은? (18. 국가직 9급)

Over the last years of traveling, I've observed how much we humans live in the past. The past is around us constantly, considering that, the minute something is manifested, it is the past. Our surroundings, our homes, our environments, our architecture, our products are all past constructs. We should live with what is part of our time, part of our collective consciousness, those things that were produced during our lives. Of course, we do not have the choice or control to have everything around us relevant or conceived during our time, but what we do have control of should be a reflection of the time in which we exist and communicate the present. The present is all we have, and the more we are surrounded by it, the more we are aware of our own presence and participation.

① Travel: Tracing the Legacies of the Past
② Reflect on the Time That Surrounds You Now
③ Manifestation of a Hidden Life
④ Architecture of a Futuristic Life

observe 관찰하다 **constantly** 끊임없이 **the minute** ~하자마자 **manifest** 나타나다, 드러나다, 명백한
surroundings 주변 환경 **architecture** 건축물 **construct** 구조물 **collective** 집단의, 단체의
consciousness 지각, 의식 **relevant** 관련된 **conceive** (마음에) 품다, 상상하다, 임신하다 **reflection** 반영, 성찰
be aware of ~을 인지하다 **presence** 존재 **participation** 참여, 활동 **trace** 뒤쫓다, 추적하다 **legacy** 유산
reflect on ~에 대해 심사숙고하다 **manifestation** 징후, 명시 **futuristic** 미래 지향적인

지문 분석

1 Over the last years of traveling /, I've observed / how much we humans live in [소재] the past. / The past is around us constantly, / considering that, / the minute something is manifested, / it is the past. / Our surroundings, / our homes, / our environments, / our architecture, / our products / are all past constructs. / We should live with / what is part of our time, / part of our collective consciousness, / those things that were produced / during our lives. / Of course, / we do not have the choice or control / to have everything around us / relevant or conceived / during our time, /

소재 소재 : the past, the present(과거와 현재)

2 [시그널] **but** what we do have control of / should be a [주제문] reflection of the time / in which we exist / and communicate [소재] the present. / The present is all we have, / and the more we are surrounded by it, / the more we are aware of / our own presence and participation.

but + 주제문 우리가 통제해야 하는 것은, 우리가 존재하고, 소통하고 있는 현재라는 시간에 대한 성찰이어야 한다.

해석 지난 몇 년 동안 여행하던 동안에, 나는 우리 인간들이 얼마나 과거에 살고 있는지 봐 왔다. 어떤 것이 나타나자마자 그것이 곧 과거가 되는 것을 고려해 볼 때 과거는 항상 우리를 둘러싸고 있다. 우리 주변 환경들, 우리의 가정, 우리의 환경, 우리의 건축물, 우리의 결과물은 모두 과거의 구조물들이다. 우리는 우리 시간의 일부인 것들, 우리 집단 의식의 부분들, 우리가 사는 동안에 만들어진 그러한 것들과 함께 살아야 한다. 물론, 우리는 우리의 시간 동안 관련 있거나 마음에 품은 주변의 모든 것들을 선택하거나 통제할 수 없다. 그러나 우리가 통제해야 하는 것은, 우리가 존재하고, 소통하고 있는 현재라는 시간에 대한 성찰이어야 한다. 현재는 우리가 가진 모든 것이고, 우리가 현재에 더 많이 둘러싸여 있을수록, 우리 자신의 존재와 활동을 더 많이 알게 된다.

① 여행 : 과거의 유산 추적하기
② 현재 당신을 둘러싸고 있는 시간을 되돌아보라
③ 숨겨진 삶의 징후
④ 미래 지향적인 삶의 건설

정답 ②

우리는 많은 부분을 과거에 연연해서 살고 있지만, 우리에게 중요한 시간은 현재라는 내용의 글이다. 앞부분에 소재를 제시하고, 뒷부분에 주제문(우리가 통제해야 하는 것은, 우리가 존재하고, 소통하고 있는 현재라는 시간에 대한 성찰이어야 한다)을 제시하는 전형적인 미괄식 글의 구성이다. 따라서 이 글의 제목은 주제문을 가장 잘 반영한 ② Reflect on the Time That Surrounds You Now(현재 당신을 둘러싸고 있는 시간을 되돌아보라)가 적절하다.

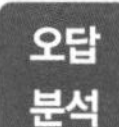

① 이 글은 과거보다는 현재에 집중하라는 글이므로 제목이 될 수 없다.
③ 숨겨진 삶의 징후는 지문에 언급되지 않은 내용이다.
④ 과거보다는 현재를 살아야 한다는 내용의 지문이지 미래에 대해서는 언급되지 않았다.

03 다음 글의 주제로 적절한 것은? (14. 서울시 9급)

Although Albert Einstein's Theory of Relativity revolutionized physics, his mathematical models were based on the erroneous assumption that the universe is static — all the components are fixed in time and space. In order to maintain this view, when Einstein's equations predicted a universe in flux, he invented the "cosmological constant" to maintain the supposed constancy of the universe. Within ten years, the astronomer Edwin Hubble discovered that the universe was expanding, causing Einstein to abandon the idea of the cosmological constant. Almost a century later, physicists have discovered that some unknown force is apparently pushing the universe apart, leading some scientists to conclude that Einstein's "cosmological constant" may in fact exist.

① The observations of Hubble severely damaged the Theory of Relativity.

② One of Einstein's most significant discoveries was the cosmological constant.

③ Einstein's Theory of Relativity is fundamentally flawed.

④ The cosmological constant, while erroneously derived, may actually play a part in describing the universe.

⑤ Physicists today still make use of Einstein's cosmological constant to describe the universe.

theory 이론 relativity 상대성 revolutionize 대변혁을 일으키다 physics 물리학 mathematical model 수학적 모형 erroneous 잘못된 assumption 가정 static 정적인 components 구성 요소 in flux 유동하는 invent 발명하다 cosmological constant 우주 상수 equation 방정식 supposed 소위, 이른바 constancy 불변성 astronomer 천문학자 abandon 포기하다 physicist 물리학자 apparently 분명히 observation 관찰 fundamentally 근본적으로 flawed 결함이 있는 derive 유도하다

지문 분석

1 Although Albert Einstein's Theory of Relativity revolutionized physics, / his a mathematical models were based / on the erroneous assumption / that the universe is static / — all the components are fixed / in time and space. / In order to maintain this view, / when Einstein's equations predicted a universe (in flux), / he invented the [소재] "cosmological constant" / to maintain the supposed constancy (of the universe). /

소재와 뒷받침1 소재 : cosmological constant(우주 상수) | 뒷받침1 : 우주 상수는 잘못된 가정으로 만들어졌다.

2 Within ten years, / the astronomer Edwin Hubble discovered / that the universe, was expanding, / causing Einstein to abandon / the idea (of the cosmological constant). /

뒷받침2 천문학자 Hubert의 발견

3 [시그널] **Almost a century later,** / physicists have discovered / [주제문] that some unknown force, is apparently pushing the universe apart, / leading some scientists to conclude / that Einstein's "cosmological constant" may in fact exist.

주제문 거의 100년이 지난 후에 Einstein의 '우주 상수'가 존재할지도 모른다고 깨달았다.

해석 비록 알베르트 아인슈타인의 상대성 이론이 물리학에 혁신을 일으켰지만, 그의 수학적 모형은 우주가 정적이라는, 즉 모든 구성 요소가 시간과 공간 속에 고정되어 있다는 잘못된 가정에 근거를 두었다. 이러한 관점을 유지하기 위해 아인슈타인의 방정식이 유동하는 우주를 예견했을 때, 그는 소위 우주의 불변성을 유지하기 위해 '우주 상수'를 만들었다. 10년 내에 천문학자 에드윈 허블은 우주가 팽창하고 있음을 발견했고, 이는 아인슈타인으로 하여금 우주 상수라는 아이디어를 포기하도록 만들었다. 거의 100년 후 물리학자들은 어떤 알 수 없는 힘이 우주가 서로 멀어지도록 분명히 밀어내고 있음을 발견했고, 이것은 몇몇 과학자들이 아인슈타인의 '우주 상수'가 실제로 존재할지도 모른다는 결론을 내리도록 이끌었다.

① 허들의 관측은 상대성 이론을 심히 훼손시켰다.
② 아인슈타인의 가장 중요한 발견들 가운데 하나는 우주 상수였다.
③ 아인슈타인의 상대성 이론은 근본적으로 오류를 가지고 있다.
④ 우주 상수는 잘못 도출되기는 했지만 우주를 설명하는 데 실제로 일조할지도 모른다.
⑤ 물리학자들은 우주를 설명하기 위해 오늘날에도 여전히 아인슈타인의 우주 상수를 사용한다.

정답 및 해설 **정답 ④**

지문의 앞부분에 아인슈타인의 우주 상수는 모든 구성 요소가 시간과 공간 속에 고정되었다는 잘못된 가정하에 만들어졌다는 내용이 나온다. 이것은 허블이 우주가 팽창하고 있다는 것을 발견함으로써 가치를 잃었지만, 거의 100년 동안에 물리학자들이 어떤 알 수 없는 힘이 우주가 서로 멀어지도록 밀어내고 있음을 발견함으로써, 우주 상수가 존재할지도 모른다는 결론을 내리게 했다고 했으므로 이 글의 주제는 ④ The cosmological constant, while erroneously derived, may actually play a part in describing the universe(우주 상수는 잘못 도출되기는 했지만 우주를 설명하는 데 실제로 일조할지도 모른다)가 가장 적절하다.

오답 분석
① 허들의 관측이 상대성 이론을 훼손시킨 것은 사실이지만 이것은 부분적인 진술로 글의 제목으로는 사용될 수 없다.
② 언급되지 않은 내용이므로 소거해야 한다.
③ 상대성 이론이 근본적인 오류를 가지고 있는 것은 사실이지만, 최근의 과학자들은 우주 상수가 실제로 존재할지도 모른다는 결론을 내리고 있으므로 글의 제목으로는 적절하지 않다.
⑤ 물리학자들이 우주 상수가 존재할지도 모른다고 결론을 내리고 있지만, 우주를 설명하는 데 여전히 우주 상수를 사용한다는 내용은 언급되지 않았다.

04 다음 글의 요지로 가장 적절한 것은? (14. 서울시 9급)

Through discoveries and inventions, science has extended life, conquered disease and offered new material freedom. It has pushed aside gods and demons and revealed a cosmos more intricate and awesome than anything produced by pure imagination. But there are new troubles in the peculiar paradise that science has created. It seems that science is losing the popular support to meet the future challenges of pollution, security, energy, education, and food. The public has come to fear the potential consequences of unfettered science and technology in such areas as genetic engineering, global warming, nuclear power, and the proliferation of nuclear arms.

① Science is very helpful in modern society.

② Science and technology are developing quickly.

③ The absolute belief in science is weakening.

④ Scientific research is getting more funds from private sectors.

discovery 발견 invention 발명 extend 연장시키다 conquer 정복하다, 이기다 push aside 옆으로 밀쳐내다 demon 악마 cosmos 우주 intricate 복잡한 awesome 경이로운, 멋진 peculiar 특별한, 독특한 challenges 도전 과제 security 보안 potential 잠재적인 consequence 결과, 결론 unfettered 규제가 없는 genetic engineering 유전 공학 proliferation 확산 nuclear arms 핵무기 weaken 약화되다 private sectors 민간 분야

지문 분석

소재

1 (Through discoveries and inventions,) / science has extended life, / conquered disease / and offered new material freedom. / It has pushed aside / gods and demons / and revealed a cosmos / more intricate and awesome / than anything / (produced by pure imagination.) /

소재 science(과학의 기여 – 수명을 연장하고, 질병을 정복했으며, 물질적 자유를 제공했다)

주제문

2 But there are new troubles / in the peculiar paradise / (that science has created.) / It seems that / science is losing the popular support / to meet the future challenges / (of pollution, security, energy, education, and food.) / The public has come to fear / the potential consequences / (of unfettered science and technology) / (in such areas as genetic engineering, / global warming, / nuclear power, / and the proliferation of nuclear arms).

주제문 과학은 오염, 보안, 에너지, 교육 그리고 식량에 대한 미래의 과제들에 대처하기 위한 대중의 지지를 잃고 있는 것처럼 보인다.

해석 발명과 발견을 통해서, 과학은 수명을 연장시키고, 질병을 정복했으며, 그리고 새로운 물질적 자유를 제공했다. 그것은 신과 악마를 옆으로 밀쳐내고 순전히 상상에 의해 만들어진 그 어떤 것보다 더 복잡하고 경탄할 만한 우주를 밝혀 냈다. 하지만 과학이 만들어 낸 이 특별한 낙원에는 새로운 문제들이 있다. 과학은 오염, 보안, 에너지, 교육 그리고 식량에 대한 미래의 도전 과제들에 대처하기 위한 대중의 지지를 잃고 있는 것처럼 보인다. 대중은 유전 공학, 지구온난화, 원자력, 그리고 핵무기의 확산과 같은 부문에서의 규제가 없는 과학과 기술의 잠재적인 결과를 두려워하게 되었다.

① 현대 사회에서 과학은 매우 도움이 된다.
② 과학과 기술은 빠르게 발전하고 있다.
③ 과학에 대한 절대적인 믿음이 약해지고 있다.
④ 과학적 연구는 민간 부문에서 더 많은 기금을 얻고 있다.

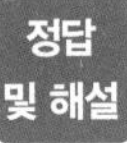

정답 ③

지문의 앞부분에 수명 연장, 질병 정복, 물질적 자유와 같은 과학이 기여한 바를 언급한 후 중간에 주제문(과학은 대중적인 지지를 잃고 있다)을 밝히고 이어지는 글에서 대중들은 과학과 기술의 잠재적인 결과를 두려워하게 되었다고 뒷받침하고 있으므로 이 글의 요지는 ③ The absolute belief in science is weakening(과학에 대한 절대적인 믿음이 약해지고 있다)이 가장 적절하다.

① 과학이 도움이 되는 것은 사실이지만 대중적인 지지를 잃고 있다는 것이 주제문이므로 제목으로 적절하지 않다.
② 과학과 기술이 빠르게 발전하고 있다는 것은 이 글에서 다루는 내용이 아니므로 소거해야 한다.
④ 과학적 연구는 민간 부문에서 더 많은 기금을 얻고 있다는 것은 언급되지 않은 내용이다.

공무원 합격을 위한 영보 시리즈

개념부터 실전까지 한 권으로 마스터한다!

PART

02

정보 일치, 불일치

Unit 01. 일치 불일치(우리말 선택지)

Unit 02. 일치 불일치(영어 선택지)

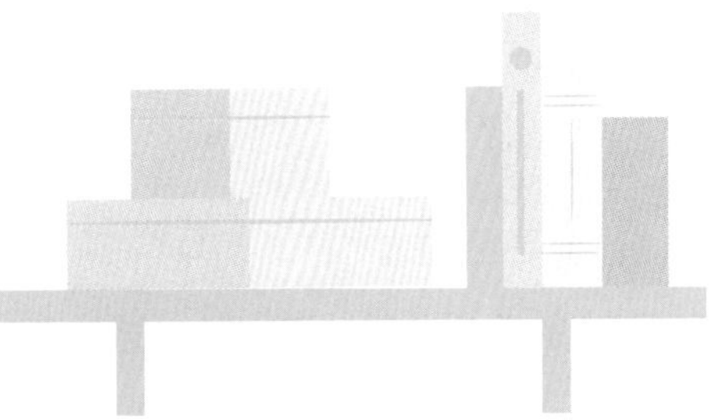

Unit 01 일치 불일치(우리말 선택지)

기출 문제 182~199p

일치 불일치 문제를 풀기에 앞서 reading skills에 중요한 두 가지 기술을 소개하고자 한다. 시험을 볼 때 지문에 있는 모든 단어를 같은 비중으로 꼼꼼히 읽고 나면, 지나치게 많은 정보에 노출이 되어서 다 읽은 후에 어떤 내용이었는지를 파악하지 못하는 경우가 있다. 즉, 영어를 우리말로 해석은 했지만 중요 내용이 무엇인지, 실제 의미하는 바가 무엇인지를 파악하지 못하는 경우이다.

독해의 중요 기술인 skimming과 scanning은 지문에 있는 모든 단어를 꼼꼼히 읽는 것이 아니라, 읽는 목적에 따라 필요한 부분만 꼼꼼히 읽는 기술이다.

1) skimming(일반적인 개념을 대략적으로 파악하는 빨리 읽기 방식)

지문의 일반적인 내용, 즉 주제와 요지를 파악하기 위해서 지문의 주제와 요지에 해당하는 주요 문장을 읽음으로써 전체 지문을 개괄적으로 파악하는 방식이다. 앞에서 공부한 주제, 제목 찾기 유형에서 가장 필요한 기술이다.

2) scanning(필요한 정보만 찾는 읽기 방식)

지문의 세부 사항인 특정 정보를 찾기 위해 빨리 읽는 방식으로 키워드(명사, 날짜, 숫자, 시간) 등의 세부 사항을 문장에서 빨리 찾는 방법이다. scanning은 일치/불일치 문제 유형에서 가장 필요한 독해 기술로 자세히 설명하면 다음과 같다.

1단계 : 보기의 내용을 키워드 2단어 이내로 압축한다(키워드를 동그라미 친다). 우선 지문에서 무엇을 중심으로 봐야 할지를 보기의 키워드로 결정한다.

2단계 : 키워드를 지문 옆에 메모하거나 기억하고 지문에서 키워드가 있는 문장 주변을 읽음으로써, 지문의 내용과 일치하는지 불일치하는지를 파악한다.

3단계 : ① 보기가 지문의 내용과 일치하면 지문의 여백에 '① ㅇ'를 표시하고, ② 보기가 지문의 내용과 일치하지 않으면 '② X'를 표시한다.

1 풀이 방법

전략 1 선택지 먼저 읽고 지문에서 확인할 내용을 미리 파악한다.

이때 키워드에 동그라미 표시를 한다(키워드 : 지문에 꼭 등장할 만한 주요 정보).

① 주요 정보 : 주로 명사, 동사

② 특별한 정보 : 고유명사(이름, 지명), 숫자(연도)

무작정 지문을 다 읽는 것이 아니라 무엇을 봐야 할지에 관한 목표를 가지고 지문을 읽는다.

전략 2 **각 선택지의 키워드와 관련된 부분을 찾아 하나씩 비교한다.**

① 고유명사 : 그대로 제시

② 주요 정보 : 그대로 제시 또는 바꾸어 표현(paraphrasing)

일치/불일치 문제에서의 읽기의 목적은 지문 전체를 모두 이해하는 게 아니라 원하는 정보를 찾기 위함이다(scanning).

전략 3 **지문의 내용과 일치하거나 일치하지 않은 선택지를 선택한다.**

① 오답 보기를 차례로 소거하고 정답을 선택한다.

② 일치 문제는 지문에 언급되지 않은 선택지를 먼저 소거한다.

③ 정답의 근거는 지문에 있으므로 배경 지식을 바탕으로 답을 고르지 않도록 유의하자!

– 보기의 내용 중 일부분이 지문에 언급되었다고 하더라도 무조건 일치하는 것이 아니므로 나머지 내용이 다 일치하는지를 확인해야 한다.

– 보기 중에 전체를 나타내는 표현(all, every, both, no, always, usually)이나 단정적인 표현(only) 등이 제시되면 오답일 가능성이 매우 높다.

2 선택지가 우리말인 경우

선택지를 먼저 읽고 대략의 우리말 해석을 읽는 것처럼 단어의 의미나 글의 개괄을 미리 볼 수 있다. 따라서 문제를 보다 쉽게 풀 수 있다. 특히 불일치 문제의 경우에는 선택지 4개 중 3개가 지문에 제시되는 정확한 정보이고 1개만 틀린 정보이므로, 전체 지문의 의미를 미리 추론하는 데 많은 도움이 된다.

Unit 02 일치 불일치(영어 선택지)

기출 문제 200~233p

1 선택지가 영어인 경우

선택지가 영어로 된 경우에는 우선, 선택지의 영어 해석을 제대로 해야 한다. 그리고 키워드를 2단어 이내로 체크하는 것이 필요하다. 보통 2문제 정도가 출제되는데, 이 문제는 시간이 많이 소요되므로 마지막에 푸는 것이 좋다. 미리 이 유형을 풀면 시간이 흐름에 따라 마음이 조급해지고, 이로 인해 글이 눈에 잘 안 들어오고, 결국 읽었던 내용을 반복해서 읽는 경우가 많다. 따라서 다른 유형의 문제를 먼저 풀고 마지막에 차분히 푸는 것이 유리하다.

Unit 01

독해 마스터! 기출 지문

일치 불일치(우리말 선택지)

01 다음 중 일치하는 않는 것은? (16. 지방직 9급)

Women are experts at gossiping, and they always talk about trivial things, or at least that's what men have always thought. However, some new research suggests that when women talk to women, their conversations are far from frivolous, and cover many more topics (up to 40 subjects) than when men talk to other men. Women's conversations range from health to their houses, from politics to fashion, from movies to family, from education to relationship problems, but sports are notably absent. Men tend to have a more limited range of subjects, the most popular being work, sports, jokes, cars and women. According to Professor Petra Boynton, a psychologist who interviewed over 1,000 women, women also tend to move quickly from one subject to another in conversation, while men usually stick to one subject for longer periods of time. At work, this difference can be an advantage for men, as they can put other matters aside and concentrate fully on the topic being discussed. On the other hand, it also means that they sometimes find it hard to concentrate when several things have to be discussed at the same time in a meeting.

① 남성들은 여성들의 대화 주제가 항상 사소한 것들이라고 생각해 왔다.
② 여성들의 대화 주제는 건강에서 스포츠에 이르기까지 매우 다양하다.
③ 여성들은 대화하는 중에 주제의 변환을 빨리한다.
④ 남성들은 회의 중 여러 주제가 논의될 때 집중하기 어렵다.

어휘

gossip 수다 **trivial** 사소한 **frivolous** 시시한, 하찮은 **cover** 다루다 **notably** 현저히
range from A to B 범위가 A에서 B까지이다 **absent** 결석한, 부재의, 빠진 **psychologist** 심리학자
stick to ~을 고수하다 **advantage** 이점 **put aside** 옆에 따로 떼어 놓다, 무시하다 **on the other hand** 반면
at the same time 동시에

지문 분석

Women are experts at gossiping, / and they always talk about trivial things, / or at least that's what men have always thought. / However, / some new research suggests that / when women talk to women, / their conversations are far from frivolous, / and cover many more topics / (up to 40 subjects) / than when men talk to other men. / Women's conversations / range from health to their houses, / from politics to fashion, / from movies to family, / from education to relationship problems, / but sports are notably absent. / Men tend to have a more limited range of subjects, / the most popular / being work, sports, jokes, cars and women. / According to Professor Petra Boynton, / a psychologist who interviewed over 1,000 women, / women also tend to move quickly / from one subject to another in conversation, / while men usually stick to one subject for longer periods of time. / At work, / this difference can be an advantage for men, / as they can put other matters aside / and concentrate fully on the topic being discussed. / On the other hand, / it also means that / they sometimes find it hard to concentrate / when several things have to be discussed / at the same time in a meeting. /

(① (O): they always talk about trivial things, / or at least that's what men have always thought.)
(② (X): but sports are notably absent.)
(③ (O): women also tend to move quickly / from one subject to another in conversation,)
(④ (O): they sometimes find it hard to concentrate / when several things have to be discussed / at the same time in a meeting.)

선택지의 키워드

① 남성들은 / 여성들의 대화 주제 / 항상 사소한 것
② 여성들의 대화 주제 / 건강에서 스포츠에 이르기까지 매우 다양
③ 여성들은 대화 / 주제의 변환을 빨리한다
④ 남성들은 / 여러 주제가 논의될 때 집중하기 어렵다

해석 여성들은 가십에 전문가이고, 그녀들은 항상 사소한 것들에 대해 이야기한다, 적어도 남자들은 항상 그렇게 생각해 왔다. 하지만 몇몇 새로운 연구는 여성들이 여성들과 대화를 할 때, 그녀들의 대화는 시시함과는 거리가 멀고, 남성들이 다른 남성들과 대화할 때보다 더 많은 주제(최대 40개의 주제)를 다루고 있다고 제시한다. 여성들의 대화는 건강에서 그들의 집, 정치에서 패션, 영화에서 가족, 교육에서 인간관계 문제까지 다양하지만, 스포츠는 눈에 띄게 없다. 남성들은 더 제한된 범위의 주제를 가지는 경향이 있는데, 가장 인기 있는 것은 일, 스포츠, 농담, 자동차, 여성이다. 1,000명이 넘는 여성들을 인터뷰한 심리학자인 Petra Boynton 교수에 따르면, 여성들은 또한 대화 중 한 주제에서 다른 주제로 빠르게 이동하는 경향이 있는 반면, 남자들은 보통 한 주제에서 더 오랫동안 벗어나지 않는다. 직장에서, 그들은 다른 문제들을 제쳐 두고 논의되는 주제에 완전히 집중할 수 있기 때문에, 이러한 차이는 남성들에게 이점이 될 수 있다. 한편, 이는 또한 그들이 가끔 회의에서 여러 가지를 동시에 논의해야 할 때 집중하기 힘들다는 것을 의미하기도 한다.

정답 ②

대화에 있어 여성과 남성의 차이에 관한 글이다. 3번째 문장에서 여성들의 대화 주제 범위가 다양하지만 그중 스포츠는 눈에 띄게 없다고 언급되므로, 글의 내용과 일치하지 않는 것은 ② '여성들의 대화 주제는 건강에서 스포츠에 이르기까지 매우 다양하다'이다.

02 James Baldwin에 관한 다음 글의 내용과 일치하지 않는 것은? (19. 소방직 9급)

James Baldwin was one of the leading African American authors of the past century. Novelist, essayist, poet, dramatist — as a writer, he knew no limits. Born in Harlem in 1924 to an unwed domestic worker from Maryland, Baldwin shouldered a good deal of household responsibility in helping raise his eight siblings. Baldwin found an early outlet in writing. He edited the junior high school newspaper. He graduated from DeWitt Clinton High School and worked in construction in New Jersey until he moved to Greenwich Village in 1944. His first sale was a book review to The Nation in 1946. Baldwin came to know civil rights activists Martin Luther King Jr. and Malcolm X. Baldwin earned a number of awards, including a Guggenheim Fellowship. In 1987, the author died of cancer, leaving unfinished a biography of Martin Luther King Jr. Baldwin appeared on a commemorative U.S. postage stamp in 2004 — emblematic of his enduring power for the next generations.

① 아프리카계 미국인 작가였다.
② 1944년에 Greenwich Village로 이사했다.
③ Martin Luther King Jr.의 전기를 완성했다.
④ 2004년 미국 기념 우표에 나왔다.

leading 주요한 author 작가 novelist 소설가 essayist 수필가 poet 시인 dramatist 극작가 unwed 미혼의 shoulder 어깨, 책임을 짊어지다 a great deal of 상당히 많은 domestic worker 가정부, 집사 raise 기르다, 키우다 sibling 형제자매 outlet (감정 등의) 발산 수단, 분출구 edit 편집하다 book review 서평 come to know 알게 되다 civil right 시민권 activist (정치·사회) 운동가, 활동가 earn 얻다 die of ~로 죽다 biography 전기 commemorative 기념하는 postage stamp 우표 emblematic of ~을 상징하는 enduring 영속하는 generation 세대

지문 분석

James Baldwin was ①(O) one (of the leading African American authors (of the past century)). / Novelist, essayist, poet, dramatist / — as a writer, / he knew no limits. / Born in Harlem in 1924 to an unwed domestic worker (from Maryland), / Baldwin shouldered a good deal of household responsibility / in helping raise his eight siblings. / Baldwin found an early outlet in writing. / He edited the junior high school newspaper. / He graduated from DeWitt Clinton High School / and worked in construction / in New Jersey / ②(O) until he moved to Greenwich Village in 1944. / His first sale was a book review to The Nation in 1946. / Baldwin came to know / civil rights activists / Martin Luther King Jr. and Malcolm X. / Baldwin earned a number of awards, / including a Guggenheim Fellowship. / In 1987, / ③(X) the author died of cancer, / leaving unfinished a biography of Martin Luther King Jr. / ④(O) Baldwin appeared on a commemorative U.S. postage stamp in 2004 / — emblematic of his enduring power for the next generations.

선택지의 키워드

① 아프리카계 미국인
② 1944년 / Greenwich Village로 이사
③ Martin Luther King Jr.의 전기 / 완성
④ 2004 / 미국 기념 우표

해석 James Baldwin은 지난 세기의 주요한 아프리카계 미국인 작가 중한 명이었다. 소설가, 수필가, 시인, 극작가 — 작가로서, 그는 한계를 알지 못했다. 1924년 Harlem에서 Maryland 출신의 미혼 가정부에게 태어난 Baldwin은 그의 8명의 형제자매를 양육하는 것을 돕는 데 있어서 가정의 상당히 많은 책임을 떠맡았다. Baldwin은 글쓰기에서 분출구를 일찌감치 찾았다. 그는 중학교 신문을 편집했다. 그는 DeWitt Clinton 고등학교를 졸업하고 New Jersey에서 건설 일을 하다가 1944년 Greenwich Village로 이사했다. 그의 첫 판매는 1946년 〈The Nation〉 지의 서평이었다. Baldwin은 시민권 운동가인 Martin Luther King Jr.와 Malcolm X를 알게 되었다. Baldwin은 Guggenheim Fellowship을 포함한 많은 상을 받았다. 1987년 이 작가는 Martin Luther King Jr.의 전기를 완성하지 못한 채 암으로 세상을 떠났다. Baldwin은 2004년에 미국 기념 우표에 실렸다. – 이것은 다음 세대에 대한 그의 지속적인 영향력을 상징하는 것이다.

정답 ③

아프리카계 미국 작가인 James Baldwin의 일생을 간단하게 요약한 지문이다. 지문의 후반부에 the author died of cancer, leaving unfinished a biography of Martin Luther King(이 작가는 Martin Luther King Jr.의 전기를 완성하지 못한 채 암으로 세상을 떠났다)라고 했으므로 ③ 'Martin Luther King Jr.의 전기를 완성했다'라는 지문과 내용이 일치하지 않는 진술이다.

03 다음 글의 내용과 일치하지 않은 것은? (20. 소방직 9급)

Dear Sales Associates,

The most recent edition of The Brooktown Weekly ran our advertisement with a misprint. It listed the end of our half-price sale as December 11 instead of December 1. While a correction will appear in the papers next issue, it is to be expected that not all of our customers will be aware of the error. Therefore, if shoppers ask between December 2 and 11 about the sale, first apologize for the inconvenience and then offer them a coupon for 10 % off any item they wish to purchase, either in the store or online. Thank you for your assistance in this matter.

General manager

① The Brooktown Weekly에 잘못 인쇄된 광고가 실렸다.
② 반값 할인 행사 마감일은 12월 1일이 아닌 12월 11일이다.
③ 다음 호에 정정된 내용이 게재될 예정이다.
④ 10% 할인 쿠폰은 구매하고자 하는 모든 품목에 적용된다.

edition 판 run an advertisement 광고를 게재하다 misprint 오타 half-price sale 반값 세일 list 기재하다 instead of ~대신에 correction 정정, 수정 appear 게재되다 issue 호 be aware of ~를 알고 있다 apologize for ~에 대해 사과하다 inconvenience 불편 purchase 구입하다 assistance 도움 in this matter 이 문제에서 General Manager 본부장

지문 분석

The most recent edition / (of The Brooktown Weekly) / ran our advertisement / with a misprint. ①(O) / It listed the end (of our half-price sale) / as December 11 / instead of December 1. ②(X) / While a correction will appear / in the paper's next issue, ③(O) / it is to be expected / that not all (of our customers) will be aware of the error. / Therefore, / if shoppers ask / between December 2 and 11 / about the sale, / first apologize for the inconvenience / and then offer them / a coupon (for 10 % off any item / (they wish to purchase, / either in the store or online)). ④(O) / Thank you for your assistance / in this matter.

선택지의 키워드

① Brooktown Weekly / 잘못 인쇄된 광고
② 반값 할인 행사 마감일 / 12월 11일
③ 다음 호 / 정정된 내용
④ 10% 할인 쿠폰 / 모든 품목

해석 친애하는 영업사원들에게

〈The Brooktown Weekly〉의 최신 호가 우리의 광고를 오타가 난 채로 게재했습니다. 그 광고는 우리의 반값 할인 마감일을 12월 1일이 아니라 12월 11일로 기재했습니다. 정정 내용이 그 신문의 다음 호에 나오겠지만, 우리의 모든 고객들이 그 실수를 인지하는 것은 아니라고 예상됩니다. 따라서 쇼핑객들이 12월 2일과 11일 사이에 할인에 대해 문의한다면, 불편을 끼친 점을 우선 사과하고 나서 매장에서나 온라인으로, 고객들이 구매하기를 바라는 어떤 품목이든 10% 할인 쿠폰을 제공하세요. 이 문제를 도와주셔서 감사합니다.

총괄 매니저가

정답 및 해설

정답 ②

The Brooktown Weekly에 반값 할인 행사 마감일이 12월 1일이 아니라 12월 11로 오타가 있는 채로 광고가 나간 것에 대한 후속 조치를 직원들에게 알리는 지문이다. 앞부분에 It listed the end of our half-price sale as December 11 instead of December 1(그 광고는 우리의 반값 할인 마감일을 12월 1일이 아니라 12월 11일로 기재했습니다)라고 했으므로 실제 반값 세일 행사일은 12월 1일임을 알 수 있다. 따라서 ② '반값 할인 행사 마감일은 12월 1일이 아닌 12월 11일이다'가 지문의 내용과 일치하지 않는 진술이다.

04 다음 글의 내용과 일치하지 않는 것은? (19. 국가직 9급)

Langston Hughes was born in Joplin, Missouri, and graduated from Lincoln University, in which many African-American students have pursued their academic disciplines. At the age of eighteen, Hughes published one of his most well-known poems, "Negro Speaks of Rivers." Creative and experimental, Hughes incorporated authentic dialect in his work, adapted traditional poetic forms to embrace the cadences and moods of blues and jazz, and created characters and themes that reflected elements of lower-class black culture. With his ability to fuse serious content with humorous style, Hughes attacked racial prejudice in a way that was natural and witty.

① Hughes는 많은 미국 흑인들이 다녔던 대학교를 졸업하였다.
② Hughes는 실제 사투리를 그의 작품에 반영하였다.
③ Hughes는 하층 계급 흑인들의 문화적 요소를 반영한 인물을 만들었다.
④ Hughes는 인종 편견을 엄숙한 문체로 공격하였다.

pursue 추구하다 academic discipline 학문 poem 시 negro 흑인 creative 창의적인 experimental 실험적인 speak of ~에 대해 말하다 incorporate 포함하다, 통합하다 authentic 실제의, 진짜의 dialect 사투리, 방언 adapt 각색하다 embrace 포용하다 cadence 억양, 리듬 mood 분위기 character 인물, 주인공 theme 주제 reflect 반영하다 fuse 녹이다, 융합시키다 serious 심각한 content 내용물 humorous 익살맞은 attack 공격하다 racial prejudice 인종적 편견 witty 재치 있는

지문 분석

Langston Hughes was born in Joplin, Missouri / and graduated from Lincoln University, / in which many African-American students / have pursued their academic disciplines. ①(O) / At the age of eighteen, / Hughes published one (of his most well-known poems), / "Negro Speaks of Rivers." / Creative and experimental, / Hughes incorporated authentic dialect in his work, ②(O) / adapted traditional poetic forms / to embrace the cadences and moods (of blues and jazz), / and created characters and themes (that reflected elements (of lower-class black culture)). ③(O) / With his ability (to fuse serious content with humorous style), / Hughes attacked racial prejudice / in a way (that was natural and witty). ④(X)

선택지의 키워드

① 미국 흑인들 / 대학교
② 실제 사투리 / 작품에 반영
③ 하층 계급 흑인 / 인물
④ 인종 편견 / 엄숙한 문체

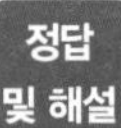

해석 Langston Hughes는 Missouri 주의 Joplin에서 태어났고, Lincoln 대학교를 졸업했는데, 그 학교에서는 많은 아프리카계 미국인 학생들이 그들의 학문을 추구했다. 18세의 나이에 Hughes는 'Negro Speaks of Rivers'라는 그의 가장 유명한 시들 중 하나를 출간했다. 창의적이고 실험적인 Hughes는 실제 사투리를 그의 작품에 포함시켰고, 블루스와 재즈의 운율과 분위기를 수용하기 위해 전통적인 시 형식을 개작했으며, 하층 계급 흑인 문화의 요소들을 반영한 인물들과 테마들을 만들었다. 심각한 내용을 해학적인 방식으로 녹일 수 있는 그의 능력으로, Hughes는 자연스럽고 재치 있는 방법으로 인종 편견을 공격했다.

정답 및 해설

정답 ④

흑인 시인 Langston Hughes에 관한 지문으로 그의 작품 스타일과 흑인 문제를 다루는 방식에 관한 지문이다. 지문의 아랫부분에 Hughes attacked racial prejudice in a way that was natural and witty(Hughes는 자연스럽고 재치 있는 방법으로 인종 편견을 공격했다)라고 했으므로 ④ 'Hughes는 인종 편견을 엄숙한 문체로 공격하였다'는 지문의 내용과 일치하지 않는 진술이다.

05 다음 글의 내용과 가장 일치하는 것은? (19. 경찰직 2차)

The 2010 US Census shows that Americas ethnic and racial makeup is changing. Compared to 2000, the percentage of the population identified as white shrank, from 75.1% to 72.4%. Every other ethnic category increased, except for Native Americans, which remained unchanged at 0.9%. The biggest growth came from the Hispanic population, which grew from 12.5% in 2000 to 16.3% of the population ten years later. Those identified as belonging to two or more racial categories also climbed to 2.9% in 2010 from 2.4% ten years earlier.

① 미국 원주민 인구 비율은 2000년과 2010년 사이에 0.9%p(퍼센트 포인트) 증가했다.
② 히스패닉 인구 비율은 2000년과 2010년 사이에 16.3%p(퍼센트 포인트) 증가했다.
③ 둘 이상의 인종 범주에 속하는 인구 비율은 2010년에 미국 인구의 2.4%였다.
④ 백인 인구 비율은 2000년에 미국 인구의 75.1%였다.

census 인구 조사 ethnic 민족의 racial 인종의 makeup 구성, 구조 population 인구 identify 확인하다 shrink 줄어들다 category 범주 except for ~를 제외한 belong to ~에 속하다 climb 올라가다, 증가하다

지문 분석

The 2010 US Census shows / that America's ethnic and racial makeup is changing. / ④(O) Compared to 2000, / the percentage (of the population identified as white) shrank, / from 75.1% to 72.4%. / Every other ethnic category increased, / ①(X) except for Native Americans, / which remained unchanged / at 0.9%. / The biggest growth came from the ②(X) Hispanic population, / which grew from 12.5% in 2000 to 16.3% (of the population) ten years later. ③(X) Those (identified as belonging to two or more racial categories) / also climbed to 2.9% in 2010 from 2.4% ten years earlier.

선택지의 키워드

① 미국 원주민 / 0.9%
② 히스패닉 / 16.3%
③ 둘 이상의 인종 범주 / 2.4%
④ 백인 인구 비율 / 75.1%

해석 2010년 미국 인구 조사는 미국의 민족적, 인종적 구성이 변화하고 있음을 보여 준다. 2000년과 비교했을 때, 백인으로 확인된 인구의 비율은 75.1%에서 72.4%로 줄어들었다. 0.9%로 변하지 않은 미국 원주민을 제외하고, 모든 다른 민족적 범주가 증가했다. 가장 큰 증가는 히스패닉계의 인구에서 나왔는데, 이는 2000년 12.5%에서 10년 뒤 인구의 16.3%로 늘어났다. 2개 이상의 인종 범주에 속하는 것으로 확인된 사람들도 10년 전의 2.4%에서 2010년에는 2.9%로 증가했다.

정답 및 해설

정답 ④

2000년과 2010년의 미국 인구 조사에서 민족적, 인종적 구성의 변화를 설명하는 지문이다.
이런 류의 지문은 여러 가지 연도와 숫자뿐만 아니라 변화의 폭도 고려해야 하는 굉장히 주의해야 하는 문제 유형이다. 2000년도와 2010년도의 수치를 비교하고 있으므로, 혼동이 되지 않도록 기록하면서 따져 봐야 한다.
백인 인구의 비율은 2000년이 (75.1%)이고 2010년이 (72.4%)이므로 ④ '백인 인구 비율은 2000년에 미국 인구의 75.1%였다'는 내용과 일치하는 진술이다.

오답 분석

① 미국 원주민의 인구는 0.9%로 변하지 않았다고 했으므로 0.9% 증가했다는 것은 일치하지 않는 진술이다.
② 히스패닉계의 인구는 2000년 (12.5%)에서 2010년 (16.3%)로 증가했으므로 16.3%만큼 증가했다는 것은 사실과 다른 진술이다.
③ 2개 이상의 인종 범주에 속하는 사람들은 2000년도에 (2.4%)에서 2010년도에 (2.9%)로 증가했으므로 2010년도에 미국 인구의 2.4%라는 것은 사실과 다른 진술이다.

06 다음 글의 내용과 가장 일치하지 않는 것은? (19. 경찰직 1차)

An idea came to me, and I turned off the lights in the studio. In the darkness, I put the cellos spike into a loose spot on the carpet, tightened the bow and drew it across the open strings. I took off my shirt and tried it again ; it was the first time in my life I'd felt the instrument against my bare chest. I could feel the vibration of the strings travel through the body of the instrument to my own body. I'd never thought about that ; music scholars always talk about the resonating properties of various instruments, but surely the performers own body must have some effect on the sound. As I dug into the notes I imagined that my own chest and lungs were extensions of the sound box ; I seemed to be able to alter the sound by the way I sat, and by varying the muscular tension in my upper body.

① 화자는 어둠 속에서 첼로 연주를 했다.
② 화자는 태어나서 처음으로 첼로를 연주했다.
③ 음악 학자들은 여러 악기들이 가진 공명의 특성들을 말한다.
④ 화자는 연주할 때 본인의 자세가 첼로 소리에 영향을 준다고 생각했다.

turn off 끄다 **in the darkness** 어둠 속에서 **spike** 첼로를 바닥에 고정시키는 뾰족한 부분 **loose** 올이 성긴, 느슨한 **spot** 점, 위치 **tighten** 팽팽하게 하다 **bow** 활 **draw** 당기다 **string** (악기의) 현 **take off** 벗다 **instrument** 악기, 기구 **bare** 벗은 **chest** 가슴 **vibration** 진동 **scholar** 학자 **resonate** 공명하다, 울려 퍼지다 **property** 특성, 재산 **various** 다양한 **surely** 분명히 **dig into** 파고들다, 탐구하다 **note** 음표 **lung** 폐 **extension** 연장 **sound box** 울림통 **alter** 바꾸다 **vary** (약간) 달리하다 **muscular** 근육의

지문 분석

①(O)
An idea came to me, / and I turned off the lights / in the studio. / In the darkness, / I put the cello's spike into a loose spot (on the carpet), / tightened the bow / and drew it across the open strings. / I took off my shirt / and tried it again; / it was the first time in my life / (I'd felt the instrument / against my bare chest) /. I could feel / the vibration (of the strings) travel / through the body (of the instrument) to my own body. / I'd never thought about that; / music scholars always talk about the resonating properties (of various instruments), / but surely the performer's own body must have some effect / on the sound. / As I dug into the notes / I imagined / that my own chest and lungs were extensions / (of the sound box); / I seemed to be able to alter the sound / by the way (I sat). / and by varying the muscular tension (in my upper body).

②(X) ③(O) ④(O)

선택지의 키워드

① 어둠 속에서 / 첼로 연주
② 태어나서 / 처음으로
③ 음악 학자들은 / 공명의 특성
④ 본인의 자세가 / 첼로 소리에 '영향

해석 어떤 생각이 나에게 떠올랐고 나는 스튜디오 안의 불을 껐다. 어둠 속에서 나는 첼로의 스파이크를 카펫의 올이 성글게 짜인 지점 위에 놓았고, 첼로 활을 팽팽하게 당긴 후, 개방현을 가로질러 그것을 그었다. 나는 셔츠를 벗었고 다시 시도했다; 그것이 내가 처음으로 나의 맨가슴 위에서 악기를 느꼈던 때였다. 나는 현들의 진동이 악기의 몸통을 지나 나의 몸으로 이동하는 것을 느낄 수 있었다. 나는 한 번도 그것에 대해 생각한 적이 없었다; 음악 학자들은 다양한 악기들의 공명하는 특징들에 대해 항상 이야기하지만, 분명 연주자 자신의 몸은 소리에 어떤 영향을 미친다. 음표를 탐구하면서 나는 나의, 가슴과 폐가 울림통의 연장이라고 상상했다; 나는 내가 앉았던 방식, 그리고 내 상반신의 근육의 긴장을 달리하면서 소리를 바꿀 수 있는 것 같았다.

정답 및 해설

정답 ②

이 글은 어둠 속의 스튜디오에서 맨가슴 위에 첼로를 얹고 연주하면서 느낌 점을 기록한 글이다. 지문의 중간에 it was the first time in my life I'd felt the instrument against my bare chest(그것이 내가 처음으로 나의 맨가슴 위에서 악기를 느꼈던 때였다)라고 했으므로 맨가슴 위에 악기를 느꼈던 것이 처음이지 화자가 태어나서 처음으로 첼로로 연주한 것이 처음은 아니다. 따라서 ② '화자는 태어나서 처음으로 첼로를 연주했다'가 일치하지 않는 진술이다.

07 다음 글의 내용과 가장 일치하는 것은? (19. 경찰직 1차)

Child psychologists concentrate their efforts on the study of the individual from birth through age eleven. Developmental psychologists study behavior and growth patterns from the prenatal period through maturity and old age. Many clinical psychologists specialize in dealing with the behavior problems of children. Research in child psychology sometimes helps shed light on work behavior. For example, one study showed that victims of childhood abuse and neglect may suffer long-term consequences. Among them are lower IQs and reading ability, more suicide attempts, and more unemployment and low-paying jobs. Many people today have become interested in the study of adult phases of human development. The work of developmental psychologists has led to widespread interest in the problems of the middle years, such as the mid- life crisis. A job-related problem of interest to developmental psychologists is why so many executives die earlier than expected after retirement.

① 아동심리학의 연구 대상은 주로 사춘기 이후의 아동이다.
② 발달심리학자들은 인간의 일생의 행동과 성장을 연구한다.
③ 아동기에 학대받은 성인의 실업률이 더 낮은 경향이 있다.
④ 임원들의 은퇴 후 조기 사망이 최근 임상심리학의 관심사이다.

child psychologist 아동심리학자 **individual** 개인 **developmental psychologist** 발달심리학자 **prenatal** 태어나기 전의 **maturity** 성숙 **clinical psychologist** 임상심리학자 **specialize in** ~를 전문으로 하다 **deal with** ~를 다루다 **shed light on** 밝히다, 해명하다 **work behavior** 근로 행동 **victim** 희생자 **abuse** 학대 **neglect** 방치 **suicide attempt** 자살 시도 **phase** 단계 **mid-life** 중년의 **crisis** 위기 **executive** 임원 **retirement** 은퇴

지문 분석

①(X) Child psychologists concentrate their efforts / on the study (of the individual from birth through age eleven.) ②(O) Developmental psychologists study / behavior and growth patterns (from the prenatal through maturity and old age.) / Many clinical psychologists specialize / in dealing with the behavior problems (of children). / Research (in child psychology) / sometimes / helps shed light on work behavior. / For example, / one study showed / that ③(X) victims (of childhood abuse and neglect) may suffer / long-term consequences. / Among them are / lower IQs and reading ability, more suicide attempts, / and more unemployment and low-paying jobs. / Many people (today) have become interested / in the study (of adult phases (of human development)). / The work (of developmental psychologists) / has led to widespread interest / in the problems of the middle years, (such as the mid-life crisis). / A job-related problem ④(X) (of interest to developmental psychologists) is / why so many executives die earlier / than expected after retirement.

선택지의 키워드

① 아동심리학 /사춘기 이후
② 발달심리학자 / 일생의 행동과 성장
③ 학대받은 성인 실업률
④ 임원 / 임상심리학의 관심사

해석 아동심리학자들은 출생부터 11살까지의 개인에 대한 연구에 그들의 노력을 집중한다. 발달심리학자들은 태어나기 전부터 성장기와 노년이 되는 동안의 행동과 성장 패턴을 연구한다. 많은 임상심리학자들은 어린이들의 행동 문제를 다루는 것을 전문으로 한다. 아동심리학의 연구는 때때로 근로 행동에 대해 설명하는 것을 돕는다. 예를 들면, 한 연구는 어린 시절 학대와 방치를 받은 희생자들이 장기적인 결과를 겪을지도 모른다는 것을 보여 주었다. 그것들 중에는 낮은 IQ와 낮은 독해 능력, 더 많은 자살 시도, 그리고 더 많은 실직과 저임금의 직업이 있다. 오늘날 많은 사람들이 인간 발달의 성인 단계에 대한 연구에 관심을 갖게 됐다. 발달심리학자들의 연구는 중년의 위기와 같은 중년의 문제에 대한 폭넓은 관심을 야기했다. 발달심리학자들이 관심을 가지는 직업 관련 문제는 왜 그렇게 많은 임원들이 은퇴 후에 예상한 것보다 더 일찍 사망하는 가이다.

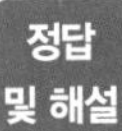

정답 및 해설

정답 ②

이 글은 심리학의 여러 분야(아동심리학, 발달심리학, 임상심리학)의 관심 분야와 연구 대상에 대해 서술하는 지문이다. 지문의 앞부분 Developmental psychologists study behavior and growth patterns from the prenatal period through maturity and old age(발달심리학자들은 태어나기 전부터 성장기와 노년이 되는 동안의 행동과 성장 패턴을 연구한다)에서 발달심리학자들은 태어나기 전부터 노년까지의 일생의 행동과 성장 패턴을 연구한다고 했으므로 ② '발달심리학자들은 인간의 일생의 행동과 성장을 연구한다'는 내용과 일치하는 진술이다.

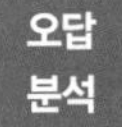

오답 분석

① Child psychologists concentrate their efforts on the study of the individual from birth through age eleven(아동심리학자들은 출생부터 11살까지의 개인에 대한 연구에 그들의 노력을 집중한다)에서 아동심리학자들은 11살 전까지 즉, 사춘기 전까지의 개인에 대한 연구에 집중한다고 했으므로 사춘기 이후의 아동을 연구 대상으로 한다는 ①은 사실과 다른 진술이다.
③ 지문에서 어린 시절 학대와 방치를 받은 희생자들은 실직률이 높고 저임금과 같은 장기적인 결과를 겪는다고 했으므로 ③ '아동기에 학대받은 성인의 실업률이 더 낮은 경향이 있다'는 내용과 일치하지 않는 진술이다.
④ 은퇴 후에 임원들의 조기 사망은 발달심리학자들의 관심의 대상이라고 했으므로 내용과 일치하지 않는 진술이다.

08 다음 글의 내용으로 가장 일치하는 것은? (18. 경찰직 1차)

I was surprised to learn that the notion of a bedtime is not the norm around the world, even among other industrialized societies. For example, in Southern European countries like Italy, Spain, and Greece, children are typically allowed to participate in the family's late evening life, falling asleep in cars or laps instead of their own rooms, and there is no specified time for going to bed. The same is often true for families in Central and South America. In many tribal cultures, such as the Mayan or the Balinese, infants and toddlers are held, carried, or accompanied continuously by a series of caretakers. They are able to doze, fall asleep, stir, and waken under many circumstances, even in the middle of noisy, all-night ritual observances, with little need for special sleep aids like pacifiers, blankets, or stuffed animals.

① 많은 부족 문화권에서는 아이들의 숙면을 위해 담요와 같은 특별한 수면 보조 도구들을 주로 활용한다.
② 남부 유럽 국가 아이들은 가족의 늦은 저녁 생활에 참여할 수 있지만 잠은 반드시 자신의 방에서 자는 것이 원칙이다.
③ 남아메리카의 아이들은 명시된 취침 시간이 없다.
④ 그리스 아이들은 명시된 취침 시간을 갖고 있다.

be surprised to R ~를 알게 되어서 놀라다 notion 개념, 관념 bedtime 취침 시간 norm 표준, 규준
industrialized 산업화된 typically 흔히, 전형적으로 fall asleep 잠들다 lap 무릎 specified 특정된
the same is true for/of ~도 마찬가지다 tribal 부족의 Balinese 발리섬의, 발리섬 주민의, 발리섬 주민들 infant 유아
toddler 걸음마 시기의 아기 accompany 동반하다 continuously 지속적으로 caretaker 보호자, 관리자
doze 꾸벅꾸벅 졸다 stir 뒤척이다 waken 잠이 깨다, 깨우다 circumstance 상황 noisy 시끄러운
ritual observances 종교 의식 aid 보조 기구 pacifier (유아용) 공갈 젖꼭지 stuffed animal 봉제인형

지문 분석

I was surprised to learn / that the notion (of a bedtime) is not the norm / around the world, / even among other industrialized societies. / For example, / in Southern European countries (like Italy, Spain, and ④ (X) Greece), / children are typically allowed to participate / in the family's late evening life, / ② (X) falling asleep in cars or laps / instead of their own rooms, / and there is no specified time (for going to bed). ③ (O) The same is often true / for families (in Central and South America). / In many tribal cultures, (such as the Mayan or the Balinese), / infants and toddlers are held, carried, or accompanied (continuously) / by a series of caretakers. / They are able to doze, fall asleep, stir, and waken / under many circumstances, / even in the middle of noisy, all-night ritual observances, / ① (X) with little need (for special sleep aids (like pacifiers, blankets, or stuffed animals)).

선택지의 키워드

① 부족 문화권에 / 수면 보조 도구
② 남부 유럽 국가 / 자신의 방
③ 남아메리카 / 취침 시간
④ 그리스 / 취침 시간

해석 나는 전 세계에서, 심지어 다른 산업화된 사회에서도 취침 시간이라는 개념이 표준적이지 않다는 것을 알고서 놀랐다. 예를 들어, 이탈리아, 스페인 그리고 그리스와 같은 남부 유럽 국가에서 아이들은 가족의 늦은 저녁 삶에 참여하는 것이 흔히 허용되어서, 그들 자신의 방 대신 자동차나 무릎에서 잠이 들게 되고, 잠자리에 드는 정해진 시간대도 없다. 중앙아메리카와 남아메리카의 가족들에게도 보통 마찬가지다. 마야나 발리와 같은 많은 부족 문화에서는 신생아들과 유아들은 일련의 보호자들에 의해 끊임없이 안기거나 데리고 다녀지거나 혹은 동행된다. 그들은 많은 상황에서, 심지어 시끄럽고 밤새 진행되는 종교 행사 중에서도 공갈 젖꼭지, 담요, 또는 봉제 인형과 같은 특별한 수면 보조 도구를 거의 필요로 하지 않은 채로 졸고, 잠들고, 뒤척이고, 잠에서 깰 수 있다.

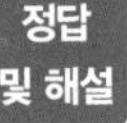

정답 ③

이 글은 여러 국가(남부 유럽 국가, 중앙아메리카와 남아메리카, 부족 문화 국가)에서의 어린이 취침 문화를 비교하는 지문이다. 지문의 중반부에 and there is no specified time for going to bed. The same is often true for families in Central and South America(잠자리에 드는 정해진 시간대도 없다. 중앙아메리카와 남아메리카의 가족들에게도 보통 마찬가지다) 부분이 정답의 단서가 된다. 이 문장의 앞부분에서 '남부 유럽 국가들에서는 아이들이 잠자리에 드는 정해진 시간이 없다'라고 하고 '중앙아메리카와 남아메리카의 가족들에게도 보통 마찬가지다'라고 하는데 여기서 마찬가지라는 표현은 '남부 유럽 국가들과 마찬가지로 아이들이 잠자리에 드는 정해진 시간이 없다'라는 것을 의미하므로 글의 내용과 일치하는 진술이다.

① 마야나 발리와 같은 많은 부족 문화에서는 공갈 젖꼭지, 담요, 또는 봉제인형과 같은 특별한 수면 보조 도구가 거의 필요하지 않다고 했으므로 내용이 일치하지 않는 진술이다.
② 남부 유럽 국가들에서는 아이들이 가족의 저녁 행사에 참여해서 자신의 방 대신에 자동차나 무릎에서 잠든다고 했으므로 내용이 일치하지 않는 진술이다.
④ 이탈리아, 스페인, 그리고 그리스와 같은 남부 유럽 국가에서는 아이들이 잠자리에 드는 정해진 시간이 없다고 했으므로 내용이 일치하지 않는 진술이다.

09 Spencer Stanhope에 관한 다음 글의 내용과 일치하지 않는 것은? (18. 교육행정직 9급)

Spencer Stanhope came from a middle-class family and was educated at Rugby and Christchurch, Oxford. He began to study art with G. E Watts in 1850, visiting Italy with him in 1853. He became one of the circle of young artists around the Pre-Raphaelites in the mid-1850s and was particularly friendly with Burne-Jones, who influenced his painting and became a lifelong friend. He first exhibited at the Royal Academy in 1859 and later at the Grosvenor Gallery. Like his artist friends, he had a sympathy for ordinary people and often chose subjects showing them at work, though often in an idealized manner. Washing Day in which the women wash the clothes while the men get on with the business of fishing, is typical of Stanhope's work.

① 1853년에 G. F. Watts와 함께 이탈리아를 방문했다.
② Burne-Jones가 그의 그림에 영향을 주었다.
③ 1859년에 Grosvenor Gallery에서 첫 전시회를 열었다.
④ Washing Day는 그의 작품의 전형적인 특징을 보여 준다.

어휘

come from ~출신이다 **middle-class** 중산층 **Pre-Raphaelites** (라파엘전파 : 19세기 중엽 영국에서 일어난 예술 운동으로, 라파엘로 이전처럼 자연에서 겸허하게 배우는 예술을 표방하는 유파) **particularly** 특히 **lifelong friend** 평생 친구 **exhibit** 전시하다 **sympathy** 연민, 동정 **ordinary** 평범한 **subject** 주제 **get on with** ~를 계속하다 **typical** 전형적인

지문 분석

Spencer Stanhope came from a middle-class family / and was educated / at Rugby and Christchurch, Oxford. / He began to study art / ①(O) with G. F. Watts in 1850, / visiting Italy with him in 1853. / He became one of the circle / (of young artists) (around the Pre-Raphaelites in the mid-1850s) / and ②(O) was particularly friendly with Burne-Jones, / who influenced his painting / and became a lifelong friend. / ③(X) He first exhibited / at the Royal Academy in 1859 / and later at the Grosvenor Gallery. / Like his artist friends, / he had a sympathy (for ordinary people) / and often chose subjects (showing them at work), / though often in an idealized manner. / ④(O) Washing Day (in which the women wash the clothes / while the men get on with the business of fishing), / is typical) of Stanhope's work.

선택지의 키워드

① 1853년 / G. F. Watts
② Burne-Jones / 영향
③ 1859년 / Grosvenor Gallery / 첫 전시회
④ Washing Day / 전형적인 특징

해석 Spencer Stanhope는 중산층 가정 출신이고 Oxford의 Rugby와 Christchurch에서 교육받았다. 그는 1850년 G. F. Watts와 함께 미술을 공부하기 시작하였고 1853년 그와 함께 이탈리아를 방문하였다. 그는 1850년대 중반 라파엘로 전파 주변의 젊은 예술가 동아리의 일원이 되었고, 특히 그의 회화에 영향을 끼친 Burne-Jones와 친했으며, 평생 친구가 되었다. 그는 1859년 왕립 학교에서 처음으로 전시하였으며 그 이후 Grosvenor 미술관에서 전시를 하였다. 그의 예술가 친구들처럼 그는 평범한 사람들에게 동정심을 가지고 있었으며, 비록 이상화된 방식으로였지만 그들이 일하는 모습을 보여 주는 주제를 종종 선택하였다. 남성들은 낚시에 열중하고 여성들은 빨래를 하는〈Washing Day(빨래하는 날)〉는 Stanhope의 대표적인 작품이다.

정답 ③

미술가인 Spencer Stanhope의 일생을 시간 순서로 나열한 지문이다. 지문의 중간에 He first exhibited at the Royal Academy in 1859 and later at the Grosvenor Gallery(그는 1859년 왕립 학교에서 처음으로 전시하였으며 그 이후 Grosvenor 미술관에서 전시를 하였다)에서 1859년에 왕립 학교에서 처음으로 전시회를 열었다고 했으므로 ③ '1859년에 Grosvenor Gallery에서 첫 전시회를 열었다'는 글의 내용과 일치하지 않는 진술이다.

독해 마스터! 기출 지문

Unit 02 일치 불일치(영어 선택지)

01 다음 글의 내용과 일치하는 것은? (21. 국가직 9급)

The most notorious case of imported labor is of course the Atlantic slave trade, which brought as many as ten million enslaved Africans to the New World to work the plantations. But although the Europeans may have practiced slavery on the largest scale, they were by no means the only people to bring slaves into their communities: earlier, the ancient Egyptians used slave labor to build their pyramids, early Arab explorers were often also slave traders, and Arabic slavery continued into the twentieth century and indeed still continues in a few places. In the Americas some native tribes enslaved members of other tribes, and slavery was also an institution in many African nations, especially before the colonial period.

① African laborers voluntarily moved to the New World.

② Europeans were the first people to use slave labor.

③ Arabic slavery no longer exists in any form.

④ Slavery existed even in African countries.

어휘

notorious 악명 높은 imported 수입된, 들여온 enslaved 노예가 된 plantation 대농장
by no means 결코 ~이 아닌 tribe 부족 institution 제도, 관습

지문 분석

The most notorious case of imported labor / is of course / the Atlantic slave trade, / which brought / as many as ten million enslaved Africans / to the New World / to work the plantations.① (X) / But although the Europeans may have practiced slavery / on the largest scale, / they were by no means the only people / to bring slaves into their communities : / earlier, the ancient Egyptians / used slave labor to build their pyramids,② (X) / early Arab explorers / were often also slave traders, / and Arabic slavery continued into the twentieth century / and indeed still continues in a few places.③ (X) / In the Americas some native tribes / enslaved members of other tribes, / and slavery was also an institution / in many African nations,④ (O) / especially before the colonial period.

선택지의 키워드

① African laborers / voluntarily moved
② Europeans / the first
③ Arabic slavery / no longer exists
④ Slavery existed / African countries

해석 수입 노동의 가장 악명 높은 사례는 물론 대서양 노예무역으로, 이는 대농장을 경작하도록 천만 명에 이르는 노예가 된 아프리카인들을 신대륙에 데려왔다. 그러나 유럽인들이 노예 제도를 가장 대규모로 시행했을지라도, 그들은 결코 그들의 지역사회에 노예를 데려온 유일한 사람들이 아니었다. 일찍이 고대 이집트인들은 노예 노동을 그들의 피라미드를 건설하는 데 사용했고, 초기 아랍 탐험가들은 종종 노예 무역상이었으며, 아랍 노예제도는 20세기까지 계속되었으며, 실제로 몇몇 곳에서는 아직도 유지되고 있다. 아메리카 대륙에서는 몇몇 토착 부족들이 다른 부족의 구성원들을 노예로 삼았고, 노예 제도는 또한 특히 식민지 시대 이전 많은 아프리카 국가들의 관습이기도 했다.

① 아프리카인 노동자들은 자발적으로 신대륙으로 이주했다.
② 유럽인들은 노예 노동을 사용한 최초의 사람들이었다.
③ 아랍 노예 제도는 더는 어떤 형태로도 존재하지 않는다.
④ 노예 제도는 아프리카 국가들에서도 존재했다.

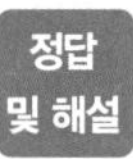

정답 및 해설

정답 ④

이 글은 노예 제도의 역사에 관한 지문이다.
마지막 문장의 'slavery was also an institution in many African nations'에서 노예 제도가 많은 아프리카 국가들의 관습이기도 했다고 했으므로, 글의 내용과 일치하는 것은 '노예 제도는 아프리카 국가들에서도 존재했다'라는 ④가 정답이다.

오답 분석

① 아프리카 노동자들은 대서양 노예무역으로 신대륙으로 끌려 왔으므로 일치하지 않는다.
② 유럽인 이전에 고대 이집트에서 피라미드 건설을 위해 노예 노동을 사용했으므로 일치하지 않는다.
③ 아랍 노예 제도는 20세기까지 계속되었으며, 아직도 몇몇 곳에서는 유지되고 있으므로 일치하지 않는다.

02 다음 글의 내용과 일치하지 않는 것은? (21. 국가직 9급)

Deserts cover more than one-fifth of the Earth's land area, and they are found on every continent. A place that receives less than 25 centimeters (10 inches) of rain per year is considered a desert. Deserts are part of a wider class of regions called drylands. These areas exist under a "moisture deficit," which means they can frequently lose more moisture through evaporation than they receive from annual precipitation. Despite the common conceptions of deserts as hot, there are cold deserts as well. The largest hot desert in the world, northern Africa's Sahara, reaches temperatures of up to 50 degrees Celsius (122 degrees Fahrenheit) during the day. But some deserts are always cold, like the Gobi Desert in Asia and the polar deserts of the Antarctic and Arctic, which are the world's largest. Others are mountainous. Only about 20 percent of deserts are covered by sand. The driest deserts, such as Chile's Atacama Desert, have parts that receive less than two milimeters (0.08 inches) of precipitation a year. Such environments are so harsh and otherworldly that scientists have even studied them for clues about life on Mars. On the other hand, every few years, an unusually rainy period can produce "super blooms," where even the Atacama becomes blanketed with wildflowers.

① There is at least one desert on each continent.
② The Sahara is the world's largest hot desert.
③ The Gobi Desert is categorized as a cold desert.
④ The Atacama Desert is one of the rainiest deserts.

어휘

desert 사막 continent 대륙 dryland 건조지대 deficit 부족, 결핍 evaporation 증발 precipitation 강수(량) conception 개념 Antarctic 남극 Arctic 북극 mountainous 산이 많은 harsh 가혹한, 혹독한 otherworldly 초자연적인, 내세의 clue 단서 Mars 화성 blanketed with ~로 뒤덮인 wildflower 야생화

지문 분석

Deserts cover more than one-fifth of the Earth's land area, / and they are found / on every continent. ①(O) / A place (that receives less than 25 centimeters (10 inches) of rain per year) / is considered a desert. / Deserts are part of a wider class of regions / (called drylands.) / These areas exist/ under a "moisture deficit," / which means they can frequently lose more moisture / through evaporation / than they receive / from annual precipitation. / (Despite the common conceptions of deserts as hot,) / there are cold deserts as well. / The largest hot desert in the world, / northern Africa's Sahara, ②(O) / reaches temperatures of up to 50 degrees Celsius (122 degrees Fahrenheit) / during the day. / But some deserts are always cold, / (like the Gobi Desert in Asia ③(O) / and the polar deserts of the Antarctic and Arctic, / which are the world's largest. / Others are mountainous. / Only about 20 percent of deserts / are covered by sand. / The driest deserts, / (such as Chile's Atacama Desert,) / have parts that receive less than two milimeters(0.08 inches) of precipitation a year. ④(X) / Such environments are so harsh and otherworldly / that scientists have even studied them / for clues about life on Mars. / On the other hand, / every few years, / an unusually rainy period / can produce "super blooms," / (where even the Atacama becomes blanketed with wildflowers.)

선택지의 키워드

① one desert / each continent
② The Sahara / largest hot desert
③ The Gobi Desert / cold desert
④ The Atacama Desert / rainiest deserts

해석 사막은 지구 육지 면적의 5분의 1 이상을 차지하고 있으며, 모든 대륙에서 발견된다. 매년 25센치미터(10인치) 미만의 비가 오는 곳은 사막으로 여겨진다. 사막은 건조 지대라고 불리는 광범위한 지역의 일부이다. 이 지역들은 '수분 부족' 환경하에 존재하는데, 이는 연간 강수를 통해 얻는 양보다 증발을 통해 흔히 수분을 더 많이 잃을 수 있다는 의미다. 사막이 뜨겁다는 일반적인 개념에도 불구하고, 차가운 사막들 또한 존재한다. 세계에서 가장 큰 뜨거운 사막인 북아프리카의 사하라 사막은 낮 동안 최고 섭씨 50도(화씨 122도)에 이른다. 하지만 아시아의 고비 사막이나 세계에서 가장 큰 남극과 북극의 극지방 사막과 같이, 어떤 사막들은 항상 춥다. 다른 사막들에는 산이 많다. 사막의 약 20%만이 모래로 덮여 있다. 칠레의 아타카마 사막과 같은 가장 건조한 사막에는 연간 강수량이 2밀리미터(0.08인치) 미만인 곳들이 있다. 그러한 환경들은 너무 혹독하고 초자연적이어서 과학자들이 화성의 생명체에 대한 단서를 찾기 위해 그것들을 연구하기도 했다. 반면, 몇 년에 한 번씩 유난히 비가 많이 오는 시기가 '수퍼 블룸 현상'을 만들어 낼 수 있는데, 이때는 아타카마조차도 야생화로 뒤덮이게 된다.

① 각 대륙마다 적어도 하나의 사막이 있다.
② 사하라는 세계에서 가장 큰 뜨거운 사막이다.
③ 고비 사막도 추운 사막으로 분류된다.
④ 아타가마 사막은 비가 가장 많이 오는 사막 중 하나이다.

정답 ④

일치 불일치 문제는 보기를 먼저 보고, 선택지의 키워드를 추려내는 것이 핵심이다. 추려진 키워드를 가지고 지문의 내용과 일치하는지 불일치하는지 비교하는 유형이다.

마지막 3번째 문장에서 'The driest deserts, such as Chile's Atacama Desert, have parts that receive less than two milimeters (0.08 inches) of precipitation a year'(칠레의 아타카마 사막과 같은 가장 건조한 사막은 연간 강수량이 2밀리미터 미만이다)라고 하였으므로, 글의 내용과 일치하지 않는 것은 ④ '아타카마 사막은 비가 가장 많이 오는 사막 중 하나이다'이다.

03 다음 글의 내용과 일치하지 않는 것은? (20. 지방직 9급)

Carbonate sands, which accumulate over thousands of years from the breakdown of coral and other reef organisms, are the building material for the frameworks of coral reefs. But these sands are sensitive to the chemical make-up of sea water. As oceans absorb carbon dioxide, they acidify — and at a certain point, carbonate sands simply start to dissolve. The world's oceans have absorbed around one-third of human-emitted carbon dioxide. The rate at which the sands dissolve was strongly related to the acidity of the overlying seawater, and was ten times more sensitive than coral growth to ocean acidification. In other words, ocean acidification will impact the dissolution of coral reef sands more than the growth of corals. This probably reflects the corals' ability to modify their environment and partially adjust to ocean acidification, whereas the dissolution of sands is a geochemical process that cannot adapt.

① The frameworks of coral reefs are made of carbonate sands.

② Corals are capable of partially adjusting to ocean acidification.

③ Human-emitted carbon dioxide has contributed to the world's ocean acidification.

④ Ocean acidification affects the growth of corals more than the dissolution of coral reef sands.

carbonate sand 탄산염 모래 **accumulate** 축적되다 **breakdown** 붕괴 **coral** 산호 **reef** 암초 **organism** 유기체 **building material** 건축 재료 **framework** 뼈대 **be sensitive to** ~에 민감한 **chemical** 화학적인 **make-up** 구성 요소 **ocean** 바다, 해양 **absorb** 흡수하다 **carbon dioxide** 이산화탄소 **acidify** 산성화되다 **dissolve** 용해되다 **human-emitted** 인간이 배출한 **be related to** ~와 관련된 **acidity** 산성 **overlying** 상부의 **seawater** 해수 **acidification** 산성화 **in other words** 달리 말하면 **dissolution** 용해 **reflect** 반영하다 **modify** 변경하다, 수정하다 **partially** 부분적으로 **adjust to** ~에 적응하다 **geochemical** 지구화학적인 **adapt** 적응하다 **be made of** ~로 구성되다 **contribute to** ~에 기여하다

지문 분석

Carbonate sands, / which accumulate over thousands of years / from the breakdown (of coral and other reef organisms), / ①(O) are the building material / (for the frameworks (of coral reefs)). / But these sands are sensitive / to the chemical make-up (of sea water). / ③(O) As oceans absorb carbon dioxide, / they acidify / — and at a certain point, / carbonate sands simply start to dissolve. / The world's oceans have absorbed / around one-third / (of human-emitted carbon dioxide). / The rate (at which the sands dissolve) / was strongly related to the acidity / (of the overlying seawater), / and was ten times more sensitive / than coral growth / to ocean acidification. / In other words, / ④(X) ocean acidification will impact the dissolution (of coral reef sands) / more than the growth of coral. / This probably reflects ②(O) the corals' ability (to modify their environment / and partially adjust to ocean acidification), / whereas the dissolution of sands is a geochemical process (that cannot adapt).

선택지의 키워드

① coral reefs / carbonate sands
② Corals / ocean acidification
③ Human-emitted carbon dioxide / acidification
④ growth of corals / dissolution of coral reef sands

해석 산호와 다른 암초 유기체들이 붕괴한 뒤 수천 년 동안 축적되는 탄산염 모래는 산호초 뼈대의 구성 재료이다. 그런데 이 모래는 바닷물의 화학적 구성 요소에 민감하다. 바다는 이산화탄소를 흡수하면서, 산성화된다 — 그리고 어떤 시점에, 탄산염 모래가 그냥 용해되기 시작한다. 세계의 바다는 인간이 배출한 이산화탄소의 대략 3분의 1을 흡수했다. 모래가 용해되는 속도는 상부 바닷물의 산성과 크게 관련이 있었고, 산호의 성장보다 바다의 산성화에 열 배 더 민감하다. 달리 말하면, 바다의 산성화는 산호의 성장보다 산호초 모래의 용해에 영향을 미칠 것이다. 이것은 아마도 자신의 환경을 바꾸고 바다의 산성화에 부분적으로 적응하는 산호초의 능력을 반영하는 데 비해, 모래의 용해는 적용할 수 없는 지구화학적 과정이다.

① 산호초의 뼈대는 탄산염 모래로 구성된다.
② 산호는 바다의 산성화에 부분적으로 적응할 수 있다.
③ 인간이 배출한 이산화탄소는 세계 바다의 산성화에 기여했다.
④ 바다의 산성화는 산호초 모래의 용해보다 산호의 성장에 영향을 미친다.

정답 및 해설

정답 ④

이 지문은 바다의 산성화가 산호의 성장과 산호초 미래에 미치는 영향에 관한 지문이다. 지문의 마지막 ocean acidification will impact the dissolution of coral reef sands more than the growth of corals(바다의 산성화는 산호의 성장보다 산호초 모래의 용해에 영향을 미칠 것이다)에서 바다의 산성화는 산호초의 성장보다 산호초 모래의 용해에 더 영향을 미친다고 했으므로 ④ Ocean acidification affects the growth of corals more than the dissolution of coral reef sands(바다의 산성화는 산호초 모래의 용해보다 산호의 성장에 영향을 미친다)는 사실과 반대되는 진술이다.

04 다음 글의 내용과 일치하는 것은? (19. 지방직 9급)

Prehistoric societies some half a million years ago did not distinguish sharply between mental and physical disorders. Abnormal behaviors, from simple headaches to convulsive attacks, were attributed to evil spirits that inhabited or controlled the afflicted person's body. According to historians, these ancient peoples attributed many forms of illness to demonic possession, sorcery, or the behest of an offended ancestral spirit. Within this system of belief, called demonology, the victim was usually held at least partly responsible for the misfortune. It has been suggested that Stone Age cave dwellers may have treated behavior disorders with a surgical method called trephining, in which part of the skull was chipped away to provide an opening through which the evil spirit could escape. People may have believed that when the evil spirit left, the person would return to his or her normal state. Surprisingly, trephined skulls have been found to have healed over, indicating that some patients survived this extremely crude operation.

① Mental disorders were clearly differentiated from physical disorders.

② Abnormal behaviors were believed to result from evil spirits affecting a person.

③ An opening was made in the skull for an evil spirit to enter a person's body.

④ No cave dwellers survived trephining.

prehistoric 선사시대의 distinguish 구분하다 sharply 분명하게 mental 정신적인 physical 신체적인 disorder 장애 abnormal 비정상적인 evil spirit 악마의 영혼 inhabit 거주하다 afflicted 고통받는, 괴로워하는 ancient 고대의 attribute A to B A를 B의 탓으로 돌리다 demonic possession 악령 빙의 sorcery 마술 behest 지령 ancestral spirit 조상의 영혼 victim 피해자 demonology 귀신학 responsible 책임이 있는 misfortune 불행 dweller 거주자 surgical 수술의 method 방법 trephine 두개골을 천공하다 skull 두개골 chip away 조금씩 잘라내다 escape 탈출하다, 빠져나가다 heal 치유되다 indicate 나타내다 crude 미숙한 operation 수술 differentiate 구분하다 abnormal 비정상적인 result from ~로부터 야기되다

지문 분석

Prehistoric societies / (some half a million years ago) / did not distinguish sharply / between mental and physical disorders.①(X) / Abnormal behaviors, (from simple headaches to convulsive attacks),②(O) / were attributed to evil spirits (that inhabited or controlled the afflicted person's body). / According to historians, / these ancient peoples / attributed many forms of illness / to demonic possession, sorcery, / or the behest / (of an offended ancestral spirit). / Within this system of belief, (called demonology / the victim was usually held at least partly responsible / for the misfortune. / It has been suggested / that Stone Age cave dwellers may have treated behavior disorders / with a surgical method (called trephining, / (in which part of the skull was chipped away③(X) / to provide an opening (through which the evil spirit could escape)). / People may have believed / that when the evil spirit left, / the person would return to his or her normal state. / Surprisingly, / trephined skulls have been found / to have healed over, / indicating that some patients survived④(X) / this extremely crude operation.

선택지의 키워드

① Mental disorders / physical disorders
② Abnormal behaviors / evil spirits
③ opening / skull
④ No cave dwellers / survived

해석 오십만 년 전쯤의 선사시대의 사회들은 정신과 신체의 장애들을 선명하게 구분하지 않았다. 단순한 두통에서 경련성 발작에 이르는 비정상적인 행동은 고통받는 사람의 몸에 거주하거나 이를 통제하는 악령들의 탓으로 돌려졌다. 역사가들에 따르면, 이 고대 사람들은 많은 형태의 질병들을 악령 빙의, 주술, 또는 화가 난 조상의 명령 탓으로 돌렸다. '귀신학'이라고 불리는 이런 신념 체계 내에서, 희생자는 그 불행에 대해 적어도 부분적으로 책임이 있었다. 석기시대의 동굴 거주자들은 '두개골 천공'이라고 하는 수술 방법으로 행동 장애를 치료했을지도 모른다는 점이 제기되었는데, 이 수술에서 악령이 빠져나갈 수 있는 구멍을 제공하기 위해 두개골의 일부가 잘라 내어졌다. 사람들은 악령이 떠나면, 그 사람이 그 혹은 그녀의 정상적인 상태로 돌아온다고 믿었는지도 모른다. 놀랍게도, 두개골 천공 시술을 받은 두개골들이 치유된 것으로 밝혀졌는데, 이는 일부 환자들이 이렇게 극도로 잔인한 수술을 견뎌냈었다는 것을 나타낸다.

① 정신 장애들은 명확히 신체 장애와 구분되었다.
② 비정상적 행동들은 사람에게 영향을 미치는 악령으로부터 기인한다고 믿어졌다.
③ 두개골에는 악령이 들어올 수 있도록 구멍이 만들어졌다.
④ 어떤 동굴 거주자들도 두개골 천공을 견뎌내지 못했다.

정답 및 해설

정답 ②

이 지문은 '석기시대 사람들이 비정상적인 행동을 치료하기 위해 '두개골 천공'이라는 무시무시한 수술 방법을 사용했다'라는 내용의 지문이다. 지문의 후반부 Abnormal behaviors, from simple headaches to convulsive attacks, were attributed to evil spirits that inhabited or controlled the afflicted person's body(단순한 두통에서 경련성 발작에 이르는 비정상적인 행동은 고통받는 사람의 몸에 거주하거나 이를 통제하는 악령들의 탓으로 돌려졌다)에서 ②는 글의 내용과 일치함을 알 수 있다.

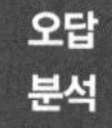

오답 분석

① 오십만 년 전쯤의 선사시대의 사회들은 정신과 신체의 장애들을 선명하게 구분하지 않았다고 했으므로 글의 내용과 일치하지 않는다.
③ 악령이 빠져나갈 수 있도록 두개골에 구멍을 낸다고 했으므로 일치하지 않는 진술이다.
④ 천공 시술을 받는 두개골은 치유되었고, 일부 환자는 그 잔인한 수술을 견뎠다고 했으므로 사실과 다른 진술이다.

05 다음 글의 내용과 일치하지 않는 것은? (19. 경찰직 2차)

The coffee tree has smooth, ovate leaves and clusters of fragrant white flowers that mature into deep red fruits about 1/2 inch. The fruit usually contains two seeds, the coffee beans. Arabica Coffee yields the highest-quality beans and provides the bulk of the world's coffee, including 80% of the coffee imported into the United States. The species is thought to be native to Ethiopia, where it was known before 1000. Coffees earliest human use may have been as a food a ball of the crushed fruit molded with fat was a day's ration for certain African nomads. Later, wine was made from the fermented husks and pulps. Coffee was known in 15th-century Arabia from there it spread to Egypt and Turkey, overcoming religious and political opposition to become popular among Arabs. At first proscribed by Italian churchmen as a heathen's drink, it was approved by Pope Clement VIII, and by the mid-17th century coffee had reached most of Europe. Introduced in North America in 1668, coffee became a favorite American beverage after the Boston Tea Party made tea unfashionable.

① Coffee tree has white flowers that grow into deep red fruits.

② Most of the world's coffee is believed to originate from Ethiopia.

③ Coffee was popular in America after the Boston Tea Party.

④ Coffee was considered to be profane by Pope Clement VIII.

ovate 달걀 모양의 cluster 송이 fragrant 향기로운 mature 성숙하다 seed 씨앗 coffee bean 커피콩 yield 생산하다 bulk 대부분 import 수입하다 species 종 native 원산의 ball 뭉치, 덩어리 crushed 뭉갠 molded 틀에 넣어 만든 fat 지방 ration 식량, 배급량 nomad 유목민 ferment 발효시키다 husk 겉껍질 pulp 과육 spread 퍼지다 overcome 극복하다 opposition 반대 proscribe 금지하다 churchmen 교회인 heathen 이교도 approve 승인하다 beverage 음료 unfashionable 평판이 좋지 않은, 유행에 뒤떨어진 originate from ~으로부터 유래하다 profane 불경한

지문 분석

①(O)
The coffee tree has / smooth, ovate leaves and clusters / (of fragrant white flowers) (that mature into deep red fruit / about 1/2 inch) / The fruit usually contains two seeds, / the coffee beans. / Arabica Coffee yields / the highest-quality beans / and provides the bulk (of the world's coffee), / including 80% (of the coffee imported into the United States) ②(O) The species is thought / to be native to Ethiopia, / where it was known / before 1000. / Coffee's earliest human use / may have been as a food; / a ball (of the crushed fruit) (molded with fat) / was a day's ration / for certain African nomads. Later, / wine was made / from the fermented husks and pulps. / Coffee was known / in 15th-century Arabia; / from there / it spread to Egypt and Turkey, / overcoming religious and political opposition / to become popular among Arabs. / At first / proscribed by Italian churchmen / as a heathen's drink, / ④(X) it was approved by Pope Clement VIII, / and by the mid-17th century / coffee had reached most of Europe. / Introduced in North America in 1668, / ③(O) coffee became a favorite American beverage / after the Boston Tea Party made tea unfashionable.

선택지의 키워드

① Coffee tree / deep red fruits
② world's coffee / Ethiopia
③ popular / Boston Tea Party
④ profane / Pope Clement VIII

해석 커피나무는 부드럽고 달걀 모양인 잎과 약 1/2인치의 짙은 붉은색 열매로 자라는 향기로운 흰 꽃송이를 가지고 있다. 그 열매는 보통 커피콩인 두 개의 씨앗을 가지고 있다. 아라비카 커피는 최고 품질의 원두를 생산하며, 미국으로 수입되는 커피의 80%를 포함하여 세계 커피의 대부분을 제공한다. 이 종은 에티오피아가 원산지라고 여겨지며, 이곳에서 그것은 1000년 전에 알려졌었다. 인간이 가장 처음 사용한 커피는 음식이었을지도 모른다; 지방으로 만들어진 으깬 열매 한 뭉치는 어떤 아프리카 유목민들에게 하루치 식량이었다. 후에, 발효된 겉껍질과 과육으로 와인이 만들어졌다. 커피는 15세기 아라비아에서 알려졌다; 그곳에서 커피는 이집트와 터키로 퍼졌으며, 종교적, 정치적 반대를 극복하고 아랍인들 사이에서 인기를 얻었다. 처음에 커피는 이교도의 음료라고 이탈리아 성직자에 의해 금지됐지만, 교황 클레멘트 8세에 의해 승인을 받았으며, 17세기 중반 즈음에 커피는 유럽 대부분에 알려졌다. 1668년 북미에 소개되어, 커피는 보스턴 차 사건이 차를 평판이 좋지 않게 만든 후 미국인이 가장 좋아하는 음료가 되었다.

① 커피나무는 짙은 붉은색 열매로 자라는 흰 꽃을 가지고 있다.
② 세계 커피의 대부분은 에티오피아에서 유래된 것으로 여겨진다.
③ 커피는 보스턴 차 사건 이후에 미국에서 유명해졌다.
④ 커피는 교황 클레멘트 8세에 의해 불경한 것으로 여겨졌다.

정답 ④

이 글은 커피의 유래와 역사 그리고 어떻게 대중적인 음료로 발달하게 되었는지를 설명하는 지문이다. 지문 후반부의 it was approved by Pope Clement VIII(교황 클레멘트 8세에 의해 승인을 받았다)에서 ④는 내용과 반대임을 알 수 있다. 이 문제는 보기에 있는 단어 profane(신성 모독적인, 불경한)이라는 단어의 정확한 뜻을 알아야 풀 수 있는 문제이다.

06 다음 글의 내용과 일치하지 않는 것은? (19. 기상직 9급)

Louis Braille was born in Coupvray, France, on January 4,1809. He attended the National Institute for Blind Youth in Paris, France, as a student. At that time, books were created using raised print which was laborious to produce, hard to read, and difficult for individuals to write. While attending the Institute, Braille yearned for more books to read. He experimented with ways to create an alphabet that was easy to read with the fingertips. The writing system he invented, at age fifteen, evolved from the tactile "Ecriture Nocturne" (night writing) code invented by Charles Barbier for sending military messages that could be read on the battlefield at night, without light.

① Books with raised print were hard to read with fingertips.

② Louis Braille was eager to read many books.

③ Charles Barbier's system was invented for the blind.

④ Louis Braille's system was inspired by Ecriture Nocturne code.

attend 다니다, 참석하다 **institute** 기관, 협회 **blind** 눈이 먼 **raised print** 돋음 인쇄 **laborious** 힘든 **produce** 제작하다 **yearn for** ~를 갈망하다 **experiment** 실험하다 **fingertip** 손가락 **invent** 발명하다 **evolve** 진화하다 **tactile** 촉각의 **Ecriture Nocturne** 전쟁터에서 어두운 밤에 군사용 작전 명령문을 읽을 수 있는 야간 문자 **code** 암호, 체계 **battlefield** 싸움터 **be eager to R** ~를 열망하다 **the blind** 맹인들 **inspire** 고무시키다

지문 분석

Louis Braille was born / in Coupvray, France, / on January 4, 1809. / He attended the National Institute / (for Blind Youth) in Paris, France, / as a student. / At that time, / ①(O) books were created / using raised print (which was laborious to produce, hard to read, / and difficult for individuals to write). / While attending the Institute, / ②(O) Braille yearned for more books to read. / He experimented / with ways to create an alphabet (that was easy to read with the fingertips). / ④(O) The writing system (he invented, / at age fifteen), / evolved from the tactile "Ecriture Nocturne"(night writing) code / ③(X) invented by Charles Barbier / for sending military messages (that could be read on the battlefield / at night, without light).

선택지의 키워드

① raised print / with fingertips
② Louis Braille / many books
③ Charles Barbier's system / the blind
④ Louis Braille's system / Ecriture Nocturne code

해석 Louis Braille는 1809년 1월 4일에 프랑스 Coupvray에서 태어났다. 그는 학생의 신분으로 프랑스 파리에 있는 시각 장애인 청년을 위한 국립 기관을 다녔다. 그 당시 책들은 만들기 힘들고, 읽기 어렵고 개인이 쓰기에 어려운 돋음 인쇄법을 이용하여 만들어졌다. 그 기관에 다니면서 Braille는 더 많은 책들을 읽기를 갈망했다. 그는 손가락 끝으로 쉽게 읽을 수 있는 철자를 만드는 방법들을 실험했다. 그가 15살에 발명한 문자 체계는 밤에 전쟁터에서도 불빛 없이 읽을 수 있는 군사 메시지를 보내기 위해 Charles Barbier에 의해 발명된 촉감을 이용한 "Ecriture Nocturne"(야간 문자 체계) 코드로부터 진화했다.

① 돋음 인쇄로 된 책들은 손가락 끝으로 읽기 어려웠다.
② Louis Braille는 많은 책을 읽기를 간절히 원했다.
③ Charles Barbier의 체계는 시각 장애인들을 위해 만들어졌다.
④ Louis Braille의 체계는 Ecriture Nocturne 코드에 의해 영감을 얻었다.

정답 및 해설

정답 ③

이 글은 Louis Braille가 시각 장애인들을 위해 손가락 끝으로 읽을 수 있는 철자를 어떻게 만들게 되었는지에 관한 글이다. 지문의 마지막 The writing system he invented, at age fifteen), evolved from the tactile "Ecriture Nocturne"(night writing) code invented by Charles Barbier for sending military messages that could be read on the battlefield at night, without light에서 Charles Barbier가 만든 야간 문자 체계인 Ectiture Nocturne은 밤에 전쟁터에서도 불빛 없이 읽을 수 있는 군사 메시지를 보내기 위해 만들어졌다고 말하고 있으므로 ③의 시각 장애인을 위해 만든 것이라는 진술은 일치하지 않는다.

07 다음 글의 (A) A print에 관한 설명으로 가장 적절한 것은? (19. 기상직 9급)

(A) A print is a work of art made up of ink on paper and existing in multiple examples. It is created not by drawing on paper with a pen or other instrument, but through an indirect transfer process. The artist begins by drawing a composition on another surface and the transfer occurs when a sheet of paper, placed in contact with this surface, is run through a printing press. Among the advantages of making an artwork in this way is that numerous "impressions" can be made, because new pieces of paper can be sent through the press in the same way. The artist decides how many to make and the total number of impressions is called an "edition."

① It is created through a transfer process by drawing on paper with a pen.
② Its process starts with the artists sketching on a sheet of paper.
③ It is a way of making artwork, which allows numerous "impressions."
④ Its "edition" depends on the quality of impressions that the artist made.

어휘

print 판화 a work of art 예술품 be made up of ~로 구성된 multiple 다수의 exist 존재하다 instrument 도구 draw on ~위에 그리다 instrument 도구 transfer 전사, 이동 process 과정 composition 작품, 구조 surface 표면 a sheet of 한 장의 in contact with ~와 접촉하는 printing press 인쇄기 artwork 도판, 삽화 numerous 많은 impression 본, 인쇄 부수 edition 판 sketch 스케치하다, 밑그림 quality 품질, 특징

지문 분석

(A) A print is a work of art / (made up of ink on paper) / and existing in multiple examples. It is created / not by ①(X) drawing on paper (with a pen or other instrument), / but through an indirect transfer process. / The artist begins / ②(X) by drawing a composition on another surface / and the transfer occurs / when a sheet of paper, (placed in contact with this surface), / is run through a printing press. / Among the advantages (of making an artwork in this way) is ③(O) / that numerous "impressions" can be made, / because new pieces of paper can be sent / through the press in the same way. / The artist decides how many to make / and the total number (of impressions) is called an "edition." ④(X)

선택지의 키워드

① a transfer process / drawing on paper with a pen
② starts / artists sketching
③ artwork / numerous "impressions."
④ "edition" quality of impressions

해석 판화는 종이 위에 잉크로 구성된 예술 작품이고 다수의 예시들 속에 존재하고 있다. 그것은 펜이나 다른 도구를 가지고 종이에 그리는 것에 의해서가 아니고, 간접적인 전사 과정을 통해 만들어진다. 예술가는 다른 표면에 작품을 그리는 것으로 시작하고 이 표면에 접촉되어 놓인 한 장의 종이가 인쇄기를 통과해 지나갈 때 전사가 일어난다. 이런 방식으로 삽화를 만드는 것의 장점 중의 하나는 새로운 종잇장이 같은 방식으로 인쇄기를 통과해 보내질 수 있기 때문에 많은 '본'들이 만들어질 수 있다는 것이다. 예술가는 얼마나 많이 만들 것인지를 결정하고 본들의 총 수는 '판'이라고 불린다.

① 그것은 펜으로 종이에 그림을 그림으로써 전사 과정을 통해 만들어진다.
② 그것의 과정은 종이 한 장 위에 예술가의 스케치로 시작된다.
③ 그것은 예술 작품을 만드는 하나의 방식인데, 이것은 다양한 '본'들을 가능하게 한다.
④ 그것의 '판'은 예술가가 만든 본들의 특징에 따라 좌우된다.

정답 및 해설

정답 ③

간접적인 전사 과정을 통해서 만드는 판화의 특징에 관한 지문이다. 지문의 중간 Among the advantages of making an artwork in this way is that numerous "impressions" can be made(이런 방식으로 삽화를 만드는 것의 장점 중의 하나는 많은 본들을 만들 수 있다는 것이다)에서 ③이 정답임을 알 수 있다.

오답 분석

① 종이에 그림을 그리는 것이 아니라 간접적인 전사 과정을 통해서 만들어진다고 했으므로 사실과 다른 진술이다.
② 예술가가 종이 위에 스케치하는 것으로 시작하는 것이 아니라 다른 표면에 그림을 그리는 것으로 시작하고 이 표면에 접촉되어 놓인 한 장의 종이가 인쇄기를 통과할 때 전사가 일어난다고 했으므로 사실과 다른 진술이다.
④ 예술가가 얼마나 많은 본을 만들 것인지를 결정하고 본들의 총수는 '판'이라고 했으므로 사실과 다른 진술이다.

08 다음 글의 내용과 일치하지 않는 것은? (19. 기상직 9급)

The basic soft quality of soft lenses comes from their water absorbency. They are usually gas-permeable, allowing oxygen transport to the cornea. This softness and permeability make them considerably more comfortable than hard lenses, and many wearers can adapt to them almost at once. These qualities can be advantageous to wearers, but they come at the expense of some visual clarity. Soft lenses, which may contain anywhere from 30 to 90 percent water, can be very flexible, but what is called their "bag of water" nature has an effect on refraction, yielding less clear images than provided by hard lenses. Additionally, high water content lenses are usually fragile and easily torn. Reducing the water content in order to increase acuity and durability, however, sacrifices comfort. Reducing the plastic content to increase acuity by making a thinner lens usually increases fragility. These tradeoffs are the major problem with soft lenses.

① Soft lenses take little getting used to when wearers first start wearing them.

② Soft lenses provide less sharp vision than most hard lenses.

③ Due to their high level of moisture, soft lenses tend to tear easily.

④ The thinner soft lenses are, the more oxygen they allow to reach the cornea.

come form ~에서 오다, 유래하다 absorbency 흡수성 permeable 투과성의, 침투할 수 있는 oxygen 산소 transport 이동, 수송 cornea 각막 permeability 투과성, 삼투성 considerably 상당한, 현저히 comfortable 편안한 wearer 착용자 adapt to ~에 적응하다 almost at once 거의 한 번에 advantageous 이로운, 유리한 at the expense of ~을 대가로, ~을 훼손시키면서 visual 시각의 clarity 선명도, 명료성 contain 함유하다 flexible 유연한 bag of water 물주머니 refraction 굴절 yield 낳다, 가져오다 additionally 게다가 fragile 연약한 tear 찢다 acuity 정확성, 예리함 durability 내구성 sacrifice 희생시키다 comfort 편안함 content 함유량 this 얇은 fragility 연약함, 부서지기 쉬움 tradeoff 모순, 거래 get use to ~에 익숙해지다 sharp vision 선명한 시력 moisture 수분, 습기

지문 분석

The basic soft quality / (of soft lenses) / comes from their water absorbency. / They are usually gas-permeable, / allowing oxygen transport (to the cornea). / This softness and permeability / make them considerably more comfortable / than hard lenses, / and ①(O) many wearers / can adapt to them / almost at once. / These qualities can be advantageous to wearers, / but they come / at the expense / (of some visual clarity). / Soft lenses, / which may contain anywhere from 30 to 90 percent water, / can be very flexible, / but what is called their "bag of water" nature / has an effect on refraction, / ②(O) yielding less clear images / than provided by hard lenses. / Additionally, / ③(O) high water content lenses / are usually fragile and easily torn. / Reducing the water content / in order to increase acuity and durability, / however, / sacrifices comfort. / Reducing the plastic content / to increase acuity / by ④(X) making a thinner lens / usually increases fragility. / These tradeoffs / are the major problem (with soft lenses).

선택지의 키워드

① take little getting used to / first start
② less sharp vision
③ high level of moisture / tear easily
④ The thinner / the more oxygen

해석 소프트 렌즈의 기본적인 부드러운 성질은 그것의 수분 흡수성으로부터 발생한다. 그것들은 대개 기체 투과성이 있어, 각막으로의 산소 이동을 가능하게 한다. 이 부드러움과 투과성이 그것들을 하드 렌즈보다 현저히 더 편안하게 만들어 주며, 많은 착용자들이 거의 한 번에 그것들에 적응할 수 있다. 이런 속성들이 착용자들에게 이로울 수 있지만, 그것들은 약간의 시각적 선명도를 희생을 치러야 생겨난다. 소프트 렌즈는 30과 90퍼센트 사이의 수분을 함유할 수 있는데, 매우 유연할 수 있으나, 그들의 '물주머니' 특성이라 불리는 것이 굴절에 영향을 미쳐, 하드 렌즈에 의해 제공되는 것보다 덜 선명한 상을 만든다. 게다가 고수분 함유 렌즈는 대개 연약하고 찢어지기 쉽다. 그러나 정확성과 내구성을 증가시키기 위해 수분 함유량을 감축시키는 것은 편안함을 희생시킨다. 더 얇은 렌즈를 만들어 정확성을 높이기 위해 플라스틱 함유량을 줄이는 것은 보통 연약함을 증가시킨다. 이 모순들은 소프트 렌즈의 주요 문제이다.

① 소프트 렌즈는 착용자들이 처음 착용하기 시작할 때 익숙해지는 데 얼마 걸리지 않는다.
② 소프트 렌즈는 대부분의 하드 렌즈보다 덜 선명한 시력을 제공한다.
③ 그것들의 높은 수준의 수분으로 인하여, 소프트 렌즈는 쉽게 찢어지는 경향이 있다.
④ 소프트 렌즈가 더 얇을수록, 그것들은 더 다량의 산소가 각막으로 도달하도록 허락한다.

정답 및 해설

정답 ④

이 글은 소프트 렌즈는 수분 흡수성으로 인해 부드러워서 편안함을 느낄 수 있지만, 하드 렌즈에 비해 덜 선명한 상을 제공하고, 연약하고 찢어지기 쉽다는 내용의 지문이다. 지문의 후반부 Reducing the plastic content to increase acuity by making a thinner lens usually increases fragility에서 정확성을 높이기 위해서 더 얇은 렌즈를 만드는 것은 렌즈의 연약함을 증가시킨다고 했으므로 ④ 소프트 렌즈가 얇을수록, 더 다량의 산소가 각막으로 도달한다는 것은 지문의 내용과 일치하지 않은 진술이다.

09 다음 글의 내용과 일치하는 것은? (19. 지방직 7급)

If you look around, there are probably many coffeehouses near you. Coffee is big, big business. According to the International Coffee Organization, the world drinks about $70 billion in coffee each year. Although coffee is one of the world's most popular drinks, many people believe it isn't healthy. It has been blamed for high heart rates, high blood pressure, and stomach problems. Coffee can make you feel more stress and it can result in sleep problems. Medical research, however, has started suggesting that coffee might actually be good for us. In addition to giving us energy and keeping us alert, coffee is thought to be helpful for headaches. As coffee also contains antioxidants, it can protect our bodies against harmful substances in things like smoke and pollution. Recent studies have found that coffee helps to prevent certain types of cancer. One study in Tokyo, for example, discovered that coffee drinkers were half as likely as nondrinkers to have liver cancer. Overall, the research shows that coffee is far more healthful than it is harmful.

① Coffee drinkers are less likely to have sleeping problems.

② Antioxidants in coffee give rise to some diseases in our bodies.

③ According to recent studies, coffee is effective in the prevention of some types of cancer.

④ A study from Japan shows that coffee causes liver cancer

look around 둘러보다 coffeehouse 커피숍 organization 조직, 기구 healthy 건강에 좋은 blame 비난하다
high heat rates 높은 심박수 high blood pressure 고혈압 stomach 위 result in 야기하다
alert 기민한, 정신이 초롱초롱한 headache 두통 antioxidants 항산화물질 protect 보호하다 harmful 해로운
substance 물질 pollution 오염 prevent 예방하다 cancer 암 liver cancer 간암 overall 전반적으로
healthful 건강에 좋은 harmful 유해한 give rise to 일으키다 effective 효과적인

지문 분석

If you look around, / there are probably many coffeehouses / near you. / Coffee is big, big business. / According to the International Coffee Organization, / the world drinks / about $70 billion in coffee / each year. / Although coffee is one / (of the world's most popular drinks), / many people believe / it isn't healthy. / It has been blamed / for high heart rates, high blood pressure, and stomach problems. / Coffee can make you feel more stress / and ①(X) it can result in sleep problems. Medical research, / however, / has started suggesting / that coffee might actually be good for us. In addition to giving us energy and keeping us alert, / coffee is thought / to be helpful for headaches. / As coffee also contains ②(X) antioxidants, / it can protect our bodies / against harmful substances / in things (like smoke and pollution). / Recent studies have found / that ③(O) coffee helps / to prevent certain types of cancer. / One study in Tokyo, / for example, / discovered / that ④(X) coffee drinkers were half as likely / as nondrinkers to have liver cancer. / Overall, / the research shows / that coffee is far more healthful / than it is harmful.

선택지의 키워드

① Coffee drinkers / sleeping problems
② Antioxidants / some diseases
③ prevention / some types of cancer
④ coffee / liver cancer

해석 주위를 둘러보게 된다면, 당신 근처에 아마 많은 커피숍이 있을 것이다. 커피는 정말로 큰 사업이다. International Coffee Organization에 따르면, 세계는 매년 약 700억 달러어치의 커피를 마신다. 비록 커피가 세계에서 가장 인기 있는 음료 중 하나이지만, 많은 사람들은 커피가 건강에 좋지 않다고 믿는다. 이것은 높은 심박수, 고혈압, 위장 장애의 원인으로 비난받아 왔다. 커피는 여러분이 스트레스를 더 많이 느끼게 하고 수면 문제를 일으킬 수 있다. 하지만 의학 연구는 커피가 실제로 우리에게 좋을 수도 있다는 것을 보여 주기 시작했다. 커피는 우리에게 에너지를 주고 정신을 초롱초롱하게 유지시켜 줄 뿐만 아니라 두통에 도움이 된다고 여겨진다. 커피는 또한 항산화 물질을 함유하고 있기 때문에, 그것은 담배 연기나 공해와 같은 것들 안의 해로운 물질로부터 우리 몸을 보호할 수 있다. 최근 연구는 커피가 특정 종류의 암을 예방하는 데 도움이 된다는 것을 발견했다. 예를 들어, 도쿄의 한 연구는 커피를 마시는 사람들이 커피를 마시지 않는 사람보다 간암에 걸릴 확률이 절반 정도밖에 되지 않는다는 것을 발견했다. 전반적으로, 이 연구는 커피가 해롭다기보다는 훨씬 더 건강에 좋다는 것을 보여 준다.

① 커피를 마시는 사람들은 수면 장애를 가질 가능성이 적다.
② 커피에 들어 있는 항산화 물질은 우리 몸에 몇몇 질병들을 일으킨다.
③ 최근의 연구에 따르면, 커피는 몇몇 종류의 암을 예방하는 데 효과적이라고 한다.
④ 일본의 한 연구는 커피가 간암을 유발한다는 것을 보여 준다.

정답 및 해설

정답 ③

우리가 많이 마시는 커피는 고혈압, 위장 장애, 불면증 등의 원인으로 비난받아 왔지만, 최근의 조사는 항산화 물질이 있어서 해로운 외부 물질로부터 우리 몸을 보호해 주요 암을 예방하는 데 도움을 준다는 내용의 지문이다. 지문의 후반부 Recent studies have found that coffee helps to prevent certain types of cancer(최근의 연구는 커피가 특정 종류의 암을 예방하는 데 도움이 된다는 것을 발견했다)에서 ③이 지문의 내용과 일치함을 알 수 있다.

오답 분석

① 커피는 수면 장애를 유발할 수 있다고 했으므로 일치하지 않는다.
② 커피에 있는 항산화 물질은 유해한 물질로부터 우리 몸을 보호한다고 했으므로 일치하지 않는다.
④ 일본의 한 연구는 커피를 마시는 사람이 마시지 않는 사람보다 간암에 걸릴 확률이 절반 정도밖에 되지 않는다고 보고했으므로 일치하지 않는 진술이다.

10 다음 글의 내용과 일치하는 것은? (18. 국가직 9급)

Sharks are covered in scales made from the same material as teeth. These flexible scales protect the shark and help it swim quickly in water. A shark can move the scales as it swims. This movement helps reduce the water's drag. Amy Lang, an aerospace engineer at the University of Alabama, studies the scales on the shortfin mako, a relative of the great white shark. Lang and her team discovered that the mako shark's scales differ in size and in flexibility in different parts of its body. For instance, the scales on the sides of the body are tapered — wide at one end and narrow at the other end. Because they are tapered, these scales move very easily. They can turn up or flatten to adjust to the flow of water around the shark and to reduce drag. Lang feels that shark scales can inspire designs for machines that experience drag, such as airplanes.

① A shark has scales that always remain immobile to protect itself as it swims.

② Lang revealed that the scales of a mako shark are utilized to lessen drag in water.

③ A mako shark has scales of identical size all over its body.

④ The scientific designs of airplanes were inspired by shark scales.

shark 상어 **be covered with** ~로 덮혀 있다 **scale** 비늘 **material** 성분, 소재 **flexible** 신축성 있는, 유연한 **protect** 보호하다 **movement** 움직임, 동작 **reduce** 줄이다 **drag** 항력, 끌림 **aerospace engineer** 항공 우주공학자 **shortfin mako** 청상아리 **relative** 친척, 동족 **great white shark** 백상아리 **discover** 발견하다 **differ** 다르다 **flexibility** 유연함 **tapered** 끝이 점점 가늘어진 **turn up** 위로 접히다 **flatten** 펴지다, 평평하게 하다 **adjust to** ~에 적응하다 **flow** 흐름 **inspire** 영감을 주다 **airplane** 항공기 **immobile** 움직일 수 없는, 부동의 **utilize** 사용하다 **identical** 동일한 **lessen** 줄이다, 완화하다

지문 분석

Sharks are covered in scales / (made from the same material as teeth). / ①(X) These flexible scales protect the shark / and help it swim quickly / in water. / A shark can move the scales / as it swims. / This movement helps reduce the water's drag. / Amy Lang, (an aerospace engineer at the University of Alabama), studies / the scales on the shortfin mako, / a relative (of the great white shark). / Lang and her team discovered / that ③(X) the mako shark's scales differ / in size and in flexibility / in different parts (of its body). / For instance, / the scales (on the sides of the body) are tapered / - wide at one end and narrow at the other end. / Because they are tapered, / these scales move very easily. / ②(O) They can turn up or flatten / to adjust to the flow (of water (around the shark)) / and to reduce drag. / Lang feels / that ④(X) shark scales can inspire / designs for machines (that experience drag, / such as airplanes).

선택지의 키워드

① scales / immobile
② Lang / mako shark / lessen drag
③ A mako shark / identical size
④ airplanes / shark scales

해석 상어들은 이빨과 동일한 소재로 만들어진 비늘로 덮혀 있다. 이 신축성 있는 비늘은 상어를 보호하고 그것이 물속에서 빠르게 헤엄치도록 돕는다. 상어는 헤엄치면서 비늘을 움직일 수 있다. 이러한 움직임은 물의 항력을 줄이는 것을 돕는다. 앨라배마대학의 항공 우주공학자 Amy Lang은 백상아리의 친척인 청상아리의 비늘을 연구한다. Lang과 그녀의 팀은 청상아리 몸의 다양한 부분에서 청상아리의 비늘의 크기와 신축성이 다르다는 것을 발견했다. 예를 들어, 몸의 측면의 비늘은 끝이 갈수록 점점 가늘어졌다 — 한쪽은 넓고, 다른 한쪽 끝은 가늘다. 그것들이 끝이 점점 가늘어지기 때문에, 이 비늘들은 매우 쉽게 움직인다. 그것들은 상어 주변의 물 흐름에 적응하고 항력을 줄이기 위해서 접히거나 펴질 수 있다. Lang은 상어 비늘이 비행기와 같이 항력을 겪는 기계들을 위한 디자인에 영감을 줄 수 있다고 생각한다.

① 상어는 헤엄치는 동안 스스로를 보호해 주는 항상 움직이지 않는 비늘을 가지고 있다.
② Lang은 청상아리의 비늘이 물속에서 항력을 줄이는 데 사용된다는 것을 밝혀냈다.
③ 청상아리는 그들 몸 전체에 동일한 크기의 비늘을 가지고 있다.
④ 비행기의 과학적 디자인은 상어 비늘에 의해 영감을 받았다.

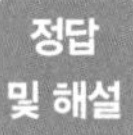

정답 및 해설

정답 ②

이 글은 상어의 신축성이 있는 비늘이 물의 항력을 줄이는 데 어떻게 도움이 되는지에 관한 지문이다. 지문의 후반부 They can turn up or flatten to adjust to the flow of water around the shark and to reduce drag(그것들은 상어 주변의 물 흐름에 적응하고 항력을 줄이기 위해서 접히거나 펴질 수 있다)에서 they는 scales(비늘)을 지칭하므로 ②는 지문의 내용과 일치하는 진술이 된다. 지문의 lessen drag가 ② 보기의 reduce drag로 재표현된 것이다.

오답 분석

① 상어는 신축성이 있는 비늘을 가지고 있어서 몸을 보호하고 빠르게 헤엄치도록 돕는다고 했으므로 일치하지 않는 진술이다.
③ Lang의 연구는 청상아리 몸의 다양한 부분에서 비늘의 크기와 신축성이 다르다는 것을 발견했으므로 일치하지 않는 진술이다.
④ Lang은 상어 비늘이 비행기와 같은 항력을 겪는 기계들을 위한 디자인에 영감을 줄 수 있다고 했으므로 비행기의 과학적 디자인은 상어 비늘에 의해 영감을 받았다는 것은 일치하지 않는 진술이 된다.

11 다음 글의 내용과 일치하지 않은 것은? (17. 국가직 9급)

When the gong sounds, almost every diner at Beijing restaurant Duck de Chine turns around. That's because one of the city's greatest culinary shows is about to begin the slicing of a Peking duck. Often voted by local guides in China as the best Peking duck in the city, the skin on Duck de Chine's birds is crispy and caramelized, its meat tender and juicy. "Our roasted duck is a little different than elsewhere," says An Ding, manager of Duck de Chine. "We use jujube wood, which is over 60 years old, and has a strong fruit scent, giving the duck especially crispy skin and a delicious flavor." The sweet hoisin sauce, drizzled over sliced spring onions and cucumbers and encased with the duck skin in a thin pancake, is another highlight. "The goal of our service is to focus on the details'" says Ding. "It includes both how we present the roasted duck, and the custom sauces made for our guests." Even the plates and the chopsticks holders are duck-shaped. Duck de Chine also boasts China's first Bollinger Champagne Bar. Though Peking duck is the star, there are plenty of other worthy dishes on the menu. The restaurant serves both Cantonese and Beijing cuisine, but with a touch of French influence.

① The restaurant presents a culinary performance.
② The restaurant is highly praised in Beijing.
③ The restaurant features a special champagne bar.
④ The restaurant only serves dishes from the Beijing region.

gong 종 diner 식사하는 사람 turn around 돌아보다 culinary 요리의 be about to~ 막 ~하려 하다 slice 자르다 Peking duck 북경오리 vote 투표하다 skin 피부, 껍질 crispy 바삭거리는 caramelize 설탕에 졸이다 meat 고기 tender 부드러운 juicy 육즙이 풍부한 roasted 훈제한 jujube wood 대추나무 scent 향 flavor 맛 hoisin sauce 호이신 소스 drizzle 뿌리다 sliced 얇게 썬 spring onion 파 cucumber 오이 encase 싸다, 집어넣다 custom 맞춤의, 주문의 plate 접시 chopsticks holder 젓가락 받침 suck-shaped 오리 모양의 boast 자랑하다 worthy 가치 있는 feature ~를 특징으로 하다

지문 분석

When the gong sounds, / almost every diner (at Beijing restaurant Duck de Chine) turns around. That's because one / of ①(O) the city's greatest culinary, shows / is about to begin / — the slicing (of Peking duck). / ②(O) Often voted / by local guides (in China) / as the best Peking duck (in the city), / the skin (on Duck de Chine's birds) is crispy and caramelized, / its meat tender and juicy. / "Our roasted duck is a little different / than elsewhere," / says An Ding, (manager of Duck de Chine.) / "We use jujube wood, / which is over 60 years old, / and has a strong fruit scent, / giving the duck / especially crispy skin and a delicious flavor." / The sweet hoisin sauce, (drizzled over sliced spring onions and cucumbers / and encased with the duck skin / in a thin pancake), / is another highlight. / "The goal (of our service) is / to focus on the details," / says Ding. / It includes / both / how we present the roasted duck, / and the custom sauces / (made for our guests). / Even the plates and the chopsticks holders are duck-shaped. / Duck de Chine ③(O) also boasts China's first Bollinger Champagne Bar. / Though Peking duck is the star, / there are plenty of other worthy dishes / on the menu. / ④(X) The restaurant serves both Cantonese and Beijing cuisine, / but with a touch of French influence.

선택지의 키워드

① culinary performance
② highly praised in Beijing
③ a special champagne bar
④ only serves dishes / the Beijing region

해석 종이 울리면, 베이징에 있는 음식점 Duck de Chine에서 식사하는 사람 거의 모두가 돌아본다. 그것은 왜냐하면 그 도시의 가장 훌륭한 요리 쇼 중 하나인 북경오리 자르기가 막 시작되려 하기 때문이다. 중국의 현지 가이드들에 의해 그 도시의 최고 북경오리로 종종 뽑히는 Duck de Chine의 오리의 껍질은 바삭하고 설탕에 졸여지며, 고기는 부드럽고 육즙이 풍부하다. "우리의 오리구이는 다른 곳과는 약간 다릅니다"라고 Duck de Chine의 매니저 An Ding은 말한다. "우리는 대추나무를 사용하는데, 이것은 60년이 넘었고, 강한 과일 향이 나며, 오리가 특별히 바삭한 껍질과 좋은 맛을 갖도록 합니다". 얇은 팬케이크 안에 얇게 썬 파와 오이 위에 뿌려지고 오리 껍질과 함께 둘러지는 달콤한 호이신 소스는 또 다른 볼거리이다. "우리 서비스의 목표는 섬세함에 초점을 두는 것입니다"라고 Ding은 말한다. "그것은 우리가 오리구이를 선보이는 방식과 우리 손님들을 위해 만드는 맞춤 소스를 포함합니다". 심지어 접시와 젓가락 받침도 오리 모양이다. Duck de Chine 또한 중국 최초의 Bollinger Champagne Bar를 자랑한다. 비록 북경오리가 유명하지만 메뉴에는 다른 먹어볼 가치 있는 메뉴들이 많이 있다. 그 음식점은 프랑스 영향이 살짝 가미된 광둥과 베이징 요리를 제공한다.

① 그 음식점은 요리 공연을 선보인다.
② 그 음식점은 중국에서 아주 높이 평가받는다.
③ 그 음식점은 특별한 샴페인 바를 포함한다.
④ 그 음식점은 베이징 지역의 음식만 제공한다.

정답 ④

이 글은 베이징에서 가장 유명한 북경오리 전문점 Duck de Chine에서 북경오리 자르기라는 요리 쇼를 한다는 내용의 지문이다. 지문의 마지막 The restaurant serves both Cantonese and Beijing cuisine, but with a touch of French influence(그 음식점은 프랑스 영향이 살짝 가미된 광둥과 베이징 요리를 제공한다)에서 알 수 있듯이 이 음식점은 베이징 요리뿐만 아니라 광동 요리도 제공하므로 ④는 일치하지 않는 진술이다.

12 다음 글의 내용과 일치하는 것은? (17. 국가직 9급)

Taste buds got their name from the nineteenth-century German scientists Georg Meissner and Rudolf Wagner, who discovered mounds made up of taste cells that overlap like petals. Taste buds wear out every week to ten days, and we replace them, although not as frequently over the age of forty-five: our palates really do become jaded as we get older. It takes a more intense taste to produce the same level of sensation. A baby's mouth has many more taste buds than an adult's, with some even dotting the cheeks. Children adore sweets partly because the tips of their tongues, more sensitive to sugar, haven't yet been blunted by trying to eat hot soup before it cools.

① Taste buds were invented in the nineteenth century.

② Replacement of taste buds does not slow down with age.

③ Children have more sensitive palates than adults.

④ The sense of taste declines by eating cold soup.

taste bud 미뢰, 미각 세포 discover 발견하다 mound 더미, 무더기 made up of ~로 구성된 cell 세포 overlap 겹쳐지다 petal 꽃잎 wear out 떨어지다 replace 대처하다 frequently 자주 palate 미각, 입천장 jaded 감퇴한, 지친 intense 강렬한 sensation 감각 dot 산재해 있다, 흩어져 있다 cheek 뺨 adore 좋아하다 tips of the tongues 혀끝 blunt 둔하게 하다 invent 발명하다 slow down 둔화되다 decline 하락하다

지문 분석

① (X)
Taste buds got their name / from the nineteenth-century German scientists Georg Meissner and Rudolf Wagner, / who discovered mounds / (made up of taste cells (that overlap like petals)). / ② (X) Taste buds wear out every week to ten days, / and we replace them, / although not as frequently over the age of forty-five: / our palates really do become jaded / as we get older. / It takes a more intense taste / to produce the same level (of sensation). / ③ (O) A baby's mouth has many more taste buds / than an adult's, / with some even dotting the cheeks. / Children adore sweets / partly because the tips of their tongues, / (more sensitive to sugar), / ④ (X) haven't yet been blunted / by trying to eat hot soup / before it cools.

선택지의 키워드

① Taste buds /invented /nineteenth century
② Replacement / with age
③ Children / more sensitive palates
④ The sense of taste / declines / cold soup

해석 미뢰는 꽃잎처럼 겹쳐진 미각 세포들로 구성된 더미를 발견한 19세기 독일 과학자 Georg Meissne와 Rudolf Wagner에 의해 그것의 이름을 갖게 되었다. 미뢰는 일주일에서 10일 간격으로 닳아 버리며, 비록 45세를 넘으면 그렇게 자주는 아니더라도 우리는 그것들을 대체한다. 우리의 미각은 실제로 우리가 나이 듦에 따라 감퇴한다. 같은 수준의 감각을 만들기 위해 더욱 강한 맛을 필요로 한다. 아이의 입은 어른의 입보다 더 많은 미뢰를 가지고 있으며, 몇몇은 심지어 뺨에도 산재해 있다. 아이들은 단 것을 좋아하는데 부분적으로는 설탕에 더욱 민감한 그들의 혀끝이 식기도 전에 뜨거운 수프를 먹으려 시도함으로써 둔해지지 않았기 때문이다.

① 미뢰는 19세기에 발명되었다.
② 미뢰의 대체물(재생산된 미뢰)은 나이와 함께 둔화되지 않는다.
③ 아이들은 어른들보다 더욱 민감한 미각을 가지고 있다.
④ 미각은 차가운 수프를 먹음으로써 저하된다.

정답 및 해설

정답 ③

이 글은 꽃잎처럼 겹쳐진 미각 세포로 구성된 미뢰에 관한 지문이다. 지문의 후반부 A baby's mouth has many more taste buds than an adult's, with some even dotting the cheeks(아이의 입은 어른의 입보다 더 많은 미뢰를 가지고 있으며, 몇몇은 심지어 뺨에도 산재해 있다)에서 ③은 글의 내용과 일치하는 진술임을 알 수 있다.

오답 분석

① 미뢰는 19세기에 발명된 것이 아니라 19세기에 이름을 얻게 된 것이므로 사실과 다르다.
② 미뢰는 우리가 45세를 넘으면 그렇게 자주는 아니지만 대체된다고 했으므로 사실과 다르다.
④ 미각은 뜨거운 수프를 먹음으로써 둔화된다고 했으므로 사실과 다른 진술이다.

13 다음 글의 내용과 일치하는 것은? (18. 법원직 9급)

Every year in early October, Helsinki's harbor changes into a lively, colorful set for the Baltic Herring Festival, first held in 1743. Fishermen from all over Finland bring their latest catch to Helsinki to take part in one of Finland's oldest festivals. Sellers in bright orange tents line the harbor and sell herring in every imaginable form: fried, pickled, smoked, in bottles, in cans, in soup, on pizza, and in sandwiches. The choices are endless. On the first day of the festival, competitions are held to select the most delicious seasoned herring and the best herring surprise. Herring surprise is a traditional dish made with herring, cheese, and onions. The winner of each competition is awarded a trophy.

① The festival has been held in every second year since 1743.

② Sellers set up orange tents along the harbor and sell herring.

③ The competition of the festival is limited to Helsinki residents.

④ A trophy is only given to the winner of the best herring surprise.

어휘

harbor 항구 lively 활기찬 set 무대 herring 청어 fishermen 어부 catch 잡은 것 take part in ~에 참가하다 festival 축제 line ~를 따라 늘어서다 harbor 항구 imaginable 상상할 수 있는 pickle 절이다 smoke 훈제하다 competition 대회 delicious 맛있는 season 양념하다 onion 양파 award 수여하다 every second year 2년에 한 번씩 set up 설치하다 resident 주민

지문 분석

①(X) Every year in early October, / Helsinki's harbor changes / into a lively, colorful set / for the Baltic Herring Festival, / first held in 1743. / ③(X) Fishermen (from all over Finland) / bring their latest catch to Helsinki / to take part in one of Finland's oldest festivals. / ②(O) Sellers (in bright orange tents) line the harbor / and sell herring in every imaginable form: / fried, pickled, smoked, in bottles, in cans, in soup, on pizza, and in sandwiches. / The choices are endless. / On the first day of the festival, / competitions are held to select / ④(X) the most delicious seasoned herring / and the best herring surprise. / Herring surprise is a traditional dish / made with herring, cheese, and onions. / The winner of each competition is awarded a trophy.

선택지의 키워드

① every second year / since 1743
② orange tents / sell herring
③ Helsinki residents
④ A trophy / only winner of the best herring surprise

해석 매년 10월 초에 헬싱키의 항구는 1743년에 처음 개최된 발트해 청어 축제를 위한 활기차고 화려한 세트장으로 변모한다. 핀란드 전역에서 온 어부들이 핀란드의 가장 오래된 축제 중 하나에 참가하기 위해 그들이 가장 최근에 잡은 것을 헬싱키로 가지고 온다. 밝은 오렌지색 텐트에 있는 판매자들은 항구를 따라 늘어서고 튀겨진, 절여진, 훈제된, 병에 든, 캔에 든, 수프에 넣은, 피자 위에 얹은, 그리고 샌드위치 안에 넣은 상상할 수 있는 모든 형태로 청어를 판매한다. 선택권들은 끝이 없다. 축제의 첫째 날에, 가장 맛있는 양념된 청어와 최고의 청어 서프라이즈를 선발하기 위해 대회들이 열린다. 청어 서프라이즈는 청어, 치즈, 그리고 양파로 만들어진 전통 요리이다. 각 대회의 우승자는 트로피를 수여받는다.

① 이 축제는 1743년 이후로 2년에 한 번씩 개최되었다.
② 판매자들은 항구를 따라 오렌지색 텐트를 설치하고 청어를 판매한다.
③ 이 축제의 대회는 헬싱키 거주자들에게 한정된다.
④ 트로피는 최고의 청어 서프라이즈의 우승자에게만 주어진다.

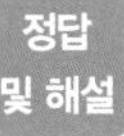

정답 및 해설

정답 ②

매년 10월 초에 헬싱키에서 열리는 발트해 청어 축제에 관한 지문이다. 지문의 중반 부분 Sellers in bright orange tents line the harbor and sell herring in every imaginable form(밝은 오랜지색 텐트에 있는 판매자들이 항구를 따라 늘어서서 다양한 형태로 된 청어를 판매한다)에서 ②는 글의 내용과 일치함을 알 수 있다.

오답 분석

① 매년 10월에 헬싱키의 항구는 1743년에 처음 개최된 발트해 청어 축제를 위한 활기차고 화려한 세트장으로 변한다고 했으므로, 이 축제가 1743년 이후로 2년에 한 번씩 개최되었다는 것은 지문의 내용과 다르다.
③ 핀란드 전역에서 온 어부들이 참여한다고 했으므로 지문의 내용과 다른 진술이다.
④ 각 대회의 우승자가 트로피를 수여받는다고 했으므로, 트로피는 최고의 청어 서프라이즈의 우승자에게만 주어진다는 것은 지문의 내용과 다르다.

14 다음 글의 내용과 가장 거리가 먼 것은? (18. 국회직 9급)

Maps of the world in older times used to fill in the blanks of exploration with an array of fantastic creatures, dragons, sea monsters, fierce winged beasts. It appears that the human mind cannot bear very much blankness—where we do not know, we invent, and what we invent reflects our fear of what we do not know. Fairies are born of that fear. The blank spaces on the village map, too, need to be filled; faced with woods and mountains, seas and streams that could never be fully charted, human beings saw blanks, blanks they hastened to fill with a variety of beings all given different names, yet all recognizable as fairies. Our fairies have become utterly benign only nowadays, when electric light and motorways and mobile phones have banished the terror of the lonely countryside. Used as we are to benign fairies, it is very hard for us to understand the fairies of the past.

① Human beings do not like to see things void and unfilled.

② Fairies reflect the human fear over the indecipherable things in nature.

③ There is not much historical change in our perception of the fairies.

④ The margins of maps are often decorated with fantastic creatures.

⑤ The idea of benevolent fairies is very modern.

used to R ~하곤 했다 fill in ~을 채우다 blank 공백 exploration 탐사 array 나열, 무리 creatures 생물들 dragon 용 sea monster 바다 괴물 fierce winged bests 사나운 날개 달린 짐승들 bear 견디다, 참다 blankness 공백 invent 발명하다, 만들다 reflect 반영하다 fairies 요정 stream 강 chart 도식화하다 hasten to R 서둘러서 ~하다 recognizable 인식 가능한 utterly 완전히 benign 상냥한, 친절한 electric light 전등 motorway 고속도로 banish 추방하다, 사라지게 하다 void 텅 빈 unfilled 채워지지 않은 indecipherable 해독할 수 없는, 이해할 수 없는 perception 인식, 지각 margin 여백 benevolent 친절한, 호의적인 modern 현대적인

지문 분석

Maps of the world / in older times / used to fill in / the blanks of exploration / with an array / (of fantastic creatures, dragons, sea monsters, fierce winged beasts.) / It appears / that the human mind cannot bear ①(O) / very much blankness / —where we do not know, / we invent, / and what we invent / reflects our fear of ②(O) / what we do not know. / Fairies are born of that fear. / The blank spaces / (on the village map,) / too, / need to be filled; / faced with woods and mountains, seas and streams / (that could never be fully charted,) / human beings saw blanks, ④(O) / blanks (they hastened to fill with / a variety of beings / all given different names, / yet all recognizable as fairies.) / Our fairies have ⑤(O) become utterly benign / only nowadays, / when electric light and motorways and mobile phones / have banished the terror of the lonely countryside. / Used as we are to benign fairies, / it is very hard ③(X) / (for us) / to understand the fairies of the past.

선택지의 키워드

① do not like to see / void and unfilled
② human fear / indecipherable things in nature
③ not much historical change / perception of the fairies
④ margins of maps / fantastic creatures
⑤ benevolent fairies / modern

해석 옛날에 세계의 지도들은 환상적인 생물들, 용들, 바다의 괴물들, 사나운 날개 달린 짐승들의 나열로 탐사의 공백을 채우곤 했다. 인간의 마음은 너무 많은 공백을 견딜 수 없는 듯하다. 우리가 알지 못하는 곳에서, 우리는 만들어 내고, 우리가 만든 것은 우리가 모르는 것에 대한 우리의 두려움을 반영한다. 요정들은 그 두려움에서 유래한다. 마을 지도에 있는 여백들 또한 채워질 필요가 있다. 절대 완전히 지도화될 수 없는 숲들, 산들, 바다들, 그리고 강들에 직면하여, 인간들은 공백들, 모두 다른 이름이 주어졌음에도 불구하고 모두 요정들로 인식할 수 있는 다양한 존재들로 그들이 채우려고 서둘렀던 공백들을 보았다. 우리의 요정들은 전등과 고속도로들 그리고 휴대폰들이 고립된 시골 지역의 공포를 제거한 오늘날이 되어서야 완전히 상냥해졌다. 우리가 상냥한 요정들에 익숙해졌기 때문에, 우리가 과거의 요정들을 이해하는 것은 매우 어렵다.

① 인간은 텅 비어 있고 채워지지 않은 것들을 보고 싶어 하지 않는다.
② 요정들은 자연에서의 이해할 수 없는 것들에 대한 인간의 두려움을 반영한다.
③ 요정들에 대한 우리의 인식에 역사적인 변화는 많지 않다.
④ 지도들의 여백들은 종종 환상적인 생명체들로 꾸며진다.
⑤ 친절한 요정들의 개념은 아주 현대적인 것이다.

정답 및 해설

정답 ③

옛날의 세계 지도는 우리가 모르는 것들로 채워졌는데, 우리가 만든 것은 우리가 모르는 것에 대한 두려움을 반영했고, 요정은 그러한 두려움에서 유래했다는 내용의 지문이다. 지문의 마지막 문장 Used as we are to benign fairies, it is very hard for us to understand the fairies of the past(우리는 상냥한 요정에 익숙해졌기 때문에, 우리가 과거의 요정들을 이해하는 것은 매우 어렵다)에서 요정에 대한 우리의 인식이 역사적으로 많이 변해 왔음을 알 수 있으므로 ③은 지문의 내용과 거리가 멀다.

① 지문에서 인간은 너무 많은 공백을 견딜 수 없다는 내용이 있으므로 일치한다.
② 요정은 우리가 모르는 것들에 대한 두려움에서 유래한다는 내용이 있으므로 일치한다.
④ 지도로 표현될 수 없었던 지도의 여백들이 환상적인 생물체로 채워졌다고 했으므로 일치한다.
⑤ 요정들은 전등, 고속도로들 그리고 휴대폰들이 고립된 시골에서의 공포감을 제거한 오늘날이 되어서야 상냥해졌다는 내용이 있으므로 일치한다.

15 다음 글의 내용과 일치하는 것은? (17. 국회직 9급)

Developed countries have been attempting to alleviate poverty in the world's poorest countries for decades by donating large sums of money to their governments. The money is intended to stimulate the economies of underdeveloped nations and to build up infrastructure such as schools and hospitals. Unfortunately, this money often ended up being used ineffectively or stolen by corrupt officials. Another problem is that poorer countries sometimes become dependent on the donated money. Consequently, a number of experts argue that, in the long run, providing foreign aid doesn't really help underdeveloped countries. Those who believe in foreign aid, on the other hand, argue the fund must just be more carefully monitored to ensure they are used effectively.

① The reason why foreign aid is not helpful for underdeveloped countries is that the donated money is strictly monitored by their governments.

② Nobody doubted that the donated money by developed countries was effectively used to build up infrastructure in underdeveloped countries.

③ The donated money by developed countries was all stolen by corrupt officials of underdeveloped countries.

④ Foreign aid has encouraged underdeveloped countries to become independent of developed countries.

⑤ The donated money by developed countries was not always effectively used in underdeveloped countries.

developed country 선진국 attempt to R ~를 시도하다 alleviate 완화하다 decade 십 년
stimulate 자극하다, 촉진시키다 underdeveloped country 저개발 국가 build up 만들다
infrastructure 하부 구조, 기반 시설 end up Ring 결국 ~되다 corrupt 부패한 official 공무원 dependent 의존하는
consequently 결과적으로 argue 주장하다 in the long run 장기적으로는 aid 원조 on the other hand 반면
monitor 감시하다 encourage 고무시키다

지문 분석

Developed countries have been attempting / to alleviate poverty / (in the world's poorest countries) / for decades / by donating large sums of money / to their governments. / The money is intended / to stimulate the economies / (of underdeveloped nations) / and to build up infrastructure / (such as schools and hospitals.) / Unfortunately, / this money often ended up / being used ineffectively / or stolen by corrupt officials. (①(X) ②(X) ③(X) ⑤(O)) / Another problem is that / poorer countries sometimes become dependent / on the donated money. (④(X)) / Consequently, / a number of experts argue that, / in the long run, / providing foreign aid / doesn't really help underdeveloped countries. / Those (who believe in foreign aid,) / on the other hand, / argue the fund must just be more carefully monitored / to ensure / they are used effectively.

선택지의 키워드

① not helpful the donated / money is strictly monitored
② Nobody doubted / effectively used
③ all stolen by corrupt officials
④ encouraged / independent
⑤ not always effectively used

해석 선진국은 그들의 정부에 많은 액수의 돈을 기부함으로써 수십 년간 세계에서 가장 가난한 나라들의 빈곤을 완화하려고 시도해 왔다. 그 돈은 저개발 국가들의 경제를 활성화하고 학교와 병원과 같은 사회 기반 시설을 만들기 위한 것이다. 불행하게도, 이 돈은 결국 종종 부패한 공무원들에 의해 헛되게 사용되거나 도난당했다. 또 다른 문제점은 가난한 나라들이 때때로 기부된 돈에 의존하게 된다는 것이다. 결과적으로, 많은 전문가들은 장기적으로 대외 원조를 제공하는 것이 저개발 국가를 실질적으로 돕지는 못한다고 주장한다. 반면에 대외 원조가 좋다고 생각하는 사람들은 자금이 효과적으로 사용되는지를 보장하기 위해 다만 자금이 더 철저하게 감시되어야 한다고 주장한다.

① 대외 원조가 저개발 국가에 도움이 되지 않는 이유는 기부된 돈이 정부에 의해 엄격하게 감시되기 때문이다.
② 선진국에 의해 기부된 돈이 저개발 국가에서 사회 기반 시설을 구축하는 데 효과적으로 사용되었다는 것을 누구도 의심하지 않았다.
③ 선진국들에 의해 기부된 돈은 저개발 국가의 부패한 공무원들에 의해 모두 도난당했다.
④ 대외 원조는 저개발 국가들이 선진국으로부터 독립적이게 되도록 장려해 왔다.
⑤ 선진국에 의해 기부된 돈이 저개발 국가에서 항상 효과적으로 사용된 것은 아니었다.

정답 및 해설

정답 ⑤

이 글은 선진국으로부터 가장 가난한 나라로의 대외 원조의 목적과 문제점에 관해 서술하는 지문이다. 지문의 중반부 this money often ended up being used ineffectively or stolen by corrupt officials(이 돈은 결국 종종 부패한 공무원들에 의해 헛되게 사용되거나 도난당했다)에서 선진국에서 기부된 돈이 저개발 국에서 항상 효과적으로 사용된 것은 아님을 알 수 있다.

① 대외 원조에 반대하는 사람들은 기부된 돈이 종종 부패한 공무원들 의해 헛되게 사용되거나 가난한 나라들이 기부된 돈에 의존하게 된다는 주장이므로 ①은 사실과 다른 주장이다.
② 기부된 돈이 종종 부패한 공무원들에 의해 헛되이 사용되거나 도난당한다고 했으므로 사실과 다른 진술이다.
③ 지문에서 기부된 돈이 종종 부패한 공무원에 의해서 도난당한다고 했으므로 모두 도난당했다라는 것은 사실과 다른 진술이다.
④ 대외 원조에 반대하는 사람들의 주장 중의 하나로 가난한 사람들이 때때로 기부된 돈에 의존하게 된다는 것이 언급되었지만, 대외 원조가 선진국으로부터 독립적이게 되도록 장려해 왔다는 것은 지문에 언급되지 않은 진술이다.

16 글의 내용과 일치하는 것은? (19. 서울시 7급)

The government guidelines suggest that children and teens should get 60 minutes of moderate to vigorous physical activity every day. But less than half of children and just 10% of teens meet these guidelines. What's the deal? Almost all of the kids participate in organized sports (think baseball, softball, and soccer). But a new study says just one-quarter of kids get the government-recommended amount of exercise when they show up for team practices. The study says that team sports aren't enough exercise. For a child to meet the government physical activity guidelines, the typical kid will have to do more than just join a team. Exercise is also necessary during recess, during physical education class, after school and even on the way to school.

① There are not as many team sports as needed.

② More individual exercise is needed in addition to the team sports.

③ The government guidelines for children's physical activities are not realistic.

④ Half of teens meet the government guidelines for children's physical activities.

guideline 지침 teens 10대 moderate 적절한 vigorous 격렬한 physical activity 신체 활동
meet the guideline 지침을 충족시키다 deal 거래, 문제 show up 나타나다 team practice 팀 활동 recess 휴식
in addition to ~에 더해서 realistic 현실적인

지문 분석

The government guidelines suggest that / children and teens should get 60 minutes / (of moderate to vigorous physical activity every day.) / But less than half of children / and just 10% of teens / meet these guidelines. ④(X) / What's the deal? / Almost all of the kids / participate in organized sports / (think baseball, softball, and soccer). / But a new study says / just one-quarter of kids / get the government-recommended amount of exercise / when they show up for team practices. / The study says that / team sports aren't enough exercise. / For a child to meet the government physical activity guidelines, / the typical kid will have to do more / than just join a team. ②(O) / Exercise is also necessary / during recess, / during physical education class, / after school / and even on the way to school.

선택지의 키워드

① not as many team sports
② More individual exercise is needed
③ government guidelines / not realistic
④ Half of teens meet the government guidelines

해석 정부의 지침은 어린이들과 10대들이 매일 60분의 중고강도의 신체 활동을 해야 한다고 제안한다. 그러나 절반 미만의 어린이들과 10대의 겨우 10퍼센트가 이러한 지침을 충족시킨다. 무엇이 문제인가? 거의 모든 아이들은 조직화된 스포츠(야구, 소프트볼 그리고 축구를 떠올려 보자)에 참가한다. 그러나 새로운 연구는 그들이 팀 연습에 참여했을 때 겨우 아이들의 4분의 1이 정부가 추천한 운동량을 한다고 말한다. 그 연구는 팀 스포츠는 충분한 운동이 아니라고 말한다. 어린이가 정부의 신체 운동 지침을 만족하기 위해서는, 일반적인 아이는 단지 한 팀에 참여하는 것보다 더 많은 것을 해야 할 것이다. 운동은 또한 휴식 시간 동안, 체육 시간 동안, 방과 후와 심지어 학교 가는 길에도 필수적이다.

① 필요로 하는 만큼 많은 팀 스포츠가 있지 않다.
② 팀 스포츠뿐만 아니라 더 많은 개인 운동이 필요하다.
③ 어린이들의 신체 활동에 대한 정부의 지침은 현실적이지 않다.
④ 10대의 절반은 어린이들의 신체 활동에 대한 정부의 지침을 만족한다.

정답 및 해설

정답 ②

이 글은 정부의 지침은 어린이들이 매일 60분의 중고강도 신체 활동을 해야 한다고 제안하지만, 절반 미만의 어린이들과 10대의 10%만이 이러한 지침을 충족한다는 내용의 지문이다. 지문의 후반부 For a child to meet the government physical activity guidelines, the typical kid will have to do more than just join a team(어린이가 정부의 신체 운동 지침을 만족하기 위해서는, 일반적인 아이는 단지 한 팀에 참여하는 것보다 더 많은 것을 해야 할 것이다)에서 알 수 있듯이 팀 스포츠뿐만 아니라 더 많은 개인 운동이 필요하므로 ②는 일치하는 진술이다.

오답 분석

① 모든 아이들의 대부분이 팀 스포츠에 참여한다고는 했지만, 필요로 하는 만큼 많은 팀 스포츠가 있는지는 알 수 없다.
③ 정부는 60분의 중고강도 신체적 활동을 매일 해야 한다고 제안하고 있지만, 현실적이지 않은지는 알 수 없다.
④ 10대의 10퍼센트가 정부의 지침을 만족한다고 했으므로, 10대의 절반이 어린이들의 신체 활동에 대한 정부의 지침을 만족한다는 것은 지문의 내용과 다르다.

17 글의 내용과 일치하지 않는 것은? (16. 서울시 7급)

Can you imagine anyone choosing to live without money in our consumer society? Well, that's exactly what Franz Schmidt has been doing since he quit his job as a psychotherapist and gave away all his possessions. This 75-year-old father of three and grandfather of four has chosen to live a simple life without the pressure to buy and own. Schmidt has thought about possession and value since he was a young boy. Schmidt and his family had to leave all their possessions during World War II to flee from the Russian forces in Memel. They could not take anything with them, and this made a great impression on him. Schmidt knew what it was like to be penniless and he learned from experience that possessions are not what give a person value. Schmidt moved to Heidelberg, a major city in Germany, with his wife and three children in the nineties, and was so shocked by the homelessness of the poor in the neighborhood that he decided to open a swap shop called Share. Members of this group swap things and skills without money. What amazed Schmidt was not only how people's needs could be met, but also how much the participants benefited from the social aspect of their contact. This experience deeply moved not only Schmidt, but other people as well.

① He used to work in the mental health care field.

② He and his family left Memel very poor during World War II.

③ He moved to Heidelberg in Germany with his family.

④ He opened a swap shop where people could buy items at low prices.

imagine 상상하다 consumer society 소비 사회 psychotherapist 심리 치료사 give away 기부하다 possessions 재산 flee 도망가다 impression 인상 penniless 몹시 가난한 homelessness 노숙 neighborhood 동네, 이웃 swap shop 중고품 가게 swap 교환하다, 바꾸다 amaze 놀라게 만들다 meet the needs 욕구를 충족시키다 participants 참여자 aspect 측면 move 감동시키다 used to R ~하고는 했다 mental health care 정신 건강 관리

① 심리 치료사로서 일을 했다고 했으므로 정신 건강 관리 분야에서 일했다는 것은 일치하는 진술이다. psychotherapist가 mental health care field로 재표현된 것이다.

② '제2차 세계대전 중에 메멜에서 러시아 군대로부터 도망가기 위해 그들의 모든 재산을 두고 가야 했다'라고 했으므로 일치하는 진술이다.

③ '90년대에 그의 부인과 세 명의 아이들과 함께 독일의 주요 도시인 하이델베르크로 이사를 갔다'라고 했으므로 일치하는 진술이다.

지문 분석

Can you imagine / anyone choosing to live / without money / in our consumer society? / Well, that's exactly / what Franz Schmidt has been doing / since he quit his job as a psychotherapist ①(O) / and gave away all his possessions. / This 75-year-old father / (of three and grandfather of four) / has chosen to live a simple life / without the pressure to buy and own. / Schmidt has thought about possession and value / since he was a young boy. / Schmidt and his family had to leave / all their possessions / during World War II / to flee from the Russian forces in Memel. ②(O) / They could not take anything with them, / and this made a great impression on him. / Schmidt knew / what it was like to be penniless / and he learned from experience / that possessions are not / what give a person value. / Schmidt moved to Heidelberg, / a major city in Germany, / with his wife and three children in the nineties, ③(O) / and was so shocked / by the homelessness of the poor / in the neighborhood / that he decided to / open a swap shop / called Share. / Members of this group / swap things and skills / without money. ④(X) / What amazed Schmidt / was not only how people's needs could be met, / but also how much the participants benefited / from the social aspect of their contact. / This experience deeply moved / not only Schmidt, / but other people as well.

선택지의 키워드

① mental health care field
② left Memel very poor
③ moved to Heidelberg / with his family
④ opened a swap shop / at low prices

해석 당신은 우리의 소비 사회에서 누군가가 돈 없이 사는 것을 택하는 것을 상상할 수 있는가? 자, 그것은 바로 Franz Schmidt가 심리 치료사로서 그의 직업을 그만두고 모든 재산을 기부한 이후로 해 오고 있는 것이다. 이 세 자녀를 둔 75세의 아버지이자 네 명의 손주를 둔 할아버지는 사고 소유하는 압박 없이 단순한 삶을 사는 것을 택했다. Schmidt는 그가 어린 소년이었을 때부터 소유와 가치에 대해 생각해 왔다. Schmidt와 그의 가족은 제2차 세계대전 중에 메멜에서 러시아 군대로부터 도망가기 위해 그들의 모든 재산을 두고 가야 했다. 그들은 그 어떤 것도 가지고 갈 수 없었고 이것은 그에게 큰 인상을 주었다. Schmidt는 몹시 가난한 것이 어떠한 것인지를 알았으며 재산이 인간에게 가치를 부여하는 것은 아니라는 것을 경험으로부터 배웠다. Schmidt는 90년대에 그의 부인과 세 명의 아이들과 함께 독일의 주요 도시인 하이델베르크로 이사를 갔고, 그 동네에 있는 가난한 사람들의 노숙에 매우 큰 충격을 받아서 'Share'라고 불리는 중고품 가게를 열기로 결정했다. 이 단체의 구성원들은 돈을 내지 않고 물건과 기술을 교환한다. Schmidt를 놀라게 했던 것은 어떻게 사람들의 필요가 충족될 수 있는지 뿐만 아니라, 사람들의 접촉이라는 사회적인 측면에서도 그 참여자들이 얼마나 많이 혜택을 얻는지였다. 이러한 경험은 Schmidt 뿐만 아니라 다른 사람들 또한 깊이 감동시켰다.

① 그는 정신 건강 관리 분야에서 일하곤 했었다.
② 그와 그의 가족은 제2차 세계대전 중에 매우 가난한 상태로 메멜을 떠났다.
③ 그는 그의 가족과 독일의 하이델베르크로 이사했다.
④ 그는 사람들이 저렴한 가격으로 물건을 살 수 있는 중고품 가게를 열었다.

정답 및 해설

정답 ④

이 글은 심리 치료사인 Franz Schmidt가 뭔가를 사고 소유하는 압박 없는 단순한 삶을 살기 위해 돈을 내지 않고 물건과 기술을 교환하는 중고품 가게를 열었다는 내용의 지문이다. 지문의 후반부 he decided to open a swap shop called Share. Members of this group swap things and skills without money(그는 'Share'라고 불리는 중고품 가게를 열기로 결정했다. 이 단체의 구성원들은 돈을 내지 않고 물건과 기술을 교환한다)에서 그 가게는 돈을 내지 않고 물건과 기술을 교환한다고 했으므로 ④는 내용과 일치하지 않는 진술이다.

공무원 합격을 위한 영뽀 시리즈

개념부터 실전까지 한 권으로 마스터한다!

PART 03

글의 일관성

Unit 01. 글의 흐름 파악하기(순서 배열)

Unit 02. 글의 흐름 파악하기(문장 삽입)

Unit 03. 글의 흐름 파악하기(문장 삭제)

Unit 01 글의 흐름 파악하기(순서 배열)

기출 문제 242~275p

글의 흐름 파악하기 유형으로는 순서 배열, 문장 삽입, 문장 삭제 유형이 있는데, 하나의 단락을 구성하는 문장들의 논리적인 흐름을 파악하는 유형이다. 이러한 일관성 관련 문제는 주어진 문장에서 제시된 힌트를 파악하고 뒤의 내용을 예측함으로써 여러 번 읽는 시간을 줄일 수 있다. 그중 순서 배열 문제를 먼저 살펴보자.

순서 배열 문제에서 글쓴이는 논리를 전개함에 있어서 일반적인 사실을 언급한 후 구체적인 사실로 논리를 전개하거나, 자신의 의견을 제시한 후 예시나 부연 설명을 통해서 뒷받침한다.

1 문제 유형

단락 내 첫 번째 문장이 제시되고, 이후 전개될 내용의 순서를 바로잡아 하나의 글을 완성하는 경우와 제시문이 없는 두 가지 경우가 있다.

(1) 주어진 문장이나 첫 문장은 지문의 도입 부분이므로 그 뒤로 부연 설명이나 예시가 뒷받침된다.

(2) 주어진 문장이 없는 경우에는 처음에 올 문장을 찾는 것이 중요하다. 이때 연결어, 대명사 등이 포함되지 않은 일반 진술이 첫 문장이 되는 경우가 많다.

2 전략

전략 1 주어진 문장을 통해서 글의 전체 내용과 논리적 글의 전개 방식을 예측한다.

대표적인 글의 전개 방식

① 나열 : 특정 대상의 종류나 특징 등을 열거하면서 기술하는 전개 방식이다. 어떤 현상이나 사건의 과정이나 단계를 순서대로 나열하면서 전개하는 방식이다.

② 비교, 대조 : 두 가지의 비슷한 개념을 비교하거나, 상대적인 개념을 대조하는 방식이다. 공통점과 차이점을 밝히는 구조로 중심 소재가 둘 또는 그 이상이 된다.

– 시간 대조 : 과거와 현재의 대조에서 무게 중심은 항상 현재가 된다. 과거의 내용을 반전하면서 현재를 강조하는 방식이다.

③ 원인, 결과(인과) : 주로 현상의 글에서 전개되는 방식으로 어떤 사건이나 현상의 원인을 제시하고 그로 인한 결과가 설명되는 방식이다.

④ 시간적 순서 : 시간의 순서에 따라 사건의 흐름을 기술하는 글이다. 역사적 사건, 연대기, 여행기 등에 활용된다.

– 특정 대상을 처음 언급할 때 정식 명칭(full name)이 먼저 언급되고, 두 번째 동일한 대상의 이름 또는 명칭은 정관사와 함께 줄여 표현한다.

⑤ 절차적 순서 : 특정 대상을 만드는 과정 또는 절차 등을 단계적으로 설명할 때 사용된다. 예를 들어, 커피콩이 수확되어 커피로 판매되는 과정의 글에서 ship–reach–mix–roast–grind–package와 같이 행위의 순서를 나타내는 동사에 주의해야 한다.

⑥ 분류 : 하나의 개념을 몇 가지 종류로 분류하고, 각 종류에 대해 구체적으로 설명하는 전개 방식이다.

전략 2 논리 전개 방식과 언어적인 단서를 통해서 글의 일관성을 유지하도록 순서를 정한다.

1) 논리 전개 방식

① 글은 '일반적 개념'에서 '구체적 개념'으로 전개된다. 예를 들어, 포유류에 대해 설명하는 문장과 침팬지에 대해 설명하는 문장 중에서, 포유류에 대한 문장이 먼저 제시되고 침팬지에 대한 문장이 뒤따른다.

② '추상적인 개념' 뒤에는 '구체적인 부연 설명' 또는 '예시'가 뒤따른다. 예를 들어, '비만을 예방하기 위해 식단 조절이 필수적이다'라는 글에서, 추상적인 개념인 '식단 조절' 뒤에는 구체적인 방법이나 예시가 뒤따른다.

2) 언어적 단서

① 관사 : 부정관사(a, an)와 사용되는 명사는 처음 등장하는 문장에서 제시되고, 정관사(the)와 사용되는 명사는 앞에서 언급된 명사를 지칭할 때 사용된다.

② 지시형용사 : this/that/another + 단수명사, these/those + 복수명사, such + 명사가 주어지는 경우, 그 앞 문장에는 지시형용사의 수식을 받는 명사가 제시되어야 한다.

③ 대명사 : 대명사가 사용된 문장은 그것이 지칭하는 명사가 사용된 문장보다 뒤에 온다. 인칭대명사(he, she, they)나 지시대명사(it, this, that, these, those, such)가 등장하는 경우, 그것이 가리키는 대상을 중심으로 문단 간 논리적 흐름을 파악한다.

④ 연결어 : 접속부사는 문장 간의 논리적 흐름을 나타내 주는 중요한 단서이다. 예를 들어 therefore 앞에는 원인이나 이유가 나오고, 뒤에는 결과가 뒤따른다. however는 앞 문장과 뒤 문장이 역접의 구조를 이룬다.

⑤ full name–part name : 영어는 항상 full name이 먼저 제시되고, 뒤에서는 이 이름을 짧게 바꾼 part name을 쓴다.

*** 순서 배열 문제는 사고력을 묻는 유형이다. 제시된 문장에서 소재를 먼저 잡고 지문에서 언어적 단서인 Signal(연결어, 지시형용사, 정관사 + 명사, 시간부사 등)을 적극적으로 활용해서 순서를 잡는 것이 중요하다. 만약 Signal이 없는 경우 해석하여 핵심 내용을 압축한 후, 의미를 파악하고 글의 논리 전개 방식을 활용해서 순서를 잡으면 된다.**

전략 3 배열한 순서에 따라 글을 읽으며 흐름이 자연스러운지 확인한다.

Unit 02 글의 흐름 파악하기(문장 삽입)

기출 문제 276~309p

1 문제 유형

지문의 흐름이 자연스럽게 이어질 수 있도록 주어진 문장이 들어갈 적절한 위치를 고르는 유형이다. 문장 삽입 유형은 독해력뿐만 아니라 사고력을 묻는 유형이다.

전략 1 주어진 문장을 읽고 앞과 뒤에 나올 문장을 예상한다.

문장 삽입 유형은 제시 문장의 분석이 가장 중요하다. 제시 문장에 주어진 Signal(① 연결어, ② 지시형용사, ③ 대명사(정관사 + 명사), ④ 시간부사)을 활용해서, 주어진 문장 앞에 나올 내용과 뒤에 나올 내용을 각각 유추하는 것이 가장 핵심이다.

★ 문장 간 순서를 알려 주는 단서

반대	앞 문장과 뒤 문장의 관점이 반대	But, Yet, However
대조	앞 문장과 뒤 문장이 상반된 내용	On the other hand, In contrast
결과	앞 문장이 원인이고 뒤 문장이 결과	So, Thus, Therefore, Hence, As a result
예시	앞 문장이 큰 개념, 뒤 문장이 작은 개념	For example, For instance
비교	앞 문장과 뒤 문장이 다른 사례	Likewise, Similarly, In the same way
나열	앞 문장과 뒤 문장이 같은 내용을 나열	In addition, Also, Moreover, Furthermore, Besides, what is more
순서	시간이나 중요도의 순서를 나열하는 경우	First, Second, First of all, Above all, Lastly, Finally

전략 2 지문을 읽으며 단서(대명사, 연결어)가 있는 경우, 바로 찾아 삽입한다.

이러한 단서가 있는 경우 난이도는 낮아진다. 반면, 단어(대명사, 연결어)와 같은 단서가 없는 경우, 글 전체의 이해를 통해 문제를 해결할 수 있도록 구성하여 난이도가 높아진다.

전략 3 선택한 위치에 주어진 문장을 넣었을 때 글의 흐름이 자연스러운지 확인한다.

2 단서

문장 삽입 유형은 문맥에 맞게 글을 전개하는 능력을 측정하는 유형으로, 하나의 단락은 하나의 주제만을 다룬다는 통일성(unity)

과 문장과 문장, 단락과 단락 간의 내용상 논리적 관계를 드러내는 응집성(coherence)을 바탕으로 출제된다. 따라서 글의 흐름이 느슨하지 않고 서로 밀접하게 연결되어 있는 응집성이 강한 글이 출제된다.

(1) 연결어(접속사 / 접속부사)

접속사와 접속부사는 앞 문장과 뒤 문장의 논리적 흐름을 연결해 주는 것으로 제시 문장을 삽입할 위치를 고르는 데 가장 강력한 단서가 된다.

(2) 대명사, 지시대명사, 지시형용사, 부정대명사의 활용

순서가 정해지지 않은 것이 여러 개일 때 : one → another → the other(나머지 1개) / the others(2개 이상)

(3) a N → the N → it/that 또는 they/them/those/their

처음에 제시되는 명사를 부정관사로 표시하고, 그 명사가 다시 반복될 때는 정관사를 사용한다. 그리고 정관사로 지칭한 명사를 다시 받을 때는 대명사를 사용한다.

I bought a computer yesterday, but the keyboard of the computer was broken. So I need to return it.

(4) 글의 전개 방식과 글의 유형을 활용해서 문제에 접근한다.

일반적인 두괄식 구성의 글은 앞부분에 일반적 개념이 제시되고, 뒷부분에 구체적 개념이 이어진다. 혹은 앞부분에 추상적이고 포괄적인 개념이 제시되고 뒷부분에 구체적인 부연 설명이나 예시가 이어진다.

Unit 03 글의 흐름 파악하기(문장 삭제)

기출 문제 310~341p

1 문제 유형

지문의 보기 문장 중 지문의 흐름과 무관한 문장을 골라내는 유형이다. 문제 자체가 글에서 '전체 흐름'과 관계없는 문장을 고르는 유형이다. 따라서 전체 지문을 관통하는 전체 흐름이 존재하고, 그 전체 흐름과 관계없는 문장을 반드시 하나 제시하는데 그 문장을 골라야 한다.

2 전략

전략 1 첫 문장의 내용을 정확히 파악한다.

문장 삭제 유형은 처음 한두 문장에서 전체 흐름을 제시해 준다. 따라서 앞부분에서 '소재 + 관점'의 주제문을 잡는 것이 중요하다. 이러한 주제문과 맞지 않은 문장을 제거하는 것이 이 문제 유형의 핵심이다.

전략 2 첫 문장의 중심 내용과 관련이 없거나 흐름상 어색한 보기를 정답에서 선택한다.

앞부분에서 파악한 글의 주제문(전체 흐름)을 생각하면서 나머지 글을 읽어야 한다. 이때 글쓴이의 관점은 ⊕, ⊖의 기호로, 긍정적인 것과 부정적인 것을 표시하면서 읽는 것이 도움이 된다.

★ 글의 흐름과 적합하지 않은 문장의 유형

① 같은 소재에 대한 설명이지만 다른 면에 대해 설명하는 문장
② 지나치게 일반화된 문장
③ 앞에 언급된 글에 대해 지나치게 자세하게 설명하는 문장
④ 주변 문장과의 흐름은 자연스러우나 전체적인 주제에서 벗어나는 문장. 가장 많이 출제되는 오답 유형이 바로 앞 문장에서 사용된 단어를 그대로 사용해서, 흐름상 자연스러워 보이지만 제시된 첫 문장과 관계없는 내용을 다루는 유형이다.

삭제되는 문장은 크게 나누면 두 가지 유형이다.

(1) 중심 소재와 거리가 먼 대상

(2) 중심 내용에서 벗어나는 경우(논점 일탈)

전략 3 선택한 보기를 제외하고 지문을 읽을 때, 지문의 흐름에 어색한 부분이 없는지 확인한다.

삭제되는 문장은 원문에 추가적으로 삽입된 것이므로, 이 문장을 제외한 나머지 문장들의 연결이 잘 되는지를 확인해 본다. 예를 들어 ③을 정답으로 선택했다면, ②와 ④의 문장이 자연스럽게 연결되는지를 확인하는 것이 좋다.

MEMO

Unit 01

독해 마스터! 기출 지문

글의 흐름 파악하기(순서 배열)

01 주어진 글 다음에 이어질 글의 순서로 가장 적절한 것은? (21. 지방직 9급)

Growing concern about global climate change has motivated activists to organize not only campaigns against fossil fuel extraction consumption, but also campaigns to support renewable energy.

(A) This solar cooperative produces enough energy to power 1,400 homes, making it the first large-scale solar farm cooperative in the country and, in the words of its members, a visible reminder that solar power represents "a new era of sustainable and 'democratic' energy supply that enables ordinary people to produce clean power, not only on their rooftops, but also at utility scale."

(B) Similarly, renewable energy enthusiasts from the United States have founded the Clean Energy Collective, a company that has pioneered "the model of delivering clean power-generation through medium-scale facilities that are collectively owned by participating utility customers."

(C) Environmental activists frustrated with the UK government's inability to rapidly accelerate the growth of renewable energy industries have formed the Westmill Wind Farm Co-operative, a community-owned organization with more than 2,000 members who own an onshore wind farm estimated to produce as much electricity in a year as that used by 2,500 homes. The Westmill Wind Farm Co-operative has inspired local citizens to form the Westmill Solar Co-operative.

① (C)-(A)-(B) ② (A)-(C)-(B)
③ (B)-(C)-(A) ④ (C)-(B)-(A)

extraction 추출 renewable 재생 가능한 onshore 육지의 wind farm 풍력발전소
solar farm cooperative 태양광 발전소 협동조합 sustainable 지속 가능한 rooftop 옥상
utility scale 공익사업(사회기반시설) enthusiast 지지자 pioneer 개척하다 power-generation 발전

지문 분석

주요 내용
Growing concern about global climate change has motivated activists to organize not only campaigns against fossil fuel extraction consumption, but also ❶campaigns to support renewable energy. 주요 내용

(C) Environmental activists frustrated with the UK government's inability to rapidly accelerate the growth of renewable energy industries ❷have formed the Westmill Wind Farm Co-operative, 주요 내용 a community-owned organization with more than 2,000 members who own an onshore wind farm estimated to produce as much electricity in a year as that used by 2,500 homes. The Westmill Wind Farm Co-operative has inspired local citizens to ❸form the Westmill Solar Co-operative. 주요 내용

(A) 시그널 주요 내용 ❹This solar cooperative produces enough energy to power 1,400 homes, making it the first large-scale solar farm cooperative in the country and, in the words of its members, a visible reminder that solar power represents "a new era of sustainable and 'democratic' energy supply that enables ordinary people to produce clean power, not only on their rooftops, but also at utility scale."

(B) 시그널 Similarly, renewable energy enthusiasts from the United States ❺have founded the Clean Energy Collective, 주요 내용 a company that has pioneered "the model of delivering clean power-generation through medium-scale facilities that are collectively owned by participating utility customers."

문맥의 흐름

❶campaigns to support renewable energy(기후 변화에 대한 우려가 커져 재생 에너지 지원 캠페인 조직) → ❷have formed the Westmill Wind Farm Co-operative(풍력발전소 협동조합 조직) → ❸form the Westmill Solar Co-operative(태양력발전소 결성) → ❹This solar coopeative(태양광 협동조합) → ❺have founded the Clean Energy Collective(마찬가지로, 미국에서는 Clean Energy 협동조합 설립)

해석

지구 기후 변화에 대한 우려가 커지면서 운동가들은 화석 연료 추출 소비 반대 캠페인뿐만 아니라 재생 에너지 지원 캠페인까지 조직하게 되었다.

(C) 영국 정부가 재생 에너지 산업의 성장을 빠르게 가속화하지 못한 것에 실망한 환경운동가들은 Westmill Wind Farm Co-operative를 결성했는데, 이는 2,500가구가 사용하는 정도의 전기를 1 년간 생산하는 것으로 추산되는 육상 풍력발전소를 소유한 2,000명 이상의 회원을 거느린 지역사회 소유 단체이다. Westmill Wind Farm Co-operative는 지역 시민들에게 Westmill Solar Co-operative를 결성하도록 격려했다.

(A) 이 태양광 협동조합은 1가구에 전력을 공급하기 충분한 에너지를 생산하여 국내 최초의 대규모 태양광 발전소 협동조합이 되었으며, 회원들의 말에 따르면 태양광 발전이 "일반인들이 자신의 옥상에서뿐만 아니라 유틸리티 규모로도 청정 전력을 생산할 수 있는 지속 가능하고 '민주적인' 에너지 공급의 새로운 시대"를 나타낸다는 것을 눈에 띄게 상기시켜 준다.

(B) 마찬가지로, 미국의 재생 에너지 애호가들은 Clean Energy Collective를 설립했는데, 이는 "참여형 유틸리티 고객들이 공동으로 소유하는 중규모 시설을 통해 청정 전력 발전을 제공하는 모델"을 개척한 회사이다.

정답 및 해설

정답 ①

환경운동의 일환인 재생에너지 지원 조직들에 관한 글이다. 기후변화에 대한 우려가 커지면서 환경운동가들이 재생 에너지 지원 캠페인까지 조직하게 되었다는 주어진 글 이후엔, 그에 대한 구체적인 예시로 영국의 환경운동가들이 풍력발전소 소유자들로 구성된 the Westmill Wind Farm Co-operative를 결성했다는 내용의 (C)가 오는 것이 자연스럽다. 그 다음에는 (C)의 마지막 문장에서 언급된 the Westmill Solar Co-operative를 This solar cooperative로 받아 이 태양광 협동조합이 의미하는 바를 설명하는 (A)가 오고, 마지막으로 Similarly로 이어서 미국에서도 재생 에너지를 지지하는 Clean Energy Collective가 설립되었다는 내용의 (B)가 와야 한다. 참고로 similarly는 같은 내용이지만 성질이 다른 것을 이어주는데 앞에 태양열 에너지가 제시되고 뒤에 clean 에너지가 이어지므로 부드럽게 연결되고 있다. 따라서 글의 순서로 가장 적절한 것은 ① (C) – (A) – (B)이다.

02 주어진 글 다음에 이어질 글의 순서로 가장 적절한 것은? (20. 국가직 9급)

Past research has shown that experiencing frequent psychological stress can be a significant risk factor for cardiovascular disease, a condition that affects almost half of those aged 20 years and older in the United States.

(A) Does this mean, though, that people who drive on a daily basis are set to develop heart problems, or is there a simple way of easing the stress of driving?
(B) According to a new study, there is. The researchers noted that listening to music while driving helps relieve the stress that affects heart health.
(C) One source of frequent stress is driving, either due to the stressors associated with heavy traffic or the anxiety that often accompanies inexperienced drivers.

① (A)-(C)-(B) ② (B)-(A)-(C))
③ (C)-(A)-(B) ④ (C)-(B)-(A)

psychological 정신의 significant 중요한 risk factor 위험인자 cardiovascular 심혈관의 source 원천 stressor 스트레스 요인 associated with ~와 관련된 heavy traffic 교통 체증 anxiety 불안 accompany 동반하다 on a daily basis 매일 be set to R ~하도록 예정된 develop 병이 생기다 ease 완화하다 relieve 완화하다 affect 영향을 미치다

주요 내용

Past research has shown that experiencing ❶frequent psychological stress can be a significant risk factor for cardiovascular disease, a condition that affects almost half of those aged 20 years and older in the United States

주요 내용 / 시그널

(C) ❷One source of frequent stress is driving, either due to the stressors associated with heavy traffic or the anxiety that often accompanies inexperienced drivers.

(A) Does this mean, though, that people who drive on a daily basis are set to develop heart problems, or ❸is there a simple way of easing the stress of driving?

(B) According to a new study, there is. The researchers noted that ❹listening to music while driving helps relieve the stress that affects heart health.

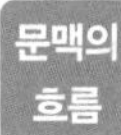

문맥의 흐름 ❶frequent psychological stress(빈번한 심리적 스트레스가 심혈관 질환의 위험인자) → ❷One source of frequent stress is driving(잦은 스트레스의 하나의 원인은 운전) → ❸is there a simple way of easing the stress of driving?(운전의 스트레스를 줄이는 방법이 없을까?) → ❹listening to music(음악을 듣는 것)

해석 과거의 연구는 빈번한 심리적 스트레스를 경험하는 것이 심혈관 질환의 중요한 위험인자가 될 수 있다는 것을 보여 주었는데, 미국의 20세 혹은 그 이상의 성인들 중 거의 절반에 영향을 미치는 질환이다.

(C) 잦은 스트레스의 요인 중 하나가 운전인데, 이는 교통 체증과 연관된 스트레스 요인이거나, 경험이 적은 운전자들에게 종종 나타나는 불안증과 관련된 것들 중 하나이다.
(A) 그런데 이것이 매일 운전하는 사람들이 심장병에 걸릴 수밖에 없는 것이거나 운전의 스트레스를 덜어 낼 간단한 방법이 있다는 것을 의미하는 것일까?
(B) 최신 연구에 따르면, 그렇다. 과학자들은 운전 중 음악을 듣는 것이 심장 건강에 영향을 주는 스트레스를 더는 데 도움이 된다는 사실에 주목한다.

정답 및 해설

정답 ③

우선 첫 지문(주제문)에서 심리적 스트레스가 심장 질환의 중요 원인이라고 했다. 이어지는 문장은 스트레스와 관련된 문장이어야 한다. (A)는 this라는 대명사를 지칭하는 명사가 앞에 없고, 운전과 관련된 지문이므로 넘어가고, (B)는 운전 중에 음악을 듣는 것이 스트레스를 완화한다는 내용이므로 넘어가면, (C) '잦은 스트레스의 요인 중 하나가 운전이다'가 주제문 바로 뒤에 이어지는 문장이다.
다시 한번 정리하면, 주제문(스트레스는 심혈관 질환의 주요 원인이다)–(C)(잦은 스트레스의 요인 중 하나가 운전이다)–(A)(운전의 스트레스를 덜어낼 방법이 있을까?)–(B)(운전 중에 음악을 듣는 것이 스트레스 완화에 도움을 준다)가 글의 순서로 올바르다.
글의 전체 흐름을 보면 스트레스가 심혈관 질환의 원인이라는 일반적 개념에서 스트레스의 하나의 원인이 운전이고, 운전 스트레스를 줄이는 방법으로 음악이 들어가 있다는 구체적 개념으로 논리가 전개되고 있다.

03 주어진 글 다음에 이어질 글의 순서로 가장 적절한 것은? (21. 국가직 9급)

To be sure, human language stands out from the decidedly restricted vocalizations of monkeys and apes. Moreover, it exhibits a degree of sophistication that far exceeds any other form of animal communication.

(A) That said, many species, while falling far short of human language, do nevertheless exhibit impressively complex communication systems in natural settings.
(B) And they can be taught far more complex systems in artificial contexts, as when raised alongside humans.
(C) Even our closest primate cousins seem incapable of acquiring anything more than a rudimentary communicative system, even after intensive training over several years. The complexity that is language is surely a species-specific trait.

① (A)-(B)-(C) ② (B)-(C)-(A)
③ (C)-(A)-(B) ④ (C)-(B)-(A)

to be sure 확실히 stand out from ~에서 두드러지다 decidedly 확실히 restricted 제한된 vocalization 발성법 ape 유인원 sophistication 정교함 exceed 능가하다 fall short of ~에 못 미치다 impressively 인상적으로 natural settings 자연환경 artificial 인위적인 context 문맥, 맥락, 환경 alongside ~와 함께 primate 영장류 rudimentary 기초의 intensive 집중적인 complexity 복잡성 species-specific 종별 특성의 trait 특성

시그널 주요 내용
To be sure, ❶human language stands out from the decidedly restricted vocalizations of monkeys and apes.
시그널 주요 내용
Moreover, it exhibits a degree of sophistication that far exceeds any other form of animal communication.

주요 내용
(C) ❷Even our closest primate cousins seem incapable of acquiring anything more than a rudimentary communicative system, even after intensive training over several years. The complexity that is language is surely a species-specific trait.

시그널 시그널 주요 내용
(A) That said, many species, while falling far short of human language, do nevertheless ❸exhibit impressively complex communication systems in natural settings.

시그널 주요 내용
(B) And they can ❹be taught far more complex systems in artificial contexts, as when raised alongside humans.

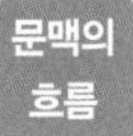

문맥의 흐름

❶human language stands out(인간의 언어는 두드러지고 다른 종의 의사소통보다 훨씬 정교하다) → ❷Even our closest primate cousins(심지어 우리와 가까운 영장류도 습득할 수 없다) → ❸exhibit impressively complex communication systems in natural settings(그럼에도 불구하고 많은 종이 자연환경에서 인상적인 의사소통 체계를 보여 준다) → ❹be taught far more complex systems in artificial contexts(인위적인 환경에서 훨씬 더 복잡한 체계를 배울 수 있다)

해석 확실히, 인간의 언어는 원숭이와 유인원의 확연히 제한된 발성에서 두드러진다. 게다가, 그것은 어느 다른 형태의 동물 의사소통을 훨씬 능가하는 정도의 정교함을 보여 준다.

(C) 심지어 우리의 가장 가까운 영장류 사촌들조차 몇 년 동안 집중적인 훈련을 받은 후에도 기초 의사소통 체계 그 이상은 습득할 수 없는 것처럼 보인다. 언어라는 복잡성은 확실히 종별 특성이다.
(A) 그렇기는 하지만, 많은 종들은, 인간의 언어에는 크게 못 미치지만, 그럼에도 불구하고 자연환경에서 인상적으로 복잡한 의사소통 체계를 참으로 보여 준다.
(B) 그리고 그들은 인간과 함께 길러지는 경우와 같이, 인위적인 상황에서 훨씬 더 복잡한 체계들을 배울 수 있다.

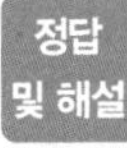

정답 및 해설

정답 ③

주어진 글은 인간의 언어가 원숭이와 유인원을 포함한 다른 동물들의 의사소통보다 훨씬 더 복잡하다는 내용이므로, 그 다음에 인간과 가장 가까운 영장류조차 인간 언어를 제대로 습득할 수 없다는 내용의 (C)가 오는 것이 자연스럽다. 그 이후에 That said(그렇기는 하지만)가 나오는, 많은 종들이 인간의 언어에는 못 미치지만 자연 상황에서 상당히 복잡한 의사소통 체계를 가지고 있다는 (A)가 오고, 마지막으로 many species를 they로 받아 많은 종들이 인위적인 상황에서는 훨씬 더 복잡한 체계를 배울 수 있다고 마무리하는 (B)가 와야 한다. 따라서 글의 순서는 ③ (C)-(A)-(B)이다.

04 주어진 글 다음에 이어질 글의 순서로 가장 적절한 것은? (20. 지방직 9급)

Nowadays the clock dominates our lives so much that it is hard to imagine life without it. Before industrialization, most societies used the sun or the moon to tell the time.

(A) For the growing network of railroads, the fact that there were no time standards was a disaster. Often, stations just some miles apart set their clocks at different times. There was a lot of confusion for travelers.

(B) When mechanical clocks first appeared, they were immediately popular. It was fashionable to have a clock or a watch. People invented the expression "of the clock" or "o'clock" to refer to this new way to tell the time.

(C) These clocks were decorative, but not always useful. This was because towns, provinces, and even neighboring villages had different ways to tell the time. Travelers had to reset their clocks repeatedly when they moved from one place to another. In the United States, there were about 70 different time zones in the 1860s.

① (A)-(B)-(C) ② (B)-(A)-(C)

③ (B)-(C)-(A) ④ (C)-(A)-(B)

Nowadays 요즘에는 dominate 지배하다 industrialization 산업화 society 사회 mechanical clock 기계식 시계 immediately 즉시 fashionable 유행인 clock 시계 watch 손목시계 invent 발명하다, 만들어 내다 refer to ~을 언급하다 decorative 장식용의 province 지방 village 마을 reset 재설정하다 time zone 시간대 railroad 철로 time standard 시간 기준 disaster 재앙 confusion 혼동

지문 분석

주요 내용 주요 내용

Nowadays the ❶clock dominates our lives so much that it is hard to imagine life without it. Before industrialization, most societies used the sun or the moon to tell the time.

주요 내용

(B) When ❷mechanical clocks first appeared, they were immediately popular. It was fashionable to have a clock or a watch. People invented the expression "of the clock" or "o'clock" to refer to this new way to tell the time.

시그널 주요 내용

(C) ❸These clocks were decorative, but not always useful. This was because towns, provinces, and even neighboring villages had different ways to tell the time. Travelers had to reset their clocks repeatedly when they moved from one place to another. In the United States, there were about ❹70 different time zones in the 1860s.

주요 내용 시그널 주요 내용

(A) For the growing network of railroads, the fact that there were ❺no time standards was a disaster. Often, stations just some miles apart set their clocks at different times. There was a lot of confusion for travelers.

문맥의 흐름

❶clock(시계) → ❷mechanical clocks first appeared(기계식 시계 처음 등장) → ❸These clocks(기계식 시계는 장식용) → ❹70 different time zones(여러 시간대 존재) → ❺no time standards(표준 시간대가 없는 것은 재앙과 같음)

해석 요즘 시계는 우리의 삶을 너무나 지배하고 있어서 시계가 없는 삶은 상상하기 어렵다. 산업화 이전에 대부분의 사회는 달이나 태양을 이용하여 시간을 알 수 있었다.

(B) 기계식 시계가 처음 등장했을 때, 즉시 인기가 있었다. 시계나 손목시계가 있는 것이 유행이었다. 사람들은 시간을 알려 주는 이 새로운 방법을 언급하기 위해 "of the clock" 또는 "o'clock"이라는 표현을 발명했다.
(C) 이 시계들은 장식되어 아름다웠지만 항상 유용한 것은 아니었다. 마을과 지방, 심지어 이웃 마을까지도 시간을 알 수 있는 방법이 달랐기 때문이다. 여행자들은 한 장소에서 다른 장소로 이동할 때 시계를 반복적으로 재설정해야 했다. 미국에서는 1860년대에 약 70개의 다른 시간대가 있었다.
(A) 커져 가는 철도망에는 시간 기준이 없다는 사실이 재난과도 같았다. 종종, 몇 마일 떨어져 있는 역들은 다른 시간에 시계를 설정한다. 여행자들에게는 많은 혼란이 있었다.

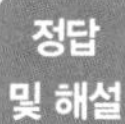

정답 및 해설

정답 ③

주제문(시계는 우리 삶을 지배하고 있는데, 산업화 이전에는 달이나 태양을 이용했다)에 이어지는 문장에는 시계에 관한 내용이 수반되어야 한다. (A)는 시간 기준에 관한 내용이므로 넘어가고, (B)에서 mechanical clocks(기계식 시계)가 처음 등장했다고 했으므로 주제문 바로 뒤의 문장은 (B)가 되어야 한다. 그리고 (C)에서 These clocks가 앞에 제시된 mechanical clocks를 받아 주므로 (B) 다음에는 (C)가 이어지고, (C)에서 마을마다 시간대가 달라서 여행자들이 이동할 때마다 시간을 재설정해야 한다는 내용이 나오므로 그 뒤로 '시간대가 없다는 것은 재앙과 같다'라고 부연 설명 해 주는 (A)가 가장 적절하다.
글의 전체 흐름을 보면, 산업화 이전에 시계가 없어서 해와 달을 이용했다는 일반적 개념에서, 기계적 시계가 처음 등장했는데 인기가 있었지만 여러 시간대가 존재해서 여행자들에게 혼란을 줬다는 구체적 개념으로 논리가 좁혀지며 전개되고 있다.

05 주어진 문장 이후에 이어질 글의 순서로 가장 적절한 것은? (19. 국가직 9급)

South Korea boasts of being the most wired nation on earth.

(A) This addiction has become a national issue in Korea in recent years, as users started dropping dead from exhaustion after playing online games for days on end. A growing number of students have skipped school to stay online, shockingly self-destructive behavior in this intensely competitive society.
(B) In fact, perhaps no other country has so fully embraced the Internet.
(C) But such ready access to the Web has come at a price as legions of obsessed users find that they cannot tear themselves away from their computer screens.

① (A)-(B)-(C) ② (A)-(C)-(B)
③ (B)-(A)-(C) ④ (B)-(C)-(A)

boast 자랑하다 wired 유선의, 네트워크의 on earth 지구상에서 in fact 사실상 embrace 수용하다
ready access to ~에 대한 쉬운 접근 come at a price 대가를 치르다 legion 군단, 많은 사람들 obsessed 집착하다
tear ~ away 떼어내다, 분리하다 addiction 중독 drop dead 급사하다 exhaustion 탈진, 기진맥진 skip 빠지다
shockingly 깜짝 놀랍게도 self-destructive 자멸적인 behavior 행동 intensely 몹시 강렬하게
competitive 경쟁을 하는, 경쟁력 있는

지문 분석

주요 내용 / 주요 내용

South Korea boasts of being ❶ the most wired nation on earth.

시그널 / 주요 내용

(B) In fact, perhaps ❷ no other country has so fully embraced the Internet.

(C) But such ready access to the Web has come at a price as legions of obsessed users find that ❸ they cannot tear themselves away from their computer screens.

시그널 / 주요 내용

(A) ❹ This addiction has become a national issue in Korea in recent years, as users started dropping dead from exhaustion after playing online games for days on end. A growing number of students have skipped school to stay online, shockingly self-destructive behavior in this intensely competitive society.

문맥의 흐름

❶the most wired nation(한국 – 인터넷이 가장 잘 연결된 나라) → ❷no other country has so fully embraced the Internet(강조 – 어떤 나라도 인터넷을 완전히 수용한 나라가 없다) → ❸they cannot tear themselves away from their computer screens(화면에서 눈을 뗄 수 없다 – 중독) → ❹This addiction(이러한 중독)

해석

한국은 지구상에서 인터넷이 가장 잘 연결된 국가임을 자랑한다.
(B) 사실, 아마도 어느 나라도 인터넷을 이렇게 완전히 수용한 나라는 없을 것이다.
(C) 그러나 집착하는 많은 사용자들이 컴퓨터 화면에서 자신을 떼어낼 수 없다는 것을 알게 되면서 웹에 대한 그러한 쉬운 접근은 대가를 치르게 되었다.
(A) 이 중독은 최근 몇 년 동안 계속해서 온라인 게임을 한 후 이용자들이 탈진으로 급사하기 시작하면서 한국에서 국가적 이슈가 되었다. 점점 더 많은 학생들이 온라인에서 지내기 위해 학교를 빼먹었고, 이것은 이 치열한 경쟁에서 충격적일 정도로 자기 파괴적인 행동이었다.

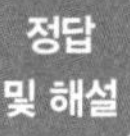

정답 및 해설

정답 ④

주제문(한국은 인터넷이 잘 연결된 나라이다) 뒤로 이어지는 문장에서는 주제문을 부연 설명하거나 보강하는 문장이 되어야 한다. (A)는 갑자기 지시대명사 This addiction이 나올 수 없으므로 넘어가면, (B)에서 In fact와 함께 주제문을 부연 설명하는 내용이 나온다(사실, 어느 나라도 인터넷을 한국처럼 완전히 수용한 나라는 없다). (B) 뒤에 이어지는 내용으로는 (C)에서 But과 함께 인터넷의 쉬운 접근의 대가(인터넷 중독)를 설명하고 있으므로 (C)가 적절하다. 그 뒤로 This addiction으로 이어받는 (A)가 와야 한다.
글의 전체적 흐름을 보면, 한국은 인터넷이 가장 잘 연결된 나라라는 일반적 개념에서, 그 대가로 인터넷 중독이 국가적 이슈가 되었다는 구체적 사실로 논리가 좁혀지며 전개되고 있다.

06 주어진 문장 이후에 이어질 글의 순서로 가장 적절한 것은? (18. 국가직 9급)

A technique that enables an individual to gain some voluntary control over autonomic, or involuntary, body functions by observing electronic measurements of those functions is known as biofeedback.

(A) When such a variable moves in the desired direction (for example, blood pressure down), it triggers visual or audible displays — feedback on equipment such as television sets, gauges, or lights.

(B) Electronic sensors are attached to various parts of the body to measure such variables as heart rate, blood pressure, and skin temperature.

(C) Biofeedback training teaches one to produce a desired response by reproducing thought patterns or actions that triggered the displays.

① (A)-(B)-(C) ② (B)-(C)-(A)

③ (B)-(A)-(C) ④ (C)-(A)-(B)

enable 가능하게 하다 individual 개인 voluntary 자발적인 autonomic 자율적인 involuntary 비자발적인 observe 관찰하다 electronic measurements 전자식 측정 biofeedback 생체 자기 제어(심장 박동처럼 의식적인 제어가 안 되는 체내 활동을 전자 장치로 측정하고 그 결과를 이용하여 의식적인 제어를 훈련하는 방법)
electronic sensor 전자 센서 attach 붙이다 variable 변수 heart rate 심장 박동 수 blood pressure 혈압
skin temperature 피부 온도 direction 방향 trigger 촉발하다 visual 시각적인 audible 청각의 gauge 측정기
thought pattern 생각 패턴

A technique that enables an individual to gain some voluntary control over autonomic, or involuntary, body functions by observing electronic measurements of those functions is known as ❶biofeedback.

주요 내용 / 주요 내용

(B) ❷Electronic sensors are attached to various parts of the body to measure ❸such variables as heart rate, blood pressure, and skin temperature.

(A) When ❹such a variable moves as heart rate, blood pressure, and skin temperature. in the desired direction (for example, blood pressure down), it triggers visual or audible displays — feedback on equipment such as television sets, gauges, or lights.

(C) ❺Biofeedback training teaches one to produce a desired response by reproducing thought patterns or actions that triggered the displays.

문맥의 흐름

❶biofeedback(생체 자기 제어 – 비자발적 신체 기능에 대해 전자식 측정을 관찰함으로써 자발적 통제를 얻는 기술) → ❷Electronic sensors(전자 센서 부착) → ❸such variables(여러 변수 측정) → ❹such a variable(그러한 변수들) → ❺Biofeedback training(생체 자기 제어 트레이닝)

개인이 자율적인, 혹은 비자발적인 신체 기능에 대해 이러한 기능들에 대한 전자식 측정을 관찰함으로써, 자발적인 통제를 얻게 하는 기술은 '생체 자기 제어'로 알려져 있다.

(B) 전자 센서는 심장 박동 수, 혈압, 그리고 피부 온도와 같은 변수들을 측정하기 위해서 신체의 여러 부분에 부착된다.

(A) 심장 박동 수, 혈압, 그리고 피부 온도와 같은 그러한 변수들이 원하는 방향으로 움직인다면(예를 들어, 혈압을 낮춘다든지), 이것은 볼 수 있는 혹은 들을 수 있는 표시들 – TV 수신기, 측정기, 혹은 전등과 같은 장비에 대한 반응을 유발한다.

(C) 생체 자기 제어 트레이닝은 표시들을 유발하는 생각 패턴들, 혹은 행동들을 재생산함으로써, 원하는 반응을 생산할 수 있도록 가르친다.

정답 및 해설

정답 ③

주제문에서 생체 자기 제어를 설명하고 있다(비자발적 신체 기능에 대해서 전자식 측정을 관찰함으로써 자발적 통제를 얻는 기술이다). 이어지는 문장에서는 생체 자기 제어 기술에 대한 보충 설명하는 지문이 와야 한다. 우선 (A)의 such a variable는 앞에 variable에 대한 내용이 먼저 제시되어야 하므로 넘어가야 한다. (B)에서 심장 박동, 혈압, 그리고 피부 온도와 같은 변수를 측정하기 위해서 전자 센서가 신체에 부착된다고 했으므로 주제문 다음으로 (B)가 와야 한다. 그리고 (B) 다음에는 such a variable가 포함된 (A)가 이어져야 한다. 마지막으로 신체 자기 제어 트레이닝을 설명하는 (C)가 와야 글의 순서가 올바르게 된다.

글의 전체적 흐름을 보면, 비자발적 신체 기능에 전자식 측정을 하는 것을 신체 자기 제어라고 한다는 일반적 개념에서, 전자 센서를 부착해서 변수를 측정하고 원하는 반응을 재생산하는 생체 자기 트레이닝을 설명하는 구체적 개념으로 논리가 좁혀지며 전개되고 있다.

07 주어진 문장 다음에 이어질 글의 순서로 가장 적절한 것은? (18. 지방직 9급)

Devices that monitor and track your health are becoming more popular among all age populations.

(A) For example, falls are a leading cause of death for adults 65 and older. Fall alerts are a popular gerotechnology that has been around for many years but have now improved.
(B) However, for seniors aging in place, especially those without a caretaker in the home, these technologies can be lifesaving.
(C) This simple technology can automatically alert 911 or a close family member the moment a senior has fallen.

① (B)-(C)-(A) ② (B)-(A)-(C)
③ (C)-(A)-(B) ④ (C)-(B)-(A)

device 장치, 기기 **monitor** 감시하다, 조사하다 **track** 추적하다 **population** 인구 **senior** 노인
aging in place (요양원이나 병원 등으로 주거지를 옮기지 않고) 집에서 노후 보내기 **caretaker** 돌보는 사람
lifesaving 인명 구조의 **leading cause** 주요 원인 **fall alert** 넘어짐 경보 **gerotechnology** 양로 기술
automatically 자동적으로 **alert** 알리다

지문 분석

주요 내용 / 주요 내용

Devices that monitor and track your health are ❶becoming more popular among all age populations.

시그널 / 주요 내용

(B) However, for seniors aging in place, especially those without a caretaker in the home, these technologies ❷can be lifesaving.

시그널 / 주요 내용

(A) For example, falls are a leading cause of death for adults 65 and older. ❸Fall alerts are a opular gerotechnology that has been around for many years but have now improved.

시그널 / 주요 내용

(C)❹This simple technology can automatically alert 911 or a close family member the moment a senior has fallen.

문맥의 흐름

❶becoming more popular among all age populations(건강 장치가 모든 연령에 인기) → ❷Ecan be lifesaving(노인들에게는 생명을 구할 수 있다) → ❸Fall alerts(예 – 낙상 경보) → ❹This simple technology(이 간단한 기술)

해석

당신의 건강을 감시하고 추적하는 장치들이 모든 연령의 인구 집단에서 점점 더 인기를 얻고 있다.
(B) 하지만 집에서 노후를 보내는 노인들, 특히 집에 돌보는 사람이 없는 이들에게는, 이러한 기술들은 생명을 살리는 것이 될 수 있다.
(A) 예를 들어, 65세 이상의 성인에게 낙상(넘어짐)은 사망의 주된 원인이다. 낙상(넘어짐) 경보는 여러 해 동안 있어 왔지만 이제야 개선된 인기 있는 양로 기술이다.
(C) 이 간단한 기술은 노인이 넘어진 바로 그 순간에 911이나 가까운 가족 구성원에게 자동으로 알릴 수 있다.

정답 및 해설

정답 ②

주제문에서 건강을 감시하고 추적하는 장치들이 모든 연령에서 인기를 얻고 있다고 설명하고 있다. (A)의 For example은 앞에 설명한 내용을 예시로 들어서 부연하거나 강조할 때 사용하므로 넘어가야 한다. (B)의 these techniques는 주제문에 제시된 devices를 받고 있으므로 주제문 바로 뒤에 (B)(이러한 기술은 노인들에게는 생명을 살릴 수 있다)가 이어져야 한다. (B) 다음으로 these techniques의 예시를 드는 (A)(예를 들어 – 낙상 경보)가 이어지고, 마지막으로 낙상 경보를 받아 주는 지시대명사 This simple technology가 있는 (C)가 이어져야 가장 적절하다.
글의 전체적 흐름을 보면, 건강 장치가 모든 연령대에 인기가 있다는 일반적 사실에서 노인들에게는 인명을 구할 수 있고, 그 예로 낙상 경보가 있다는 구체적 예시로 논리가 좁혀지며 전개되고 있다.

08 다음 글을 문맥에 맞게 순서대로 배열한 것은? (17. 서울시 9급)

㉠ Millions of people suffering from watery and stinging eyes, pounding headaches, sinus issues, and itchy throats, sought refuge from the debilitating air by scouring stores for air filters and face masks.
㉡ The outrage among Chinese residents and the global media scrutiny impelled the government to address the country's air pollution problem.
㉢ Schools and businesses were closed, and the Beijing city government warned people to stay inside their homes, keep their air purifiers running, reduce indoor activities, and remain as inactive as possible.
㉣ In 2013, a state of emergency in Beijing resulting from the dangerously high levels of pollution led to chaos in the transportation system, forcing airlines to cancel flights due to low visibility.

① ㉡-㉠-㉣-㉡ ② ㉡-㉢-㉣-㉠
③ ㉣-㉡-㉢-㉠ ④ ㉣-㉢-㉠-㉡

어휘

state of emergency 비상사태 result from ~로부터 야기하다 pollution 오염 chaos 혼란, 혼동 visibility 가시성
purifier 공기 청정기 inactive 활동하지 않는 watery 물기가 많은 stinging 따끔거리는
ponding headache 지끈거리는 두통 sinus 부비강(두개골 속의, 코 안쪽으로 이어지는 구멍) itchy 가려운
seek refugee 피난처를 찾다 debilitating 쇠약하게 만드는 scour 샅샅이 뒤지다 air filter 공기 정화기
outrage 분노, 격노 scrutiny 정밀 조사 impel ~하게 만들다 address 다루다

지문 분석

ⓡ In 2013, ❶a state of emergency in Beijing resulting from the dangerously high levels of pollution led to chaos in the transportation system, forcing airlines to cancel flights due to low visibility.

ⓒ ❷Schools and businesses were closed, and the Beijing city government warned people to stay inside their homes, keep their air purifiers running, reduce indoor activities, and remain as inactive as possible.)

㉠ Millions of people suffering from watery and stinging eyes, pounding headaches, sinus issues, and itchy throats, ❸sought refuge from the debilitating air by scouring stores for air filters and face masks.

ⓛ ❹The outrage among Chinese residents and the global media scrutiny impelled the government to address the country's air pollution problem.

(주요 내용: a state of emergency, high levels of pollution, Schools and businesses were closed, sought refuge / 시그널·주요 내용: The outrage)

문맥의 흐름

❶a state of emergency(오염으로 비상사태) → ❷Schools and businesses were closed(학교와 회사들은 문을 닫음) → ❸sought refuge(수백만 명이 피난처를 찾음) → ❹The outrage(이 분노)

해석

ⓡ 2013년에, 위험하게 높은 수준의 오염의 결과인 베이징의 비상사태는 낮은 가시성 때문에 비행기 운행을 취소시키면서, 교통 시스템의 혼란을 야기시켰다.
ⓒ 학교와 회사들은 문을 닫았고, 베이징 정부는 사람들이 집에 머물고, 공기 청정기를 돌리고, 실내 활동을 줄이고, 가능한 한 움직이지 않도록 경고했다.
㉠ 눈이 물기가 많고 따끔거리는 것, 지끈거리는 두통, 비염, 목이 간지러운 것으로부터 고통받는 수백만 명의 사람들은 공기 청정기와 마스트를 위해 가게들을 샅샅이 뒤짐으로써 쇠약하게 만드는 공기로부터 피난처를 찾았다.
ⓛ 중국인 거주민들 사이에서의 분노와 세계 언론의 조사가 정부로 하여금 그 나라의 공기 오염 문제를 다루게 했다.

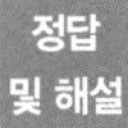

정답 및 해설

정답 ④

주제문이 제시되지 않은 문제 유형의 경우, 가장 중요한 것이 주제문을 찾는 것이다. 이때 보기를 먼저 보는 것이 선택의 폭을 줄이는 데 도움이 된다. 보기를 보면 ⓛ과 ⓡ로 시작하는 보기가 두 개씩 있다. ⓛ을 먼저 보면, the outrage(그 분노)와 같이 정관사를 포함하는 명사는 앞에 나오는 명사를 대신할 때 사용하므로, ⓛ으로 시작하는 보기인 ①과 ②는 소거한다. 주제문은 자연스럽게 ⓡ(높은 오염으로 인한 베이징의 비상사태는 항공기 운항을 취소시켰다)이 된다. ⓡ 다음으로 이어지는 보기가 ⓛ과 ⓒ이 있는데, ⓛ에서 the outrage는 그 앞에 받을 만한 명사가 여전히 없으므로 ⓒ(학교와 회사들이 문들 닫았다)이 와야 하고, 그 뒤로 ㉠(고통을 당하는 수백만의 사람들이 공기 청정기와 마스크를 찾기 위해 가게들을 샅샅이 뒤졌다)이 이어지고, 마지막으로 ⓛ(그 분노는 정부로 하여금 공기 오염 문제를 다루게 하였다)이 이어져야 가장 적절하다.
글의 전체적 흐름을 보면, 베이징의 환경오염으로 비상사태가 선포되어 비행기가 취소되었다는 일반적 사실에서 학교와 기업이 정지되고 수백만 명이 피난처를 찾았고 그러한 분노가 정부를 압박했다는 구체적 사실로 논리가 좁혀지며 전개되고 있다.

09 주어진 글 이후에 이어질 글의 순서로 가장 적절한 것은? (17. 국가직 9급)

Through the ages, industrious individuals have continuously created conveniences to make life easier. From the invention of the wheel to the light bulb, inventions have propelled society forward.

(A) In addition, interactive media can be used to question a lecturer or exchange opinions with other students via e-mail. Such computerized lectures give students access to knowledge that was previously unavailable.

(B) One recent modern invention is the computer, which has improved many aspects of people's lives. This is especially true in the field of education. One important effect of computer technology on higher education is the availability of lectures.

(C) As a result of the development of computer networks, students can obtain lectures from many universities in real time. They are now able to sit down in front of a digital screen and listen to a lecture being given at another university.

① (A)-(B)-(C) ② (B)-(C)-(A)

③ (C)-(A)-(B) ④ (C)-(B)-(A)

industrious 부지런한, 근면한, 노력하는 continuously 지속적으로 convenience 편의, 편리 invention 발명, 발명품 wheel 바퀴 light bulb 백열 전구 propel 추진하다, ~을 나아가게 하다 aspect 측면 availability 이용 가능성 as a result of ~의 결과로 in real time 실시간으로 in addition 게다가 interactive media 대화형 미디어, 쌍방향 미디어 access 접근, 출입, 이용 previous 이전에는

지문 분석

Through the ages, industrious individuals have continuously created conveniences to make life easier. From the invention of the wheel to the light bulb, ❶inventions have propelled society forward. 주요 내용

(B) ❷One recent modern invention is the computer, which has improved many aspects of people's lives. This is especially true in the field of education. One important effect of computer technology on higher education is the availability of ❸lectures. 주요 내용 시그널 주요 내용

(C) As a result of the development of computer networks, ❹students can obtain lectures from many universities in real time. They are now able to sit down in front of a digital screen and listen to a lecture being given at another university. 주요 내용 시그널

(A) In addition, ❺interactive media can be used to question a lecturer or exchange opinions with other students via e-mail. Such computerized lectures give students access to knowledge that was previously unavailable. 시그널 주요 내용

문맥의 흐름 ❶inventions have propelled society forward(발명이 사회를 진전시킴) → ❷One recent modern invention is the computer(최근의 발명 중 하나 – 컴퓨터) → ❸lectures(강의에 활용) → ❹students can obtain lectures from many universities in real time(실시간 강의) → ❺interactive media (쌍방향 미디어)

해석 몇 대에 걸쳐, 부지런한 사람들은 지속적으로 삶을 더 쉽게 만들도록 편리한 것들을 만들어 왔다. 바퀴의 발명부터 전구까지, 발명들은 사회를 앞으로 나아가게 해 왔다.

(B) 최근의 현대적 발명 중 하나인 컴퓨터는 사람들의 삶의 많은 양상들을 개선해 왔다. 이것은 특히 교육 분야에서 그렇다. 고등 교육에 미친 컴퓨터 기술의 중요한 한 가지 영향은 강의의 이용 가능성이다.

(C) 컴퓨터 네트워크 발달의 결과로, 학생들은 많은 대학들로부터 강의를 실시간으로 들을 수 있다. 그들은 이제 디지털 화면 앞에 앉아서 다른 대학에서 진행되고 있는 강의를 들을 수 있다.

(A) 게다가, 쌍방향 미디어는 이메일을 통해서 강연자에게 질문하거나 다른 학생들과 의견을 교환하는 데에 사용될 수 있다. 이러한 컴퓨터화된 강의들은 학생들에게 이전에는 불가능했던 지식으로의 접근을 제공한다.

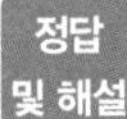

정답 및 해설

정답 ②

이 글의 주제문은 '발명은 사회를 앞으로 나아가게 해 왔다'이다. 이어지는 글에서는 이러한 발명의 구체적인 사례가 들어간 문장이 수반되어야 한다. (A)의 In addition은 앞에 무언가를 설명하고, 추가 나열할 때 사용하는 접속부사이므로 넘어가야 한다. 주제문 다음 내용으로는 (B)(최근 발명 중의 하나인 컴퓨터는 강의에 활용된다)가 적절하고, 그 다음 문장으로는 강의에서 컴퓨터가 어떻게 활용되는지를 설명하는 (C)(실시간으로 강의를 들을 수 있다)가 적절하고, 마지막으로는 (A)(상호미디어는 소통을 가능하게 한다)가 이어져야 글의 순서가 가장 적절하다.

글의 전체적 흐름을 보면, 발명이 사회를 전진시켰다는 추상적 개념에서 최근 발명의 하나의 예가 컴퓨터이고, 컴퓨터가 강의에서 활용되어서 다른 대부분의 실시간 강의를 듣는 것을 가능하게 했고, 쌍방향 미디어를 통해서 질문자가 의견 교환을 하는 데 사용될 수 있다는 구체적 개념으로 논리가 좁혀지며 전개되고 있다.

10 주어진 글 다음에 이어질 글의 순서로 가장 적절한 것은? (17. 국가직 9급)

The most innovative of the group therapy approaches was psychodrama, the brainchild of Jacob L. Moreno. Psychodrama as a form of group therapy started with premises that were quite alien to the Freudian worldview that mental illness essentially occurs within the psyche or mind.

(A) But he also believed that creativity is rarely a solitary process but something brought out by social interactions. He relied heavily on theatrical techniques, including role-playing and improvisation, as a means to promote creativity and general social trust.

(B) Despite his theoretical difference from the mainstream viewpoint, Moreno's influence in shaping psychological consciousness in the twentieth century was considerable. He believed that the nature of human beings is to be creative and that living a creative life is the key to human health and wellbeing.

(C) His most important theatrical tool was what he called role reversal — asking participants to take on another's persona. The act of pretending as if' one were in another's skin was designed to help bring out the empathic impulse and to develop it to higher levels of expression.

① (A)-(C)-(B) ② (B)-(A)-(C)

③ (B)-(C)-(A) ④ (C)-(B)-(A)

innovative 혁신적인 group therapy 집단 치료 psychodrama 심리극 brainchild 두뇌의 소산 premise 전제 alien 생경한, 이질적인 worldview 세계관 mental 정신의 illness 질병, 병 psyche 마음, 정신 theoretical 이론적인 mainstream viewpoint 주류 관점 psychological 심리적인 consciousness 의식 wellbeing 복지 solitary 혼자의 social interaction 사회적 상호작용 theatrical techniques 연극기법 improvisation 즉흥 연기 role reversal 역할 바꾸기 persona 모습 pretend ~인 체하다 bring out 끌어내다 empathic 감정 이입의 impulse 충동, 자극

지문 분석

The most innovative of the group therapy approaches was ❶psychodrama(주요 내용), the brainchild of Jacob L. Moreno. Psychodrama as a form of group therapy started with premises that were ❷quite alien to the Freudian worldview(주요 내용) that mental illness essentially occurs within the psyche or mind.

(B) ❸Despite his theoretical difference(시그널) from the mainstream viewpoint(주요 내용), Moreno's influence in shaping psychological consciousness in the twentieth century was considerable. He believed that the nature of human beings is to be ❹creative(주요 내용) and that living a creative life is the key to human health and wellbeing.

(A) But he also believed that ❺creativity(주요 내용, 시그널) is rarely a solitary process but something brought out by social interactions. He relied heavily on ❻theatrical techniques(주요 내용), including role-playing and improvisation, as a means to promote creativity and general social trust.

(C) ❼His most important(주요 내용) theatrical tool(시그널) was what he called ❽role reversal(주요 내용) — asking participants to take on another's persona. The act of pretending as if' one were in another's skin was designed to help bring out the empathic impulse and to develop it to higher levels of expression.

문맥의 흐름

❶psychodrama(집단 치료 기법 – 사이코 드라마) → ❷quite alien to the Freudian worldview(프로이드 세계관에는 생경함) → ❸Despite his theoretical difference from the mainstream viewpoint(이론적 차이에도 불구하고 영향력 컸음) → ❹creative(창의성이 중요하다고 믿음) → ❺creativity(창의성) → ❻theatrical techniques(창의성을 높이기 위해서 연극적 기법 이용) → ❼His most important theatrical tool(그의 가장 중요한 연극적 도구) → ❽role reversal(역할 바꾸기)

해석 가장 혁신적인 집단 치료 접근법은 Jacob L. Moreno가 만든 사이코 드라마이다. 집단 치료의 한 형태로서 사이코 드라마는 정신 질환이 기본적으로 정신 혹은 마음 속에서 발생한다는 프로이드 세계관에는 꽤나 생경한 전제를 가지고 시작되었다.

(B) 주류 관점과의 그의 이론적 차이에도 불구하고, 20세기 심리학적 인식의 형성에 있어서 Moreno의 영향력은 꽤 컸다. 그는 인간의 천성은 창의적이고자 하고, 창의적인 삶을 사는 것이 인간의 건강과 복지에 핵심이라고 믿었다.

(A) 그러나 그는 창의성은 거의 독립적인 과정이 아니며, 사회적 상호 작용에 의해서 발휘된 무엇인가라는 것을 또한 믿었다. 그는 창의성과 일반적인 사회적 신뢰를 높이기 위한 수단으로써, 롤플레이나 즉흥 연기를 포함하는 연극적 기법에 크게 의존했다.

(C) 그의 가장 중요한 연극적 도구는 그가 역할 바꾸기라고 불렀던 것인데, 참여자들에게 다른 사람의 모습을 하도록 요청하는 것이다. 어떤 사람이 다른 사람의 몸속에 들어가 있는 것처럼 연기하는 행위는 공감적 자극을 끌어내도록 돕고, 이를 보다 높은 수준의 표현으로 발전시키도록 만들어졌다.

정답 및 해설

정답 ②

이 글의 주제문은 '가장 혁신적인 집단 치료법은 Moreno의 사이코 드라마인데, 이것은 프로이드 세계관에는 꽤나 생경했다'이다. (A)에는 But이 포함되어 있는데, 이는 앞 문장과 뒤 문장의 역접의 관계를 나타낼 때 사용하므로 넘어가야 한다. 주제문에서 'Moreno의 사이코 드라마는 프로이드 세계관에는 생경했다'라는 문구를 그대로 받아 주는 (B) Despite his theoretical difference from the mainstream viewpoint(주류 관점과의 그의 이론적 차이에도 불구하고)가 이어져야 한다. (B)에서 창의성이 건강과 복지의 핵심이라 주장했고, 그 뒤로 (A)에서 creativity가 나오므로 바른 연결이 된다(창의성은 사회적 상호작용에 의해서 발휘되는데, 창의성을 높이기 위해서 연극적 기법에 의존했다). 그리고 마지막으로 (A)에서의 theatrical techniques(연극적 기법)를 그대로 받아 주는 His most important theatrical tool(그의 가장 중요한 연극적 도구)이 포함된 (C)(가장 중요한 연극적 도구는 역할 바꾸기였다)가 이어져야 가장 적절하다.

11 다음 글의 흐름으로 보아 〈보기〉 문장 뒤에 이어질 글의 순서로 가장 적절한 것은? (20. 경찰직 1차)

Ankle and heel pain are the most common ailments seen by foot doctors, especially among runners and those who play sprinting sports, such as basketball or tennis.

㉠ Above all, it is most important to rest and take it easy until the injury fully heals.
㉡ While some injuries to the foot are serious and may require a trip to the doctor's office, most minor sprains can be treated at home.
㉢ They also suggest keeping the foot elevated when possible and making sure to wear comfortable shoes with plenty of support.
㉣ Sports physicians recommend icing the bruised area, gently stretching and massaging the foot, and taking anti-inflammatory drugs to help alleviate the pain.

① ㉣-㉡-㉠-㉢ ② ㉡-㉠-㉣-㉢
③ ㉢-㉡-㉣-㉠ ④ ㉡-㉣-㉢-㉠

ankle 발목 heel 발뒤꿈치 ailment 질병 foot doctor 족부 전문의 sprint 전력 질주를 하다 injury 부상 trip 방문 sprain 염좌 bruised 멍든 anti-inflammatory 소염제의 alleviate 완화하다 elevate 높이 올리다 support 깔창

지문 분석

주요 내용 / 주요 내용

①Ankle and heel pain are the most common ailments seen by ②foot doctors, especially among runners and those (who play sprinting sports, such as basketball or tennis.

주요 내용 / 주요 내용

ⓛ While some injuries to the foot are serious and may require a trip to the ③doctor's Office, ④most minor sprains can be treated at home.

주요 내용

㉣ ⑤Sports physicians recommend icing the bruised area, gently stretching and massaging the foot, and taking anti-inflammatory drugs to help alleviate the pain.

주요 내용 / 시그널

㉢ ⑥They also suggest keeping the foot elevated when possible and making sure to wear comfortable shoes with plenty of support.

시그널 / 주요 내용

㉠ Above all, it is most important to ⑦rest and take it easy until the injury fully heals.

문맥의 흐름

①Ankle and heel pain(발목과 발뒤꿈치 통증) → ②foot doctors(전문의에게 진찰받는 가장 흔한 질병) → ③doctor's Office(일부는 병원 방문 필요) → ④most minor sprains can be treated at home(대부분은 집에서 치료될 수 있음) → ⑤Sports physicians recommend(스포츠 의사들은 얼음 찜질 권고) → ⑥They also suggest(그들은 또한 발을 높이 올릴 것을 제안) → ⑦rest and take it easy(무엇보다 휴식이 중요)

해석 발목과 발뒤꿈치 통증은 족부 전문의에게 진찰받는 가장 흔한 질병인데, 육상선수들 그리고 농구나 테니스 같은 전력 질주 운동을 하는 사람들 사이에서 특히 그렇다.

ⓛ 일부 발 부상은 심각해서 진료실 방문이 필요할 수도 있지만, 대부분의 가벼운 염좌는 집에서 치료될 수 있다.

㉣ 스포츠 의사는 멍든 부분을 얼음 찜질하고 발을 부드럽게 스트레칭해 주며 마사지할 것, 그리고 통증 완화를 돕기 위해 소염제를 복용할 것을 권장한다.

㉢ 또한 그들은 가능하면 발을 계속 높이 올릴 것과 충분한 깔창을 끼운 편한 신발을 반드시 신을 것을 제안한다.

㉠ 무엇보다, 부상이 완전히 치료될 때까지 휴식을 취하고 마음을 편하게 하는 것이 매우 중요하다.

정답 및 해설

정답 ④

이 글의 주제문은 '발목과 발뒤꿈치 통증은 족부 전문의에게 진찰받는 가장 흔한 질병이다'이다. 주제문 바로 뒤에 이어지는 글은 ⓛ(대부분의 가벼운 염좌는 집에서 치료할 수 있다)이어야 한다. 그 뒤로는 보기를 보면 ㉠과 ㉣이 연결되는 선택지가 있는데, ㉠의 Above all(무엇보다도)는 모든 것을 설명한 후에 마지막으로 가장 중요한 것을 언급할 때 사용하는 연결어이므로 정답이 될 수 없다. 따라서 정답은 ④ ⓛ – ㉣ – ㉢ – ㉠이 자동적으로 된다.

글의 흐름을 살펴보면, 주제문과 ⓛ 다음에 ㉣(스포츠 의사들은 얼음 찜질, 마사지, 소염제를 권장하고 있다)이 와야 하고 그 뒤로는 ㉢(그들은 또한 발을 높이 올리고, 깔창을 끼운 편한 신발을 제안한다)이 오고 마지막으로 ㉠(무엇보다도, 휴식과 편안한 마음이 중요하다)이 이어지는 것이 가장 적절하다.

글의 전체적 흐름을 보면, 발목과 발뒤꿈치 통증은 족부 전문의에게 진찰받는 가장 흔한 질병이라는 일반적 사실에서, 일부는 병원에 가야 하지만 대부분은 가정에서 치료가 가능한데, 스포츠 의사들은 얼음 찜질과 발을 높이 들 것을 권장하고 무엇보다도 휴식이 중요하다고 구체적으로 부연 설명하는 식으로 전개되고 있다.

12 주어진 글 다음에 이어질 글의 순서로 가장 적절한 것은? (20. 소방직 9급)

In World War II, Japan joined forces with Germany and Italy. So there were now two fronts, the European battle zone and the islands in the Pacific Ocean.

(A) Three days later, the United States dropped bombs on another city of Nagasaki. Japan soon surrendered, and World War II finally ended.
(B) In late 1941, the United States, Britain and France participated in a fight against Germany and Japan ; the U.S. troops were sent to both battlefronts.
(C) At 8:15 a.m. on August 6, 1945, a U.S. military plane dropped an atomic bomb over Hiroshima, Japan. In an instant, 80,000 people were killed. Hiroshima simply ceased to exist. The people at the center of the explosion evaporated. All that remained was their charred shadows on the walls of buildings.

① (A)-(B)-(C) ② (B)-(A)-(C)
③ (B)-(C)-(A) ④ (C)-(A)-(B)

force 세력 front 전선, 전쟁터 battle zone 전쟁터 pacific 태평양의 battlefront 전선 atomic bomb 원자폭탄 cease 중단하다 exist 존재하다 explosion 폭발 evaporate 증발하다 charred 그을린 shadow 그림자 surrender 항복하다

지문 분석

주요 내용

❶In World War II, Japan joined forces with Germany and Italy. So there were now two fronts, the European battle zone and the islands in the Pacific Ocean.

시그널 / 주요 내용

(B) In late 1941, the ❷United States, Britain and France participated in a fight against Germany and Japan; the U.S. troops were sent to both battlefronts.

시그널 / 주요 내용

(C) At 8:15 a.m. on August 6, 1945, a U.S. military plane dropped an atomic bomb over ❸Hiroshima In an instant, 80,000 people were killed. Hiroshima simply ceased to exist. The people at the center of the explosion evaporated. All (that remained) was their charred shadows on the walls of buildings.

시그널 / 주요 내용

(A) Three days later the United States dropped bombs on ❹another city of Nagasaki. Japan soon surrendered, and World War II finally ended.

문맥의 흐름

❶In World War II, Japan joined forces with Germany and Italy(제2차 세계 대전에서 일본이 독일과 이탈리아 세력에 동참) → ❷United States, Britain and France(1941년에 미국 참전) → ❸Hiroshima(1945년 히로시마에 원자폭탄 투하) → ❹another city of Nagasaki(3년 후 나가사키라는 또 다른 도시에 원자폭탄 투하)

해석 제2차 세계 대전에서 일본은 독일과 이탈리아 세력에 동참했다. 그래서 마침내 유럽의 전투 지역과 태평양의 섬들이라는 두 개의 전선이 있게 되었다.
(B) 1941년 후반, 미국과 영국 그리고 프랑스는 독일과 일본에 대항하는 전투에 참여했다; 미국의 군대는 두 군데의 전선에 보내졌다.
(C) 1945년 8월 6일 오전 8시 15분, 미국의 군용기가 일본의 히로시마에 원자폭탄을 투하했다. 순식간에 80,000명의 사람들이 목숨을 빼앗겼다. 히로시마는 그저 더 이상 존재하지 않았다. 폭발의 중심에 있던 사람들은 증발되었다. 남아 있는 것이라고는 건물 벽에 있는 그들의 그을린 그림자뿐이었다.
(A) 3일 후, 미국은 나가사키라는 또 다른 도시에 폭탄을 투하했다. 곧 일본은 항복했고 제2차 세계 대전은 마침내 종식되었다.

정답 및 해설

정답 ③

이 글의 주제문은 '2차 세계 대전에 일본은 독일과 이탈리아 세력에 동참했다'이다. 주제문 다음 지문을 선택하는 것이 중요한데, 이 글은 시간 부사가 중요한 단서가 된다. 우선 (A)의 Three year later는 앞에 구체적인 연도가 언급되고 그 뒤에 사용되는 부사이고, another city라는 표현도 앞에 하나의 도시가 언급되고 그 뒤에 '또 다른 도시'라는 표현이 와야 하므로 넘어간다. 남아 있는 (B)와 (C) 중에서 (B)는 시간 부사로 1941년이 포함되어 있고, (C)는 시간 부사가 1945년이므로 (B)가 앞선다. 따라서 정답은 ③ (B) – (C) – (A)가 된다.
지문의 흐름을 살펴보면, 주제문 다음으로 (B)(1941년 후반에 미국, 영국, 프랑스가 전투에 참여했다)가 오고 그 다음으로는 (C)(1945년에 미국은 히로시마에 원자폭탄을 투하했다), 마지막으로 (A)(3일 후 또 다른 도시인 나가사키에 폭탄을 투하하고 세계 대전은 종식되었다)가 이어져야 가장 적절하다.

13 주어진 글 다음에 이어질 글의 순서로 가장 적합한 것은? (20. 소방직 9급)

Thunderstorms are extremely common in many parts of the world, for example, throughout most of North America. Updrafts of warm air set off these storms.

(A) This more buoyant air then rises and carries water vapor to higher altitudes. The air cools as it rises, and the water vapor condenses and starts to drop as rain. As the rain falls, it pulls air along with it and turns part of the draft downward.

(B) An updraft may start over ground that is more intensely heated by the sun than the land surrounding the area. Bare, rocky, or paved areas, for example, usually have updrafts above them. The air in contact with the ground heats up and thus becomes lighter, more buoyant, than the air surrounding it.

(C) The draft may turn upward again and send the rain churning around in the cloud. Some of it may freeze to hail. Sooner or later, the water droplets grow heavy enough to resist the updrafts and fall to the ground, pulling air in the form of downdrafts with them.

① (A)-(C)-(B) ② (B)-(A)-(C)

③ (B)-(C)-(A) ④ (C)-(A)-(B)

thunderstorm 뇌우 updraft 상승 기류 set off 유발하다, 일으키다 surrounding 주위를 에워싼 bare 헐벗은 rocky 바위가 많은 paved 포장된 buoyant 부력이 있는 vapor 수증기 altitude 고도 condense 응결하다 churn 세차게 움직이다 freeze 얼다 hail 우박 sooner or later 조만간에 droplet 물방울 resist 저항하다 downdraft 하강 기류

주요 내용
Thunderstorms are extremely common in many parts of the world, for example, throughout most of North America. ❶Updrafts of warm air set off these storms.

(B) ❷An updraft may start over ground that is more intensely heated by the sun than the land surrounding the area. Bare, rocky, or paved areas, for example, usually have updrafts above them. The air in contact with the ground heats up and thus becomes lighter, ❸more buoyant, than the air surrounding it.

(A) ❹This more buoyant air then rises and carries water vapor to higher altitudes. The air cools as it rises, and the water vapor condenses and starts to drop as rain. As the rain falls, it pulls air along with it and ❺turns part of the draft downward.

(C) The draft may turn upward again and send the rain churning around in the cloud. Some of it may ❻freeze to hail. Sooner or later, the water droplets grow heavy enough to resist the updrafts and fall to the ground, ❼pulling air in the form of downdrafts with them.

문맥의 흐름

❶Updrafts of warm air set off these storms(따뜻한 공기의 상승은 폭풍우 유발) → ❷An updraft → ❸more buoyant(상승 기류는 더 부력이 있음) → ❹This more buoyant air(이 부력 있는 공기는 상승하면서 차가워지고 응결되어 비로 떨어짐) → ❺turns part of the draft downward(기류의 일부를 아래로 향하게 함) → ❻freeze to hail(일부는 얼어서 우박이 됨) → ❼pulling air in the form of downdrafts(하강 기류의 형태로 공기를 끌어내림)

해석 뇌우는 세계의 많은 지역에서, 예를 들어 북아메리카 대부분의 전역에서 아주 흔하다. 따뜻한 공기의 상승 기류는 이러한 폭풍우들을 유발한다.

(B) 상승 기류는 그 지역 주변의 땅보다 태양에 의해 더 강렬하게 데워진 지면 위에서 시작될 수 있다. 예를 들어 헐벗고, 바위가 많거나, 혹은 포장된 지역에는 보통 그 위에 상승 기류가 있다. 지면과 접촉한 이 공기는 데워지고 따라서 그 주변의 공기보다 더 가볍고 부력이 있게 된다.
(A) 더 많은 부력이 있는 이 공기는 그 후에 상승하며 수증기를 더 높은 고도로 가지고 간다. 이 공기는 상승하면서 차가워지고, 수증기는 응결되어 비로 떨어지기 시작한다. 비가 떨어지면서 이것은 공기를 함께 끌어당기고 기류의 일부가 아래쪽으로 향하게 한다.
(C) 이 기류는 다시 위쪽으로 향해서 비가 구름 안에서 세차게 움직이게 할 수 있다. 이것들 중 일부는 얼어서 우박이 될 것이다. 머지않아, 물방울은 상승 기류에 저항하기에 충분할 만큼 무거워지고 땅으로 떨어지면서 하강 기류의 형태로 있는 공기를 끌어내린다.

정답 및 해설

정답 ②

주제문에서 따뜻한 공기의 상승 기류가 뇌우를 유발한다고 언급했다. 주제문 바로 뒤에 이어지는 문장을 찾는 것이 중요한데, (A)의 This more buoyant air는 그 지문 앞에 buoyant air에 대한 설명이 나와야 지시대명사로 받을 수 있으므로 적절하지 않다. 그리고 (B)와 (C) 중에서는 (B)의 An updraft가 (C)의 The draft보다는 앞서야 하므로, 주제문 바로 뒤에 이어지는 지문은 (B)가 되어야 한다.
지문의 흐름을 살펴보면, (B)(상승 기류는 주변보다 더 데워진 지면 위에서 시작되고, 공기가 데워지면서 주변 공기보다 더 가볍고 부력이 있게 된다)가 오고, (B) 다음에 연결되는 지문으로는 (B)의 more buoyant를 받아 주는 This more buoyant air가 있는 (A)(이 부력이 있는 공기는 수증기를 높이 상승시키고, 공기가 상승하면서 차가워져서 비로 떨어진다)가 적절하다. 그리고 (A)의 마지막의 turns part of the draft downward(이 기류의 일부를 아래쪽으로 향하게 하다)를 받아 주는 The draft를 포함한 (C)(이 기류는 다시 위쪽으로 향해서 구름 안에서 세차게 움직이고, 비의 일부는 우박이 되고 곧 충분히 무거워져서 하강 기류의 공기를 아래로 끌어내린다)로 이어져야 가장 적절하다.

14 주어진 글 다음에 이어질 글의 순서로 가장 적절한 것은? (20. 법원직 9급)

As cars are becoming less dependent on people, the means and circumstances in which the product is used by consumers are also likely to undergo significant changes, with higher rates of participation in car sharing and short-term leasing programs.

(A) In the not-too-distant future, a driverless car could come to you when you need it, and when you are done with it, it could then drive away without any need for a parking space. Increases in car sharing and short-term leasing are also likely to be associated with a corresponding decrease in the importance of exterior car design.
(B) As a result, the symbolic meanings derived from cars and their relationship to consumer self-identity and status are likely to change in turn.
(C) Rather than serving as a medium for personalization and self-identity, car exteriors might increasingly come to represent a channel for advertising and other promotional activities, including brand ambassador programs, such as those offered by Free Car Media.

① (A)-(C)-(B) ② (B)-(C)-(A)
③ (C)-(A)-(B) ④ (C)-(B)-(A)

어휘

dependent 의존적인 means 수단 circumstance 환경 undergo 겪다 significant 상당한 not-too-distant 머지않은 driverless 운전자 없는 be associated with ~와 관련되다 corresponding 상응하는 rather than ~대신에 medium 매체 promotional 홍보용 brand ambassador 브랜드 대사 derive from ~에서 파생하다 self-identity 자아 정체성 status 신분 in turn 차례로

지문 분석

As cars are becoming less dependent on people, the means and circumstances in which the product is used by consumers are also likely to undergo significant changes, with ❶higher rates of participation in car sharing and short-term leasing programs. (주요 내용)

(A) In the not-too-distant future, a driverless car could come to you when you need it, and when you are done with it, it could then drive away without any need for a parking space. (시그널) Increases in car sharing and short-term leasing are also likely to be associated with a corresponding (주요 내용) ❷decrease in the importance of exterior car design.
(C) Rather than serving as a medium for personalization and self-identity, car exteriors might increasingly come to represent (주요 내용) ❸a channel for advertising and other promotional activities, including brand ambassador programs, such as those offered by Free Car Media.
(B) (시그널) As a result, the (주요 내용) ❹symbolic meanings derived from cars and their relationship to consumer self-identity and status (주요 내용) are likely to change in turn.

문맥의 흐름

❶higher rates of participation in car sharing and short-term leasing programs(카셰어링과 단기 임대 프로그램의 높은 참여) → ❷decrease in the importance of exterior car design(자동차 외부 디자인의 중요성 감소와 관련) → ❸a channel for advertising and other promotional activities(외부 디자인은 광고와 다른 홍보 수단이 될 것임) → ❹symbolic meanings(상징적 의미는 변할 것)

해석 자동차가 사람에 덜 의존함에 따라, 카셰어링과 단기 임대 프로그램에 대한 참여율이 높아지면서 제품이 소비자에 의해 사용되는 수단과 환경 또한 상당한 변화를 겪을 것 같다.

(A) 머지않은 미래에, 당신이 운전자가 없는 차가 필요할 때 그것이 당신에게 올 수 있고, 당신이 그것을 다 쓰면, 주차할 필요 없이 사라질 수 있을 것이다. 카셰어링과 단기 임대의 증가는 또한, 상응하는 자동차 외부 디자인의 중요성의 감소와 관련될 것 같다.
(C) 자동차 외관은 개인화와 자아 정체성을 위한 매개체의 역할을 하기보다는, 점점 더 Free Car Media에서 제공되는 것들과 같은 브랜드 홍보대사 프로그램을 포함해, 광고 및 다른 홍보 활동을 위한 수단에 해당하게 될지도 모른다.
(B) 결과적으로, 자동차에서 파생된 상징적 의미와 소비자의 자아 정체성과 지위와 그들(상징적 의미)의 관계는 차례로 변화할 것 같다.

정답 및 해설

정답 ①

이 글은 주제문(카셰어링과 단기 임대 프로그램의 참여도가 높아지면서 자동차가 소비자에 의해 사용되는 수단과 환경도 변화를 겪을 것이다)을 제시하고, 주제문 바로 뒤에 이어지는 지문으로는 주제문에서 사용된 소재인 카셰어링과 단기 임대 프로그램을 포함하고 있는 (A)(카셰어링과 단기 임대의 증가는 자동차 외부 디자인의 중요성의 감소와 관련될 것이다)가 적절하다. 그리고 그 뒤로는 (A)에서 언급한 자동차 외부 디자인에 관한 지문인 (C)(자동차 외관은 광고나 홍보로 사용될 것이다)가 이어지고, 마지막으로 As a result를 포함하고 있는 (B)(자동차에서 파생된 상징적 의미도 변할 것이다)가 이어지면 가장 적절하다.

15 주어진 글 다음에 이어질 글의 순서로 가장 적절한 것은? (17. 국회직 9급)

Do the words we use affect our thoughts and actions? The answer may lie in a remote part of northeastern Australia.

(A) According to Boroditsky, Kuuk Thaayorre, the language of the Cape York Australian aboriginals, relies exclusively on absolute directional references, unlike English. Like English, Kuuk Thaayorre has words for "north," "south," and so on. Unlike English, Kuuk Thaayorre lacks words for relative directional references, such as "left" and "right."

(B) For long distances, an English speaker might say, "Chicago is north of there." But for short distances, the same speaker will shift to a relative reference and might say, "My brother is sitting to my right." In contrast, a speaker of Kuuk Thaayorre always uses absolute directional references, saying things like "My friend is sitting southeast of me."

(C) Cognitive psychologist Lera Boroditsky has reported that aboriginal children from Cape York can accurately point to any compass direction as early as age 5. In contrast, most Americans cannot do this even as adults. But why?

① (A)-(C)-(B) ② (B)-(A)-(C)

③ (B)-(C)-(A) ④ (C)-(A)-(B)

⑤ (C)-(B)-(A)

affect 영향을 미치다 thought 사고 action 행동 remote 외딴 cognitive 인지의 psychologist 심리학자 aboriginal 원주민 accurately 정확하게 point to 가리키다 compass 나침반 direction 방향 in contract 대조적으로 exclusively 전적으로 absolute 절대적인 direction reference 방향 언급 lack 부족하다 relative 상대적인 shift to ~로 옮기다

지문 분석

주요 내용 / 주요 내용

❶Do the words we use affect our thoughts and actions? The answer may lie in a remote part of ❷northeastern Australia.

주요 내용 / 시그널

(C) Cognitive psychologist Lera Boroditsky has reported that ❸aboriginal children from Cape York can accurately point to any compass direction as early as age 5. In contrast, most Americans cannot do this even as adults. But why? (시그널)

(A) According to Boroditsky, Kuuk Thaayorre, the language of the Cape York Australian aboriginals, ❹relies exclusively on absolute directional references, unlike English. Like English, Kuuk Thaayorre has words for "north," "south," and so on. Unlike English, Kuuk Thaayorre ❺lacks words for relative directional references, such as "left" and "right." (주요 내용)

(B) For long distances, an English speaker might say, "Chicago is north of there." But for short distances, the same speaker will shift to a relative reference and might say, "My brother is sitting to my right." In contrast, a speaker of Kuuk Thaayorre ❻always uses absolute directional references, saying things like "My friend is sitting southeast of me." (주요 내용)

문맥의 흐름

❶Do the words we use affect our thoughts and actions?(단어가 사고와 행동에 영향을 미칠까?) → ❷northeastern Australia(호주 북동쪽에서 답을 찾을 수 있다) → ❸aboriginal children from Cape York can accurately point to any compass direction(케이프 요크 원주민들은 어릴 때부터 나침반의 방향을 정확히 가리킴) → ❹relies exclusively on absolute directional references(언어의 절대적 방향에 전적으로 의존) → ❺lacks words for relative directional references(상대적 방향을 가리키는 단어 없음) → ❻always uses absolute directional references(항상 절대적 방향만 언급)

해석 우리가 사용하는 단어들이 우리의 사고와 행동에 영향을 미칠까? 답은 호주 북동쪽의 외딴 지역에 있을지도 모른다.

(C) 인지 심리학자 Lera Boroditsky는 케이프요크 출신의 원주민 아이들이 빠르면 5살에 모든 나침반 방향을 정확하게 가리킬 수 있다는 것을 보고했다. 대조적으로, 대부분의 미국인은 성인일 때조차도 이것을 할 수 없다. 그런데 왜 그런 것일까?

(A) Boroditsky에 따르면 케이프요크 호주 원주민들의 언어인 Kuuk Thaayorre는 영어와 달리 절대적인 방향의 언급에 전적으로 의존한다. 영어와 마찬가지로 Kuuk Thaayorre는 '북쪽, '남쪽' 등의 단어들을 가지고 있다. 영어와 달리 Kuuk Thaayorre는 '왼쪽'과 '오른쪽'과 같은 상대적인 방향의 언급을 위한 단어가 없다.

(B) 영어를 사용하는 사람은 장거리에 대해 "시카고는 그곳의 북쪽에 있다"라고 말할지도 모른다. 하지만 단거리에 대해 동일한 화자는 상대적인 언급으로 바꿀 것이며 "나의 형제는 내 오른쪽에 앉아 있다"라고 말할지도 모른다. 대조적으로 Kuuk Thaayorre를 사용하는 사람은 "내 친구는 나의 남동쪽에 앉아 있다"와 같은 말을 하며, 항상 절대적인 방향의 언급을 사용한다.

정답 및 해설

정답 ④

주제문에서 우리가 사용하는 단어들이 우리의 사고와 행동에 영향을 미칠지에 대해 의문을 제기하고 그 답이 호주 북동쪽의 외딴 지역에 있을지도 모른다고 언급했다. 이어지는 지문에서는 외딴 지역 지명인 Cape York가 포함된 (A)와 (C)가 답이 될 수 있다. 이 중에서 (C)에서 '케이프요크 지역 출신의 원주민들은 빠르면 5살 때 나침반 방향을 가리킬 수 있는데, 미국인들은 성인이 되어도 이것을 할 수 없다. 왜일까?'라는 의문문으로 질문을 던지고 있어서 (C)가 먼저 와야 한다. (C)의 질문에 대한 답변으로 (A)에서 '케이프요크 원주민들은 영어와 달리 절대적인 방향의 언급에 의존하고, 상대적인 방향을 언급하는 단어가 없다'라고 했다. 그리고 마지막으로 영어는 단거리에 대해 상대적인 언급을 사용하는 반면, Kuuk Thaayorre를 사용하는 사람은 항상 절대적인 방향의 언급을 사용한다는 것을 예시를 통해 설명하고 있는 (B)가 와야 한다. 따라서 정답은 (C) – (A) – (B)이다.

16 Which of the following is the most logical sequence of the three parts to complete the passage? (20. 국회직 8급)

First, what is politics about? One of the classic answers to this question is that politics is about who gets what, when and how. On this view, politics is essentially about settling contestation over the distribution of material goods.

(A) Yet the notion that politics is solely, or mainly, about distribution has been challenged over the past three or more decades. The increasing salience of 'post-ideological' contestation around values and lifestyles suggests that politics is as much, or arguably more, about identity and culture as it is about material resources.
(B) This may have been a fair characterization of politics in the post-World War II era-an era that saw the rolling out of progressive taxation and welfare provision by a relatively centralized state and a party political system based on a traditional left-right ideological cleavage.
(C) Much of our contemporary political debate revolves around issues that are not neatly categorized as left or right, such as the environment, gender and sexual rights, immigration and security.

① (A)-(B)-(C) ② (A)-(C)-(B)
③ (B)-(A)-(C) ④ (B)-(C)-(A)
⑤ (C)-(B)-(A)

politics 정치 classic 고전적인 view 견해 settle 해결하다 contestation 쟁점 material goods 유형 재화 fair 타당한 characterization 묘사 era 시대, 시기 roll out 시작하다 progressive / taxation 누진세 welfare 복지 provision 제공, 공급 relatively 비교적으로 centralize 중앙 집권화 하다 ideological 이념적인 cleavage 분열 notion 생각 distribution 분배 salience 돌출, 중요성, 두드러짐 post-ideological 탈이념적인 arguably 주장하건대 identity 정체성 material resources 물질적인 자원 contemporary 현대의 debate 논쟁 revolve around ~을 중심으로 다루다 neatly 말끔하게 categorize 분류하다 gender 성별 immigration 이민 security 안보

지문 분석

First, ❶what is politics about? One of the classic answers to this question is that politics is about who gets what, when and how. On this view, politics is essentially about ❷settling contestation over the distribution of material goods.

주요 내용

(B) ❸This may have been a fair characterization of politics in the post-World War II era-an era that saw the rolling out of progressive taxation and welfare provision by a relatively centralized state and a party political system based on a traditional left-right ideological cleavage.

(A) ❹Yet the notion that politics is solely, or mainly, about distribution has been challenged over the past three or more decades. The increasing salience of 'post-ideological' contestation around values and lifestyles suggests that politics is as much, or arguably more, ❺about identity and culture as it is about material resources.

(C) Much of our ❻contemporary political debate revolves around issues that are ❼not neatly categorized as left or right, such as the environment, gender and sexual rights, immigration and security.

문맥의 흐름

❶what is politics about?(정치란 무엇인가?) → ❷settling contestation over the distribution of material goods(고전적 답변 – 유형 재화의 분배에 관한 것) → ❸This may have been a fair characterization of politics in the post-World War II era(이것은 2차 세계 대전 이후 세대의 정치에 타당한 특징) → ❹Yet the notion that politics is solely, or mainly, about distribution has been challenged(그러나 정치가 분배에 관한 것이라는 관념은 도전을 받음) → ❺about identity and culture(정체성과 문화에 관한 것) → ❻contemporary political debate(현대 정치 논쟁의 대부분) → ❼not neatly categorized as left or right(좌우로 깔끔하게 분류되지 않음)

해석 첫째로, 정치는 무엇에 관한 것인가? 이 질문에 대한 고전적인 대답 중 하나는 정치는 누가 무엇을, 언제, 그리고 어떻게 얻는가에 관한 것이라는 것이다. 이러한 관점에서, 정치는 본질적으로 유형 재화의 분배에 대한 논쟁을 해결하는 것에 관한 것이다.

(B) 이는 비교적 중앙 집권화된 국가에 의한 누진세와 복지 제공, 그리고 전통적인 좌우 이념적 분열을 기반으로 정당 정치 체제의 시작을 경험했던 시대인, 제2차 세계 대전 이후 시대의 정치에 대한 타당한 특징이었을 수도 있다.

(A) 그러나 정치가 오로지, 또는 주로, 분배에 관한 것이라는 관념은 지난 30년 또는 그 이상 동안 도전을 받아왔다. 가치관과 생활 양식을 둘러싼 '탈이념적' 논쟁이 점점 두드러지고 있다는 것은 정치가 물적 자원에 관한 것만큼, 혹은 논란의 여지는 있지만, 더욱 정체성과 문화에 관한 것이라는 것을 나타낸다.

(C) 우리의 현대 정치 논쟁의 대부분은 환경, 성별과 성적 권리, 이민, 그리고 안보와 같은 좌 또는 우로 깔끔하게 분류되지 않는 문제를 중심으로 다룬다.

정답 및 해설

정답 ③

주제문에서 '정치는 무엇인가?'라는 화두를 던지고, 정치는 본질적으로 유형 재화의 분배에 대한 논쟁을 해결하는 것이라고 정의하고 있다. 이어지는 문장에서는 이러한 정의를 뒷받침하거나 부연 설명하는 글이 와야 한다. (B)에서 This는 앞 문장(politics is essentially about settling contestation over the distribution of material goods)을 받는 대명사이므로 바르게 연결된다. (B)에서 정치를 유형 재화의 분배에 대한 논쟁을 해결하는 것으로 보는 생각은 제2차 세계 대전 이후 시대의 정치에 대한 타당한 정의라고 했다. 그리고 (A)에서 정치가 분배에 관한 것이라는 관념은 도전을 받아 왔고, '탈이념적' 논쟁이 점점 두드러지면서 정치는 정체성과 문화에 관한 것이 되어 가고 있다고 했다. 그리고 마지막으로 (C)에서 현대 정치 논쟁의 대부분은 좌나 우로 깔끔하게 분류되지 않는 문제들을 중심으로 다룬다고 했으므로 올바른 순서는 (B) – (A) – (C)가 되어야 한다.

17 다음 내용에 이어질 글의 순서로 가장 적절한 것은? (16. 국가직 7급)

On November 2, 1988, thousands of computers connected to the Internet began to slow down. Many eventually ground to a temporary halt. No data were destroyed, but a lot of computing time was lost as computer system administrators fought to regain control of their machines.

[A] There it hid itself and passed around misleading information that made it harder to detect and counteract. Within a few days The New York Times identified the hacker as Robert Morris, Jr., a twenty-three-year old graduate student at Cornell University.

[B] The cause turned out to be a mischievous computer program called a "worm" that was spreading from one computer to another on the network, replicating as it went. The worm used an unnoticed "back door" in the system's software to directly access the memory of the computers it was attacking.

[C] He later testified that he had designed and then unleashed the worm to see how many computers it would reach but that a mistake in his programming had caused the worm to replicate far faster than he had expected.

① (A)-(B)-(C) ② (A)-(C)-(B)

③ (B)-(A)-(C) ④ (B)-(C)-(A)

어휘

slow down 속도가 느려지다 grind to a halt 서서히 멈추다 administrator 관리자 regain control 통제력을 다시 찾다 turn out 판명되다 mischievous 유해한, 악영향을 미치는 replicate 복제하다, 복사하다 unnoticed 눈에 띄지 않는 access 접근하다 attack 공격하다 hide 숨기다 misleading information 허위 정보 detect 감지하다, 발견하다 counteract 대응하다 identify 밝히다, 확인하다 testify 진술하다, 증언하다 unleash 풀어놓다

지문 분석

On November 2, 1988, ❶thousands of computers [주요 내용] connected to the Internet began to slow down. Many ❷eventually ground to a temporary halt [주요 내용]. No data were destroyed, but a lot of computing time was lost as computer system administrators fought to regain control of their machines.

[B] ❸The cause [시그널] turned out to be a mischievous computer program called a "worm" [주요 내용] that was spreading from one computer to another on the network, replicating as it went. The worm used ❹an unnoticed "back door" in the system's software [주요 내용] to directly access the memory of the computers it was attacking.

[A] ❺There it [시그널] hid itself and passed around misleading information [주요 내용] that made it harder to detect and counteract. Within a few days The New York Times identified ❻the hacker as Robert Morris, Jr. [주요 내용], a twenty-three-year old graduate student at Cornell University.

[C] ❼He [시그널] later testified that he had designed and then unleashed the worm [주요 내용] to see how many computers it would reach but that a mistake in his programming had caused the worm to replicate far faster than he had expected.

문맥의 흐름 ❶thousands of computers(수천 대의 컴퓨터) → ❷eventually ground to a temporary halt(일시적으로 멈춤) → ❸The cause turned out to be a mischievous computer program called a "worm"(그 원인은 유해프로그램 "웜") → ❹an unnoticed "back door" in the system's software(눈에 띄지 않는 "백도어" 사용) → ❺There it hid itself and passed around misleading information(그곳에서 자신을 숨기고 허위 정보를 퍼트림) → ❻the hacker as Robert Morris, Jr.(해커는 Robert Morris, Jr로 밝혀짐) → ❼He later testified that he had designed and then unleashed the worm(그는 자신이 했다고 진술)

해석 1988년 11월 2일, 인터넷에 연결된 수천 대의 컴퓨터들이 속도가 떨어지기 시작했다. 많은 컴퓨터들은 마침내 일시적으로 서서히 멈추었다. 데이터는 훼손되지 않았지만, 컴퓨터 시스템 관리자들이 기계에 대한 통제력을 되찾기 위해 싸우는 동안 많은 계산 시간이 허비되었다.

(B) 그 원인은 가는 곳마다 복제하면서 네트워크상에서 한 컴퓨터에서 다른 컴퓨터로 확산되고 있었던 '웜'이라고 불리는 유해 컴퓨터 프로그램인 것으로 드러났다. 웜은 그것이 공격하고 있었던 컴퓨터의 메모리에 직접적으로 접근하기 위해서 시스템의 소프트웨어 내의 눈에 띄지 않는 '백도어'를 사용했다.
(A) 그곳에서 그것은 자신을 숨기고 그것을 감지하고 대응하는 것을 더 어렵게 만든 허위 정보를 퍼트렸다. 며칠 이내에 뉴욕 타임스는 그 해커가 코넬대학교의 23살 대학원생인 Robert Morris.Jr.라고 밝혔다.
(C) 그는 얼마나 많은 컴퓨터에 그것이 도달할 수 있는지를 보기 위해 웜을 설계한 후 풀어 놓았지만, 그의 프로그래밍에서의 실수가 웜이 그가 예상했던 것보다 훨씬 더 빨리 복제하도록 유발했다고 나중에 진술했다.

정답 및 해설

정답 ③

주제문에서 인터넷에 연결된 수천 대의 컴퓨터들이 속도가 느려지고 마침내 멈추었다고 설명했다. 그 다음으로는 그 원인은 '웜'이라는 유해 프로그램이 시스템 소프트웨어 내에 눈에 뜨지 않는 '백도어'를 사용했다고 설명하는 (B)가 와야 한다. 그리고 이어서 그것(웜)은 그곳(소프트웨어)에서 자신을 숨기고 허위 정보를 퍼트렸는데, 해커의 정체는 Robert Morris. Jr.로 드러났다고 하는 (A)가 와야 한다. 마지막으로 그 해커는 웜을 설계하고 풀어놓았지만, 프로그래밍에서의 실수로 예상보다 더 빨리 복제되었다고 진술했다는 내용의 (C)가 와야 한다. 따라서 글의 순서는 (B) – (A) – (C)가 가장 적절하다.

01 주어진 문장이 들어갈 위치로 가장 적절한 것은? (21. 지방직 9급)

And working offers more than financial security.

Why do workaholics enjoy their jobs so much? Mostly because working offers some important advantages. (①) It provides people with paychecks - a way to earn a living. (②) It provides people with self-confidence; they have a feeling of satisfaction when they've produced a challenging piece of work and are able to say, "I made that". (③) Psychologists claim that work also gives people an identity; they work so that they can get a sense of self and individualism. (④) In addition, most jobs provide people with a socially acceptable way to meet others. It could be said that working is a positive addiction; maybe workaholics are compulsive about their work, but their addiction seems to be a safe - even an advantageous - one.

어휘

financial security 재정적인 보장 workaholics 일 중독자들 paycheck 봉급 earn a living 생계를 벌다 self-confidence 자신감 challenging 힘든 identify 정체성 self 자아, 자의식 individualism 개성 addiction 중독 compulsive 강박적인 advantageous 이로운, 도움이 되는

지문 분석

시그널 / 주요 내용

And working offers **more than** financial security.

제시문 앞 : 일이 재정적 보장을 제공한다는 내용이 언급되어야 한다.

제시문 뒤 : 일이 재정적 보장 이상을 제공한다는 내용이 언급되어야 한다.

Why do workaholics enjoy their jobs so much? Mostly because working offers some important advantages. (①) It provides people with paychecks (주요 내용) - a way to earn a living. (②) It provides people with self-confidence (주요 내용); they have a feeling of satisfaction when they've produced a challenging piece of work and are able to say, "I made that". (③) Psychologists claim that work also gives people an identity; they work so that they can get a sense of self and individualism. (④) In addition, most jobs provide people with a socially acceptable way to meet others. It could be said that working is a positive addiction; maybe workaholics are compulsive about their work, but their addiction seems to be a safe - even an advantageous - one.

해석 그리고 일은 재정적 보장 이상을 제공한다.

왜 일 중독자들은 그들의 일을 그렇게나 즐기는가? 주로 일하는 것이 몇 가지 중요한 이점들을 제공하기 때문이다. ①그것은 사람들에게 생계를 유지할 수 있는 방법인 봉급을 지급한다. ② 그리고 일은 재정적 보장 이상을 제공한다. 그것은 사람들에게 자신감을 준다. 그들이 힘든 작업물을 만들어 내고 "내가 만든 거야"라고 말할 수 있을 때, 그들은 만족감을 느낀다. ③ 심리학자들은 또한 일은 사람에게 정체성을 준다고 주장한다. 그들은 자의식과 개성을 느낄 수 있도록 일한다. ④ 게다가, 대부분의 직업은 사람들에게 사회적으로 용인되는 다른 사람들을 만나는 방법을 제공한다. 일하는 것은 긍정적인 중독이라고 말할 수 있다. 아마도 일 중독자들은 그들의 일에 대해 강박적일 수 있지만, 그들의 중독은 안전한, 심지어 이로운 것으로 보인다.

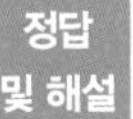

정답 및 해설

정답 ②

주어진 문장은 일이 재정적 보장 이상을 제공한다는 내용이다. 따라서 제시문 앞에는 재정적 보장을 의미하는 내용이 언급되어야 하고, 제시문 뒤에는 재정적 이상의 보상을 의미하는 내용이 언급되어야 한다. ② 앞에서 재정적 보장을 의미하는 봉급에 관한 내용이 나왔고, ② 뒤에서 자신감을 준다는 내용이 나왔는데, 바로 이 자신감이 주어진 문장의 재정적 보장 이상을 의미한다. 따라서 주어진 문장이 들어갈 위치로 가장 적절한 것은 ②이다.

02 주어진 문장이 들어갈 곳으로 가장 적절한 것은? (10. 국가직 9급)

It was then he remembered his experience with the glass flask, and just as quickly, he imagined that a special coating might be applied to a glass windshield to keep it from shattering.

In 1903 the French chemist, Edouard Benedictus, dropped a glass flask one day on a hard floor and broke it. (①) However, to the astonishment of the chemist, the flask did not shatter, but still retained most of its original shape. (②) When he examined the flask he found that it contained a film coating inside, a residue remaining from a solution of collodion that the flask had contained. (③) He made a note of this unusual phenomenon, but thought no more of it until several weeks later when he read stories in the newspapers about people in automobile accidents who were badly hurt by flying windshield glass. (④) Not long thereafter, he succeeded in producing the world's first sheet of safety glass.

glass flask 유리 플라스크 **apply** 적용하다 **windshield** 바람막이 창 **chemist** 화학자 **drop** 떨어뜨리다 **hard floor** 단단한 바닥 **to the astonishment** 놀랍게도 **shatter** 산산이 부서지다 **film coating** 필름 코팅 **residue** 찌꺼기 **solution** 용액 **collodion** 콜로디온 **contain** 함유하다 **make a note of** ~를 기록하다 **unusual** 특이한 **phenomenon** 현상 **automobile** 자동차 **flying windshield glass** 날아가는 유리창 **not long thereafter** 머지 않아 **succeed** 성공하다 **sheet of safety glass** 안전 유리(한 장)

지문 분석

It was then(시그널) he remembered his experience with the glass flask(주요 내용), and just as quickly, he imagined that a special coating might be applied to a glass windshield(주요 내용) to keep it from shattering.

제시문 앞 : glass flask에 대한 경험이 언급되어야 한다.

제시문 뒤 : special coating의 성공이 언급되어야 한다.

In 1903 the French chemist, Edouard Benedictus, dropped a glass flask one day on a hard floor and broke it. (①) However, to the astonishment of the chemist, the flask did not shatter(주요 내용), but still retained most of its original shape. (②) When he examined the flask he found that it contained a film coating inside, a residue remaining from a solution of collodion that the flask had contained. (③) He made a note of this unusual phenomenon, but thought no more of it until several weeks later when(시그널) he read stories in the newspapers(주요 내용) about people in automobile accidents who were badly hurt by flying windshield glass. (④) Not long thereafter, he succeeded in producing(주요 내용) the world's first sheet of safety glass.

해석 그때 그는 유리 플라스크에 대한 자신의 경험을 떠올렸고, 바로 그처럼 빨리 유리가 흩어지지 않도록 바람막이 창에 특별한 코팅이 적용될 수 있겠다는 상상을 했다.

1903년 프랑스의 화학자 에두아르 베네딕토스는 어느 날 단단한 바닥에 유리 플라스크를 떨어뜨려 깨뜨렸다. 그 화학자가 놀랍게도 플라스크는 산산 조각이 나지 않고, 여전히 원래의 모양 대부분을 유지하고 있었다. 그가 플라스크를 검사했을 때, 플라스크 안에 필름 코팅 플라스크가 함유한 콜라디온 용액의 잔여물이 남아 있는 것을 발견했다. 그런 이런 특이한 현상을 메모했지만, 몇 주 후 신문에서 자동차 사고에서 유리창 날림으로 심하게 다친 사람들에 대한 이야기를 읽을 때까지 더 이상 그런 생각을 하지 않았다. ④ 그때 그는 유리 플라스크에 대한 자신의 경험을 떠올렸고, 바로 그처럼 빨리 유리가 흩어지지 않도록 바람막이 창에 특별한 코팅이 적용될 수 있겠다는 상상을 했다. 그후 얼마 지나지 않아 그는 세계 최초의 안전 유리를 제조하는 데 성공했다.

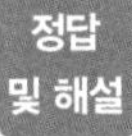

정답 및 해설

정답 ④

주어진 지문에서 his experience with the glass flask를 단서로 앞부분에는 과거에 glass flask에 대한 경험이 있어야 하고, 또한 시간부사 then을 구체적으로 설명하는 시간을 나타내는 표현이 제시되어야 한다. ④ 앞에 신문에서 자동차 사고에서 flying windshield glass(유리창 날림)으로 심하게 다친 사람들에 대한 기사를 읽었을 때라는 것이 언급되고, ④ 뒤에는 최초의 안전 유리 제조에 성공했다는 내용이 제시되고 있으므로 제시 문장은 ④에 들어가는 것이 가장 적절하다.

03 주어진 문장이 들어갈 위치로 가장 적절한 것은? (20. 지방직 9급)

But there is also clear evidence that millennials, born between 1981 and 1996, are saving more aggressively for retirement than Generation X did at the same ages, 22~37.

Millennials are often labeled the poorest, most financially burdened generation in modem times. Many of them graduated from college into one of the worst labor markets the United States has ever seen, with a staggering load of student debt to boot. (①) Not surprisingly, millennials have accumulated less wealth than Generation X did at a similar stage in life, primarily because fewer of them own homes. (②) But newly available data providing the most detailed picture to date about what Americans of different generations save complicates that assessment. (③) Yes, Gen Xers, those born between 1965 and 1980, have a higher net worth. (④) And that might put them in better financial shape than many assume.

evidence 증거 millennials 밀레니얼 세대 aggressively 공격적으로 retirement 은퇴 Generation X X세대 label 딱지를 붙이다 financially 금융적으로 burden 부담 labor market 구직 시장 staggering 비틀거리는, 엄청난 load 짐 student debt 학자금 부채 to boot 그것도(앞서 한 말에 대해 다른 말을 덧붙일 때) bot surprisingly 놀랄 것도 없이 accumulate 축적하다 stage 단계 primarily because 주로 ~때문이다 detailed 자세한 to date 현재까지 complicate 복잡하게 만들다 assessment 평가 net worth 순자산 financial shape 재정 상태 assume 가정하다

시그널 / 주요 내용 / 주요 내용

But there is also clear evidence that millennials, born between 1981 and 1996, are saving more aggressively for retirement than Generation X did at the same ages, 22~37.

제시문 앞 : X세대의 금전적 특징이 언급되어야 한다.

제시문 뒤 : 밀레니얼 세대의 금전적 특징이 언급되어야 한다(경제상황이 더 좋다).

Millennials are often labeled the poorest, most financially burdened generation in modem times. Many of them graduated from college into one of the worst labor markets the United States has ever seen, with a staggering load of student debt to boot. (①) Not surprisingly, millennials have accumulated less wealth than Generation X did at a similar stage in life, primarily because fewer of them own homes. (②) But newly available data providing the most detailed picture to date about what Americans of different generations save complicates that assessment. (③) Yes, Gen Xers (주요 내용), those born between 1965 and 1980, have a higher net worth (주요 내용). (④) And that (시그널) might put them in better financial shape (주요 내용) than many assume.

그러나 1981년부터 1996년 사이에 태어난 밀레니얼 세대는 22~37세의 X세대와 같은 나이에 비해 은퇴를 위해 더 적극적으로 저축하고 있다는 명백한 증거도 있다.

밀레니얼 세대는 현대에서 가장 가난하고 경제적으로 가장 부담이 큰 세대라는 꼬리표가 종종 붙었다. 그들 중 많은 수가 대학을 졸업하고, 엄청난 양의, 그것도 엄청난 양의 학자금 부채를 가지고 미국이 본 최악의 노동 시장 중 하나로 진입했다. 놀랄 것도 없이, 밀레니얼 세대는 X세대가 비슷한 시기에 했던 것보다 더 적은 부를 축적해 왔다. 왜냐하면 그들 중 더 적은 수의 사람들이 집을 가지고 있기 때문이다. 그러나 여러 세대의 미국인들이 저축하는 것에 대해 현재까지 가장 상세한 그림을 제공하는 새로운 데이터는 그러한 평가를 더 복잡하게 만든다. 그렇다, 1965년에서 1980년 사이에 태어난 X세대들이 순자산이 더 높다. ④ 그러나 1981년부터 1996년 사이에 태어난 밀레니얼 세대는 22~37세의 X세대와 같은 나이에 비해 은퇴를 위해 더 적극적으로 저축하고 있다는 명백한 증거도 있다. 그리고 그것은 많은 사람들이 추측하는 것보다 더 나은 재정 상태를 만들 수도 있다.

정답 및 해설

정답 ④

주어진 지문은 But으로 시작하므로 역접의 구조임을 알 수 있다. 제시문에서 But 이하에는 밀레니얼 세대가 X세대보다 은퇴를 위해 더 많이 저축하고 있다가 언급되고 있으므로, 이 지문의 앞부분에는 X세대의 금전적 특징(X세대가 순자산이 많다)이 제시되어야 한다. 주어진 문장 뒤에는 밀레니얼 세대의 금전적 특징(재정 상태가 더 좋다)이 오는 것이 자연스럽게 연결되는 것이므로 제시 문장이 들어갈 위치는 ④가 가장 적절하다.

04 주어진 문장이 들어갈 위치로 가장 적절한 것은? (19. 국가직 9급)

Some of these ailments are short-lived ; others may be long-lasting.

For centuries, humans have looked up at the sky and wondered what exists beyond the realm of our planet. (①) Ancient astronomers examined the night sky hoping to learn more about the universe. More recently, some movies explored the possibility of sustaining human life in outer space, while other films have questioned whether extraterrestrial life forms may have visited our planet. (②) Since astronaut Yuri Gagarin became the first man to travel in space in 1961, scientists have researched what conditions are like beyond the Earth's atmosphere, and what effects space travel has on the human body. (③) Although most astronauts do not spend more than a few months in space, many experience physiological and psychological problems when they return to the Earth. (④) More than two-thirds of all astronauts suffer from motion sickness while traveling in space. In the gravity-free environment, the body cannot differentiate up from down. The body's internal balance system sends confusing signals to the brain, which can result in nausea lasting as long as a few days.

ailment 질병 short-lived 오래가지 못하는, 단명하는 long-lasting 오래 지속되는 look up at 쳐다보다 wonder 궁금해하다 exist 존재하다 realm 영역, 범위 planet 행성 ancient 고대의, 옛날의 astronomer 천문학자 examine 조사하다, 검사하다 possibility 가능성 sustain 유지하다 universe 우주 outer space 우주 공간 extraterrestrial 지구 밖의, 우주의 atmosphere 대기 physiological 생리학적인 psychological 심리학의, 심리학적인 suffer from ~로 고통받다 motion sickness 멀미 gravity-free 무중력 environment 환경 differentiate 구별하다 internal 내부의 balance 균형 confusing 혼란스러운 signal 신호 result in 결과적으로 ~이 되다 nausea 메스꺼움 lasting 지속적인

시그널

Some of these ailments are short-lived ; others may be long-lasting.

제시문 앞 : these ailments가 지칭하는 명사가 제시되어야 한다.
제시문 뒤 : these ailments에 대한 부연 설명 또는 예시가 언급되어야 한다.

For centuries, humans have looked up at the sky and wondered what exists beyond the realm of our planet. (①) Ancient astronomers examined the night sky hoping to learn more about the universe. More recently, some movies explored the possibility of sustaining human life in outer space, while other films have questioned whether extraterrestrial life forms may have visited our planet. (②) Since astronaut Yuri Gagarin became the first man to travel in space in 1961, scientists have researched what conditions are like beyond the Earth's atmosphere, and what effects space travel has on the human body. (③) Although most astronauts do not spend more than a few months in space, many experience physiological and psychological problems [주요 내용] when they return to the Earth. (④) More than two-thirds of all astronauts suffer from motion sickness [주요 내용] while traveling in space. In the gravity-free environment, the body cannot differentiate up from down. The body's internal balance system sends confusing signals to the brain, which can result in nausea [주요 내용] lasting as long as a few days.

해석 이러한 질병들 중 일부는 수명이 짧고, 다른 것들은 오래 지속될 수 있다.

수세기 동안 인간은 하늘을 올려다보면 우리 행성의 영역 너머에 무엇이 존재하는지 궁금해했다. 고대의 천문학자들은 우주에 대해 더 많은 것을 배우기를 희망하면서 밤 하늘을 조사했다. 더 최근에, 일부 영화들은 우주에서 인간이 생명을 유지할 수 있는 가능성을 탐구했고, 다른 영화들은 외계 생명체들이 지구를 방문했을지도 모른다고 의문을 제기했다. 1961년 우주 비행사 유리 가가린이 최초로 우주 여행을 한 이후 과학자들은 지구 대기권 너머의 환경이 어떤지, 우주 여행이 인체에 어떤 영향을 미치는지를 연구해 왔다. 대부분의 우주 비행사들이 우주에서 몇 달 이상을 보내지는 않았지만, 많은 우주 비행사들이 지구로 돌아올 때 생리적, 심리적 문제를 경험한다. ④ 이러한 질병들 중 일부는 수명이 짧고, 다른 것들은 오래 지속될 수 있다. 우주 비행사의 3분의 2 이상이 우주 여행을 하는 동안 멀미로 고생한다. 무중력 환경에서는 신체는 아래위를 구분할 수 없다. 인체의 내부 균형 시스템은 뇌에 혼란스러운 신호를 보내는데, 이것은 며칠 동안 메스꺼움을 지속시키는 결과를 초래할 수 있다.

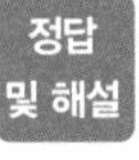

정답 ④

주어진 지문에서 중요한 단서는 지시형용사 these ailments(이러한 질병들)이다. 이 지문 앞에는 these ailments를 지칭하는 명사가 제시되어야 하고, 뒤에는 these ailments에 대한 부연 설명이나 예시가 제시되어야 한다. 지문을 보면 ① , ② , ③의 위치에는 ailments라고 말할 만한 것들이 전혀 언급되어 있지 않다. 그러나 ④ 앞에는 physiological and psychological problems(신체 및 심리학적인 문제)를 언급하고 있으며, ④ 뒤에 이어지는 글에서도 멀미, 메스꺼움 등의 좀 더 구체적인 증상들을 언급하고 있다. 따라서 주어진 글은 ④에 들어가야 가장 적절하다.

05 〈보기〉의 문장이 들어갈 위치로 가장 적절한 것은? (19. 서울시 9급)

> In this situation, we would expect to find less movement of individuals from one job to another because of the individual's social obligations toward the work organization to which he or she belongs and to the people comprising that organization.

Cultural differences in the meaning of work can manifest themselves in other aspects as well. (①) For example, in American culture, it is easy to think of work simply as a means to accumulate money and make a living. (②) In other cultures, especially collectivistic ones, work may be seen more as fulfilling an obligation to a larger group. (③) In individualistic cultures, it is easier to consider leaving one job and going to another because it is easier to separate jobs from the self. (④) A different job will just as easily accomplish the same goals.

situation 상황 social 사회적인 obligation 의무, 책임 organization 조직, 단체 belong to ~에 속하다 comprise ~를 구성하다 cultural difference 문화적 차이 manifest oneself 명백하다 aspect 측면, 점 means 수단, 방법 accumulate 모으다 make a living 생계를 꾸리다 collectivistic 전체주의적인, 집단주의적인 fulfill 성취하다, 달성하다 individualistic 개인주의적인 separate A from B A와 B를 구분하다 self 자신 accomplish 달성하다

지문 분석

시그널 주요 내용

In this situation, we would expect to find less movement of individuals from one job to another because of the individual's social obligations toward the work organization to which he or she belongs and to the people comprising that organization.

제시문 앞 : 개인의 사회적 의무 때문에 이직이 적은 상황이 언급되어야 한다.

Cultural differences in the meaning of work can manifest themselves in other aspects as well. (①) For example, in American culture, it is easy to think of work simply as a means to accumulate money and make a living. (②) In other cultures, especially collectivistic ones, work may be seen more as fulfilling an obligation to a larger group. (③) In individualistic cultures, it is easier to consider leaving one job and going to another because it is easier to separate jobs from the self. (④) A different job will just as easily accomplish the same goals.

해석 이러한 상황에서 우리는 그 또는 그녀가 속한 직장 조직에 대한, 그리고 그 조직을 구성하고 있는 사람들에 대한 개인의 사회적 의무 때문에 한 직장에서 다른 직장으로의 개개인의 이동이 더 줄어들 것으로 기대한다.

직업적 의미에서의 문화적 차이는 다른 측면에서도 명백하다. (①) 예를 들어, 미국 문화에서는 직업을 단순히 돈을 모으고 생계를 꾸리기 위한 수단으로 생각하기 쉽다. (②) 다른 문화, 특히 집단주의적 문화에서 직업은 더 상위 조직에 대한 책임을 달성하는 것으로서 더 여겨질지도 모른다. (③) 이러한 상황에서 우리는 그 또는 그녀가 속한 직장 조직에 대한, 그리고 그 조직을 구성하고 있는 사람들에 대한 개인의 사회적 의무 때문에 한 직장에서 다른 직장으로의 개개인의 이동이 더 줄어들 것으로 기대한다. 개인주의적 문화에서는 자신과 직업을 분리하기 더 쉽기 때문에 한 직업을 떠나 다른 직업으로 이동하는 것을 고려하는 게 더 쉽다. (④) 다른 직업도 그만큼 쉽게 같은 목표를 달성할 것이다.

정답 및 해설

정답 ③

각 문화마다 직업에 대한 인식이 어떻게 다를 수 있는지를 설명하는 글이다. 미국 문화, 집단주의 문화, 개인주의적 문화라는 세 가지 범주에서 직업에 대한 인식의 차이를 설명하고 있다. 주어진 글에서 대명사를 포함하는 표현인 In this situation이 어떤 문화를 지칭하는지를 파악하는 것이 핵심이다. 주어진 글에서 직장과 직장에 속한 사람들에 대한 individual's social obligations(개인의 사회적 의무)가 강한 문화에서는 이직이 줄어든다고 했다. ③ 앞에 집단주의 문화에서는 직업은 obligation to a larger group(더 상위 조직에 대한 의무)을 달성하는 것으로 여겨진다고 했으므로, 주어진 글이 들어갈 위치로는 ③이 가장 적절하다.

06 〈보기〉의 문장이 들어갈 곳으로 가장 적절한 것은? (19. 경찰 1차)

And those are qualities you want in any candidate.

If you are trying to decide among a few people to fill a position, take a look at their writing skills. (①) It doesn't matter if that person is a marketer, salesperson, designer, programmer, or whatever ; their writing skills will pay off. That's because being a good writer is about more than writing. (②) Clear writing is a sign of clear thinking. Good writers know how to communicate. They make things easy to understand. They can put themselves in someone else's shoes. They know what to omit. (③) Writing is making a comeback all over our society. (④) Look at how much communication happens through instant messaging and blogging. Writing is today's currency for good ideas. Thus, it is essential to welcome people with good writing skills into your organization.

quality 자질, 자격 **candidate** 후보자, 지원자 **fill a position** 자리를 채우다, 충원하다 **matter** 중요하다
marketer 마케팅 담당자 **pay off** 성과를 올리다, 성공하다 **communicate** 의사소통하다
put oneself in one's shoes 다른 사람의 입장에서 생각하다 **omit** 생략하다 **make a comeback** 다시 인기를 얻다
instant 즉석의 **currency** 화폐, 통용, 유행 **organization** 조직

시그널 시그널
And those are qualities you want in any candidate.

제시문 앞 : 지원자들에게 원하는 자질이 열거되어야 한다.

If you are trying to decide among a few people to fill a position, take a look at their writing skills. (①) It doesn't matter if that person is a marketer, salesperson, designer, programmer, or whatever ; their writing skills will pay off. That's because being a good writer is about more than writing. (②) Clear writing is a sign of clear thinking. Good writers know how to communicate [주요 내용]. They make things easy to understand [주요 내용]. They can put themselves in someone else's shoes [주요 내용]. They know what to omit [주요 내용]. (③) Writing is making a comeback all over our society. (④) Look at how much communication happens through instant messaging and blogging. Writing is today's currency for good ideas. Thus, it is essential to welcome people with good writing skills into your organization.

해석 그리고 그것들은 당신이 어떤 지원자에게라도 원하는 자질들이다.

만약 당신이 자리를 충원할 몇 명의 사람들 중에서 결정하고자 한다면, 그들의 작문 능력을 살펴라. ① 그 사람이 마케팅 담당자, 영업 사원, 디자이너, 프로그래머, 혹은 무엇이든지 간에 상관없다; 그들의 작문 능력은 성과를 올릴 것이다. 그 이유는 훌륭한 작가라는 것은 작문 이상에 관한 것이기 때문이다. ② 명료한 작문은 명료한 사고의 표시다. 훌륭한 작가들은 어떻게 의사소통해야 하는지 알고 있다. 그들은 상황들을 이해하기 쉽게 만든다. 그들은 타인의 입장에서 생각할 수 있다. 그들은 무엇을 생략해야 하는지 알고 있다. ③ 그리고 그것들은 당신이 어떤 지원자에게라도 원하는 자질들이다. 작문은 우리 사회 곳곳에서 다시 인기를 얻고 있다. ④ 즉석 메시지와 블로그를 통해서 얼마나 많은 의사소통이 이루어지는지 보라. 작문은 훌륭한 아이디어를 위한 오늘날의 유행이다. 따라서 훌륭한 작문 실력을 가진 사람들을 당신의 조직으로 환영하는 것이 중요하다.

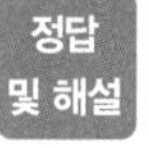

정답 ③

주어진 지문은 대명사를 포함하고 있다. 따라서 주어진 지문 앞 문장에서는 those를 구체적으로 나타내는 명사들이 열거되어야 한다. ③ 앞에 훌륭한 작가는 의사소통을 잘하고, 상황들을 이해하기 쉽게 만들고, 타인의 입장에서 생각할 수 있고, 무엇을 생략해야 하는지 알고 있다고 했다. 따라서 주어진 지문이 들어갈 위치는 ③이 가장 적절하다.

07 글의 흐름으로 보아 주어진 문장이 들어가기에 가장 적절한 것은? (19. 기상직 9급)

None of the young people we talked to in focus groups and interviews reported putting care into reviewing these policies regularly.

Young people face a major privacy challenge with respect to information they post about themselves, let alone what other people post about them or what third parties collect about them. (①) For starters, many young people are not aware of the choices they can make as they begin to use online services. (②) And even for those who are aware of the choices, keeping track of privacy settings can be difficult ; from a practical standpoint, young people are unlikely to attempt it. (③) There is plenty of evidence to suggest that no one — whether native to digital life or not —— reads privacy policies or does much to adjust the default settings for online services. (④) Even the most sophisticated young people made clear that they almost never read these policies or compared the privacy policies among services.

어휘

focus group 포커스 그룹(표적 집단) put care into 신경 쓰다 review 자세히 살피다 regularly 정기적으로
face 직면하다 privacy 사생활, 개인 정보 with respect to ~에 대하여 post 게시하다 let alone ~는 커녕
third party 제3자 collect 수집하다 for starters 우선 첫째로 be aware of ~를 알고 있다
keep track of ~에 대해 계속 알고 있다 practical 현실적인 standpoint 견지, 관점 attempt 시도하다
native to digital life 디지털 시대 태생인 privacy policy 개인 정보 보호 정책 adjust 조정하다
default (컴퓨터) 초기 설정 sophisticated 세련된

시그널

None of the young people we talked to in focus groups and interviews reported putting care into reviewing these policies regularly.

제시문 앞 : 젊은이들이 살피지 않은 정책들이 언급되어야 한다.

Young people face a major privacy challenge with respect to information they post about themselves, let alone what other people post about them or what third parties collect about them. (①) For starters, many young people are not aware of the choices they can make as they begin to use online services. (②) And even for those who are aware of the choices, keeping track of privacy settings can be difficult ; from a practical standpoint, young people are unlikely to attempt it. (③) There is plenty of evidence to suggest that no one — whether native to digital life or not — reads privacy policies (시그널) or does much to adjust the default settings for online services. (④)Even the most sophisticated young people made clear that they almost never read these policies or compared the privacy policies among services.

해석 포커스 그룹과 인터뷰에서 우리가 대화했던 젊은이들 중 아무도 이러한 정책들을 정기적으로 자세히 검토한다고 보고하지 않았다.

젊은이들은 타인들이 자신에 대해 게시하거나 제3자가 자신에 대해 수집하는 것은 물론이고, 스스로에 대해 그들이 게시하는 정보와 관련해서 중대한 사생활 침해에 직면해 있다. (①) 우선, 많은 젊은이들이 온라인 서비스를 사용하기 시작할 때 그들이 할 수 있는 선택에 대해 알고 있지 않다. (②) 그리고 심지어 그 선택을 알고 있는 사람들에게도 개인정보 설정을 지속적으로 추적하여 파악하는 것은 어려울 수 있다; 현실적인 관점에서 볼 때, 젊은이들은 그것을 시도할 것 같지 않다. (③) 아무도 – 디지털 시대 태생이건 아니건 – 개인 정보 보호 정책을 읽는다거나 온라인 서비스를 위한 초기 설정을 조정하기 위해 많은 것을 하지 않는다는 것을 나타내는 많은 증거들이 있다. (④) 포커스 그룹과 인터뷰에서 우리가 대화했던 젊은이들 중 아무도 이러한 정책들을 정기적으로 자세히 검토한다고 보고하지 않았다. 심지어 세련된 젊은이들조차도 이러한 정책들을 거의 읽지 않거나 서비스들 간의 개인 정보 보호 정책을 비교하지 않는다는 것을 분명히 했다.

정답 ④

주어진 지문은 지시형용사 these를 포함하고 있다. 따라서 주어진 문장 앞에는 these policies(이러한 정책들)를 지칭할 수 있는 명사가 제시되어야 한다. 주어진 문장에서 아무도 이러한 정책들을 자세히 검토하지 않는다고 했다. ④의 앞 문장에서 아무도 privacy policies(개인 정보 보호 정책)를 읽지 않는다고 했고, ④ 뒤에서는 심지어 가장 세련된 젊은이들조차도 이러한 정책들을 거의 읽거나 비교하지 않는다고 했으므로 주어진 문장이 들어가야 할 위치는 ④가 가장 적절하다.

08 주어진 문장이 들어갈 위치로 가장 적절한 것은? (19. 지방직 7급)

Therefore, when the days are shorter and darker, the production of this hormone increases.

SAD (Seasonal Affective Disorder) results from a decrease in the amount of sunlight sufferers receive. Doctors know that decreased sunlight increases the production of melatonin, a sleep-related hormone that is produced at increased levels in the dark. (①) Shorter, darker days also decrease production of serotonin, a chemical that helps transmit nerve impulses. (②) Lack of serotonin is known to be a cause of depression. (③) Depression may result from the resulting imbalance of these two substances in the body. (④) Also doctors believe that a decrease in the amount of sunlight the body receives may cause a disturbance in the body's natural clock. Doctors believe that the combination of chemical imbalance and biological clock disturbance results in symptoms such as lethargy, oversleeping, weight gain, anxiety, and irritability—all signs of depression.

Seasonal Affective Disorder 계절성 정서 장애 **result from** ~로부터 야기되다 **sunlight** 햇빛
melatonin 멜라토닌(수면 조절 호르몬) **serotonin** 세로토닌(신경 전달 물질) **chemical** 화학 물질 **transmit** 전달하다
nerve 신경 **impulse** 자극, 충격 **depression** 우울증 **imbalance** 불균형 **substance** 물질 **disturbance** 교란, 장애, 방해
natural clock 자연 시계(생체 시계) **combination** 결합 **biological** 생체의 **result in** ~를 야기시키다
lethargy 무기력, 나른함 **oversleeping** 수면 과다 **weight gain** 체중 증가 **anxiety** 불안 **irritability** 흥분

지문 분석

시그널 Therefore, when the days are shorter and darker, the production of 시그널 this hormone increases.

제시문 앞 : 일조량과 어떤 호르몬과의 관계가 언급되어야 하고, this hormone이 지칭하는 명사가 제시되어야 한다.

SAD (Seasonal Affective Disorder) results from a decrease in the amount of sunlight sufferers receive. Doctors know that 주요 내용 decreased sunlight increases the production of 시그널 melatonin, 주요 내용 a sleep-related hormone that is produced at increased levels in the dark. (①) Shorter, darker days also decrease production of serotonin, a chemical that helps transmit nerve impulses.(②) Lack of serotonin is known to be a cause of depression. (③) Depression may result from the resulting imbalance of these two substances in the body. (④) Also doctors believe that a decrease in the amount of sunlight the body receives may cause a disturbance in the body's natural clock. Doctors believe that the combination of chemical imbalance and biological clock disturbance results in symptoms such as lethargy, oversleeping, weight gain, anxiety, and irritability—all signs of depression.

해석 그러므로, 낮이 짧아지고 어두워질 때, 이 호르몬의 분비는 증가한다.

계절성 정서 장애는 장애를 겪는 사람이 받는 햇빛의 양 감소로부터 기인한다. 의사들은 햇빛의 감소가 어둠 속에서 증가된 수준으로 생산되는 수면과 관련된 호르몬인 멜라토닌 생산을 증가시킨다는 것을 알고 있다. (①) 그러므로, 낮이 짧아지고 어두워질 때, 이 호르몬의 분비는 증가한다. 낮이 더 짧고, 더 어두워지는 것은 또한 신경 자극을 전달하는 것을 돕는 화학 물질인 세로토닌의 분비를 감소시킨다. (②) 세로토닌의 결핍은 우울증의 원인으로 알려져 있다. (③) 우울증은 신체 내의 이 두 가지 물질들의 불균형이 초래하는 결과로 일어나는 것으로 보인다. (④) 또한 의사들은 신체가 받는 일조량의 감소가 신체의 자연 시계의 교란을 야기할 수도 있다고 믿고 있다. 의사들은 화학적 불균형과 생체 시계 교란의 결합이 모두 우울증의 신호인 무기력, 수면 과다, 체중 증가, 불안, 그리고 흥분 등과 같은 증상들을 야기한다고 믿고 있다.

정답 및 해설

정답 ①

주어진 문장은 지시형용사 this를 포함하고 있으므로 주어진 문장 앞에는 this hormone이 지칭하는 명사가 제시되어야 하고, 주어진 문장에서 낮이 짧아지고 어두워질 때, 이 호르몬의 분비가 증가한다고 했으므로 앞 문장에서는 일조량과 어떤 호르몬과의 관계를 나타내는 내용이 제시되어야 한다. ① 앞에 계절성 정서 장애는 햇빛의 감소로부터 기인하고, 햇빛의 감소가 melatonin(멜라토닌)의 분비를 증가한다고 했다. 문맥상 주어진 문장의 this hormone은 melatonin을 지칭한다는 것을 알 수 있다. 따라서 주어진 문장이 들어갈 위치는 ①이 가장 적절하다.

09 주어진 문장이 들어갈 위치로 가장 적절한 것은? (18. 국가직 9급)

Some remain intensely proud of their original accent and dialect words, phrases and gestures, while others accommodate rapidly to a new environment by changing their speech habits, so that they no longer "stand out in the crowd."

Our perceptions and production of speech change with time. (①)If we were to leave our native place for an extended period, our perception that the new accents around us were strange would only be temporary. (②) Gradually, we will lose the sense that others have an accent and we will begin to fit in — to accommodate our speech patterns to the new norm. (③) Not all people do this to the same degree. (④) Whether they do this consciously or not is open to debate and may differ from individual to individual, but like most processes that have to do with language, the change probably happens before we are aware of it and probably couldn't happen if we were.

어휘

intensely 격렬히, 강렬하게 be proud of ~를 자랑스러워하는 dialect 방언, 지방 사투리 phrase 말, 구절
gesture 제스처, 몸짓 accommodate 수용하다, 맞추다 rapidly 빠르게, 급속히 habit 습관 stand out 두드러지다
perception 인지 native 원래의, 토착의 extended period 장시간 temporary 일시적인, 임시의 gradually 점차적으로
fit in 적응하다 norm 기준, 표준 degree 정도, 수준 consciously 의식적으로 debate 논쟁 differ 다르다
be aware of ~를 알다

지문 분석

시그널 Some remain intensely proud of their original accent and dialect words, phrases and gestures, 시그널 while others accommodate rapidly to a new environment by changing their speech habits, so that they no longer "stand out in the crowd."

제시문 앞 : 모든 사람들이 새로운 악센트에 똑같은 수준으로 적응하는 것은 아니라는 내용이 언급되어야 한다.

Our perceptions and production of speech change with time. (①)If we were to leave our native place for an extended period, our perception that the new accents around us were strange would only be temporary. (②) Gradually, we will lose the sense that others have an accent and we will begin to fit in — to accommodate our speech patterns to the new norm. (③) 시그널 Not all people 주요 내용 do this to the same degree. (④) Whether they do 시그널 this consciously or not is open to debate and may differ from individual to individual, but like most processes that have to do with language, the change probably happens before we are aware of it and probably couldn't happen if we were.

해석 어떤 이들은 그들의 오리지널 악센트와 사투리, 관용구 그리고 제스처를 굉장히 자랑스러워하는 반면에 다른 사람들은 자신의 언어 습관을 바꿈으로써, 빠르게 새로운 환경에 적응하고, 그래서 그들은 더 이상 "군중 속에서 두드러지지" 않는다.

우리의 인지와 언어의 생산은 시간에 따라 바뀐다. 만약 우리가 장기간 동안 우리의 토착 지역을 떠난다면, 우리 주변에서 새로운 악센트가 이상하다는 우리의 인지는 오직 잠시뿐일 것이다. 점차적으로, 우리는 다른 사람이 다른 악센트를 가지고 있다는 인식을 잃어갈 것이고 우리는 우리의 언어 패턴을 새로운 기준에 적용시킬 것이다. 모든 사람들이 똑같은 수준으로 적응하는 것은 아니다. ④ 어떤 이들은 그들의 오리지널 악센트와 사투리, 관용구 그리고 제스처를 굉장히 자랑스러워하는 반면에 다른 사람들은 자신의 언어 습관을 바꿈으로써, 빠르게 새로운 환경을 수용하고, 그래서 그들은 더 이상 "군중 속에서 두드러지지" 않는다. 그들이 이것을 의식적으로 하느냐, 하지 않느냐는 아직 논쟁 중에 있고, 개인마다 다를 수 있다. 그러나 언어와 관련 있는 대부분의 과정과 같이, 아마도 이 변화는 우리가 알아채기 전에 일어난다. 그리고 아마도 우리가 미리 알아챘다면, 그것은 일어나지 않았을 수도 있을 것이다.

정답 및 해설

정답 ④

주어진 문장은 양보접속사 while(반면에)을 이용해서 역접의 구조로 서로 다른 입장에 있는 사람들의 차이를 예시로 보여 주고 있다. 어떤 사람은 자신의 원래 악센트를 고집하는 반면, 다른 사람들은 자신의 언어 습관을 바꿈으로써 빠르게 새로운 환경에 적응한다고 했으므로, 주어진 글 앞에 '모든 사람들이 새로운 악센트에 똑같은 수준으로 적응하는 것은 아니다'라는 취지의 내용이 있으면 자연스럽게 연결될 수 있다. ④ 앞에 Not all people do this to the same degree(모든 사람들이 똑같은 수준으로 적응하는 것은 아니다)가 제시되어 있으므로 주어진 문장이 들어갈 위치로 가장 적절한 것은 ④이다.

10 주어진 문장이 들어갈 위치로 가장 적절한 것은? (18. 경찰직)

As the work is accomplished, the energy escapes the organism and disperses into the environment as low-quality heat.

The passage of energy in a linear or one-way direction through an ecosystem is known as energy flow. (①) Energy enters an ecosystem as the radiant energy of sunlight, some of which is trapped by plants during the process of photosynthesis. (②) This energy, now in chemical form, is stored in the bonds of organic molecules such as glucose. (③) When the molecules are broken apart by cellular respiration, the energy becomes available to do work such as tissue repair, production of body heat, or reproduction. (④) Ultimately, this heat energy radiates into space. Thus, once energy has been used by organisms, it becomes unavailable for reuse.

accomplish 완수하다, 달성하다 organism 유기체 disperse 흩어지다, 해산하다 low-quality heat 낮은 열 passage 통로, 복도 linear 직선의 direction 방향 ecosystem 생태계 known as ~로 알려진 energy flow 에너지 흐름 radiant 복사의 sunlight 햇빛 trap 가두다 photosynthesis 광합성 chemical 화학적인 bond 결합 molecule 분자 glucose 포도당 cellular 세포의 respiration 호흡 tissue repair 조직 복구 reproduction 복제, 재생 ultimately 결국에 radiate 내뿜다 reuse 재생

지문 분석

시그널 / 주요 내용

As **the work** is accomplished, the **energy escapes** the organism and disperses into the environment as low-quality heat.

제시문 앞 : the work에 대한 설명과, 에너지의 생성 과정에 대한 설명이 언급되어야 한다.

The passage of energy in a linear or one-way direction through an ecosystem is known as energy flow. (①) Energy enters an ecosystem as the radiant energy of sunlight, some of which is trapped by plants during the process of photosynthesis. (②) This energy, now in chemical form, is stored in the bonds of organic molecules such as glucose. (③) When the molecules are broken apart by cellular respiration, the energy becomes available to do **work** such as tissue repair, production of body heat, or reproduction. (④) Ultimately, this heat energy radiates into space. Thus, once energy has been used by organisms, it becomes unavailable for reuse.

시그널 / 주요 내용

해석 그 일(작용)이 완수되고 나면, 그 에너지는 그 유기체로부터 벗어나게 되고 낮은 열로서 환경 속으로 흩어진다.

생태계를 통해서 직선 또는 일방향으로의 에너지의 통과는 에너지의 흐름으로 알려져 있다. 에너지는 햇빛의 복사 에너지로 생태계에 들어오고, 일부는 광합성 과정 동안 식물에 의해 가둬지게 된다. 이제 화학적 형태인, 이 에너지는 포도당과 같은 생체 분자의 결합으로 저장된다. 분자가 세포 호흡에 의하여 분해될 때, 이 에너지는 조직 복구, 체열 생산, 혹은 복제와 같은 작용들을 하는 데 이용할 수 있게 된다. ④ 그 일(작용)이 완수되고 나면, 그 에너지는 그 유기체로부터 벗어나게 되고 낮은 열로서 환경 속으로 흩어진다. 결국, 이 열에너지는 우주로 방출된다. 그러므로, 일단 에너지가 유기체에 의하여 이용되면, 그것은 재사용이 불가능해지게 된다.

정답 및 해설

정답 ④

주어진 글에서 'the + 명사'는 대명사와 마찬가지로 앞에 언급된 명사를 지칭하는 것이므로, 주어진 글 앞에는 the work에 대한 구체적인 설명이 제시되어야 한다. 그리고 주어진 글에서 에너지가 유기체에서 벗어나와 환경으로 흩어진다고 했으므로, 앞에는 에너지의 생성 과정과 사용 과정에 관한 설명이 제시되어야 한다. 문맥상 the work은 ④ 앞의 work such as tissue repair, production of body heat, or reproduction(조직 복구, 체열 생산, 혹은 복제와 같은 작용)을 받는 것이므로, 주어진 글은 ④에 들어가는 것이 가장 적절하다.

11 주어진 문장이 들어갈 위치로 가장 적절한 것은? (17. 지방직 9급)

Fortunately, however, the heavy supper she had eaten caused her to become tired and ready to fall asleep.

Various duties awaited me on my arrival. I had to sit with the girls during their hour of study. (①) Then, it was my turn to read prayers to see them to bed. Afterwards I ate with the other teacher. (②) Even when we finally retired for the night, the inevitable Miss Gryce was still my companion. We had only a short end of candle in our candlestick, and I dreaded lest she should talk till it was all burnt out. (③) She was already snoring before I had finished undressing. There still remained an inch of candle. (④) I now took out my letter the seal was an initial F. I broke it ; the contents were brief.

fortunately 다행히도 supper 저녁 tired 피곤한 fall asleep 잠들다 duty 의무, 임무, 관세 await 기다리고 있다 turn 차례 prayer 기도문 retire 은퇴하다 inevitable 피할 수 없는 companion 동반자, 친구, 동료 candle 초 candlestick 촛대 dread 두려워하다 lest – should ~할까 봐 burn out 에너지를 소진하다 snoring 코골이 undress 옷을 벗다 seal 도장, 봉인 initial 첫 글자 content 내용 brief 짧은, 잠시 동안의

지문 분석

시그널 주요 내용 주요 내용

Fortunately, however, the heavy supper she had eaten caused her to become tired and ready to fall asleep.

제시문 앞 : 필자가 불편한 상황이 언급되어야 한다.

제시문 뒤 : 필자가 편해진 상황이 언급되어야 한다.

Various duties awaited me on my arrival. I had to sit with the girls during their hour of study. (①) Then, it was my turn to read prayers to see them to bed. Afterwards I ate with the other teacher. (②) Even when we finally retired for the night, the inevitable Miss Gryce was still my companion. We had only a short end of candle in our candlestick, and I dreaded lest she should talk till it was all burnt out. (③) She was already snoring before I had finished undressing. There still remained an inch of candle. (④) I now took out my letter the seal was an initial F. I broke it ; the contents were brief.

주요 내용 주요 내용

해석 그러나, 운좋게도, 너무 많이 먹은 저녁은 그녀를 피곤하게 했고, 그녀가 잠들 준비가 되게 했다.

내가 도착하자마자 다양한 업무가 기다리고 있었다. 나는 공부 시간 동안 소녀들과 앉아 있어야 했다. 그러고 나서, 그녀들이 잠자리에 가는 것을 보고, 기도문을 읽는 것이 나의 차례였다. 그 후에 나는 다른 선생님과 함께 밥을 먹었다. 심지어 우리가 마침내 그날 밤 일을 끝냈을 때도, 피할 수 없는 Miss Gryce는 여전히 나와 함께 있었다. 우리의 촛대에 짧은 양초가 있었고, 나는 그녀가 그것이 모두 다 탈 때까지 말을 할까 봐 두려웠다. ③ 그러나, 운좋게도, 너무 많이 먹은 저녁은 그녀를 피곤하게 했고, 그녀가 잠들 준비가 되게 했다. 그녀는 내가 탈의를 끝내기 전에 이미 코를 골고 있었다. 거기에는 여전히 1인치의 초가 남아 있었다. 나는 내 편지를 꺼냈고, F라는 봉인이 되어 있었다. 나는 그것을 뜯었고; 내용은 간단했다.

정답 및 해설

정답 ③

주어진 글은 However(그러나)라는 역접의 접속부사가 포함되어 있다. 그녀가 저녁을 많이 먹어서 빨리 피곤해졌고 잠이 든 상황이 다행이었다고 했으므로, 주어진 글 앞에는 우려나 필자가 불편한 상황이 묘사되어야 한다. 그리고 뒤로는 그녀가 잠이 들고, 필자가 편한 상황이 이어지면 자연스럽게 연결된다. ③ 앞에 I dreaded lest she should talk till it was all burnt out(나는 그녀가 그것이 모두 다 탈 때까지 말을 할까 봐 두려웠다)이 있으므로 주어진 글이 들어갈 위치는 ③이 가장 적절하다.

12 다음 문장이 들어갈 위치로 가장 적절한 것은? (15. 국가직 9급)

We can in consequence establish relations with almost all sorts of them.

Reptiles and fish may no doubt be found in swarms and shoals; they have been hatched in quantities and similar conditions have kept them together. In the case of social and gregarious mammals, the association arises not simply from a community of external forces but is sustained by an inner impulse. They are not merely like one another and so found in the same places at the same times; they like one another and so they keep together. This difference between the reptile world and the world of our human minds is one our sympathies seem unable to pass. (A) We cannot conceive in ourselves the swift uncomplicated urgency of a reptile's instinctive motives, its appetites, fears and hates. (B) We cannot understand them in their simplicity because all our motives are complicated; ours are balances and resultants and not simply urgencies. (C) But the mammals and birds have self-restraint and consideration for other individuals, a social appeal, a self-control that is, at its lower level, after our own fashion. (D) When they suffer they utter cries and make movements that rouse our feelings. We can make pets of them with a mutual recognition. They can be tamed to self-restraint towards us, domesticated and taught.

① A
② B
③ C
④ D

in consequence 그 결과로 establish relations 관계를 맺다 reptile 파충류 swarm 무리, 떼 shoal (물고기) 떼, 무리 hatch 부화하다 in quantities 다량으로 gregarious 떼 지어 사는, 군생하는 mammal 포유류 association 군집, 연합 arise 일어나다 external forces 외부의 힘 sustain 유지하다 impulse 욕구 merely 단지 sympathy 공감 conceive 이해하다 in oneself 원래, 본질적으로 swift 빠른 uncomplicated 단순한 urgency 긴급성 instinctive 본능적인 appetite 욕구, 식욕 hate 증오 simplicity 단순함 resultant 결과 self-restraint 자제력 consideration 배려 social appeal 사회적 호소 after one's own fashion ~의 방식을 닮은 utter (소리를) 내다 rouse 깨우다 make pets 애완동물로 만들다 mutual 상호의 recognition 인식 tame 길들이다 domesticate 가축화하다

지문 분석

시그널 / 주요 내용 / 시그널

We can **in consequence** establish **relations with almost all sorts of** **them**.

제시문 앞 : them이 지칭하는 명사가 제시되어야 하고, 거의 모든 그것들과 관계를 맺을 수 있는 이유가 언급되어야 한다.

Reptiles and fish may no doubt be found in swarms and shoals; they have been hatched in quantities and similar conditions have kept them together. In the case of social and gregarious mammals, the association arises not simply from a community of external forces but is sustained by an inner impulse. They are not merely like one another and so found in the same places at the same times; they like one another and so they keep together. This difference between the reptile world and the world of our human minds is one our sympathies seem unable to pass. (A) We cannot conceive in ourselves the swift uncomplicated urgency of a reptile's instinctive motives, its appetites, fears and hates. (B) We cannot understand them in their simplicity because all our motives are complicated; ours are balances and resultants and not simply urgencies. (C) But **the mammals and birds have self-restraint and consideration for other individuals, a social appeal, a self-control that is, at its lower level, after our own fashion.** (D) When they suffer they utter cries and make movements that rouse our feelings. We can **make pets of them** with a mutual recognition. They can be tamed to self-restraint towards us, domesticated and taught.

주요 내용 / 주요 내용

해석 우리는 그 결과로 거의 모든 그것들의 부류와 관계를 맺을 수 있다.

파충류와 어류는 아마 틀림없이 무리를 이루고 떼 지어 있는 채로 발견될 것이다. 그들은 다량으로 부화되어 왔고 유사한 조건들이 그들을 한데 모이게 해 왔다. 무리를 이루고 떼 지어 사는 포유류의 경우, 군집은 그저 외부적 힘의 집단에 의해 일어나는 것이 아니라 내적 욕구에 의해서 유지되는 것이다. 그들은 단순히 서로를 닮아서 같은 시간에 같은 장소에서 발견되는 것이 아니다. 그들은 서로를 좋아해서 한데 모이는 것이다. 파충류 세계와 우리 인간 정신 세계 사이의 이러한 차이는 우리의 공감이 전달될 수 없는 것처럼 보이는 차이이다. 우리는 원래 파충류의 본능적인 동기, 욕구, 두려움과 증오의 빠르고 단순한 긴급성을 이해할 수 없다. 우리의 모든 동기는 복잡하기 때문에 우리는 그들의 단순성에 있어서 그들을 이해할 수 없다. 우리의 것은 균형과 결과이지 단순히 긴급성이 아니다. 하지만, 포유류와 조류에게는 자제력과 다른 개체들에 대한 배려가 있는데, 이는 사회적 호소, 즉 낮은 수준에 있는, 우리의 방식과 닮은 자제력이다. (D) 우리는 그 결과로 거의 모든 그것들의 부류와 관계를 맺을 수 있다. 그들이 괴로워할 때 그들은 울음소리를 내고 우리의 감정을 깨우는 몸짓을 한다. 우리는 상호 인식을 통해 그들을 애완동물로 삼을 수 있다. 그들은 우리에 대한 자제력을 가지도록 길들여지고, 가축화되며 훈련될 수 있다.

정답 및 해설

정답 ④

주어진 문장에서 부사 in consequence(결과적)가 중요한 단서가 될 수 있다. 우리는 그 결과로 거의 모든 그것들의 부류와 관계를 맺을 수 있다고 했으므로, 주어진 문장 앞에는 대명사 them이 지칭하는 명사가 제시되어야 하고, 거의 모든 그것들과 관계를 맺을 수 있는 이유가 제시되어야 한다. (D) 앞에 But the mammals and birds have self-restraint and consideration for other individuals, a social appeal, a self-control that is, at its lower level, after our own fashion(하지만, 포유류와 조류에게는 자제력과 다른 개체들에 대한 배려가 있는데, 이는 사회적 호소, 즉 낮은 수준에 있는 우리의 방식과 닮은 자제력이다)에서 포유류와 조류에게는 우리의 방식을 닮은 자제력이 있다고 했으므로, 그 결과 우리는 거의 모든 그것들의 부류와 관계를 맺을 수 있다는 흐름이 자연스럽다. 그리고 (D) 뒤에는 그들을 애완동물로 삼을 수 있고, 가축화하며 훈련시킬 수 있다는 내용으로 뒷받침하고 있다.

13 주어진 문장이 들어갈 위치로 가장 적절한 것은? (19. 지방직 9급)

The same thinking can be applied to any number of goals, like improving performance at work.

The happy brain tends to focus on the short term. (①) That being the case, it's a good idea to consider what short-term goals we can accomplish that will eventually lead to accomplishing long-term goals. (②) For instance, if you want to lose thirty pounds in six months, what short-term goals can you associate with losing the smaller increments of weight that will get you there? (③) Maybe it's something as simple as rewarding yourself each week that you lose two pounds. (④) By breaking the overall goal into smaller, shorter-term parts, we can focus on incremental accomplishments instead of being overwhelmed by the enormity of the goal in our profession.

어휘

apply 적용하다 performance 성과 tend to ~하는 경향이 있다 on a short term 단기적으로
that being the case 사정이 그렇다면, 그것이 사실이라면 accomplish 달성하다 eventually 최종적으로
lead to ~를 야기하다 for instance 예를 들어 associate 관련 지어 생각하다 increment 증가량 reward 보상하다
break into 나누다 focus on ~에 집중하다 incremental 증가하는 accomplishment 성취, 업적
overwhelm 압도시키다 enormity 거대함, 심각함 profession 직업

시그널 / 주요 내용

The same thinking can be applied to any number of goals, like improving performance at work.

제시문 앞 : The same thinking(동일한 생각)이 무엇을 나타내는지 구체적으로 언급되어야 한다.

제시문 뒤 : 직장에서 성과 향상 목표에 적용하는 방법이 제시되어야 한다.

The happy brain tends to focus on the short term. (①) That being the case, it's a good idea to consider what short-term goals we can accomplish that will eventually lead to accomplishing long-term goals. (②) For instance, if you want to lose thirty pounds in six months, what short-term goals can you associate with losing the smaller increments of weight that will get you there? (③) Maybe it's something as simple as [주요 내용] rewarding yourself each week that you lose two pounds. (④) By breaking the overall goal into smaller, shorter-term parts, we can focus on incremental accomplishments instead of being overwhelmed by the enormity of the [주요 내용] goal in our profession.

해석 동일한 생각은 직장에서 업무 성과를 향상시키기와 같은 몇 개의 목표들에도 적용될 수 있다.

행복한 뇌는 단기간에 초점을 맞추는 경향이 있다. 그것이 사실이라면, 최종적으로 장기 목표들을 달성하도록 이끄는 어떤 단기 목표들을 우리가 달성할 수 있는지 고려하는 것은 좋은 생각이다. 예를 들어, 만약 당신이 6개월에 30파운드를 빼길 원한다면, 어떤 단기 목표들을 당신이 거기에 도달하게 할 더 적은 양의 체중 감량과 관련 지어 생각할 수 있을까? 어쩌면 그것은 당신이 2파운드를 뺀 매주 당신 스스로에게 보상하는 것만큼 간단한 것이다. ④ 동일한 생각은 직장에서 업무 성과를 향상시키기와 같은 몇 개의 목표들에도 적용될 수 있다. 전체 목표를 더 작고, 더 단기간의 부분들로 나눔으로써, 우리의 직업에서의 목표의 거대함에 의해 압도되는 대신에 우리는 증가하는 성취에 초점을 맞출 수 있다.

정답 및 해설

정답 ④

주어진 문장의 the same thinking(동일한 생각)은 'the + 명사'의 구조로, 앞에 나온 명사나 문장을 받아 주는 것이므로, 앞부분의 어떤 내용을 지칭하는지를 확인하는 것이 중요하다. 그리고 동일한 생각이 직장에서도 적용 가능하다고 했으므로, 주어진 문장 뒤에는 직장에서의 적용 사례나 방법이 나오면 자연스럽게 연결이 된다.

지문 앞부분에 장기 목표를 달성하기 위해 단기 목표를 고려하는 것이 좋다고 한 후, 예를 들어 몸무게를 30파운드를 빼길 원하면 2파운드 체중 감량의 목표를 달성할 때마다 매주 스스로에게 보상하는 것을 제시하고 있다. 따라서 주어진 문장은 ④에 들어가는 것이 가장 적절하다. 이어지는 문장에서 직업에서 전체 목표에 압도되지 않고 단기적인 부분의 목표를 달성하는 식으로 적용할 수 있다고 뒷받침하고 있다.

14 글의 흐름으로 보아 아래 문장이 들어가기에 가장 적절한 곳은? (20. 법원직 9급)

Water is also the medium for most chemical reactions needed to sustain life.

Several common properties of seawater are crucial to the survival and well-being of the ocean's inhabitants. Water accounts for 80-90% of the volume of most marine organisms. (①) It provides buoyancy and body support for swimming and floating organisms and reduces the need for heavy skeletal structures. (②) The life processes of marine organisms in turn alter many fundamental physical and chemical properties of seawater, including its transparency and chemical makeup, making organisms an integral part of the total marine environment. (③) Understanding the interactions between organisms and their marine environment requires a brief examination of some of the more important physical and chemical attributes of seawater. (④) The characteristics of pure water and seawater differ in some respects, so we consider first the basic properties of pure water and then examine how those properties differ in seawater.

medium 매개 chemical 화학적인 reaction 반응 sustain 유지하다 property 특징 seawater 해수
crucial 치명적으로 중요한 survival 생존 well-being 안녕, 행복 inhabitants 서식 동물 account for ~를 차지하다
volume 부피 marine 해양의 organism 유기체 buoyancy 부력 body support 신체 지지 floating 떠다니는 skeletal 골격의 alter 바꾸다 fundamental 기본적인 in turn 차례로 physical 물리적 makeup 구성 transparency 투명도
integral part 구성 요소 interaction 상호작용 brief 간단한 examination 조사 attribute 특징 characteristics 특징
pure 순수한 differ 다르다, 차이가 나다 respect 측면

지문 분석

시그널 / 주요 내용

Water is also the medium for most chemical reactions needed to sustain life.

제시문 앞 : 해수의 역할이 언급되어야 한다.

제시문 뒤 : 생명 유지를 위한 해수의 화학적 반응이 부연 설명되어야 한다.

Several common properties of seawater are crucial to the survival and well-being of the ocean's inhabitants. Water accounts for 80-90% of the volume of most marine organisms. (①) It provides buoyancy and body support for swimming and floating organisms and reduces the need for heavy skeletal structures. (②) The life processes of marine organisms in turn alter many fundamental physical and chemical properties of seawater, including its transparency and chemical makeup, making organisms an integral part of the total marine environment. (③) Understanding the interactions between organisms and their marine environment requires a brief examination of some of the more important physical and chemical attributes of seawater. (④) The characteristics of pure water and seawater differ in some respects, so we consider first the basic properties of pure water and then examine how those properties differ in seawater.

(주요 내용: buoyancy and body support / reduces the need for heavy skeletal structures / The life processes ... environment)

해석 물은 또한 생명을 유지하기 위해 필요한 대부분의 화학 반응의 매개물이다.

해수의 여러 공통적인 특징들은 바다의 서식 동물들의 생존과 안녕에 필수적이라는 점이다. 물은 대부분의 해양 생물들의 부피의 80~90퍼센트를 차지한다. 그것은 헤엄치며 떠다니는 생물들에게 부력과 신체 지지력을 제공하고 무거운 골격 구조에 대한 필요성을 줄여 준다. ② 물은 또한 생명을 유지하기 위해 필요한 대부분의 화학 반응의 매개물이다. 해양 생물들의 삶의 과정은 차례로 해수의 투명도와 화학적 구조를 포함한, 많은 기본적인 물리적이고 화학적 특징들을 바꾸고, 이는 생물들이 전체적인 해양 환경의 필수 요소가 되도록 한다. 생물들과 그들의 해양 환경 사이의 상호작용을 이해하는 것은 해수의 더 중요한 물리적이고 화학적 특징 중 몇몇에 대한 간단한 조사를 필요로 한다. 순수한 물과 바닷물의 특징들은 어떤 점에서는 달라서, 우리는 우선 순수한 물의 기본적인 특징들을 고려하고 나서 바닷물에서 그러한 특징들이 어떻게 다른지 조사한다.

정답 및 해설

정답 ②

주어진 문장에서 also가 중요한 단서가 될 수 있다. also는 앞에 중요한 내용이 나오고 뒤에는 추가적인 내용을 나열할 때 사용된다. '해수는 또한 생명 유지를 위한 화학적 반응의 매개체이다'라고 했으므로 앞에는 해수의 중요 역할이 제시되어야 하고, 주어진 글 뒤에는 생명 유지를 위한 해수의 화학적 반응을 부연 설명하는 글이 와야 한다.

② 앞에 해수는 해양 생물에게 부력과 신체 지지력을 제공해서 무거운 골격 구조에 대한 필요성을 줄인다고 했고, 뒤에는 해양 생물의 삶의 과정이 해수의 물리적이고 화학적인 특징을 바꾼다고 했으므로 주어진 문장이 들어갈 위치는 ②가 가장 적절하다.

15 글의 흐름으로 보아 아래 문장이 들어가기에 가장 적절한 곳은? (20. 법원직 9급)

The great news is that this is true whether or not we remember our dreams.

Some believe there is no value to dreams, but it is wrong to dismiss these nocturnal dramas as irrelevant. There is something to be gained in remembering. (①) We can feel more connected, more complete, and more on track. We can receive inspiration, information, and comfort. Albert Einstein stated that his theory of relativity was inspired by a dream. (②) In fact, he claimed that dreams were responsible for many of his discoveries. (③) Asking why we dream makes as much sense as questioning why we breathe. Dreaming is an integral part of a healthy life. (④) Many people report being inspired with a new approach for a problem upon awakening, even though they don't remember the specific dream.

어휘

value 가치 dismiss 일축하다 nocturnal 밤에 일어나는, 야행성의 irrelevant 무의미한 gain 얻다 connected 연결된 on track 제대로 진행되고 있는 inspiration 영감 comfort 편안함, 위안 relativity 상대성 inspire 영감을 주다 claim 주장하다 make sense 타당하다, 이치에 맞다 breathe 호흡하다 integral 필수적인 awaken 깨다 specific 구체적인

시그널 / 주요 내용

The great news is that **this** is true **whether or not we remember our dreams.**

제시문 앞 : this가 지칭하는 대상이나 문장이 언급되어야 한다.

제시문 뒤 : 꿈을 기억하지 못하는 상황이 예시로 부연 설명되어야 한다.

Some believe there is no value to dreams, but it is wrong to dismiss these nocturnal dramas as irrelevant. There is something to be gained in remembering. (①) We can feel more connected, more complete, and more on track. We can receive inspiration, information, and comfort. Albert Einstein stated that his theory of relativity was inspired by a dream. (②) In fact, he claimed that dreams were responsible for many of his discoveries. (③) Asking why we dream makes as much sense as questioning why we breathe. **Dreaming is an integral part of a healthy life.** (주요 내용) (④) Many people report being inspired with **a new approach for a problem upon awakening, even though they don't remember the specific dream.** (주요 내용)

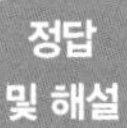

좋은 소식은 우리가 우리의 꿈을 기억하든지 못하든지와 관계없이 이것이 사실이라는 것이다.

몇몇은 꿈에는 의미가 없다고 믿지만, 밤에 일어나는 이러한 드라마를 무의미한 것으로 일축하는 것은 잘못된 것이다. 기억하는 것에는 얻어지는 것이 있다. 우리는 더 연결되어 있고, 더 완벽하고, 더 제대로 진행되고 있다고 느낄 수 있다. 우리는 영감, 정보, 그리고 편안함을 얻을 수 있다. 알버트 아인슈타인은 그의 상대성 이론이 꿈에서 영감을 받았다고 말했다. 사실, 그는 꿈들로부터 많은 영감을 얻었다고 주장했다. 우리가 왜 꿈꾸는지 물어보는 것은 우리가 왜 숨쉬는지 질문하는 것만큼 타당하다. 꿈꾸는 것은 건강한 삶의 필수적인 요소이다. ④ 좋은 소식은 우리가 우리의 꿈을 기억하든지 못하든지와 관계없이 이것이 사실이라는 것이다. 많은 사람들은 비록 그들이 그 특정한 꿈을 기억하진 못하지만, 깨자마자 어떤 문제에 대한 새로운 접근법의 영감을 얻는다고 말한다.

정답 및 해설

정답 ④

주어진 문장에서 대명사 this가 중요한 단서이다. 앞 문장에서 this가 나타내는 것이 무엇인지 구체적으로 제시되어야 하고, 이어지는 문장에서는 꿈을 기억하지 못하는 상황이 예시로 부연되면 자연스럽게 연결이 된다.

④ 앞에, 꿈을 꾸는 것은 건강한 삶의 필수적인 요소라고 했다. 주어진 문장에서의 대명사 this는 이 앞 문장을 받아 주는 것이고, ④ 뒤에는 사람들이 특정한 꿈을 기억하지 못하지만, 깨어나자마자 어떤 문제에 대한 새로운 접근법의 영감을 얻는다고 했으므로 주어진 문장은 ④에 들어가는 것이 가장 적절하다.

16 글의 흐름으로 보아 아래 문장이 들어가기에 가장 적절한 곳은? (18. 법원직 9급)

So around about the time we are two, our brains will already have distinct and individual patterns.

When we are babies our brains develop in relationship with our earliest caregivers. Whatever feelings and thought processes they give to us are mirrored, reacted to and laid down in our growing brains. (①) When things go well, our parents and caregivers also mirror and validate our moods and mental states, acknowledging and responding to what we are feeling. (②) It is then that our left brains mature sufficiently to be able to understand language. (③) This dual development enables us to integrate our two brains, to some extent. (④) We become able to begin to use the left brain to put into language the feelings of the right.

어휘

around 대략 distinct 뚜렷한 individual 개인적인 caregiver 돌봐주는 사람 process 과정 mirror 반영하다 lay down 내려놓다, 저장하다 go well 잘 되어 가다 validate 입증하다 state 상태 acknowledge 인정하다 mature 자라다, 성숙하다 sufficiently 충분히 dual 이중의 enable 가능하게 하다 integrate 통합하다 to some extent 어느 정도까지 put into 표현하다

시그널 주요 내용 시그널 주요 내용
So around about the time we are two, our brains will already have distinct and individual patterns.

제시문 앞 : 2살 이전의 뇌 발달 과정(우뇌 발달)이 언급되어야 한다.
제시문 뒤 : 2살 이후의 뇌 발달 과정(좌뇌 발달)이 언급되어야 한다.

When we are babies our brains develop in relationship with our earliest caregivers. Whatever feelings and thought processes they give to us are mirrored, reacted to and laid down in our growing brains. (①) 주요 내용 When things go well, our parents and caregivers also mirror and validate our moods and mental states, acknowledging and responding to what we are feeling. (②) It is 시그널 then 주요 내용 that our left brains mature sufficiently to be able to understand language. (③) This dual development enables us to integrate our two brains, to some extent. (④) We become able to begin to use the left brain to put into language the feelings of the right.

해석 그래서 우리가 2살 정도가 될 즈음에, 우리의 뇌는 이미 뚜렷하고 개인적인 패턴을 갖게 될 것이다.

우리가 아기일 때, 우리의 뇌는 우리를 처음 돌봐주는 사람과의 관계 속에서 발달한다. 그들이 우리에게 주는 감정과 사고 과정이 무엇이든, 우리의 성장하는 뇌에 반영되고, 반응되고, 그리고 저장된다. 상황이 잘 되어 가면, 우리의 부모님과 돌봐주는 사랑 또한 우리의 기분과 정신적인 상태를 반영하고 입증하며, 우리가 느끼는 것을 인정하고 대응한다. ② 그래서 우리가 2살 정도가 될 즈음에, 우리의 뇌는 이미 뚜렷하고 개인적인 패턴을 갖게 될 것이다. 그러고 나서 우리의 좌뇌는 언어를 이해할 수 있을 만큼 충분히 성숙한다. 이러한 이중 발달은 우리가 두 개의 뇌를 어느 정도까지 통합할 수 있게 한다. 우리는 우뇌의 감정을 언어에 표현하기 위해 좌뇌를 사용하는 것을 시작할 수 있게 된다.

정답 및 해설

정답 ②

주어진 문장에서 2살 정도가 되면, 우리의 뇌는 뚜렷하고 개인적인 패턴을 가진다고 했으므로, 앞에는 2살 전의 뇌의 발달(우뇌 발달)에 관한 내용이 나오고, 뒤에는 2살 이후의 뇌의 발달 과정(좌뇌 발달)이 나오면 자연스럽게 연결이 된다.
앞부분에서 아기일 때, 우리의 뇌는 처음 돌봐주는 사람과의 관계 속에서 발달한다고 했다. ② 앞에서 그들의 감정과 사고 과정이 우리의 성장하는 뇌에 반영이 되고, 그들 또한 우리의 기분과 정신적인 상태에 대응한다고 했다. 그리고 ② 뒤에서 그러고 나서 우리의 좌뇌가 충분히 성숙해서 우뇌의 감정을 언어에 표현하기 위해 좌뇌를 사용한다고 했으므로, 주어진 문장은 ②에 들어가는 것이 가장 적절하다.

17 글의 흐름상 〈보기〉의 문장이 들어갈 곳으로 가장 적절한 것은? (19. 서울시 7급)

Stereotypes, however, carry a danger in that as categorization occurs, individuals or groups may be reduced in status, identified only by some perceived inadequacy.

Stereotypes are not by nature negative. (①)According to Martin, stereotypes are not in themselves evil or pathological but are necessary thinking devices that enable people to avoid conceptual chaos by packaging the world into a manageable number of categories. (②) Identification based on specific features may create blinders to the positive features of the stereotyped individuals and may lead to stigmatization. (③) Stigmas, which are "discrediting marks that are understood by others in social encounters and involve affective responses, such as avoidance, disgust, disgrace, shame or fear," when applied to individuals can alter individuals, own sense of identity and beliefs, causing them to doubt their own self-worth in society. (④) Individuals who become stigmatized in an alien community already understand the difference between what is "normal" and what is "stigmatized" and undergo a reevaluation of themselves that typically entails an identity crisis and a loss of self-esteem.

stereotype 고정 관념 categorization 범주화 status 지위, 신분, 위상 perceived 인지된 inadequacy 불충분함 evil 유해한, 사악한 pathological 병적인 thinking device 사고 장치 conceptual 개념의 chaos 혼동 manageable 다루기 쉬운 category 범주 identification 식별, 신원 확인 specific 특정한 feature 특징 blinder 눈을 속이는 것 stigmatization 낙인 찍기 stigma 낙인 discredit 평판을 나쁘게 하다, 의심하다 encounter 만남 affective 정서적인 avoidance 회피 disgust 혐오 disgrace 불명예 shame 수치심 stigmatize 낙인 찍다 alien 이질적인, 조화되지 않는 reevaluation 재평가 typically 전형적으로 entail 수반하다 identity crisis 정체성 위기 self-esteem 자존감

지문 분석

시그널 / 주요 내용 / 시그널

Stereotypes, however, carry a danger in that as categorization occurs, individuals or groups may be reduced in status, identified only by some perceived inadequacy.

제시문 앞 : 고정 관념의 순기능이 언급되어야 한다.

제시문 뒤 : 고정 관념의 역기능(범주화가 발생해서 위험한 이유)이 언급되어야 한다.

주요 내용 / 주요 내용 / 주요 내용

Stereotypes are not by nature negative. (①)According to Martin, stereotypes are not in themselves evil or pathological but are necessary thinking devices that enable people to avoid conceptual chaos by packaging the world into a manageable number of categories. (②) Identification based on specific features may create blinders to the positive features of the stereotyped individuals and may lead to stigmatization. (③) Stigmas, which are "discrediting marks that are understood by others in social encounters and involve affective responses, such as avoidance, disgust, disgrace, shame or fear," when applied to individuals can alter individuals, own sense of identity and beliefs, causing them to doubt their own self-worth in society. (④) Individuals who become stigmatized in an alien community already understand the difference between what is "normal" and what is "stigmatized" and undergo a reevaluation of themselves that typically entails an identity crisis and a loss of self-esteem.

해석 하지만, 고정 관념은 범주화가 발생하면서, 개개인들 혹은 단체들이 몇몇 인지된 불충분함에 의해서만 확인되며 위상이 위축될 수도 있다는 점에서 위험이 따른다.

고정 관념은 본래 부정적인 것이 아니다. Martin에 따르면, 고정 관념은 그 자체로 유해하거나 병적인 것이 아니라 세계를 몇 개의 다루기 쉬운 범주들로 묶음으로써 사람들로 하여금 개념의 혼란을 피할 수 있게 해 주는 필요한 사고 장치이다. ② 하지만, 고정 관념은 범주화가 발생하면서, 개개인들 혹은 단체들이 몇몇 인지된 불충분함에 의해서만 확인되며 위상이 위축될 수도 있다는 점에서 위험이 따른다. 몇 가지 특징들에 근거한 식별은 고정 관념이 형성된 개개인들의 긍정적인 특징에 대해 판단을 가로막는 것을 만들어 낼 수도 있으며 낙인 찍기로 이어질 수도 있다. 낙인은 '사회적 만남에서 다른 사람들에 의해 이해되고 회피, 혐오감, 불명예, 부끄러움 혹은 두려움과 같은 정서적 반응들을 포함하는 평판을 나쁘게 하는 표시인데,' 개개인들에게 적용될 때 사회에서 그들이 그들 자신의 자아 존중감을 의심하도록 하며 개개인들과 그들 자신의 정체성과 신념을 바꿀 수 있다. 이질적인 공동체에서 낙인 찍힌 개개인들은 '정상적인' 것과 '낙인 찍힌' 것 사이의 차이를 이미 이해하고 전형적으로 정체성의 위기와 자존감의 상실을 수반하는 그들 자신에 대한 재평가를 받는다.

정답 및 해설

정답 ②

주어진 문장은 however(그러나)라는 역접의 접속부사가 사용되고 있으므로, 앞에는 고정 관념의 순기능(고정 관념이 위험하지 않은 이유)이 제시되어야 하고, 뒤에는 고정 관념의 역기능(범주화가 발생해서 위험한 이유)이 제시되어야 한다.

② 앞에 고정 관념은 본래 부정적인 것이 아니라 사람들로 하여금 개념의 혼란을 피할 수 있게 해 주는 필요한 사고 장치라는 내용이 나온다. 그리고 ② 뒤에는 몇 가지 특징들에 근거한 식별(범주화)은 고정 관념이 형성된 개인의 긍정적인 판단을 가로막으며 낙인 찍기로 이어질 수 있다고 했으므로 주어진 문장은 ②에 들어가는 것이 가장 적절하다.

글의 흐름 파악하기(문장 삭제)

01 다음 글의 흐름상 가장 어색한 문장은? (21. 국가직 9급)

The term burnout refers to a "wearing out" from the pressures of work. Burnout is a chronic condition that results as daily work stressors take their toll on employees. ①The most widely adopted conceptualization of burnout has been developed by Maslach and her colleagues in their studies of human service workers. Maslach sees burnout as consisting of three interrelated dimensions. The first dimension—emotional exhaustion—is really the core of the burnout phenomenon. ②Workers suffer from emotional exhaustion when they feel fatigued, frustrated, used up, or unable to face another day on the job. The second dimension of burnout is a lack of personal accomplishment. ③This aspect of the burnout phenomenon refers to workers who see themselves as failures incapable of effectively accomplishing job requirements. ④Emotional labor workers enter their occupation highly motivated although they are physically exhausted. The third dimension of burnout is depersonalization. This dimension is relevant only to workers who must communicate interpersonally with others (eg. clients, patients, students) as part of the job.

어휘

chronic condition 만성 질환 refer to ~을 지칭하다, 가리키다 wear out 지치게 만들다 stressor 스트레스 요인 take a toll on ~에 피해를 주다 conceptualization 개념화, 개념적인 해석 interrelated 서로 밀접하게 연관된 dimension 차원 exhaustion 피로, 기진맥진 core 핵심 phenomenon 현상 fatigued 피로한 frustrated 좌절된 used up 소진된 accomplishment 업적, 성과 requirement 필요 조건, 요구 사항 occupation 직업, 직장 motivated 의욕을 가진 physically exhausted 신체적으로 기진맥진한 depersonalization 몰개인화, 비인격화 relevant 관련된 interpersonally 대인 관계에서

지문 분석

소재

The term burnout refers to a "wearing out" from the pressures of work. Burnout is a chronic condition that results as daily work stressors take their toll on employees. ❶ The most widely adopted conceptualization of burnout has been developed by Maslach and her colleagues in their studies of human service workers. Maslach sees burnout as consisting of three interrelated dimensions. The first dimension—emotional exhaustion—is really the core of the burnout phenomenon. ❷ Workers suffer from emotional exhaustion when they feel fatigued, frustrated, used up, or unable to face another day on the job. The second dimension of burnout is a lack of personal accomplishment. ❸ This aspect of the burnout phenomenon refers to workers who see themselves as failures incapable of effectively accomplishing job requirements. ❹ Emotional labor workers enter their occupation highly motivated although they are physically exhausted. The third dimension of burnout is depersonalization. This dimension is relevant only to workers who must communicate interpersonally with others (eg. clients, patients, students) as part of the job.

소재와 주제문

소재 : burnout(마모)
주제문 : burnout은 마모로, 업무 스트레스 요인이 피해를 입힐 때 발생하는 만성 질환이다.

① 가장 널리 채택된 burnout의 개념
② 근로자들이 정서적 피로를 느낌
③ 스스로를 패배자로 여김
④ 감정 노동자들은 육체적으로 지쳤지만 왕성한 의욕으로 업무 시작
→ 주제와 반대되는 주장

해석 번아웃이라는 용어는 일의 압박으로 인한 "마모"를 의미한다. 번아웃은 일상적인 업무 스트레스 요인이 직원에게 피해를 입힐 때 발생하는 만성 질환이다. ① 가장 널리 채택된 번아웃의 개념적인 해석은 Maslach와 그녀의 동료들의 인간 서비스 근로자들에 대한 연구에서 발전했다. Maslach는 번아웃이 서로 밀접하게 연관된 세 가지 차원으로 구성되어 있다고 간주한다. 첫 번째 차원인 정서적 피로는 실제로 번아웃 현상의 핵심이다. ② 근로자들은 피로감, 좌절감, 기진맥진함을 느끼거나 직장에서 또 다른 하루를 맞이할 수 없을 때 정서적 피로를 겪는다. 번아웃의 두 번째 차원은 개인적인 성취의 부족이다. ③ 번아웃 현상의 이러한 측면은 스스로를 업무 요구 사항을 효과적으로 달성할 수 없는 실패자로 여기는 근로자들을 나타낸다. ④ 감정 노동자들은 육체적으로 지쳤을지라도 왕성한 의욕을 가지고 그들의 업무를 시작한다. 번아웃의 세 번째 차원은 몰개인하다. 이 차원은 직무의 일부로 다른 사람들(예를 들면 고객, 환자, 학생)과 대인 관계를 맺어야 하는 근로자들에게만 해당된다.

정답 및 해설

정답 ④

이 글은 주제문에서 번아웃의 개념을 설명하고, 이어지는 글에서 이를 구성하는 세 가지 차원을 설명하고 있다. ①에서 가장 널리 채택된 번아웃의 개념이 Maslach에 의해서 발전되었다고 설명하고, ②에서 근로자들이 정서적 피로를 겪는다고 하고, ③에서 스스로를 실패자로 여긴다는 내용이 나온다. 반면, ④는 감정 노동자들은 육체적으로 지쳤지만 왕성한 의욕을 가진다는 내용으로 주제문과는 반대되는 주장이므로 가장 어색한 문장이다.

02 다음 글의 흐름상 적절하지 않은 문장은? (21. 지방직 9급)

There was no divide between science, philosophy, and magic in the 15th century. All three came under the general heading of 'natural philosophy'. ①Central to the development of natural philosophy was the recovery of classical authors, most importantly the work of Aristotle. ②Humanists quickly realized the power of the printing press for spreading their knowledge. ③At the beginning of the 15th century Aristotle remained the basis for all scholastic speculation on philosophy and science. ④ Kept alive in the Arabic translations and commentaries of Averroes and Avicenna, Aristotle provided a systematic perspective on mankind's relationship with the natural world. Surviving texts like his Physics, Metaphysics, and Meteorology provided scholars with the logical tools to understand the forces that created the natural world.

divide 나누다, 가르다 come under the heading of ~의 부류에 들다 natural philosophy 자연철학 humanist 인문주의자 printing press 인쇄기 scholastic 학문적 speculation 사상 commentaries 논평 perspective 관점 metaphysics 형이상학

지문 분석

There was no divide between science, philosophy, and magic in the 15th century. All three came under the general heading of 'natural philosophy'. ❶ Central to the development of natural philosophy was the recovery of classical authors, most importantly the work of Aristotle. ❷ Humanists quickly realized the power of the printing press for spreading their knowledge. ❸ At the beginning of the 15th century Aristotle remained the basis for all scholastic speculation on philosophy and science. ❹ Kept alive in the Arabic translations and commentaries of Averroes and Avicenna, Aristotle provided a systematic perspective on mankind's relationship with the natural world. Surviving texts like his Physics, Metaphysics, and Meteorology provided scholars with the logical tools to understand the forces that created the natural world.

주제문

15세기 과학, 철학, 마술은 구분이 없었고 모두 '자연 철학'의 부류였다.

① 자연 철학 발전의 중심은 아리스토텔레스 작품

② 인문주의자들이 인쇄기의 힘을 깨달음 → 논점일탈

③ 아리스토텔레스는 모든 학문의 추측의 기초

④ 아리스토텔레스는 인류와 자연계의 관계에 대한 체계적인 시각을 제공

해석 15세기에는 과학, 철학, 마술 사이에 구분이 없었다. 세 분야 모두 '자연 철학'의 부류였다. ① 고전 작가들의 회복은 자연 철학 발전의 중심이 되었는데, 다른 무엇보다도 가장 중요한 것은 아리스토텔레스의 작품이었다. ② 인문주의자들은 자신들의 지식을 전파하는 인쇄기의 힘을 빠르게 깨달았다. ③ 15세기 초에 아리스토텔레스는 철학과 과학에서 모든 학문적 추측의 기초가 되었다. ④ 아랍어 번역과 Averroes와 Avicenna의 논평에서 살아남은 아리스토텔레스는 인류와 자연계의 관계에 대한 체계적인 시각을 제공했다. 그의 물리학, 형이상학, 기상학 같은 살아남은 원문들은 학자들에게 자연계를 창조한 힘을 이해할 수 있는 논리적인 도구들을 제공했다.

정답 및 해설

정답 ②

위 지문은 15세기의 아리스토텔레스 철학이 현재의 학문들에 영향을 끼쳤다는 시간 순서의 글이다. 주제문에서 15세기에는 과학과 철학, 마술 사이에 구분이 없고 모두 '자연 철학' 부류였다고 밝히고 ①번은 자연 철학 발전의 중심은 아리스토텔레스 작품이었고, ③번은 아리스토텔레스는 모든 학문의 추측의 기초가 되었고, ④번은 아리스토텔레스는 인류와 자연계의 관계에 대한 체계적인 시각을 제공했다고 진술하고 있다. 모두 아리스토텔레스에 관한 내용인데, ②번 문장(인쇄기의 힘을 빠르게 깨달은 인문주의자들)은 글의 소재 아리스토텔레스 철학에서 벗어나므로 글의 흐름상 적절하지 않다.

03 다음 글의 흐름상 가장 어색한 문장은? (20. 국가직 9급)

When the brain perceives a threat in the immediate surroundings, it initiates a complex string of events in the body. It sends electrical messages to various glands, organs that release chemical hormones into the bloodstream. Blood quickly carries these hormones to other organs that are then prompted to do various things. ①<u>The adrenal glands above the kidneys, for example, pump out adrenaline, the body's stress hormone.</u> ②<u>Adrenaline travels all over the body doing things such as widening the eyes to be on the lookout for signs of danger, pumping the heart faster to keep blood and extra hormones flowing, and tensing the skeletal muscles so they are ready to lash out at or run from the threat.</u> ③<u>The whole process is called the fight-or-flight response, because it prepares the body to either battle or run for its life.</u> ④<u>Humans consciously control their glands to regulate the release of various hormones.</u> Once the response is initiated, ignoring it is impossible, because hormones cannot be reasoned with.

perceive 감지하다 **threat** 위협 **immediate** 즉각적인, 인근의 **surroundings** 환경 **initiate** 시작하다 **complex** 복잡한 **a string of** 일련의 **gland** 분비선 **organ** 기관, 장기 **bloodstream** 혈류 **prompt** 촉발시키다 **adrenal** 부신의 **kidney** 신장 **adrenaline** 아드레날린 **pump** 솟구치다 **widen** 넓히다 **lookout** 망보는 것 **tense** 긴장시키다 **skeletal** 뼈대의 **lash out** 채찍질하다, 공격하다 **fight-or-flight response** 투쟁 혹은 도피 반응 **consciously** 의식하여 **regulate** 조절하다 **ignore** 무시하다 **reason with** ~을 설득해서 ~하게 하다

지문 분석

When the brain perceives a threat in the immediate surroundings, it initiates a complex string of events in the body. It sends electrical messages to various glands, organs that release chemical hormones into the bloodstream. Blood quickly carries these hormones to other organs that are then prompted to do various things. ❶The adrenal glands above the kidneys, for example, pump out adrenaline, the body's stress hormone. ❷Adrenaline travels all over the body doing things such as widening the eyes to be on the lookout for signs of danger, pumping the heart faster to keep blood and extra hormones flowing, and tensing the skeletal muscles so they are ready to lash out at or run from the threat. ❸The whole process is called the fight-or-flight response, because it prepares the body to either battle or run for its life. ❹Humans consciously control their glands to regulate the release of various hormones. Once the response is initiated, ignoring it is impossible, because hormones cannot be reasoned with.

소재와 주제문

소재 : 신체의 반응
주제문 : 위험 감지 시 신체의 변화

① 신체의 변화1 – 아드레날린 분비
② 신체의 변화2 – 동공 확장, 심장 펌프질, 골결근 긴장
③ 언급된 변화 재언급 – 투쟁 도치 과정
④ 인간이 의식적으로 호르몬을 조절 → 사실과 다른 진술

해석 뇌가 인접한 환경에서 위협을 감지할 때, 그것은 신체의 복잡한 일련의 이벤트들을 작동시킨다. 그것은 여러 가지 분비선, 즉 화학 호르몬을 혈류로 방출하는 기관에 전기 메시지를 보낸다. 혈액은 이러한 호르몬을 빠르게 다른 장기로 운반하고, 그러한 장기들은 여러 가지 일을 하도록 자극된다. ① 예를 들어 신장 위의 부신은 신체의 스트레스 호르몬인 아드레날린을 뿜어 낸다. ② 아드레날린은 위험의 징후를 망보기 위해 눈을 크게 뜨고, 혈액과 호르몬이 더 많이 흐르게 하기 위해 심장을 더 빠르게 펌프질하고, 골격 근육을 긴장시켜서 그들이 위험을 무찌르거나 위험에서 도망갈 준비가 되도록 하는 것과 같은 것들을 하면서 온몸을 돌아다닌다. ③ 이 모든 과정은 fight-or-flight 과정(투쟁 혹은 도피 과정)이라고 불리는데, 왜냐하면 이것은 신체가 전투를 하거나 살기 위해 도망가도록 준비시키기 때문이다. ④ 인간은 다양한 호르몬의 분비를 조절하기 위해 의식적으로 분비선을 조종한다. 일단 반응이 시작되고 나면 이것을 무시하는 것은 불가능한데, 왜냐하면 호르몬을 설득하는 것이 불가능하기 때문이다.

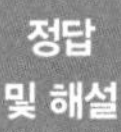

정답 ④

이 글은 주제문에서 뇌가 위협을 감지했을 때, 일련의 이벤트를 작동시킨다고 했다. 이어지는 글에서 위협 감지 시 신체의 변화를 설명하고 있다. ①에 신장 위의 부신에서 아드레날린을 분비하고, ②에서 아드레날린은 신체를 돌아다니면서 눈을 크게 뜨게 하고, 심장을 더 빠르게 펌프질하고, 골격근을 긴장시켜서 위협에 대처하게 한다고 했다. 그리고 ③에서 이런 모든 과정을 투쟁 혹은 도피 고정이라고 했다. 반면 ④에서 '인간은 다양한 호르몬의 분비를 조절하기 위해 의식적으로 분비선을 조종한다'는 주제문의 설명과 거리가 멀고 흐름상으로도 어색한 문장이다.

04 글의 흐름상 가장 어색한 문장은? (20. 지방직 9급)

Philosophers have not been as concerned with anthropology as anthropologists have with philosophy. ①Few influential contemporary philosophers take anthropological studies into account in their work. ②Those who specialize in philosophy of social science may consider or analyze examples from anthropological research, but do this mostly to illustrate conceptual points or epistemological distinctions or to criticize epistemological or ethical implications. ③In fact, the great philosophers of our time often drew inspiration from other fields such as anthropology and psychology. ④Philosophy students seldom study or show serious interest in anthropology. They may learn about experimental methods in science, but rarely about anthropological fieldwork.

philosopher 철학자 be concerned with ~에 관심이 있다 anthropology 인류학 influential 영향력 있는 anthropologist 인류학자 philosophy 철학 contemporary 현대의 take into account ~를 고려하다 specialize in 전문으로 하다 analyze 분석하다 illustrate 보여 주다 mostly 주로 illustrate 설명하다 conceptual 개념의 epistemological 인식론의 distinction 구별 criticize 비난하다 ethical 윤리적인 implication 의미, 함축 draw inspiration from ~으로부터 영감을 얻다 experimental 실험적인 fieldwork 현장 조사

지문 분석

Philosophers have not been as concerned with anthropology as anthropologists have with philosophy. ❶Few influential contemporary philosophers take anthropological studies into account in their work. ❷Those who specialize in philosophy of social science may consider or analyze examples from anthropological research, but do this mostly to illustrate conceptual points or epistemological distinctions or to criticize epistemological or ethical implications. ❸In fact, the great philosophers of our time often drew inspiration from other fields such as anthropology and psychology. ❹Philosophy students seldom study or show serious interest in anthropology. They may learn about experimental methods in science, but rarely about anthropological fieldwork.

소재와 주제문

소재 : philosophers(철학자들)
주제문 : 철학자들은 인류학에 관심이 없다.

① 인류학을 연구 대상으로 삼지 않는 현대 철학자들
② 주로 구별이나 비판을 위해 인류학을 이용하는 사회과학 철학자들
③ 인류학에서 영감을 받은 위대한 철학자들 → 주제와 반대되는 주장
④ 인류학에 관심이 없는 철학 연구가들

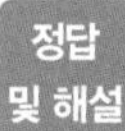

해석 철학자들은 인류학자들이 철학에 대해 가지고 있는 것만큼 인류학에 관심을 가지지는 않았었다. ① 자신들의 연구에 인류학적 연구를 고려하는 영향력 있는 현대 철학자들은 거의 없다. ② 사회과학으로 철학을 전공하는 사람들이 인류학 연구의 사례들을 고려하거나 분석할 수도 있지만, 대개 개념적 요점이나 인식론적 구별을 분명히 설명하기 위해서나 인식론적 또는 윤리적 함의를 비판하기 위해서 이렇게 한다. ③ 사실, 우리 시대의 위대한 철학자들은 인류학과 심리학 같은 다른 분야에서 종종 영감을 끌어냈다. ④ 철학과 학생들은 좀처럼 인류학에 대해 연구하거나 진지한 관심을 보이지 않는다. 그들은 과학에서 실험적인 방법들에 대해 배울 수도 있지만, 인류학 현장 조사에 대해서는 거의 배우지 않는다.

정답 및 해설

정답 ③

주제문에서 '철학자들은 인류학자들이 철학에 대해 가지고 있는 것만큼 인류학에 관심을 가지지는 않았었다'라고 밝히고 있다. 이어지는 ①에서 인류학을 연구 대상으로 하는 현대 철학자들은 거의 없다고 했고, ②에서 인류학 연구의 사례들을 고려하거나 분석하는 경우는 있지만 대개 구별이나 비판을 위해서만 인류학을 한정적으로 이용한다고 했고, ④에서 철학과 학생들도 인류학에 대해 연구하거나 관심을 가지지 않는다는 내용이 설명되고 있다. 하지만 ③은 우리 시대의 위대한 철학자들은 인류학과 심리학 같은 다른 분야에서 영감을 얻는다는 내용이므로 주제문의 내용과 반대되는 문장이다.

05 밑줄 친 부분 중 글의 흐름상 가장 어색한 것은? (19. 국가직 9급)

In 2007, our biggest concern was "too big to fail Wall Street banks had grown to such staggering sizes, and had become so central to the health of the financial system, that no rational government could ever let them fail. ①Aware of their protected status, banks made excessively risky bets on housing markets and invented ever more complicated derivatives. ②New virtual currencies such as bitcoin and ethereum have radically changed our understanding of how money can and should work. ③The resulIt was the worst financial crisis since the breakdown of our economy in 1929. ④In the years since 2007, we have made great progress in addressing the too-big-to-fail dilemma. Our banks are better capitalized than ever. Our regulators conduct regular stress tests of large institutions.

concern 우려, 관심사 fail 실패하다, 파산하다 staggering 막대한 central 중심적인 health 안정, 번영 financial system 금융 시스템 rational 분별 있는, 이성적인 aware of ~를 알고 있는 status 상태 excessively 과도하게 risky 무모한, 모험적인 make a bet on ~에 승부를 걸다 invent 발명하다 complicated 복잡한 derivatives 파생 금융 상품 virtual currency 가상 화폐 bitcoin 비트코인 ethereum 이더리움 radically 급격하게 understanding 합의 financial crisis 금융 위기 breakdown 붕괴 make progress 진전하다 address 다루다 dilemma 딜레마 better capitalized 자본 충실도가 더 높아진 regulator 규제 기관 conduct 수행하다 stress test 스트레스 테스트(금융 시스템의 잠재적인 취약성을 테스트하는 것) institution 기관

지문 분석

In 2007, our biggest concern was "too big to fail". Wall Street banks had grown to such staggering sizes, and had become so central to the health of the financial system, that no rational government could ever let them fail. ❶Aware of their protected status, banks made excessively risky bets on housing markets and invented ever more complicated derivatives. ❷New virtual currencies such as bitcoin and ethereum have radically changed our understanding of how money can and should work. ❸The resuIt was the worst financial crisis since the breakdown of our economy in 1929. ❹In the years since 2007, we have made great progress in addressing the too-big-to-fail dilemma. Our banks are better capitalized than ever. Our regulators conduct regular stress tests of large institutions.

소재와 주제문

소재 : too big to die(파산하기에는 너무 큰)

주제문 : 너무 큰 은행의 문제점 – 정부가 도산하도록 내버려 둘 수 없었다.

① 무모한 시도를 단행한 은행들

② 새로운 가상 화폐의 등장 → 중심 소재에서 벗어남

③ 최악의 금융 위기

④ 이후 딜레마를 벗어난 은행

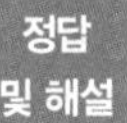

해석 2007년, 우리의 가장 큰 걱정은 '파산하기에는 너무 크다'는 것이었다. 월가의 은행들은 너무나 막대한 규모로 성장했었고, 금융 체계의 안정에 있어 너무도 중심부가 되어서 어떤 이성적인 정부도 절대 그것들이 도산되도록 내버려 둘 수가 없었다. ① 자신들이 보호받는 상태임을 알고 있는 은행들은 주택 시장에 지나치게 위험한 승부를 걸었고, 일찍이 없었던 복잡한 금융 파생 상품들을 고안해 냈다. ② 비트코인과 이더리움과 같은 새로운 가상화폐들은 돈이 어떻게 작용할 수 있고 작용해야 하는지에 대한 우리의 이해를 급격히 변화시켰다. ③ 그 결과는 1929년 우리 경제의 붕괴 이후 최악의 금융 위기였다. ④ 2007년 이후로는, 파산하기에는 너무 크다'는 딜레마를 다루는 데 있어서 큰 진전을 해 왔다. 우리의 은행들은 그 어느 때보다 자본 충실도가 더 높다. 우리의 규제 기관들은 대규모 기관들의 정기적인 스트레스 테스트를 시행한다.

정답 및 해설

정답 ②

이글은 '파산하기에는 너무 큰'(대마불사)을 다루는 글이다. 주제문에서 2007년도에 우리의 가장 큰 걱정은 '파산하기에는 너무 크다'는 것이었고, 월가의 은행들이 너무나 커져서 정부가 그들이 도산하도록 내버려 둘 수 없게 되었다고 밝히고 있다. 이어지는 ①에서 자신들이 보호받는 상태를 아는 은행들이 지나치게 위험한 주택 시장의 파생 금융 상품을 고안해 냈고, ③에서 그 결과 최악의 금융 위기가 왔다고 했다. 그리고 ④에서 2007년 이후에는 '파산하기에는 너무 큰' 딜레마에서 벗어나서 현재의 은행들은 과거 어느 때보다 자본 충실도가 높다고 설명하고 있다. 하지만 ②는 파생 금융 상품에 관한 내용으로 중심 소재에서 벗어나는 지문이다.

06 다음 글에서 전체 흐름과 관계없는 문장은? (20. 소방직 9급)

Social media is some websites and applications that support people to communicate or to participate in social networking. ①That is, any website that allows social interaction is considered as social media. ②We are familiar with almost all social media networking sites such as Facebook, Twitter, etc. ③It makes us easy to communicate with the social world. ④It becomes a dangerous medium capable of great damage if we handled it carelessly. We feel we are instantly connecting with people around us that we may not have spoken to in many years.

어휘

social media 소셜 미디어 application 앱, 소프트웨어 communicate 의사소통하다 participate 참여하다 social networking 소셜 네트워킹 that is 즉 interaction 상호작용 consider as ~로서 생각하다 be familiar with ~에 익숙하다 medium 매체 carelessly 부주의하게 instantly 즉시

지문 분석

Social media is some websites and applications that support people to communicate or to participate in social networking. ❶That is, any website that allows social interaction is considered as social media. [소셜미디어의 예] ❷We are familiar with almost all social media networking sites such as Facebook, Twitter, etc. ❸It makes us easy to communicate with the social world. ❹It becomes a dangerous medium capable of great damage if we handled it carelessly. We feel we are instantly connecting with people around us that we may not have spoken to in many years.

소재와 주제문

소재 : social media(소셜 미디어)
주제문 : 소셜 미디어는 사람들의 의사소통을 돕는다.

① 소셜 미디어의 정의
② 소셜 미디어의 예
③ 소셜 미디어의 순기능
④ 소셜 미디어의 위험성 → 주제와 반대되는 주장

해석 소셜 미디어는 사람들이 의사소통하거나 소셜 네트워킹에 참여하도록 지원하는 웹사이트와 애플리케이션이다. ① 즉, 사회적 상호 작용을 가능하게 해 주는 모든 웹사이트가 소셜 미디어로 여겨진다. ② 우리는 페이스북, 트위터 등과 같은 거의 모든 소셜 미디어 네트워킹 사이트에 익숙하다. ③ 그것은 우리가 사회적 세계와 소통하기 쉽게 만든다. ④ 만약 우리가 그것을 부주의하게 다루면 그것은 커다란 피해를 입힐 수 있는 위험한 매체가 된다. 우리는 몇 년 후에도 이야기하지 못할 수 있는 우리 주변의 사람들과 즉시 연결되고 있다고 느낀다.

정답 및 해설

정답 ④

주제문에서 소셜 미디어는 사람들의 의사소통을 돕는다고 밝히고 이어지는 ①에서 소셜 미디어의 정의(사회적 상호 작용을 가능하게 해 주는 모든 웹사이트가 소셜 미디어이다)를 설명하고, ②에서 소셜 미디어의 예를 들고, ③에서 '소셜 미디어는 사회적 세계와의 소통을 쉽게 만든다'라고 소셜 미디어의 순기능에 대해서 설명하고 있다. 반면 ④는 소셜 미디어의 위험성에 관한 내용이므로 주제와 반대되는 주장이고 흐름과 관계가 없는 문장이다.

07 다음 글에서 전체 흐름과 관계없는 문장은? (19. 소방직 9급)

Gum disease is frequently to blame for bad breath. In fact, bad breath is a warning sign for gum disease. ①This issue occurs initially as a result of plaque buildup on the teeth. ②Bacteria in the plaque irritate the gums and cause them to become tender, swollen and prone to bleeding. ③Foul-smelling gases emitted by the bacteria can also cause bad breath. ④Smoking damages your gum tissue by affecting the attachment of bone and soft tissue to your teeth. If you pay attention when you notice that bacteria-induced bad breath, though, you could catch gum disease before it gets to its more advanced stages.

gum 잇몸 be to blame for ~의 원인이다 bad breath 입냄새, 구취 in fact 사실상 warning sign 경고 신호 issue 문제 initially 처음에는 as a result of ~의 결과로 plaque 플라크, 치태 buildup 축적 irritate 자극하다, 염증을 일으키다 tender 연약한 swollen 부어 오른 prone to ~이기 쉬운 bleeding 출혈 foul-smelling 악취가 나는 emit 내뿜다, 방출하다 affect 영향을 미치다 tissue 조직 attachment 부착 soft tissue 연조직 pay attention 주의를 기울이다 induce 유발하다 advanced 발전된, 진전된 stage 단계

지문 분석

Gum disease is frequently to blame for bad breath. In fact, bad breath is a warning sign for gum disease. ❶This issue occurs initially as a result of plaque buildup on the teeth . ❷Bacteria in the plaque irritate the gums and cause them to become tender, swollen and prone to bleeding. ❸Foul-smelling gases emitted by the bacteria can also cause bad breath. ❹Smoking damages your gum tissue by affecting the attachment of bone and soft tissue to your teeth. If you pay attention when you notice that bacteria-induced bad breath, though, you could catch gum disease before it gets to its more advanced stages.

소재와 주제문

소재 : bad breath(입냄새)
주제문 : 잇몸 질환은 입냄새의 원인이다.

① 잇몸 질환의 원인 : 플라그의 축적
② 잇몸 질환의 발생 과정 : 플라그에 있는 박테리아가 잇몸 자극
③ 잇몸 질환의 또 다른 원인 : 박테리아에 의해 방출되는 악취 나는 가스
④ 흡연이 잇몸 조직 손상(흡연의 결과) → 중심 소재에서 벗어남

해석 잇몸 질환은 흔히 입냄새의 원인으로 지목된다. 사실, 입냄새는 잇몸병의 경고 신호다. ① 이 문제는 치아에 축적되는 플라크의 결과로 처음 발생한다. ② 플라크 속의 박테리아가 잇몸을 자극하여 잇몸이 약해지고, 부어오르고, 출혈하기 쉬워지도록 한다. ③ 박테리아에 의해 방출되는 악취가 나는 가스도 입냄새를 유발할 수 있다. ④ 흡연은 당신의 치아에 대한 뼈와 연조직의 부착에 영향을 미침으로써 당신의 잇몸 조직을 손상시킨다. 그러나 박테리아에 의해서 유발되는 그 입냄새를 알아차릴 때 주의를 기울인다면, 더 진전된 단계에 이르기 전에 당신은 잇몸병을 알아챌 수 있다.

정답 및 해설

정답 ④

주제문에서 잇몸 질환은 입냄새의 원인이고 입냄새는 잇몸병의 경고 신호라고 밝히고 있다. 이어지는 ①에서 치아에 플라크가 축적되어서 잇몸병이 시작되고, ②에서 플라크 속의 박테리아가 잇몸을 자극해서 잇몸이 약해진다고 했다. 그리고 ③에서 박테리아에 의해 방출되는 악취가 나는 가스도 입냄새를 유발할 수 있다고 설명하고 있다. 전체적으로 정리하면, 플라크의 축적이 잇몸을 약하게 하고, 잇몸 질환을 유발하고, 잇몸 질환으로 인해 입냄새가 생긴다고 설명하는 글이다. 반면 ④는 흡연이 잇몸에 미치는 영향에 관한 내용으로 중심 소재에서 벗어나는 전체 흐름과 관계없는 문장이다.

08 다음 글의 흐름상 가장 어색한 문장은? (18. 국가직 9급)

Biologists have identified a gene that will allow rice plants to survive being submerged in water for up to two weeks — over a week longer than at present. Plants under water for longer than a week are deprived of oxygen and wither and perish. ①The scientists hope their discovery will prolong the harvests of crops in regions that are susceptible to flooding. ②Rice growers in these flood-prone areas of Asia lose an estimated one billion dollars annually to excessively waterlogged rice paddies. ③They hope the new gene will lead to a hardier rice strain that will reduce the financial damage incurred in typhoon and monsoon seasons and lead to bumper harvests. ④This is dreadful news for people in these vulnerable regions, who are victims of urbanization and have a shortage of crops. Rice yields must increase by 30 percent over the next 20 years to ensure a billion people can receive their staple diet.

어휘

biologist 생물학자 identify 확인하다 gene 유전자 survive 살아남다, 생존하다 submerge 잠기다
be deprived of ~을 빼앗기다 oxygen 산소 wither 시들다, 쇠퇴하다 perish 사라지다, 죽다
prolong 늘리다, 장기화하다 harvest 수확 crop 농작물 susceptible 영향을 받기 쉬운, 취약한 flooding 홍수
flood-prone 홍수가 잘 나는 estimated 추정되는 annually 매년, 연간 excessively 과도하게 waterlogged 물에 잠긴
rice paddy 논 rice strain 쌀 품종 incur 입다 typhoon 태풍 monsoon season 장마철, 우기
bumper harvest 풍년, 풍작 dreadful 무서운, 가혹한 vulnerable 취약한, 영향 받기 쉬운 victim 희생자
urbanization 도시화 shortage 부족 yield 생산량 staple diet 주된 식단

지문 분석

Biologists have identified a gene that will allow rice plants to survive being submerged in water for up to two weeks — over a week longer than at present. Plants under water for longer than a week are deprived of oxygen and wither and perish. ①The scientists hope their discovery will prolong the harvests of crops in regions that are susceptible to flooding. ②Rice growers in these flood-prone areas of Asia lose an estimated one billion dollars annually to excessively waterlogged rice paddies. ③They hope the new gene will lead to a hardier rice strain that will reduce the financial damage incurred in typhoon and monsoon seasons and lead to bumper harvests. ④This is dreadful news for people in these vulnerable regions, who are victims of urbanization and have a shortage of crops. Rice yields must increase by 30 percent over the next 20 years to ensure a billion people can receive their staple diet.

소재와 주제문

소재 : gene(곡물 유전자)
주제문 : 물속에서 오래 생존할 수 있는 곡물 유전자 발견

① 곡물 유전자 발견에 대한 긍정적 시각 : 수확량 늘림
② 사실 제시 : 홍수 지역은 매년 10억 달러의 피해를 입음
③ 곡물 유전자 발견에 대한 긍정적 시각 : 더 단단한 품종으로 풍작으로 이어질 것을 희망
④ 이것은 도시화와 식량 부족 희생자들에게 끔찍한 뉴스이다. → 주제와 반대되는 주장

해석 생물학자들은 벼가 현재보다 1주일 정도 더 긴 최대 2주까지 물에 잠긴 채로 생존할 수 있도록 하는 유전자를 밝혀 냈다. 1주일 이상 물에 잠겨 있는 식물들은 산소가 부족해서 시들고 죽는다. ① 과학자들은 그들의 발견이 홍수에 취약한 지역의 작물의 수확을 늘릴 수 있기를 희망한다. ② 아시아의 홍수가 들기 쉬운 지역의 쌀 재배자들은 과도하게 침수된 논 때문에 추정건대 매년 10억 달러의 손해를 입는다. ③ 그들은 새로운 유전자가 더 단단한 쌀 품종으로 이어져서 태풍과 장마철에 발생하는 재정적 피해를 줄이고, 풍작으로 이어지길 희망하고 있다. ④ 이는 도시화의 희생자이며 식량 부족을 겪는 취약 지역의 사람들에게는 끔찍한 뉴스이다. 쌀 수확량은 10억 명의 사람들이 그들의 주된 식량을 받을 수 있도록 하기 위해서 향후 20년 동안 30퍼센트까지 증가해야 한다.

정답 및 해설

정답 ④

이 글은 물속에서 오래 생존할 수 있는 곡물 유전자를 발견해서 쌀 수확량의 증대를 기대할 수 있다는 내용이다. 주제문에서 물에 잠긴 채로 최대 2주까지 생존할 수 있는 곡물 유전자를 발견했다고 하고, 이어지는 ①에서 홍수 취약 지역에 작물의 수확량을 늘릴 수 있을 것을 기대하고, ②에서 아시아에서 홍수가 잘 드는 지역에서는 침수된 논으로 엄청난 손해를 입는다는 사실을 언급하고 있다. 그리고 ③에서 새로 발견된 유전자가 더 단단한 쌀 품종으로 이어지고 풍작으로 이어지기를 희망하고 있다. 반면에 ④에서 '이것은 끔찍한 뉴스이다'라는 것은 주제와 반대되는 주장으로 삭제되어야 한다.

09 다음 글의 흐름상 가장 어색한 것은? (18. 지방직 9급)

The Renaissance kitchen had a definite hierarchy of help who worked together to produce the elaborate banquets. ①At the top, as we have seen, was the scalco, or steward, who was in charge of not only the kitchen, but also the dining room. ②The dining room was supervised by the butler, who was in charge of the silverware and linen and also served the dishes that began and ended the banquet — the cold dishes, salads, cheeses, and fruit at the beginning and the sweets and confections at the end of the meal. ③This elaborate decoration and serving was what in restaurants is called "the front of the house." ④The kitchen was supervised by the head cook, who directed the undercooks, pastry cooks, and kitchen help.

the Renaissance 르네상스 kitchen 주방 definite 명확한 hierarchy 계급 제도 elaborate 정교한
banquet 연회 steward 집사, 승객 담당자 in charge of ~를 담당하는 dining room 식당 supervise 감독하다
butler 집사 silverware 은식기류 linen 리넨, 식탁보 sweets 단것 confection 설탕 절임, 당과
decoration 장식, 장식물 what is called ~라고 불리는 head cook 주방장 direct 지휘하다
undercook 보조 요리사 pastry cook 제빵사 kitchen help 주방 도우미

지문 분석

The Renaissance kitchen had a definite hierarchy of help who worked together to produce the elaborate banquets. ❶At the top, as we have seen, was the scalco, or steward, who was in charge of not only the kitchen, but also the dining room. ❷The dining room was supervised by the butler, who was in charge of the silverware and linen and also served the dishes that began and ended the banquet — the cold dishes, salads, cheeses, and fruit at the beginning and the sweets and confections at the end of the meal. ❸This elaborate decoration and serving was what in restaurants is called "the front of the house." ❹The kitchen was supervised by the head cook, who directed the undercooks, pastry cooks, and kitchen help.

소재와 주제문

소재 : 르네상스 시대의 주방
주제문 : 르네상스 시대 주방 도우미의 서열(역할)

① scalo와 steward의 업무 : 주방과 식사 공간 담당
② butler의 업무 : 식기류 리넨 담당
③ 장식과 서빙의 호칭 제시 → 논점 일탈
④ head cook(주방장)의 업무 : 보조 요리사, 제빵사, 주방 도우미 감독

해석 르네상스 시대의 부엌은 정교한 연회를 만들기 위해 함께 일했던 도우미에 관한 분명한 서열 구조를 가지고 있었다. ① 우리가 보았듯, 맨 위에는 주방뿐만 아니라, 식사 공간도 담당했던 scalco, 또는 steward가 있었다. ② 식사 공간은 butler에 의해 지도되었는데, 그는 은식기류와 리넨 제품을 담당하고 또한 연회의 시작하고 끝내는 음식 – 시작에는 찬 음식, 샐러드, 치즈, 과일과 식사의 끝에는 단 디저트와 과자 –을 서빙했다. ③ 이 정교한 장식과 서빙이 레스토랑들에서 "the front of the house"라고 불린 것이었다. ④ 주방은 보조 요리사, 제빵사, 주방 도우미들을 지휘했던 주방장에 의해 감독이 되었다.

정답 및 해설

정답 ③

이 글은 르네상스 시대의 주방 도우미들의 서열(역할)에 관한 내용이다. 주제문에서 르네상스 시대의 부엌은 도우미들의 분명한 서열 구조를 가지고 있었다고 한 후, 이어지는 ①에서 scalco와 steward의 업무(주방과 식사 공간 담당), ②에서 butler의 업무(식기류, 리넨 담당), ④에서 head cook(주방장)의 업무(보조 요리사, 제빵사, 주방 도우미 감독)를 설명하고 있다. 반면, ③은 장식과 서빙에 관한 내용으로 주제문에서 논점이 일탈하고 있으므로 가장 어색한 문장이다.

10 다음 글에서 전체 흐름과 관계없는 문장은? (18. 법원직 9급)

Can an old cell phone help save the rainforests? As a matter of fact, it can. Illegal logging in the rainforests has been a problem for years, but not much has been done about it because catching illegal loggers is difficult. ①To help solve this problem, an American engineer, "Topher White, invented a device called RFCx with discarded cell phones. ②When the device, which is attached to a tree, picks up the sound of chainsaws, it sends an alert message to the rangers' cell phones. ③This provides the rangers with the information they need to locate the loggers and stop the illegal logging. ④Destruction of the rainforest is caused by logging, farming, mining, and other human activities and among these, logging is the main reason for the nature's loss. The device has been tested in Indonesia and has proven to work well. As a result, it is now being used in the rainforests in Africa and South America.

rainforest 열대 우림 as a matter of fact 사실 illegal 불법적인 logging 벌목 illegal logger 불법 벌목꾼 invent 발명하다 device 장치 discarded 버려진 attached to ~에 부착된 pick up 알아차리다 chainsaw 전기 톱 alert message 긴급 메시지 ranger 삼림 관리원 destruction 파괴 farming 농업 mining 광업 as a result 그 결과

지문 분석

Can an old cell phone help save the rainforests? As a matter of fact, it can. Illegal logging in the rainforests has been a problem for years, but not much has been done about it because catching illegal loggers is difficult. ❶To help solve this problem, an American engineer, "Topher White, invented a device called RFCx with discarded cell phones. ❷When the device, which is attached to a tree, picks up the sound of chainsaws, it sends an alert message to the rangers' cell phones. ❸This provides the rangers with the information they need to locate the loggers and stop the illegal logging. ❹Destruction of the rainforest is caused by logging, farming, mining, and other human activities and among these, logging is the main reason for the nature's loss. The device has been tested in Indonesia and has proven to work well. As a result, it is now being used in the rainforests in Africa and South America.

소재와 주제문

소재 : 열대 우림
주제문 : 오래된 휴대폰이 열대 우림을 구하는 데 도움이 된다.

① RFCx의 발명 : 버려진 휴대폰 사용
② RFCx의 용도1 : 경고 메시지 보냄
③ RFCx의 용도2 : 불법 벌목군 위치 알림
④ 열대 우림 파괴의 일반적 원인 → 지나친 일반화

해석 오래된 휴대전화가 열대 우림을 구하는 것을 도울 수 있을까? 사실상 그것은 그럴 수 있다. 열대 우림에서의 불법 벌목은 수년 동안 문제였지만, 불법적인 벌목꾼을 잡는 것이 어렵기 때문에 많은 조치가 취해지지 않았다. ① 이 문제를 해결하는 것을 돕기 위해, 미국의 엔지니어인 Topher White는 폐기된 휴대전화로 RFCx라고 불리는 장치를 발명했다. ② 나무에 부착된 그 장치가 전기톱의 소리를 감지하면, 삼림 관리인의 휴대전화로 경고 메시지를 보낸다. ③ 이는 삼림 관리인에게 벌목꾼의 위치를 찾아내고 불법적인 벌목을 중단시키는 데 필요한 정보를 제공한다. ④ 열대 우림의 파괴는 벌목, 농업, 광업 및 기타 인간의 활동으로 인해 발생하며, 이러한 것들 중, 벌목이 자연 손실의 주요 원인이다. 그 장치는 인도네시아에서 검증되었고 잘 작동하는 것으로 입증되었다. 그 결과, 그것은 아프리카와 남미의 열대 우림에서 현재 사용되고 있다.

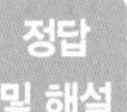

정답 및 해설

정답 ④

이 글은 '폐기된 휴대폰으로 RFCx라는 장치를 만들어서 열대 우림에서의 불법 벌목을 감지하고 중단시키는 데 도움을 준다'라는 내용이다. 주제문에서 오래된 휴대폰이 열대 우림을 구할 수 있다고 하고 이어지는 ①에서 폐기된 휴대폰으로 RFCx라는 장치를 만들고, ②에서 이 장치는 전기톱의 소리를 감지해서 경고 메시지를 보낸다고 했다. 그리고 ③에서 벌목꾼의 위치를 찾아내고 불법 벌목을 중단시키는 데 필요한 정보를 제공한다고 설명하고 있다. 반면 ④는 열대 우림의 파괴 원인에 관한 일반적인 글로 논점이 일탈되고 있으므로 전체 흐름과 관계없는 문장이다.

11 글의 흐름상 가장 어색한 문장은? (17. 국가직 9급)

Children's book awards have proliferated in recent years : today, there are well over 100 different award and prizes by a variety of organizations. ①The awards may be given for books of a specific genre of simply for the best of all Children's books published within a given time period. An award may honor a particular book or an author for a lifetime contribution to the world of children's literature. ②Most children's book awards are chosen by adults, but now a growing number of children's choice book awards exist. The larger national awards given in most countries are the most influential and have helped considerably to raise public awareness about the fine books being published for young readers. ③An award ceremony for outstanding services to the publishing industry is put on hold. ④Of course, readers are wise not to put too much faith in award-winning books. An award doesn't necessarily mean a good reading experience, but it does provide a starting place when choosing books.

어휘

a proliferate 급증하다 different 다양한, 서로 다른 a variety of 다양한 organization 단체, 조직
specific 구체적인 genre 장르, 유형 honor 영광스럽게 만들다 particular 특정한 author 저자 lifetime 평생의
contribution 기여, 공헌 literature 문학, 문헌, 문예 adult 성인, 어른 children's choice 어린이들의 선택
influential 영향력 있는 considerably 많이, 상당히 public awareness 대중 인식 award ceremony 시상식
outstanding 뛰어난 put N on hold 보류시키다 faith 믿음 award-winning 입상한
not necessarily 반드시 ~하는 것은 아니다

지문 분석

Children's book awards have proliferated in recent years : today, there are well over 100 different award and prizes by a variety of organizations. ① The awards may be given for books of a specific genre of simply for the best of all Children's books published within a given time period. An award may honor a particular book or an author for a lifetime contribution to the world of children's literature. ② Most children's book awards are chosen by adults, but now a growing number of children's choice book awards exist. The larger national awards given in most countries are the most influential and have helped considerably to raise public awareness about the fine books being published for young readers. ③ An award ceremony for outstanding services to the publishing industry is put on hold. ④ Of course, readers are wise not to put too much faith in award-winning books. An award doesn't necessarily mean a good reading experience, but it does provide a starting place when choosing books.

소재와 주제문

소재 : 우수 아동 도서 상

주제문 : 우수 아동 도서 상이 급증했다.

① 우수 아동 도서 상의 대상

② 우수 아동 도서 상의 선정

③ 출판업 서비스 관련 시상식 중단 → 논점 일탈

④ 우수 아동 도서 상의 믿음

해석 아동 도서에 대한 상이 최근 몇 년간에 급증해 왔다: 오늘날, 100가지는 훨씬 넘는 상이 다양한 기관에 의해 수여되고 있다. ① 특정한 기간 내에 발간된 아동 도서들 중에서 가장 좋은 특정 장르의 책들에 상들이 수여될 수도 있다. 어떤 상은 특정 책이나 아동 문학의 세계에 평생 동안 공헌한 작가를 기념할 수도 있다. ② 대부분의 아동 도서 상은 어른들에 의해서 선정되지만, 현재는 어린이들이 선택하는 도서 상의 존재가 늘고 있다. 대부분의 나라에서 주어지는 더 큰 국립 상이 가장 영향력도 있고 어린 독자들을 위해 발간되는 좋은 책에 대한 대중의 인식을 끌어올리는 데에도 상당히 도움을 주고 있다. ③ 출판업계의 뛰어난 서비스에 대한 한 시상식이 중단되었다. ④ 물론, 독자들은 입상한 책들에 지나치게 많은 신뢰를 두지 않을 만큼 현명하다. 상이 필연적으로 좋은 독서 경험을 의미하는 것은 아니지만, 그것은 분명히 책을 고를 때 좋은 시작점을 제공해 준다.

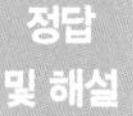

정답 ③

이 글은 최근에 우수 아동 도서 상이 급증했다는 내용의 지문이다. 주제문에서 우수 아동 도서 상이 급증했다고 말하고, 이어지는 ①에서 우수 아동 도서 상은 특정 장르에서 가장 좋은 책들에 수여된다고 설명하고, ②에서 아동 도서 상은 주로 어른들이 선정하지만 최근에 어린이들이 선택하는 도서 상도 늘고 있다고 설명하고 있다. 그리고 ④에서 독자들이 입상한 책에 지나치게 많은 신뢰를 두지 않을 만큼 현명하다고 부연하고 있다. 반면 ③의 출판업계의 뛰어난 서비스에 대한 한 시상식이 중단되었다는 것은 글의 소재인 아동 도서 상과는 관련이 없는 내용으로, 가장 어색한 문장이다.

12 다음 글의 흐름상 가장 어색한 문장은? (17. 지방직 9급)

Whether you've been traveling, focusing on your family, or going through a busy season at work, 14 days out of the gym takes its toll — not just on your muscles, but your performances, brain, and sleep, too. ①Most experts agree that after two weeks, you're in trouble if you don't get back in the gym. "At the two week point without exercising, there are a multitude of physiological markers that naturally reveal a reduction of fitness level," says Scott Weiss, a New York based exercise physiologist and trainer who works with elite athletes. ②After all, despite all of its abilities, the human body (even the fit human body) is a very sensitive system and physiological changes (muscle strength or a greater aerobic base) that come about through training will simply disappear if your training load dwindles, he notes. Since the demand of training isn't present, your body simply slinks back toward baseline. ③More protein is required to build more muscles at a rapid pace in your body. ④Of course, how much and how quickly you'll decondition depends on a slew of factors like how fit you are, your age, and how long sweating has been a habit. "Two to eight months of not exercising at all will reduce your fitness level to as if you never exercised before," Weiss notes.

어휘

focus on 집중하다 go through 겪다, 다니다 at work 직장에서 gym 체육관 toll 통행료, 희생 muscle 근육 performance 수행, 성과 be in trouble 문제가 생기다 multitude 다수, 많은 physiological 생리적인 marker 표시 physiologist 생리학자 reduction 감소, 감축 fitness 건강, 운동 elite 엘리트의 athlete 운동선수 after all 결국 aerobic base 유산소 운동 체력 disappear 사라지다 training load 운동량 dwindle 점점 작아지다, 줄어들다 demand 요구하다 slink 살금살금 움직이다 baseline 기준선 protein 단백질 decondition 몸의 상태를 나쁘게 하다 a slew of 많은 fit 건강한 sweating 땀 흘리는 것

지문 분석

소재와 주제문

소재 : 운동 중단
주제문 : 14일 동안 운동을 중단하면 신체에 피해를 준다.

① 몸에 문제 생김
② 신체 능력 저하 : 기준선으로 돌아감
③ 근육 생성에 단백질이 필요 → 일반적 사실(논점 일탈)
④ 얼마나 많이, 얼마나 빨리 손상될지는 여러 요소에 달렸음

해석 당신이 여행 중이거나, 가족에 집중하거나, 또는 직장에서 바쁜 시즌을 보내거나, 14일 동안 체육관을 가지 않는 것은 당신의 근육뿐만 아니라 수행, 뇌 그리고 수면에까지 큰 피해를 준다. ① 대부분의 전문가들은 2주 후에 체육관에 돌아가지 않으면 당신이 문제에 빠질 것임에 동의한다. "운동을 하지 않은 채로 2주가 되는 시점에는, 피트니스 레벨의 감소를 자연스럽게 드러내는 여러 가지 생리적인 표시들이 나타난다"라고 뉴욕에서 엘리트 운동선수와 일하는 운동 생리학자 및 트레이너인 Scott Weiss는 말한다. ② 결국, 모든 능력에도 불구하고, 사람의 몸은 (심지어 운동한 신체도) 매우 민감한 시스템이고 운동을 통해 생기는 생리적 변화(근력이나 더 나은 유산소 기초 체력)가 운동 양이 줄어들면 쉽게 사라질 것이라고, 그는 지적한다. 운동 요구가 없기 때문에, 당신의 몸은 단순히 기준선으로 서서히 돌아간다. ③ 당신의 몸에 빠른 속도로 더 많은 근육을 만들기 위해서는 더 많은 단백질이 요구된다. ④ 물론, 얼마나 많이 그리고 얼마나 빨리 당신의 건강이 손상될지는 당신의 건강 상태, 나이, 땀 흘리는 것이 얼마나 오래 버릇이 되었는지 등과 같은 많은 요인에 달려 있다. "2~8개월 동안 운동을 전혀 하지 않는 것은 당신이 이전에 전혀 운동한 적이 없는 것과 같은 수준으로 당신의 피트니스 레벨을 감소시킨다"라고 Weiss는 말한다.

정답 및 해설

정답 ③

이 글은 2주 동안 운동을 하지 않으면 몸에 여러 가지 문제가 생겨서 신체 능력이 저하된다는 내용의 지문이다. 주제문에서 이런저런 이유로 2주 동안 운동하지 않으면 신체의 여러 기능에 큰 피해를 준다고 밝히고, 이어지는 ①에서 2주간 운동을 하지 않으면 몸에 문제가 생긴다고 하고, ②에서 사람의 몸은 매우 민감해서 운동량이 줄어들면 운동으로 생기는 생리적 변화는 쉽게 사라진다고 설명하고 있다. 그리고 ④에서 얼마나 많이 얼마나 빨리 건강이 손상될지는 건강 상태, 나이, 땀 흘리는 습관 등 여러 가지 요인에 달려 있다고 자연스럽게 연결되고 있다. 반면 ③에서 더 많은 근육을 만들기 위해서는 더 많은 단백질이 요구된다는 것은 지나치게 일반적인 내용으로 지문의 흐름과는 맞지 않는 문장이다.

13 글의 흐름상 어색한 문장은? (19. 지방직 9급)

Children's playgrounds throughout history were the wilderness, fields, streams, and hills of the country and the roads, streets, and vacant places of villages, towns, and cities. ①The term playground refers to all those places where children gather to play their free, spontaneous games. ②Only during the past few decades have children vacated these natural playgrounds for their growing love affair with video games, texting, and social networking. ③Even in rural America few children are still roaming in a free-ranging manner, unaccompanied by adults. ④When out of school, they are commonly found in neighborhoods digging in sand, building forts, playing traditional games, climbing, or playing ball games. They are rapidly disappearing from the natural terrain of creeks, hills, and fields, and like their urban counterparts, are turning to their indoor, sedentary cyber toys for entertainment.

어휘

playground 운동장 wilderness 황무지 field 들판 stream 개울 hill 언덕 vacant 비어 있는 term 용어 refer to 지칭하다 gather 모이다 spontaneous 즉흥적인 vacate 떠나다, 비우다 love affair 사랑, 열정 texting 문자 보내기 rural 시골의, 지방의 roam 돌아다니다, 배회하다 unaccompanied 동반하지 않은 free-ranging manner 자유분방한 방식 neighborhood 동네 dig 땅을 파다 fort 요새 rapidly 급속도로 disappear 사라지다 terrain 지역, 지형 creek 개울, 시내 urban 도시에 사는, 도시의 counterpart 상대방, 대응하는 것 turn to ~에 의존하다 sedentary 주로 앉아서 하는 entertainment 오락

지문 분석

Children's playgrounds throughout history were the wilderness, fields, streams, and hills of the country and the roads, streets, and vacant places of villages, towns, and cities. ① The term playground refers to all those places where children gather to play their free, spontaneous games. ② Only during the past few decades have children vacated these natural playgrounds for their growing love affair with video games, texting, and social networking. ③ Even in rural America few children are still roaming in a free-ranging manner, unaccompanied by adults. ④ When out of school, they are commonly found in neighborhoods digging in sand, building forts, playing traditional games, climbing, or playing ball games. They are rapidly disappearing from the natural terrain of creeks, hills, and fields, and like their urban counterparts, are turning to their indoor, sedentary cyber toys for entertainment.

소재와 주제문

소재 : 아이들의 운동장
주제문 : 아이들의 운동장은 자연이었다.

① '운동장'이란 용어
② 자연 운동장을 떠남
③ 자유롭게 돌아다니는 아이들은 거의 없음
④ 학교 밖에서 있을 때, 자연 운동장에서 흔히 발견됨 → 흐름과 반대되는 내용

해석 역사를 통틀어 아이들의 운동장은 황무지, 들판, 개울과 시골의 언덕, 그리고 도로, 길가와 마을, 읍과 도시의 빈 장소였다. ① '운동장'이라는 용어는 아이들이 그들의 자유롭고, 즉흥적인 게임들을 하기 위해 모이는 그러한 모든 장소들을 나타낸다. ② 불과 지난 몇 십 년 사이에 비디오 게임, 문자와 소셜 네트워크에 대한 그들의 증가하고 있는 열광으로 인해 아이들이 이 자연의 운동장을 떠나 왔다. ③ 심지어 미국의 시골 지역에서도 어른들이 동반하지 않는 자유로운 방식으로 떠돌아다니는 아이들은 거의 없다. ④ 학교 밖에 있을 때, 그들은 흔히 모래를 파거나, 요새를 짓거나, 구식 게임, 등산 또는 구기 게임을 하며 인근에서 발견된다. 그들은 급속도로 시내, 언덕, 그리고 들판의 자연 지역으로부터 사라지고 있고, 그들의 도시에 사는 상대방들처럼 오락을 위해 실내의, 주로 앉아서 하는 사이버 장난감들로 돌아서고 있다.

정답 및 해설

정답 ④

이 글은 아이들의 자연 운동장에 관한 글로, 최근에 비디오 게임과 소셜 미디어에 대한 열광으로 아이들이 자연 운동장을 떠났다는 내용의 지문이다. 주제문에서 아이들의 운동장이 무엇인지에 대해 설명한 후 이어지는 ①에서 '운동장'이라는 용어를 설명하고, ②에서 비디오 게임과 소셜 미디어에 대한 열광으로 아이들이 자연 운동장을 떠나왔다고 설명하고 있다. 그리고 ③에서 심지어 시골에서도 자유롭게 떠돌아다니는 아이들은 거의 없다고 자연스럽게 연결되고 있다. 반면 ④는 아이들이 학교 밖에 있을 때, 모래를 파고, 요새를 짓는 등 자연 운동장에서 발견된다는 내용으로 전체 지문의 흐름과는 반대되는 내용이다. 따라서 ④가 가장 어색하다.

14 다음 글에서 전체의 흐름과 가장 관계없는 문장은? (19. 법원직 9급)

The immortal operatically styled single Bohemian Rhapsody by Queen was released in 1975 and proceeded to the top of the UK charts for 9 weeks. ①A song that was nearly never released due to its length and unusual style but which Freddie insisted would be played became the instantly recognizable hit. ②By this time Freddie's unique talents were becoming clear, a voice with a remarkable range and a stage presence that gave Queen its colorful, unpredictable and flamboyant personality. ③The son of Bomi and Jer Bulsara, Freddie spent the bulk of his childhood in India where he attended St. Peter's boarding school. ④Very soon Queen's popularity extended beyond the shores of the UK as they charted and triumphed around Europe, Japan and the USA where in 1979 they topped the charts with Freddie's song Crazy Little thing Called Love.

immortal 불멸의 operatically 오페라 풍으로 release 발매하다 proceed 계속 나아가다 length 길이 unusual 특이한 insist 강력히 주장하다 instantly 즉시 recognizable 눈에 띄는, 알아볼 수 있는 unique 독특한 talent 재능 range 범위, 음역대 stage presence 무대 장악력 flamboyant 이색적인 personality 개성 bulk 대부분 childhood 어린 시절 boarding school 기숙 학교 triumph 성공하다, 승리를 거두다

지문 분석

The immortal operatically styled single Bohemian Rhapsody by Queen was released in 1975 and proceeded to the top of the UK charts for 9 weeks. ①A song that was nearly never released due to its length and unusual style but which Freddie insisted would be played became the instantly recognizable hit. ②By this time Freddie's unique talents were becoming clear, a voice with a remarkable range and a stage presence that gave Queen its colorful, unpredictable and flamboyant personality. ③The son of Bomi and Jer Bulsara, Freddie spent the bulk of his childhood in India where he attended St. Peter's boarding school. ④Very soon Queen's popularity extended beyond the shores of the UK as they charted and triumphed around Europe, Japan and the USA where in 1979 they topped the charts with Freddie's song Crazy Little thing Called Love.

소재와 주제문

소재 : Bohemian Rhapsody(보헤미안 랩소디)
주제문 : 불멸의 오페라 풍 스타일 보헤미안 랩소디가 큰 성공을 거둠

① 발매 즉시 히트
② 성공 비결 : 놀랄 만한 음역대와 무대 장악력
③ 어린 시절 인도에서 보낸 → 논점 일탈
④ 인기가 영국을 넘어 뻗어감

해석 Queen의 불멸의 오페라 풍 스타일의 싱글 앨범 'Bohemian Rhapsody'는 1975년에 발매되었고 영국 음악 차트에서 9주 동안 계속해서 1위를 했다. ① 길이와 독특한 스타일 때문에 하마터면 발매되지 않을 뻔했으나 Freddie가 들려지게 될 것이라고 주장했던 노래는 즉시 눈에 띄는 히트곡이 되었다. ② 이때쯤에 Freddie의 독특한 재능은 분명해지고 있었는데, 그것들은 놀랄 만한 음역대의 목소리, 그리고 Queen에게 그것의 다채롭고, 예측할 수 없으며 이색적인 개성을 준 무대 장악력이었다. ③ Bomi와 Jer Bulsara의 아들인 Freddie는 그의 어린 시절의 대부분을 그가 St. Peter 기숙 학교를 다녔던 인도에서 보냈다. ④ 머지 않아 그들이 유럽 전역, 일본 그리고 Freddie의 노래 'Crazy Little thing Called Love'로 1979년 차트에서 1위를 차지한 미국에서 차트에 올라 성공하면서 Queen의 인기는 영국의 해안을 넘어 뻗어 나갔다.

정답 및 해설

정답 ③

주제문에서 Queen의 싱글 앨범 'Bohemian Rhapsody'는 1975년에 발매되었고 영국 음악 차트에서 9주 동안 계속해서 1위를 했다고 언급한 뒤, 이어지는 ①에서 발매되지 못할 뻔했으나 발매하자마자 즉시 히트했고, ②에서 놀랄 만한 음역대와 무대 장악력을 인기의 비결로 들고 있다. 그리고 ④에서 Queen의 인기는 영국을 넘어 유럽, 일본, 미국으로 뻗어 갔다고 자연스럽게 연결되고 있다. 반면, ③은 Freddie의 어린 시절에 대한 내용으로 주제문에서 논점이 일탈되고 있으므로 가장 관련이 없는 문장이다.

15 글의 흐름상 가장 적절하지 않은 문장은? (19. 서울시 7급)

Many scientists have searched for the cause of the West's rapid economic expansion. Max Weber credited the "Protestant work ethic." ①He claimed that saving money and working hard made this expansion possible. Others thought it was due to the unique social norms in these places. ②They believed Western values such as individual effort, freedom, and the spirit of enterprise favored economic growth there. In The Rise of the Western World, the authors Douglass C. North and Robert Paul Thomas affirm that institutions were the reason for this development. They argue that democracy, capitalism, and individual rights encouraged technology in these countries. ③In short, technology accelerated their economic progress. On the other hand, in Jared Diamond's Guns, Germs, and Steel, geography is at the center of the West's advance. ④The researchers looked at how geographical isolation had affected culture and the economy around the world. For the author, a better climate, more natural resources, and less disease gave them a definite advantage.

search for 찾다 expansion 발전, 확장 credit ~에게 공을 돌리다 protestant 청교도적인 work ethic 직업 윤리 norm 규범, 기준 spirit of enterprise 진취적 기상 affirm 단언하다 institution 사회 제도 capitalism 자본주의 in short 요약하면 accelerate 가속화하다 progress 발달 on the other hand 반면 germ 세균 advance 발전 geographical 지리적 isolation 고립 affect 영향을 미치다 natural resources 천연자원 definite 확실한, 분명한

지문 분석

Many scientists have searched for the cause of the West's rapid economic expansion. Max Weber credited the "Protestant work ethic." ①He claimed that saving money and working hard made this expansion possible. Others thought it was due to the unique social norms in these places. ②They believed Western values such as individual effort, freedom, and the spirit of enterprise favored economic growth there. In The Rise of the Western World, the authors Douglass C. North and Robert Paul Thomas affirm that institutions were the reason for this development. They argue that democracy, capitalism, and individual rights encouraged technology in these countries. ③In short, technology accelerated their economic progress. On the other hand, in Jared Diamond's Guns, Germs, and Steel, geography is at the center of the West's advance. ④The researchers looked at how geographical isolation had affected culture and the economy around the world. For the author, a better climate, more natural resources, and less disease gave them a definite advantage.

소재와 주제문

소재 : 서양의 경제 성장
주제문 : 서양의 급속한 경제 성장의 원인을 막스 베버는 '청교도적 직업 윤리'로 공을 돌렸다.

① 저축과 열심히 일함
② 서양의 가치 : 개인의 노력, 자유, 그리고 진취적 기상
③ 과학 기술이 경제성장을 가속화시킴
④ 지리적 고립이 문화와 경제에 영향을 미침 → 논점 일탈

해석 많은 과학자들은 서양의 급속한 경제 발전의 원인을 찾아왔다. 막스 베버는 '청교도적인 직업 윤리'로 공을 돌렸다. ① 그는 돈을 저축하는 것과 열심히 일하는 것이 이러한 발전을 가능하게 했다고 주장했다. 다른 사람들은 그것이 이러한 지역 내의 독특한 사회적 규범 때문이라고 생각했다. ② 그들은 개인의 노력, 자유 그리고 진취적 기상과 같은 서양적 가치관이 그곳의 경제적 성장을 지지했다고 믿었다. '서구 세계의 성장'에서 저자 더글러스 노스와 로버트 폴 토머스는 사회 제도들이 이러한 발전의 이유였다고 단언한다. 그들은 이러한 국가들에서 민주주의, 자본주의 그리고 개인의 권리가 과학 기술을 촉진했다고 주장한다. ③ 간단히 말해, 과학 기술은 그들의 경제적 진보를 가속화시켰다. 반면에 제레드 다이아몬드의 '총, 균, 쇠'에서는 지리가 서양의 발전의 중심에 있다. ④ 연구원들은 어떻게 지리적인 고립이 세계 곳곳의 문화와 경제에 영향을 미쳤는지 살펴보았다. 그 작가에게는, 더 좋은 기후, 더 많은 천연자원 그리고 더 적은 질병이 그들에게 확실한 이점을 주었다.

정답 및 해설

정답 ④

주제문에서 과학자들이 서양의 급속한 경제 발전의 원인을 찾아왔으며 막스 베버는 '청교도적 윤리'로 공을 돌렸다고 언급한 후, 이어지는 ①에서는 저축과 열심히 일하는 것, ②에서는 개인의 노력, 자유 그리고 진취적 기상과 같은 서양적 가치관을 원인으로 들고 있다. 그리고 ③에서는 과학 기술이 경제적 진보를 가속화시켰다고 설명하고 있다. 반면 ④는 지리적 고립이 문화와 경제에 어떻게 영향을 미쳤는지에 관한 내용으로 서양의 발전의 원인에 대한 주제에서 논점이 일탈하고 있으므로 가장 적절하지 않은 문장이다.

16 다음 글에서 전체 흐름에 부합하지 않는 문장은? (16. 국가직 7급)

Eating seasonally and locally is a great way to maintain a healthy diet, observes a veteran food consultant and Korea's first accredited vegetable sommelier. "To me, superfoods are local foods grown in season. They taste better, are cheaper and rich in nutrition," E. K. Kim, president of the Korea Vegetable Sommelier Association, said. ㉠If consumers buy produce which is not in season, it is likely to have been grown in artificial conditions, or picked prematurely and transported long distances. ㉡All these factors not only affect the taste, but also the nutritional content. "Imagine how an apple tree grows. It starts to bud first, bears fruits and then its root remains in the end. It is a good example of seasonal food. Spring is the time for leafy vegetables, summer for fruit vegetables and winter for root crops," the food expert said. ㉢She emphasized the health benefits of local foods in comparison with exotic superfoods introduced by foreign food experts. "For example, Korean spring greens help to cure spring fever as they are rich in vitamin B-l and C," she said. ㉣Since sommeliers help consumers understand the intricacies of selection, preparation and nutritional value of vegetables, the government needs to promote their role to the public. "People tend to think that superfoods should be exotic and imported from overseas. In fact, there are various kinds of local foods which are packed with an equivalent or even higher level of nutrients," she added.

① ㉠

③ ㉡

② ㉢

④ ㉣

seasonally 계절에 맞게 locally 지역적으로 diet 식단 observe 말하다, 진술하다 accredit 공인하다 vegetable sommelier 채소 소믈리에 nutrient 영양소 in season 제철인 produce 농산물 artificial 인공적인 prematurely 이르게, 시기 상조로 nutritional content 영양 성분 bud 싹이 트다 bear fruits 열매를 맺다 leafy vegetable 잎줄기 채소 root crop 뿌리 작물 emphasize 강조하다 in comparison with ~와 비교해서 exotic 외국산의, 외래의 spring green 어린 양배추 잎 spring fever 춘곤증 intricacy 복잡함 tend to R ~하는 경향이 있다 equivalent 동일한

지문 분석

Eating seasonally and locally is a great way to maintain a healthy diet, observes a veteran food consultant and Korea's first accredited vegetable sommelier. "To me, superfoods are local foods grown in season. They taste better, are cheaper and rich in nutrition," E. K. Kim, president of the Korea Vegetable Sommelier Association, said. ㉠ If consumers buy produce which is not in season, it is likely to have been grown in artificial conditions, or picked prematurely and transported long distances. ㉡ All these factors not only affect the taste, but also the nutritional content. "Imagine how an apple tree grows. It starts to bud first, bears fruits and then its root remains in the end. It is a good example of seasonal food. Spring is the time for leafy vegetables, summer for fruit vegetables and winter for root crops," the food expert said. ㉢ She emphasized the health benefits of local foods in comparison with exotic superfoods introduced by foreign food experts. "For example, Korean spring greens help to cure spring fever as they are rich in vitamin B-l and C," she said. ㉣ Since sommeliers help consumers understand the intricacies of selection, preparation and nutritional value of vegetables, the government needs to promote their role to the public. "People tend to think that superfoods should be exotic and imported from overseas. In fact, there are various kinds of local foods which are packed with an equivalent or even higher level of nutrients," she added.

소재와 주제문

소재 : Eating seasonally and locally (계절에 맞게 지역에서 난 음식을 먹는 것)

주제문 : 계절에 맞게 지역에서 난 음식을 먹는 것이 건강한 식단을 유지하는 방법이다.

㉠ 제철 아닌 농산물 : 인공적 환경에서 재배되었거나 이르게 수확되었거나 장거리 수송

㉡ 맛과 영양 성분에 영향을 미침

㉢ 지역 음식의 건강상 이점

㉣ 소믈리에의 역할 : 채소의 선택, 준비, 영양상 가치를 이해시킴 → 소재에서 벗어남

해석 계절에 맞게 그리고 지역에서 난 것을 먹는 것은 건강한 식단을 유지하는 아주 좋은 방법이라고 베테랑 음식 컨설턴트이자 한국 최초의 공인 채소 소믈리에가 말한다. "저에게, 수퍼푸드는 제철에 자란 지역 음식입니다. 그것들은 맛이 더 좋고, 더 저렴하며, 영양이 풍부하죠"라고 한국 채소 소믈리에 협회의 회장인 E. K. Kim이 말했다. ㉠ 만약 소비자들이 제철이 아닌 농산물을 사면, 그것은 인공적인 환경에서 재배되었거나 이르게 수확되어서 장거리 수송되었을 가능성이 높다. ㉡ 이러한 모든 요소들은 맛뿐만 아니라, 영양 성분에도 영향을 미친다. "사과 나무가 어떻게 자라나는지를 생각해 보세요. 먼저 싹이 트기 시작하고, 열매를 맺고, 그러고 나서 마지막에는 뿌리만이 남죠. 이것은 제철 음식의 좋은 예입니다. 봄은 잎줄기 채소의 계절이고, 여름은 열매 채소, 겨울은 뿌리 작물의 계절입니다"라고 음식 전문가가 말했다. ㉢ 그녀는 지역 음식의 건강상의 이점을 해외 음식 전문가들에게 의해 소개되는 외국산 수퍼푸드에 비교하여 강조했다. 예를 들어, 한국산 어린 양배추 잎은 비타민 B-1 와 비타민 C가 풍부하기 때문에 춘곤증을 치료하는 데 도움이 됩니다"라고 그녀가 말했다. ㉣ 소믈리에는 소비자들이 채소의 선택, 준비, 영양상의 가치에 대한 복잡함을 이해하는 데 도움이 되기 때문에 정부는 대중에게 그들의 역할을 홍보해야 한다. "사람들은 수퍼푸드가 외국산이며 해외에서 수입되어야 한다고 생각하는 경향이 있습니다. 사실, 동일하거나 훨씬 더 높은 수준의 영양소로 가득 차 있는 다양한 지역 음식이 있습니다"라고 그녀는 덧붙였다.

정답 및 해설

정답 ㉣

주제문에서 제철에 난 지역 음식을 먹는 이점을 언급한 후, 이어지는 ㉠에서 제철이 아닌 음식은 인공적으로 재배되거나 이르게 수확되거나 장거리 수송되었을 가능성이 크다고 하고, ㉡에서 이러한 요소는 맛뿐만 아니라 영양 성분에도 영향을 미친다고 했다. 그리고 ㉢에서 지역 음식의 영양상 이점을 언급하고 있으므로 자연스럽게 연결이 된다. 반면, ㉣은 소믈리에의 역할에 대해서 말하고 있으므로 소재에서 벗어나는 문장으로 전체 흐름에 부합하지 않는다.

공무원 합격을 위한 영뽀 시리즈

개념부터 **실전**까지 **한 권**으로 **마스터**한다!

PART

04

빈칸 완성

Unit 01 빈칸 완성(내용어 - 단어, 구, 절)

기출 문제 348~401p

1 문제 유형

지문의 흐름이 자연스럽게 이어질 수 있도록 지문의 빈칸에 적절한 단어, 구, 절을 보기에서 골라 넣는 유형이다. 지문에 제시된 모든 문장은 글쓴이의 생각이나 의견에서 벗어나지 않는다. 따라서 내용어를 묻는 문제는 글쓴이의 의견과 연관된 문제가 출제된다.

빈칸 추론 문제를 풀기 위해서는 다음과 같은 기본적인 영어 실력을 갖추고 있어야 한다.

① 개별 문장의 해석 능력(어휘 + 구문)

② 문장 간의 논리적인 관계를 파악하는 능력(문장 간 응집성)

③ 단락 전체의 흐름을 파악하는 능력(통일성)

2 출제 방식

① 주제문 누락 : 빈칸이 첫 문장에 있는 경우로, 빈칸 다음에 나오는 세부 사항을 읽으며 중심 내용을 파악해야 한다.

② 동의어 반복 : 빈칸이 뒷부분에 있는 경우로, 앞 문장에서 반복되고 있는 내용에 주목해야 한다. 주제 혹은 소재가 반복되는 경우가 많지만, 그 외에도 반복되는 내용이 출제될 수 있다.

③ 연결어 추론 : 앞 문장과 뒤 문장의 문맥상 흐름으로 빈칸에 들어가는 연결어를 추론하는 유형이다. 앞뒤 문장이 인과 관계인지, 역접 관계인지, 추가 또는 예시 관계인지 등 지문의 흐름을 파악하는 것이 중요하다.

3 내용어 추론 문제의 전략

전략 1 **빈칸이 첫 번째 문장에 있는 경우 :** 빈칸이 있는 문장이 주제문인 경우가 대부분이므로 빈칸 다음에 나오는 부연이나 예시를 읽고 주제문을 완성하면 된다. 이때 빈칸 앞 문장이 특히 중요하다.

빈칸

부연

예시1

예시2

전략 2 **빈칸이 마지막 문장에 있는 경우 :** 다음 두 가지를 신경 쓴다.

① 글 전체의 주제문을 묻는 문제(미괄식 구성)

미괄식 구성의 글이므로, 주제문이 지문의 마지막에 위치하는 구조이다. 이때 앞에 제시된 부연이나 예시를 읽고 빈칸이 있는 주제문을 완성하면 된다.

부연

예시1

예시2

빈칸

② 지문 전체의 내용을 요약한 내용(주제문 강조)

빈칸이 지문의 마지막에 있는 경우는 양괄식 구조 또는 주제문이 지문의 맨 앞에 위치하고 마지막에 강조를 위해서 주제문이 반복되는 경우이다. 이런 경우 주제문에서 사용된 단어나 표현이 마지막에 있는 빈칸에서 재표현(paraphrasing)되는 것이 정답이 된다. 빈칸 다음에 마지막 문장이 제시된다면, 그 마지막 문장이 중요한 단서가 될 수 있다.

주제문

부연

예시1

예시2

빈칸

전략 3 **빈칸이 지문의 중간에 있는 경우** : 난이도가 가장 높다. 빈칸이 있는 문장에서 추상적인 개념이 제시되고, 이어지는 글에서 구체적인 설명(부연, 예시)이 제시되는 구조이다. 이런 경우에는 뒤에 나오는 구체적 설명을 근거로

해서 빈칸의 추상적 개념을 추론해야 한다. 특히 빈칸이 지문의 중간에 있는 경우, 연결어를 단서로 주는 경우가 많으므로 그 연결어를 잘 활용해서 정답을 도출해야 한다.

주제문

빈칸(추상적 개념)

구체적 설명(근거)

Unit 02 빈칸 완성(연결어 넣기)

기출 문제 402~423p

1 문제 유형

지문의 흐름이 자연스럽게 이어질 수 있도록 빈칸에 적절한 연결어를 넣어서 빈칸을 완성하는 문제 유형이다.

2 전략

전략 1

빈칸 앞뒤에 있는 문장을 읽고 두 문장 사이의 논리적 관계를 추론한다. 이때 빈칸 앞뒤의 문장만 보고 논리적 관계를 파악할 수 없는 경우, 지문 전체를 읽고 지문의 흐름에 따라 두 문장의 논리적 관계를 추론한다.

전략 2

빈칸 앞뒤 문장의 논리적 관계를 나타내는 연결어를 보기에서 고른다.

관계	적용	종류
1. 반대(역접)	앞 문장과 뒤 문장의 내용이 반대되는 경우	But(그러나) Yet(그러나) However(그러나) Still(그러나) Nevertheless(그럼에도 불구하고) Nonetheless(그럼에도 불구하고) In spite of this(그럼에도 불구하고) Even so(하지만) And yet(그렇다 하더라도)
2. 대조	비교 대상이 다른 것을 진술할 때	In contrast(대조적으로) On the contrary(그와는 반대로)
3. 인과	앞 문장이 원인이고 뒤 문장이 결과일 때	Therefore(따라서) So(따라서) Thus(따라서) Hence(따라서) Accordingly(따라서) As a result(그 결과로) Consequently(결과적으로) Thereby(그것에 의하여)
4. 예시	앞 문장에 큰 개념이 나오고 뒤 문장에 작은 개념이 예시로 제시될 때	For example(예를 들어) For instance(예를 들어) To illustrate(예를 들면) In some cases(경우에 따라서는)
5. 유사	앞 문장과 뒤 문장이 같은 내용이지만 다른 사례가 제시될 때	Similarly(마찬가지로) Likewise(마찬가지로) In a similar vein(비슷한 맥락에서) In the same way(마찬가지로)
6. 나열	앞 문장과 같은 소재(성질)이지만 뒤 문장에서 다른 내용이 나열될 때	Also(또한) Besides(게다가) In addition(게다가) Moreover(게다가) Furthermore(게다가)
7. 요약	뒤 문장에서 앞의 내용을 요약할 때	In summary(요약하면) In short(요약하면) In sum(요컨대) Overall(대체로) In other words(다시 말해서) That is(즉)
8. 강조	뒤 문장에서 앞의 내용을 강조할 때	In fact(사실상) Indeed(사실)
9. 대안	앞의 내용과 반대되거나 다른 말을 도입할 때	Instead(대신에) Rather(오히려, 차라리)
10. 반대 가정	앞에 언급된 내용과 반대로 가정할 때	Otherwise(그렇지 않으면)

접속부사는 접속사 역할을 하는 부사이므로 문장의 앞부분뿐만 아니라 문장의 중간에도 위치할 수 있다. 접속부사가 문장의 중간에 있는 경우, 빈칸 앞 문장과 빈칸이 있는 문장 간의 관계를 파악하는 것이 중요하다. 반면에 전치사와 접속사와 같은 연결어는 한 문장 안에서의 관계를 파악하는 것이 중요하다. 이때 ⊕와 ⊖와 같이 긍정적인 내용과 부정적인 내용을 기호로 표시해서 접근하면 실수를 줄일 수 있다.

Unit 01

독해 마스터! 기출 지문

빈칸 완성(내용어 - 단어, 구, 절)

01 밑줄 친 부분에 들어갈 말로 가장 적절한 것을 고르시오. (21. 지방직 9급)

The slowing of China's economy from historically high rates of growth has long been expected to ________________ growth elsewhere. "The China that had been growing at 10 percent for 30 years was a powerful source of fuel for much of what drove the global economy forward", said Stephen Roach at Yale. The growth rate has slowed to an official figure of around 7 percent. "That's a concrete deceleration", Mr. Roach added.

① speed up
② weigh on
③ lead to
④ result in

어휘

source of fuel 연료 공급원 drive forward 앞으로 추진시키다 official figure 공식적인 수치 concrete 구체적인 deceleration 감속 speed up 속도를 높이다 weigh on 압박하다 lead to ~로 이어지다 result in ~을 초래하다

지문 분석

소재 주제문

1 The slowing of China's economy from historically high rates of growth has long been expected to __________ growth elsewhere.

소재와 주제문 소재 : slowing of China's economy(중국 경제의 둔화) | 주제문 : 중국 경제의 둔화는 다른 나라의 성장에 부담이 될 것으로 예상된다.

2 "The China that had been growing at 10 percent for 30 years was a powerful source of fuel for much of what drove the global economy forward", said Stephen Roach at Yale. The growth rate has slowed to an official figure of around 7 percent. "That's a concrete deceleration", Mr. Roach added.

부연 10%의 성장률을 지속해 온 중국이 7%로 둔화

해석 역사적으로 높은 성장률에 따른 중국 경제의 둔화는 다른 나라들의 성장에 오랫동안 부담이 될 것으로 예상되어 왔다. "30년 동안 10퍼센트 성장을 지속해 온 중국은 세계 경제를 움직이게 한 강력한 연료 공급원이었습니다."라고 예일대의 Stephen Roach는 말했다. 성장률이 약 7퍼센트의 공식 수치로 둔화되었다. "그것은 구체적인 감속입니다."라고 Roach 씨는 덧붙였다.

① 속도를 더 내다
② 압박하다, 부담이 되다
③ 초래하다
④ 초래하다

정답 및 해설 **정답 ②**

중국이 30년 동안 10퍼센트 성장을 지속해 왔고 이것이 세계 경제를 움직이게 했다고 했는데, 글의 마지막 부분에서 성장률이 약 7퍼센트로 둔화된 것은 다른 나라들의 경제 성장에 부정적인 영향을 줄 수 있다고 추론할 수 있다. 따라서 빈칸에 들어갈 말로 가장 적절한 것은 ② '압박하다, 부담이 되다'이다. 참고로 보기 ③과 ④는 같은 의미이고, ①은 긍정적인 내용이므로 정답이 될 수 없다.

02 밑줄 친 부분에 들어갈 말로 가장 적절한 것을 고르시오. (21. 지방직 9급)

As more and more leaders work remotely or with teams scattered around the nation or the globe, as well as with consultants and freelancers, you'll have to give them more ________________. The more trust you bestow, the more others trust you. I am convinced that there is a direct correlation between job satisfaction and how empowered people are to fully execute their job without someone shadowing them every step of the way. Giving away responsibility to those you trust can not only make you organization run more smoothly but also free up more of your time so you can focus on larger issues.

① work

② rewards

③ restrictions

④ autonomy

remotely 원격으로 scattered 흩어져 있는 bestow 주다 empower 권한을 주다 convinced 확신하는 job satisfaction 직무 만족도 execute 수행하다 shadow 그림자처럼 따라다니다 give away 주다, 부여하다 free up (특정한 목적을 위해 시간이나 돈을) 만들어 내다 rewards 보상 restrictions 제한, 제약 autonomy 자율성

지문 분석

1 As more and more leaders work remotely or with teams scattered around the nation or the globe, as well as with consultants and freelancers, you'll have to give them more _________________. 주제문 The more trust you bestow, the more others trust you.

소재와 주제문 소재 : autonomy(자율성) | 주제문 : 더 많은 신뢰를 줄수록 다른 사람들이 당신을 더 신뢰한다.

2 I am convinced that there is a direct correlation between job satisfaction and how empowered people are to fully execute their job without someone shadowing them every step of the way.

부연 직무 만족과 자율성 사이에 직접적인 상관관계가 있다.

3 주제문 Giving away responsibility to those you trust can not only make you organization run more smoothly but also free up more of your time so you can focus on larger issues.

주제문 강조 자율성을 부여함으로써, 조직을 원활하게 운영할 수 있고, 더 큰 문제에 집중할 수 있다.

해석 점점 더 많은 리더들이 원격으로 일하거나, 컨설턴트와 프리랜서뿐만 아니라 전국이나 전 세계에 흩어져 있는 팀과 함께 일하면서, 그들에게 더 많은 자율성을 주어야 할 것이다. 당신이 더 많은 신뢰를 줄수록, 다른 사람들은 당신을 더 신뢰한다. 나는 직무 만족과 모든 단계마다 따라다니는 누군가가 없이 일을 완전히 수행할 수 있도록 사람들이 얼마나 권한을 부여받는지 사이에 직접적인 상관관계가 있다고 확신한다. 당신이 신뢰하는 사람에게 책임을 맡기는 것은 조직을 보다 원활하게 운영할 수 있을 뿐만 아니라 당신에게 더 많은 시간을 만들어 내어 더 큰 문제에 집중할 수 있도록 한다.

① 일
② 보상
③ 제한
④ 자율성

정답 및 해설

정답 ④

이 글은 같이 업무를 하는 사람들에게 신뢰와 책임감을 주어야 한다고 말하고 있다. 더 많은 권한을 부여받은 사람들은 일을 더 완벽하게 처리할 수 있으며 그것이 직무 만족과 연관된다고 했고, 신뢰하는 사람에게 책임을 맡기는 것이 조직을 더 원활하게 만들고 본인에게 더 많은 시간을 주어 더 큰 문제에 집중할 수 있게 만든다고 했다. 따라서 빈칸에 들어갈 말로 가장 적절한 것은 ④ '자율성'이다.

03 다음 빈칸에 들어갈 말로 가장 적절한 것은? (20. 법원직 9급)

Impressionable youth are not the only ones subject to ______________________. Most of us have probably had an experience of being pressured by a salesman. Have you ever had a sales rep try to sell you some "office solution" by telling you that 70 percent of your competitors are using their service, so why aren't you? But what if 70 percent of your competitors are idiots? Or what if that 70 percent were given so much value added or offered such a low price that they couldn't resist the opportunity? The practice is designed to do one thing and one thing only—to pressure you to buy. To make you feel you might be missing out on something or that everyone else knows but you.

① peer pressure

② impulse buying

③ bullying tactics

④ keen competition

impressionable 영향을 받기 쉬운 subject to ~를 받는 pressure 압박하다 salesman 영업 사원 sales rep 영업 사원 office solution 사무기기 competitor 경쟁자 idiot 바보 value added 부가용품 resist 저항하다 practice 관행, 영업 be designed to ~하도록 설계되다 miss out on 놓치다 peer pressure 동료 압박 impulse buying 충동 구매 bully 괴롭히다 tactic 작전 keen 치열한 competition 경쟁

지문 분석

주제문

1 Impressionable youth are not the only ones subject to ________________.

소재와 주제문 소재 : peer pressure(동료 압박) | 주제문 : 누구나 압박을 받는다.

소재 소재

2 Most of us have probably had an experience of being pressured by a salesman. Have you ever had a sales rep try to sell you some "office solution" by telling you that 70 percent of your competitors are using their service, so why aren't you? But what if 70 percent of your competitors are idiots? Or what if that 70 percent were given so much value added or offered such a low price that they couldn't resist the opportunity? The practice is designed to do one thing and one thing only—to pressure you to buy. To make you feel you might be missing out on something or that everyone else knows but you.

뒷받침 누구나 압박을 받는다. 예시 – 외판원이 동료 압박을 이용해서 사무기기 판매

해석 외부 영향을 받기 쉬운 청년들이 '동료 압박'을 받는 유일한 사람들은 아니다. 우리 대부분은 아마도 영업 사원에게 압력을 받은 경험이 있을 것이다. 당신의 경쟁자들 중 70퍼센트가 자신들의 서비스를 사용하고 있으니까 당신도 사용해 보는 게 어떻냐고 말함으로써, 영업 사원이 어떤 '사무기기'를 팔려고 한 적이 있는가? 그러나 당신의 경쟁자 70퍼센트가 바보라면 어떨까? 아니면 그 70퍼센트가 너무 많은 부가용품을 받았거나 너무 낮은 가격을 제안받아서 그들이 그 기회를 거부할 수 없었다면 어떨까? 그 영업은 한 가지, 오직 한 가지를 하기 위해 설계되었다 – 당신을 압박해서 구매하게 만드는 것이다. 당신이 무언가를 놓칠지도 모른다거나 또는 당신을 제외한 다른 모든 사람들이 알고 있다고 느끼게 만들기 위해서이다.

① 동료 압박
② 충동 구매
③ 괴롭히기 작전
④ 치열한 경쟁

정답 및 해설

정답 ①

주제문에서 '외부 영향을 받기 쉬운 청년들이 ____________을 받는 유일한 사람들은 아니다'라고 진술한 후 이어지는 글에서 우리 대부분도 영업 사원의 구매 압박을 받은 경험이 있다고 설명하고 있다. 그리고 영업 사원의 구매 압박의 하나의 예시로 뒷받침하고 있다. 경쟁자들의 70퍼센트가 자신의 서비스를 사용하고 있고, 당신이 무언가를 놓칠지도 모른다거나 당신을 제외한 모든 사람들이 다 알고 있다고 느끼게 만든다고 했으므로, 빈칸에는 peer pressure(동료 압박)가 들어가야 한다.

04 빈칸에 들어갈 말로 가장 적절한 것은? (20. 소방직 9급)

Thunberg, 16, has become the voice of young people around the world who are protesting climate change and demanding that governments around the world ____________________. In August 2018, Thunberg decided to go on strike from school and protest in front of the Swedish parliament buildings. She wanted to pressure the government to do something more specific to reduce greenhouse gases and fight global warming. People began to join Thunberg in her protest. As the group got larger, she decided to continue the protests every Friday until the government met its goals for reducing greenhouse gases. The protests became known as Fridays for Future. Since Thunberg began her protests, more than 60 countries have promised to eliminate their carbon footprints by 2050.

① fear the people

② give free speech

③ save more money

④ take more action

voice 목소리 protest 항의하다, 시위하다 climate change 기후 변화 go on strike from school 동맹 휴교하다 parliament 의회, 국회 pressure 압력을 가하다 specific 구체적인 greenhouse gas 온실가스 global warming 지구온난화 meet one's goal 목표를 달성하다 eliminate 제거하다 carbon footprint 탄소 발자국 fear 두려워하다 take action 조치를 취하다

지문 분석

주제문 / 소재

1 Thunberg, 16, has become the voice of young people around the world who are protesting climate change and demanding that governments around the world ______________________ .

소재와 주제문 소재 : 기후 변화와 정부의 행동 촉구 | 주제문 : Thunberg는 기후 변화에 반대해서 전 세계 정부들이 더 많은 조치를 취해야 한다고 요구했다.

2 In August 2018, Thunberg decided to go on strike from school and protest in front of the Swedish parliament buildings.

➡ Thunberg의 행동 – 동맹 휴교

시그널

3 She wanted to pressure the government to do something more specific to reduce greenhouse gases and fight global warming.

➡ Thunberg이 바람 – 정부의 행동

4 People began to join Thunberg in her protest. As the group got larger, she decided to continue the protests every Friday until the government met its goals for reducing greenhouse gases. The protests became known as Fridays for Future. Since Thunberg began her protests, more than 60 countries have promised to eliminate their carbon footprints by 2050.

➡ Thunberg의 성과 – 시민들이 시위에 참여한 것과 60개 이상의 국가들의 약속

해석 16세의 Thunberg는 기후 변화에 반대하며 전 세계 정부들이 더 많은 조치를 취해야 한다고 요구하는 세계 젊은이들의 목소리가 되었다. 2018년 8월, Thunberg는 동맹 휴교를 하고 스웨덴의 의회 건물 앞에서 시위를 하기로 결정했다. 그녀는 정부가 온실가스를 줄이고 지구온난화에 맞서 싸우기 위해 더 구체적인 일을 하라고 압박을 가하고 싶었다. 사람들은 Thunberg의 시위에 합류하기 시작했다. 이 모임이 점점 커져 가면서, 그녀는 정부가 온실가스 감소에 대한 목표를 달성할 때까지 매주 금요일에 시위를 계속하기로 결정하였다. 그 시위는 '미래를 위한 금요일'로 알려지게 되었다. Thunberg가 시위를 시작한 이래로, 60개 이상의 국가들이 2050년까지 자신들의 탄소발자국을 제거하겠다고 약속했다.

① 국민을 두려워해야 한다고
② 언론의 자유를 줘야 한다고
③ 더 많은 돈을 저축해야 한다고
④ 더 많은 조치를 취해야 한다고

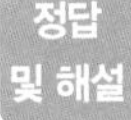

정답 및 해설

정답 ④

빈칸이 있는 문장을 통해 Thunberg가 기후 변화에 반대해서 전 세계 정부들이 무엇을 할 것을 요구했는지를 유추하는 문제이다. 주제문 뒤에 이어지는 글에서 2018년 8월에 동맹 휴교를 했고, 그녀는 정부가 온실가스를 줄이고 지구온난화에 맞서 싸우기 위해 더 구체적인 일을 하라고 압박했다. 그리고 그 시위는 점점 커져서 60개 이상의 국가들이 2050년까지 탄소 발자국을 제거하겠다고 약속하게 되었다는 내용이 나온다. 지문 중간에 She wanted to pressure the government to do something more specific(그녀는 정부가 더 구체적인 것을 하도록 압력을 가하기를 원했다)가 주제문을 재진술하는 내용이므로 빈칸에는 take more action(더 많은 조치를 취해야 한다고)이 들어가는 것이 가장 적절하다.

05 다음 빈칸에 들어갈 말로 가장 적절한 것은? (20. 법원직 9급)

A person may try to ______________________ by using evidence to his advantage. A mother asks her son, "How are you doing in English this term?" He responds cheerfully, "Oh, I just got a ninety-five on a quiz. The statement conceals the fact that he has failed every other quiz and that his actual average is 55. Yet, if she pursues the matter no further, the mother may be delighted that her son is doing so well. Linda asks Susan, "Have you read much Dickens?" Susan responds, "Oh, Pickwick Papers is one of my favorite novels." The statement may disguise the fact that Pickwick Papers is the only novel by Dickens that she has read, and it may give Linda the impression that Susan is a great Dickens enthusiast.

① earn extra money

② effect a certain belief

③ hide memory problems

④ make other people feel guilt

evidence 증거 to one's advantage ~에게 유리하게 term 학기 respond 반응하다 cheerfully 기분 좋게 statement 진술, 말 conceal 숨기다 fail 실패하다, 낙제하다 every other 두 번에 한 번의 pursue 추구하다 delighted 기뻐하는 Pickwick Papers 피크윅 클럽의 유문록 favorite 좋아하는 disguise 위장하다, 숨기다 impression 인상 enthusiast 열광적인 팬 earn extra money 초과 수입을 얻다 effect (어떤 결과를) 만들어 내다, 결과를 가져오다 hide 숨기다 guilty 유죄의

지문 분석

주제문

1 A person may try to ______________________ by using evidence to his advantage.

소재와 주제문 소재 : 믿음 만들기 | 주제문 : 사람은 자기에게 유리한 증거를 사용해서 상대에게서 특정한 믿음을 만들려고 한다.

2 A mother asks her son, "How are you doing in English this term?" He responds cheerfully, "Oh, I just got a ninety-five on a quiz. The statement conceals the fact (시그널) that he has failed every other quiz and that his actual average is 55. Yet, if she pursues the matter no further, the mother may be delighted that her son is doing so well.

예시1 엄마에게 좋은 성적만 말해서 나쁜 성적을 감춤 – 엄마는 아들이 잘하고 있다는 믿음을 가짐.

3 Linda asks Susan, "Have you read much Dickens?" Susan responds, "Oh, Pickwick Papers is one of my favorite novels." The statement may disguise the fact (시그널) that Pickwick Papers is the only novel by Dickens that she has read, and it may give Linda the impression that Susan is a great Dickens enthusiast.

예시2 한 권만 읽어 놓고 좋아하는 작품 중 하나라고 말함 – 그 작가의 열렬한 팬이라는 인상을 줌.

해석 사람은 자기에게 유리하게 증거를 사용하여 어떤 믿음을 만들어 내려고 할 수 있다. 엄마가 아들에게 "이번 학기 영어는 어떻게 되어 가고 있니?"라고 질문을 한다. 그는 기분 좋게 "아, 쪽지 시험에서 95점을 받았어요"라고 대답한다. 이 말은 그가 두 번에 한 번씩 시험에서 낙제를 했으며 그의 실제 평균 점수가 55점이라는 사실을 숨기고 있다. 그러나, 만일 엄마가 그 문제를 더 이상 추구하지 않는다면, 엄마는 아들이 잘하고 있다고 기뻐할 수 있다. Linda가 Susan에게 "너는 Dickens의 작품을 많이 읽었니?"라고 묻는다. Susan이 "아, 〈피크윅 클럽의 유문록〉이 내가 제일 좋아하는 소설들 중 하나야"라고 대답한다. 이 진술은 〈피크윅 클럽의 유문록〉이 그녀가 읽은 유일한 Dickens의 소설이라는 사실을 위장하며, Linda에게 Susan이 Dickens의 열렬한 팬이라는 인상을 줄 수 있다.

① 추가적인 돈을 벌려고
② 어떤 믿음을 만들려고
③ 기억력 문제를 숨기려고
④ 다른 사람이 죄책감을 느끼게 만들려고

정답 및 해설

정답 ②

주제문에서 사람은 자신에게 유리하게 증거를 사용해서 ______________________ 할 수 있다고 진술하고, 이어지는 글에서 아들이 실제 시험 점수가 안 좋지만 엄마가 시험을 잘 본 것으로 믿게 만들 수 있고, Susan은 Dickens의 작품을 하나만 보았지만, Linda에게 자신이 Dickens의 열렬한 팬이라는 인상을 줄 수 있다는 예를 들고 있다. 따라서 빈칸에는 자신에게 유리하게 증거를 사용해서 '어떤 믿음을 만들려고'가 들어가야 적절하다.

06 밑줄 친 부분에 들어갈 말로 가장 적절한 것은? (20. 지방직 9급)

All of us inherit something : in some cases, it may be money, property or some object—a family heirloom such as a grandmothers wedding dress or a fathers set of tools. But beyond that, all of us inherit something else, something ______________________________, something we may not even be fully aware of. It may be a way of doing a daily task, or the way we solve a particular problem or decide a moral issue for ourselves. It may be a special way of keeping a holiday or a tradition to have a picnic on a certain date. It may be something important or central to our thinking, or something minor that we have long accepted quite casually.

① quite unrelated to our everyday life

② against our moral standards

③ much less concrete and tangible

④ of great monetary value

inherit 상속받다, 물려받다 in some cases 일부의 경우에 property 재산 object 물건 heirloom 가보 be aware of ~를 알고 있다 particular 특정한 moral 도덕상의 tradition 전통 on a certain day 특정한 날에 central 중심적인 minor 작은 accepted 일반적으로 인정된 casually 일상적으로 related to ~와 관련된 concrete 구체적인 monetary 화폐의, 통화의

지문 분석

1 All of us inherit something : in some cases, it may be money, property or some object—a family heirloom such as a grandmothers wedding dress or a fathers set of tools.

소재 상속(돈, 재산, 물건과 같은 물질적인 것)

2 But beyond that, all of us inherit something else, something ________________________________, something we may not even be fully aware of.

주제문 그것들을 넘어서, 훨씬 덜 구체적이고, 실재하지 않는, 우리가 완전히 알지 못할 수도 있는 어떤 것을 물려받는다.

3 It may be a way of doing a daily task, or the way we solve a particular problem or decide a moral issue for ourselves. It may be a special way of keeping a holiday or a tradition to have a picnic on a certain date. It may be something important or central to our thinking, or something minor that we have long accepted quite casually.

예시 일상적인 일처리 방식, 도덕적 문제 처리 방식, 휴일이나 전통을 지키는 방식

해석 우리 모두는 무언가를 물려받는다: 어떤 경우에는, 그것은 돈, 재산 또는 일부 물건이 된다 – 할머니의 웨딩드레스나 아버지의 도구 세트와 같은 가족의 가보. 하지만 그 너머에 있는 우리 모두는 다른 것을 물려받았고, 훨씬 덜 구체적이고, 실재하지 않는, 우리가 완전히 알지 못할 수도 있는 어떤 것을 물려받는다. 그것은 일상적인 일을 하는 방법일 수도 있고, 특정한 문제를 해결하거나 도덕적인 문제를 스스로 결정하는 방법일 수도 있다. 특정한 날짜에 소풍을 가는 것은 휴일이나 전통을 지키는 특별한 방법일 수 있다. 그것은 우리의 사고에 중요하거나 중심적인 것일 수도 있고, 혹은 우리가 오랫동안 아주 일상적으로 받아들인 사소한 것일 수도 있다.

① 우리의 일상 생활과는 전혀 무관한
② 우리의 도덕적 기준에 반하여
③ 훨씬 덜 구체적이고 실재하지 않는
④ 금전적 가치가 큰

정답 및 해설

정답 ③

주제문에서 우리는 돈, 재산, 또는 물건과 같은 것을 물려받지만, 그 너머에 우리가 알지 못하는 무언가를 물려받는다고 진술하고, 이어지는 글에서 일상적인 일 처리 방식, 문제 해결 방식, 휴일이나 전통을 지키는 방식 등을 예로 나열하고 있다. 따라서 빈칸에는 아래의 예시들을 포괄하는 개념인 '훨씬 덜 구체적이고 실재하지 않는'이 들어가는 것이 가장 적절하다.

07 밑줄 친 부분에 들어갈 말로 가장 적절한 것은? (19. 국가직 9급)

Why bother with the history of everything?______________________. In literature classes you don't learn about genes ; in physics classes you don't learn about human evolution. So you get a partial view of the world. That makes it hard to find meaning in education. The French sociologist Emile Durkheim called this sense of disorientation and meaninglessness anomie, and he argued that it could lead to despair and even suicide. The German sociologist Max Weber talked of the "disenchantment" of the world. In the past, people had a unified vision of their world, a vision usually provided by the origin stories of their own religious traditions. That unified vision gave a sense of purpose, of meaning, even of enchantment to the world and to life. Today, though, many writers have argued that a sense of meaninglessness is inevitable in a world of science and rationality. Modernity, it seems, means meaninglessness.

① In the past, the study of history required disenchantment from science
② Recently, science has given us lots of clever tricks and meanings
③ Today, we teach and learn about our world in fragments
④ Lately, history has been divided into several categories

bother 신경 쓰다, 애쓰다 literature 문학 gene 유전자 physics 물리학 evolution 진화 partial 부분적인, 편파적인 view 견해 meaning 의미, 뜻 sociologist 사회학자 disorientation 방향 감각 상실, 혼미 meaninglessness 무의미함 anomie 무질서 argue 주장하다 despair 절망 suicide 자살 disenchantment 미몽에서 깨어남, 각성 unified 통일된 vision 시력, 시야 origin story 기원 이야기 religious 종교적인 purpose 목적 enchantment 황홀감 inevitable 불가피한 rationality 합리성 modernity 현대성 clever 영리한, 교묘한 trick 속임수 fragment 부분 category 범주

지문 분석

주제문

1 Why bother with the history of everything?______________________.

문제 제기와 주제문 ▶ 문제 제기 : 왜 모든 것의 역사에 신경을 쓰는가? | 주제문 : 오늘날, 우리는 단편적으로 세계에 대해 가르치고 배운다.

2 In literature classes you don't learn about genes ; in physics classes you don't learn about human evolution. So you get [시그널] a partial view of the world. That makes it hard to find meaning in education.

부연 ▶ 문학 수업에서 유전자를 배우지 않고, 물리학 수업에서 진화를 배우지 않는다. 따라서 세계에 대해 부분적인 시야를 가지게 된다.

3 French sociologist Emile Durkheim called this sense of disorientation and meaninglessness anomie, and he argued that it could lead to despair and even suicide. The German sociologist Max Weber talked of the "disenchantment" of the world.

예시 ▶ Emile Durkheim – 아노미, Max Weber – 미몽에서 깨어남(각성)

4 [시그널] In the past, people had [시그널] a unified vision of their world, a vision usually provided by the origin stories of their own religious traditions. That unified vision gave a sense of purpose, of meaning, even of enchantment to the world and to life. Today, though, many writers have argued that a sense of meaninglessness is inevitable in a world of science and rationality. Modernity, it seems, means meaninglessness.

부연 ▶ 과거에는 종교적 설화에 의해 제공되는 단일화된 세계관을 가졌지만, 오늘날은 과학과 합리성으로 인해 무의미한 감각이 불가피함.
(부분적인 세계관을 가질 수밖에 없음을 강조)

해석 왜 모든 것의 역사에 신경을 쓰는가? <u>오늘날, 우리는 단편적으로 우리의 세계에 대해 가르치고 배운다.</u> 문학 수업에서는 유전자에 대해 배우지 않고, 물리학 수업에서는 인간의 진화에 대해 배우지 않는다. 그래서 당신은 세계에 대한 부분적인 시야를 가진다. 그것은 교육에서 의미를 찾기 어렵게 만든다. 프랑스 사회학자 에밀 뒤르켐은 이러한 방향 감각 상실감과 무의미함을 아노미라 불렀고, 그것이 절망과 심지어 자살로 이어질 수 있다고 주장했다. 독일의 사회학자 막스 베버는 세계의 "미몽에서 깨어남(각성)"에 대해 이야기했다. 과거에, 사람들은 그들의 세계에 대한 단일화된 비전을 가지고 있었는데, 그것은 대개 그들 자신의 종교적 전통의 기원 이야기들에 의해 제공되었다. 그 단일화된 비전은 목적, 의미, 심지어 세계와 삶에 대해 황홀감을 주었다. 그러나 오늘날 많은 작가들은 과학과 합리성의 세계에서 무의미한 감각이 피할 수 없는 것이라고 주장해 왔다. 현대성은 무의미함을 의미하는 것으로 보인다.

① 과거에, 역사 연구는 과학으로부터의 각성을 요구했다
② 최근에, 과학은 우리에게 많은 교묘한 속임수와 의미를 주었다
③ 오늘날, 우리는 단편적으로 우리의 세계에 대해 가르치고 배운다
④ 최근에, 역사는 몇 가지 범주로 나뉘어져 왔다

정답 및 해설

정답 ③

이 글은 과거와 현대의 세계를 바라보는 시선에 대해 비교하고 있다. 과거에는 세계에 대한 단일화된 시선을 가졌고, 그것은 대개 자신의 종교적 전통의 기원 이야기들에 의해 제공되었다고 한다. 그리고 이러한 단일화된 시선은 세계와 삶에 대한 황홀감을 주었다고 한다. 반면, 오늘날의 과학과 합리성의 세계에서는 과거의 황홀감으로부터의 각성이 일어나고 무의미한 감각이 불가피하다고 주장하고 있다. 빈칸 뒤에 이어지는 글에서는 문학 수업에서 유전자를 배우지 않고, 물리학 수업에서 인간의 진화에 대해 배우지 않으므로 세계를 부분적으로만 볼 수 있다고 했으므로 빈칸에는 ③ Today, we teach and learn about our world in fragments(오늘날, 우리는 단편적으로 우리의 세계에 대해 가르치고 배운다)가 들어가면 가장 적절하다.

08 밑줄 친 부분에 들어갈 말로 가장 적절한 것을 고르시오. (21. 국가직 9급)

Social media, magazines and shop windows bombard people daily with things to buy, and British consumers are buying more clothes
and shoes than ever before. Online shopping means it is easy for customers to buy without thinking, while major brands offer such cheap clothes that they can be treated like disposable items - worn two or three times and then thrown away. In Britain, the average person spends more than £1,000 on new clothes a year, which is around four per cent of their income. That might not sound like much, but that figure hides two far more worrying trends for society and for the environment. First, a lot of that consumer spending is via credit cards. British people currently owe approximately £670 per adult to credit card companies. That's 66 percent of the average wardrobe budget. Also, not only are people spending money they don't have, they're using it to buy things ________________________. Britain throws away 300,000 tons of clothing a year, most of which goes into landfill sites.

① they don't need

② that are daily necessities

③ that will be soon recycled

④ they can hand down to others

bombard 쏟아붓다 disposable 일회용의 throw away 버리다 figure 수치 worrying trends 걱정스러운 추세 approximately 대략 via 통하여 wardrobe 의상, 옷 landfill 쓰레기 매립지

지문 분석

1 Social media, magazines and shop windows bombard people daily with things to buy, and British consumers are [소재] buying more clothes and shoes than ever before. Online shopping means it is easy for customers to buy without thinking, while major brands offer such cheap clothes that they can be treated like disposable items - worn two or three times and [소재] then thrown away. In Britain, the average person spends more than £1,000 on new clothes a year, which is around four per cent of their income.

소재 과소비와 낭비

2 That might not sound like much, but that figure hides two far more worrying trends for society and for the environment. First, a lot of that consumer spending is via credit cards. British people currently owe approximately £670 per adult to credit card companies. That's 66 percent of the average wardrobe budget.

부연1 두 가지 걱정스러운 추세 First : 신용카드로 소비

3 [시그널] Also, not only are people spending money they don't have, they're using it to buy things ____________________________. [주제문] Britain throws away 300,000 tons of clothing a year, most of which goes into landfill sites.

부연2 또한, 필요하지 않은 것을 구매

주제문 영국은 1년에 30만 톤의 의류를 버리고, 그 대부분은 쓰레기 매립지로 들어간다.

해석 소셜 미디어, 잡지, 상품 진열창은 매일 사람들에게 사야 할 물건들을 쏟아붓고 있으며, 영국 소비자들은 그 어느 때보다도 더 많은 옷과 신발을 사고 있다. 온라인 쇼핑은 고객들이 생각 없이 쉽게 구매할 수 있다는 것을 의미하며, 주요 브랜드들은 두세 번 입고 나서 버릴 수 있는 일회용품처럼 취급이 되는 값싼 옷을 제공한다. 영국에서, 보통 사람들은 일 년에 1,000파운드 이상을 새 옷에 소비하는데, 이것은 그들의 수입의 약 4%에 해당한다. 그렇게 많다고 들리진 않겠지만, 그 수치는 사회와 환경에 대한 훨씬 더 걱정스러운 두 가지 추세를 숨기고 있다. 첫째는, 그 소비자 지출의 많은 부분이 신용카드를 통해 이루어진다는 것이다. 영국인들은 현재 신용카드 회사에 성인 1인당 약 670파운드의 빚을 지고 있다. 이는 평균 옷 예산의 66%에 해당한다. 또한, 사람들은 가지고 있지 않은 돈을 쓸 뿐만 아니라, 필요하지 않은 물건을 사기 위해 돈을 사용하고 있다. 영국은 1년에 30만 톤의 의류를 버리고, 그 대부분은 쓰레기 매립지로 들어간다.

① 필요하지 않은
② 생활필수품인
③ 곧 재활용될
④ 다른 사람들에게 물려줄 수 있는

정답 및 해설

정답 ①

이 글은 영국 사회에 만연한 의류 과소비와 낭비에 대한 우려를 나타내고 있다. 빈칸 앞에서 가지고 있지 않은 돈을 쓸 뿐만 아니라 ____________ 물건을 사기 위해 돈을 쓴다고 하고, 이어지는 글에서 대부분의 의류는 쓰레기 매립지로 들어간다고 했으므로 빈칸에는 '필요하지 않은'이 들어가야 한다.

09 밑줄 친 부분에 들어갈 말로 가장 적절한 것을 고르시오. (21. 국가직 9급)

Excellence is the absolute prerequisite in fine dining because the prices charged are necessarily high. An operator may do everything possible to make the restaurant efficient, but the guests still expect careful, personal service: food prepared to order by highly skilled chefs and delivered by expert servers. Because this service is, quite literally, manual labor, only marginal improvements in productivity are possible. For example, a cook, server, or bartender can move only so much faster before she or he reaches the limits of human performance. Thus, only moderate savings are possible through improved efficiency, which makes an escalation of prices ________________. (It is an axiom of economics that as prices rise, consumers become more discriminating.) Thus, the clientele of the fine-dining restaurant expects, demands, and is willing to pay for excellence.

① ludicrous

② inevitable

③ preposterous

④ inconceivable

excellence 훌륭함 fine dining 고급 식당 prerequisite 전제 조건 necessarily 필연적으로 operator 운영자 chef 요리사 server 종업원 literally 문자 그대로 manual labor 수작업 marginal 한계의, 약간의 productivity 생산성 moderate 약간의, 적절한 savings 절약 efficiency 효율성 escalation 상승 axiom 공리, 자명한 이치 discriminating 식별력 있는 clientele 고객들 be willing to-v 기꺼이 ~하다 ludicrous 터무니 없는 preposterous 터무니 없는 inconceivable 상상도 할 수 없는 inevitable 불가피한, 필연적인

지문 분석

소재 / 주제문

1 Excellence is the absolute prerequisite in fine dining because the prices charged are necessarily high. An operator may do everything possible to make the restaurant efficient, but the guests still expect careful, personal service: food prepared to order by highly skilled chefs and delivered by expert servers.

소재와 주제문 소재 : fine dining(고급 식당) | 주제문 : 고급 식당에서 부과되는 가격이 필연적으로 높다.

2 Because this service is, quite literally, manual labor, only marginal improvements in productivity are possible. For example, a cook, server, or bartender can move only so much faster before she or he reaches the limits of human performance.

부연 식당 서비스는 수작업이기 때문에 생산성에 있어서 미미한 개선만 가능.

시그널

3 Thus, only moderate savings are possible through improved efficiency, which makes an escalation of prices ____________________. (It is an axiom of economics that as prices rise, consumers become more discriminating.) Thus, the clientele of the fine-dining restaurant expects, demands, and is willing to pay for excellence.

Thus + 결론 효율성 향상을 통해 약간의 절약만이 가능하고, 이는 가격 상승을 불가피하게 만듦.

해석 고급 식당에서는 청구되는 가격이 필연적으로 높기 때문에 뛰어남이 절대적 전제 조건이다. 경영자는 식당을 효율적으로 만들기 위해 가능한 모든 것을 할지도 모르지만, 손님들은 여전히 정성들인 개개인을 위한 서비스, 즉 매우 숙련된 요리사가 주문에 따라 준비하고 전문 서버가 전달하는 음식을 기대한다. 이 서비스는 말 그대로 수작업이기 때문에 생산성에 있어서 미미한 개선만이 가능하다. 예를 들어, 요리사, 서버, 또는 바텐더가 인간 수행 능력의 한계에 도달하기까지 겨우 조금 더 빨리 움직일 수 있다. 따라서 겨우 약간의 절약만이 효율성 향상을 통해 가능하고, 이는 가격 상승을 불가피하게 만든다(가격이 오르면 소비자들이 더 식별력이 있어진다는 것은 경제학의 자명한 이치다). 따라서, 이 고급 레스토랑의 손님들은 우수성을 기대하고, 요구하며, 기꺼이 비용을 지불할 것이다.

① 터무니없는
② 불가피한
③ 터무니없는
④ 상상도 할 수 없는

정답 ②

이 글은 고급 식당의 경영자는 식당을 효율적으로 만들기 위해 가능한 모든 것을 하려 하지만, 가격이 비싸기 때문에 손님들은 더 뛰어난 음식과 서비스를 요구할 수밖에 없다고 말하고 있다. 식당은 결국 사람의 노동으로 운영되는 곳이므로 효율성 향상을 통해 약간의 절약만이 가능하고, 그것은 결국 가격을 올리게 만든다는 내용이므로 빈칸에는 '불가피한'이 들어가야 한다. 주제문에서 necessarily가 inevitable로 재표현되었다고 볼 수 있다.
참고로 ①, ③, ④의 보기 단어가 전부 '터무니없는, 상상도 할 수 없는'이라는 뜻의 유의어이므로 정답이 되기 어렵다는 것을 알 수 있다.

10 빈칸에 들어갈 말로 가장 적절한 것은? (20. 소방직 9급)

A well known speaker started off his seminar by holding up a $20 bill. In the room of 200, he asked, “Who would like this $20 bill?” Hands started going up. He said, “I am going to give this $20 to one of you but first, let me do this.” He proceeded to crumple the dollar bill up. He then asked, “Who still wants it?” Still the hands were up in the air. “My friends, no matter what I did to the money, you still wanted it because it did not decrease in value. It was still worth $20. Many times in our lives, we are dropped, crumpled, and ground into the dirt by the decisions we make and the circumstances that come our way. We feel as though we are worthless. But no matter what has happened or what will happen, you will never ______________________. You are special. Don’t ever forget it.”

① lose your value
② suffer injury
③ raise your worth
④ forget your past

well known 유명한 start off 시작하다 hold up 높이 들다 bill 지폐 proceed to 곧이어 ~을 하다 crumple up 구기다 worth ~의 가치가 있다 drop 떨어지다, 추락하다 crumple 넘어뜨리다 grind ~ into the dirt 진흙 속에 처박다 circumstance 상황 come one’s way 맞닥뜨리다 worthless 쓸모 없는 suffer 고통을 받다 injury 부상 the past 과거

지문 분석

1 A well known speaker started off his seminar by holding up a $20 bill. In the room of 200, he asked, "Who would like this $20 bill?" Hands started going up. He said, "I am going to give this $20 to one of you but first, let me do this." He proceeded to crumple the dollar bill up. He then asked, "Who still wants it?" Still the hands were up in the air.

도입 20달러 지폐를 꺼내어 구기지만 돈의 가치가 떨어지지 않는다는 것을 설명

2 "My friends, no matter what I did to the money, you still wanted it because it did not decrease in value (시그널). It was still worth $20.

주제 보강 무슨 짓을 해도 돈의 가치는 떨어지지 않는다.

3 Many times in our lives, we are dropped, crumpled, and ground into the dirt by the decisions we make and the circumstances that come our way. We feel as though we are worthless. But (시그널) no matter what has happened or what will happen, you will never ____________________. You are special. Don't ever forget it." (주제문)

But + 주제문 어떤 일이 있어도 자신의 가치는 잃지 않는다.

해석 한 유명한 연설가가 20달러 지폐를 들어 올리면서 강의를 시작했다. 200명이 모인 강의실에서 그는 "누가 이 20달러 지폐를 원하시나요?"라고 물었다. 손들이 올라가기 시작했다. 그는 "저는 여러분 중 한 명에게 이 20달러를 드릴 것이지만, 먼저 이렇게 하겠습니다"라고 말했다. 그는 곧이어 그 달러 지폐를 구겼다. 그러고 나서 그는 "누가 아직도 이것을 원하시나요?"라고 물었다. 여전히 손들은 공중에 떠 있었다. "여러분, 제가 이 돈에 무엇을 하든지 간에, 여러분은 여전히 그것을 원했는데 왜냐하면 그것의 가치가 하락하지 않았기 때문입니다. 그것은 여전히 20달러의 가치가 있었습니다. 우리 인생에서 여러 번, 우리는 자신이 내린 결정과 당신에게 맞닥뜨린 상황으로 인해 추락하고 쓰러지며 진흙에 처박힙니다. 우리는 자신이 쓸모 없는 것처럼 느껴집니다. 하지만 무슨 일이 일어났든 혹은 앞으로 일어나든, 당신은 결코 자신의 가치를 잃어버리지 않을 것입니다. 당신은 특별하니까요. 그 점을 절대 잊어버리지 마세요."

① 자신의 가치를 잃어버리지
② 상처를 입지
③ 자신의 가치를 높이지
④ 자신의 과거를 잊지

정답 및 해설

정답 ①

한 유명한 연설가가 자신의 가치를 설명하기 위해 20달러 지폐를 꺼내어 그것을 구기지만 돈의 가치는 떨어지지 않는다는 것을 설명하고 있다. 돈과 마찬가지로 '무슨 일이 일어났든, 혹은 앞으로 일어나든, 당신은 결코 자신의 가치를 잃어버리지 않을 것입니다'라고 주장하는 것이므로 빈칸에는 ① lose your value(자신의 가치를 잃어버리지)가 들어가는 것이 가장 적절하다.

11 다음 빈칸에 들어갈 말로 가장 적절한 것은? (20. 법원직 9급)

Much is now known about natural hazards and the negative impacts they have on people and their property. It would seem obvious that any logical person would avoid such potential impacts or at least modify their behavior or their property to minimize such impacts. However, humans are not always rational. Until someone has a personal experience or knows someone who has such an experience, most people subconsciously believe "It won't happen here" or "It won't happen to me." Even knowledgeable scientists who are aware of the hazards, the odds of their occurrence, and the costs of an event ________________________.

① refuse to remain silent

② do not always act appropriately

③ put the genetic factor at the top end

④ have difficulty in defining natural hazards

natural hazard 자연재해 negative 부정적인 have an impact on ~에 영향을 미치다 property 재산 obvious 명백한 logical 논리적인 potential 잠재적인 at least 적어도 modify 변화하다, 수정하다 behavior 태도 minimize 최소화하다 rational 합리적인 subconsciously 무의식적으로 knowledgeable 아는 것이 많은, 박식한 be aware of ~를 알고 있다 odds 가능성 occurrence 발생 refuse to 거절하다 silent 침묵한 appropriately 적절하게 genetic 유전적인 put ~ at the top end 최고 꼭대기에 두다, 최우선 순위에 두다 define 정의하다

1 Much is now known about [natural hazards]^소재 and the [negative impacts]^소재 they have on people and their property.

소재 자연재해와 부정적인 영향

2 It would seem obvious that any logical person would avoid such potential impacts or at least modify their behavior or their property to minimize such impacts.

통념 합리적인 행동 – 피하거나 최소화하려는 노력

3 However, humans are not always rational. Until someone has a personal experience or knows someone who has such an experience, most people subconsciously believe "It won't happen here" or "It won't happen to me." Even knowledgeable scientists who are aware of the hazards, the odds of their occurrence, and the costs of an event ______________________.

However + 주제문과 주제문 보강 주제문 : 인간은 항상 합리적인 것은 아니다.
주제문 보강 : 심지어 과학자들조차도 항상 타당하게 행동하지는 않는다.

해석 자연재해와 그것들이 사람과 그들의 재산에 미치는 부정적인 영향에 대해서는 현재 많은 것이 알려져 있다. 논리적인 사람이라면 그러한 잠재적 영향을 피하려 하거나 최소한 그러한 영향을 줄이기 위해 그들의 행동이나 재산에 변화를 주려는 것이 당연해 보일 것이다. 그러나 인간이 항상 합리적인 것은 아니다. 개인적인 경험을 갖거나 그런 경험을 가진 누군가를 알 때까지, 대부분의 사람들은 '여기서 그런 일은 일어나지 않을 거야' 또는 '나에게는 그런 일이 일어나지 않을 거야'라고 무의식적으로 믿는다. 심지어 재해와 그것들의 발생 가능성, 사건으로 인한 손실에 대해 알고 있는 박식한 과학자들조차도 항상 타당하게 행동하지는 않는다.

① 침묵하기를 거부한다
② 항상 타당하게 행동하지는 않는다
③ 유전적 요인을 최우선 순위에 둔다
④ 자연 재해의 정의에 어려움을 겪는다

정답 및 해설 **정답 ②**

앞부분에 자연재해와 그것이 미치는 부정적인 영향에 대해서 잘 알고 있고, 합리적인 사람은 그러한 피해를 최소화하려고 노력하는 것이 당연해 보일 것이라고 언급하고 있다. 그리고 However 뒤에 이어지는 글에서 그러나 인간은 항상 합리적인 것은 아니며, 심지어 재해에 대해서 잘 알고 있는 과학자들조차도 항상 타당하게 행동하지는 않는다고 연결되는 것이 자연스럽다. 따라서 빈칸에는 ② do not always act appropriately(항상 타당하게 행동하지는 않는다)가 들어가는 것이 가장 적절하다.

12 다음 빈칸에 들어갈 말로 가장 적절한 것은? (19. 소방직 9급)

In The Joy of Stress, Dr. Peter Hanson described an experiment in which two groups of office workers were exposed to a series of loud and distracting background noises. One group had desks equipped with a button that could be pushed at any time to shut out the annoying sounds. The other group had no such button. Not surprisingly, workers with the button were far more productive than those without. But what's remarkable is that no one in the button group actually pushed the button. Apparently, the knowledge that they could shut out the noise if they wanted to was enough to enable them to work productively in spite of the distractions. Their sense of ____________ resulted in a reduction in stress and an increase in productivity.

① humor

② achievement

③ control

④ responsibility

어휘

joy 즐거움 describe 설명하다 experiment 실험 be exposed to ~에 노출되다 a series of 일련의 loud 시끄러운 distracting 집중력을 흩뜨리는 background noise 배경 소음 equipped with ~이 장착된, ~을 갖춘 shut out 차단하다 annoying 성가신 not surprisingly 놀랍지 않게도 far more 훨씬 더 productive 생산적인 remarkable 주목할 만한 actually 실제로, 사실 apparently 명백하게도 knowledge 알고 있음, 지식 enable 가능하게 하다 in spite of ~에도 불구하고 distraction 집중을 방해하는 것 result in ~를 초래하다 reduction 감소 productivity 생산성 achievement 업적 control 통제 responsibility 책임

지문 분석

1 In The Joy of Stress, Dr. Peter Hanson described an experiment in which two groups of office workers were exposed to a series of loud and distracting background noises.

도입부 소음 실험

2 One group had desks equipped with a button that could be pushed at any time to shut out the annoying sounds. The other group had no such button.

실험군 : 소음 차단 버튼 가짐 | 대조군 : 소음 차단 버튼 가지지 않음

3 Not surprisingly, workers with the button were far more productive than those without.

실험 결과 : 버튼을 가진 직원들의 생산성이 더 높음

시그널

4 But what's remarkable is that no one in the button group actually pushed the button. Apparently, the knowledge that they could shut out the noise if they wanted to was enough to enable them to work productively in spite of the distractions.

특이사항 : 실험군에서 누구도 실제로 버튼을 누르지 않았음

주제문

5 Their sense of ____________ resulted in a reduction in stress and an increase in productivity.

주제문 그들의 통제 감각이 스트레스 감소와 생산성 증가를 초래

해석 The Joy of Stress(책)에서, Peter Hanson 박사는 두 집단의 사무원들이 일련의 크고 정신 사나운 배경 소리에 노출되었던 실험을 설명했다. 한 집단은 그 성가신 소리들을 언제든 차단하기 위해 눌러질 수 있는 버튼이 장착되어 있는 책상을 가지고 있었다. 다른 집단은 그런 버튼이 없었다. 놀랍지 않게도, 버튼을 가진 직원들은 가지지 않은 직원들보다 훨씬 더 생산적이었다. 하지만 주목할 만한 것은 버튼 집단에 있었던 누구도 실제로 그 버튼을 누르지는 않았다는 것이다. 명백하게도, 그들이 원한다면 그 소리를 차단할 수 있음을 아는 것은 그들이 집중을 방해하는 것들이 있음에도 불구하고 그들로 하여금 생산적으로 일할 수 있도록 만들기에 충분했다. 그들의 통제 감각은 스트레스 감소와 생산성 증가를 초래하였다.

① 유머
② 성취
③ 통제
④ 책임

정답 및 해설

정답 ③

한 실험에서 스트레스를 야기할 수 있는 소리를 언제든지 차단할 수 있는 버튼을 가진 집단과 버튼을 가지지 않는 집단을 비교했을 때, 소리를 차단할 수 있는 버튼을 가진 집단의 생산성이 높았는데, 주목할 만한 점은 아무도 실험 기간 동안에 버튼을 누르지 않았다는 점이다. 따라서 소리를 차단할 수 있음을 안다는 것 자체가 스트레스를 줄이고 생산성을 높였다고 결론 내릴 수 있다. 따라서 빈칸에는 자신이 원할 때에는 언제든지 소리를 차단할 수 있다는 ③ control(통제)이 들어가는 것이 가장 적절하다.

13 글의 흐름상 빈칸에 들어갈 표현으로 가장 옳은 것은? (18. 서울시 9급)

The idea of clowns frightening people started gaining strength in the United States. In South Carolina, for example, people reported seeing individuals wearing clown costumes, often hiding in the woods or in cities at night. Some people said that the clowns were trying to lure children into empty homes or the woods. Soon, there were reports of threatening-looking clowns trying to frighten both children and adults. Although there were usually no reports of violence, and many of the reported sightings were later found to be false, this ________________________.

① benefited the circus industry

② promoted the use of clowns in ads

③ caused a nationwide panic

④ formed the perfect image of a happy clown

clown 광대 frighten 겁주다 gain strength 힘이 늘다, 힘을 얻다 clown costume 광대 복장 hide 숨다 lure 유혹하다 empty 비어 있는 woods 숲 threaten-looking 위협적인 모습의 violence 폭력, 범죄 sighting 목격, 발견 false 잘못된, 거짓의 benefit 혜택을 주다 ads 광고 panic 공포 from 만들다, 생성하다

지문 분석

소재

1 The idea of clowns frightening people started gaining strength in the United States.

소재 clowns frightening people(사람들을 위협하는 광대)

시그널

2 In South Carolina, for example, people reported seeing individuals wearing clown costumes, often hiding in the woods or in cities at night. Some people said that the clowns were trying to lure children into empty homes or the woods. Soon, there were reports of threatening-looking clowns trying to frighten both children and adults.

예시 남부 캐롤리나에서 사람들을 위협하는 광대 목격

주제문

3 Although there were usually no reports of violence, and many of the reported sightings were later found to be false, this ____.

주제문 비록 폭력과 관련된 보고는 없었고, 많은 목격담들이 거짓으로 판명되었지만, 패닉 상태를 유발

해석 사람들에게 겁을 주는 광대에 대한 생각은 미국에서 힘을 얻기 시작했다. 예를 들면, 남부 캐롤리나에서, 사람들은 종종 밤에 숲이나 시내에서 숨어서 광대 옷을 입는 사람들을 본다고 보고했다. 몇몇 사람들은 광대들이 빈집과 숲으로 아이들을 유혹하려 했다고 말했다. 곧이어, 아이들과 어른 모두를 겁주게 하려는 위협적인 모습의 광대들에 대한 보고들이 있었다. 비록 폭력과 관련된 보고도 대개 없었고, 많은 보고된 목격담들이 후에 거짓인 것으로 밝혀지긴 했으나, 이것은 전국적인 패닉 상태를 유발했다.

① 서커스 산업에 이득이 되었다
② 광고에 광대의 이용을 촉진했다
③ 전국적인 패닉 상태를 유발했다
④ 행복한 광대의 완벽한 이미지를 형성했다

정답 및 해설

정답 ③

이 문제는 양보접속사 although가 중요한 단서이다. although는 양보접속사이므로 부사절에서 언급된 내용과 역접을 가지는 내용이 주절에 제시되어야 한다. 숲이나 시내에서 광대 복장을 하고 사람들에게 겁을 주는 사례들이 보고되었다고 언급한 후, 비록 폭력과 관련된 보고가 없었고 대부분은 후에 거짓으로 밝혀지긴 했지만, 이것은 전국적인 패닉 상태를 유발했다가 적절한 흐름이다. 따라서 빈칸에는 ③ caused a nationwide panic(전국적인 패닉 상태를 유발했다)가 들어가야 적절하다.

14 다음 빈칸에 들어갈 말로 가장 적절한 것은? (19. 국가직 9급)

As a middle-class Jew growing up in an ethnically mixed Chicago neighborhood, I was already in danger of being beaten up daily by rougher working-class boys. Becoming a bookworm would only have given them a decisive reason for beating me up. Reading and studying were more permissible for girls, but they, too, had to be careful not to get too ___________ , lest they acquire the stigma of being "stuck up.'

① athletic

② intellectual

③ hospitable

④ inexperienced

middle-class 중산층 Jew 유대인 ethnically 민족적으로, 인종적으로 mixed 혼합된 neighborhood 동네, 이웃 in danger of ~의 위험에 처한 beat up 두들겨 패다 rough 거친 working-class 노동자 계급 bookworm 책벌레, 독서광 decisive 결정적인, 단호한 permissible 허용되는, 무방한 lest ~하지 않도록 acquire 얻다 stigma 낙인, 오명, 치욕 stuck up 거만한, 거드름 피우는 athletic 건강한 intellectual 지적인 hospitable 환대하는 inexperienced 경험 없는, 미숙한

지문 분석

1 As a middle-class Jew growing up in an ethnically mixed Chicago neighborhood, I was already in danger of being [소재] beaten up daily by rougher working-class boys.

소재 매일 맞을 위험

2 Becoming a bookworm would only have given them a decisive reason for beating me up.

부연 책벌레라는 이유로 맞음

3 Reading and studying were more permissible for girls, but they, too, had to be careful not to get too [주제문] ___________ , [시그널] lest they acquire the stigma of being "stuck up.'

주제문 책을 읽고 공부하는 것은 여자 아이들에게 더 허용될 수 있는 것이었는데, 그녀들 또한, '거만하다'는 오명을 얻지 않도록 너무 지적이지 않게 조심해야 했다.

해석 민족적으로 뒤섞인 시카고 지역에서 자란 중산층의 유대인으로서, 나는 이미 더 거친 노동자 계층의 남자아이들에게 매일 두들겨 맞을 위험에 처해 있었다. 책벌레가 되는 것은 나를 두들겨 패기 위한 결정적인 이유를 그들에게 제공해 줄 뿐이었다. 책을 읽고 공부하는 것은 여자아이들에게 더 허용될 수 있는 것이었는데, 그녀들 또한, '거만하다'는 오명을 얻지 않도록 너무 지적이지 않게 조심해야 했다.

① 건강한
② 지적인
③ 친절한, 환영받는
④ 미숙한, 경험 없는

정답 및 해설

정답 ②

빈칸 뒤의 접속사 lest가 중요한 단어가 될 수 있다. lest는 '~하지 않도록'이라는 의미를 가지는 접속사이다. 그리고 빈칸에는 get이라는 불완전 자동사의 보어로 사용될 수 있는 형용사가 와야 한다. 글쓴이는 시카고 지역의 중산층 유대인으로 자라서 거친 노동자 계층의 남자들에게 매일 두들겨 맞을 위험에 처해 있었다. 책을 읽는다는 것이 맞을 만한 이유가 되었다고 설명한 후, 책을 읽고 공부하는 것은 여자아이들에게 허용되는 것이었는데, 그녀들조차도 '거만하다'라는 오명을 쓰지 않도록 너무 지적이게 않게 조심해야 했다고 설명하고 있다. 따라서 빈칸에는 ② intellectual(지적인)이 들어가는 것이 가장 적절하다.

15 밑줄 친 부분에 들어갈 말로 가장 적절한 것은? (20. 국가직 9급)

All creatures, past and present, either have gone or will go extinct. Yet, as each species vanished over the past 3.8-billion-year history of life on Earth, new ones inevitably appeared to replace them or to exploit newly emerging resources. From only a few very simple organisms, a great number of complex, multicellular forms evolved over this immense period. The origin of new species, which the nineteenth-century English naturalist Charles Darwin once referred to as "the mystery of mysteries, is the natural process of speciation responsible for generating this remarkable __________________ with whom humans share the planet. Although taxonomists presently recognize some 1.5 million living species, the actual number is possibly closer to 10 million. Recognizing the biological status of this multitude requires a clear understanding of what constitutes a species, which is no easy task given that evolutionary biologists have yet to agree on a universally acceptable definition.

① technique of biologists
② diversity of living creatures
③ inventory of extinct organisms
④ collection of endangered species

creature 생명체 go extinct 멸종되다, 사라지다 species 종 inevitably 불가피하게 vanish 사라지다
exploit 이용하다, 착취하다 emerging 떠오르는 organism 유기체 multicellular 다세포의 evolve 진화하다
immense 거대한 naturalist 자연주의자 refer to 지칭하다 speciation 분화 planet 행성 taxonomist 분류학자
presently 현재 recognize 알아보다 biological 생물학의 status 신분, 자격 multitude 다수
constitute ~을 구성하다 evolutionary 진화의 universally 일반적으로 acceptable 용인되는 definition 정의
biologist 생물학자 diversity 다양성 inventory 재고 목록 endangered species 멸종 위기에 처한 종

지문 분석

1 All creatures, past and present, either have gone or will go extinct. Yet, as each species vanished over the past 3.8-billion-year history of life on Earth, new ones inevitably appeared to replace them or to exploit newly emerging resources. From only a few very simple organisms, a great number of complex, multicellular forms evolved over this immense period.

일반 진술 많은 종들이 사라지고, 다른 종이 나타나서 대체하고, 진화했다.

주제문

2 The origin of new species, which the nineteenth-century English naturalist Charles Darwin once referred to as "the mystery of mysteries, is the natural process of speciation responsible for generating this remarkable __________________ with whom humans share the planet.

주제문 종분화의 자연적인 과정이 이렇게 놀랄 만한 다양한 종을 만들었다.

3 Although taxonomists presently recognize some 1.5 million living species, the actual number is possibly closer to 10 million. Recognizing the biological status of this multitude requires a clear understanding of what constitutes a species, which is no easy task given that evolutionary biologists have yet to agree on a universally acceptable definition.

부연 분류학자들의 인식보다 훨씬 많은 종의 수

해석 과거와 현재의 모든 생물은 사라졌거나 멸종될 것이다. 하지만, 각각의 종들이 지구상의 38억 년 생명체의 역사에서 사라지면서, 불가피하게 새로운 종들이 그들을 대체하거나 새롭게 떠오르는 자원을 이용하기 위해 나타났다. 아주 간단한 몇 가지 유기체로부터, 수많은 복잡하고 다세포적인 형태들이 이 거대한 시기에 걸쳐 진화했다. 19세기 영국의 자연주의자 찰스 다윈이 한때 "미스테리 중의 미스테리"라고 지칭했던 이 새로운 종의 기원이 분화라는 자연적 과정인데, 이것이 인간이 행성을 공유하고 있는 이렇게 놀라운 다양성을 가진 생명체를 만들어 낸 것이다. 분류학자들이 현재로 대략 150만 개를 종으로 인식하고 있지만, 실제의 수는 아마도 1천만 종에 가까울 것이다. 이런 수많은 생명체의 생물학적 지위를 인정하는 것은 무엇이 종을 구성하는가에 관한 명확한 이해를 요구하는데, 진화 생물학자들이 보편적으로 받아들일 수 있는 정의에 아직 동의하지 못하고 있다는 점을 감안하면 쉬운 일은 아니다.

① 생물학자의 기술
② 다양성을 가진 생명체
③ 멸종된 유기체의 목록
④ 멸종 위기종 채집

정답 및 해설

정답 ②

모든 생물은 사라졌거나 멸종될 것이고, 그들을 대체하는 새로운 종들이 나타나는데, 이 새로운 종의 기원이 분화라는 자연적 과정이며 이것이 인간이 행성을 공유하고 있는 이렇게 놀라운 다양성을 가진 생명체를 만들어 낸다고 설명하고 있다. 이어지는 글에서 분류학자들이 현재 150만 개의 종을 인식하고 있지만, 실제 종의 수는 아마도 1천만 개에 가까울 것이라고 부연 설명하고 있다.
빈칸이 있는 문장을 통해 종 분화의 자연적인 과정이 이렇게 놀랄 만한 무엇을 만들었는지를 추론해야 하는데, 빈칸에는 ② diversity of living creatures(다양성을 가진 생명체)가 들어가는 것이 문맥상 가장 적절하다.

16 빈칸에 들어갈 표현으로 가장 적절한 것은? (19. 사복직 9급)

Stereotypes are one way in which we "define" the world in order to see it. They classify the infinite variety of human beings into a convenient handful of "types" towards whom we learn to act in stereotyped fashion. Life would be a wearing process ________________________. Stereotypes economize on our mental effort by covering up the blooming, buzzing confusion with big recognizable cut-outs. They save us the "trouble" of finding out what the world is like — they give it its accustomed look.

① if we tried to stick to stereotypes

② if we learned to act in stereotyped fashion

③ if we prejudged people before we ever lay eyes on them

④ if we had to start from scratch with every human contact

stereotype 고정 관념 define 정의하다 classify 분류하다 infinite 무한의 human being 인간 convenient 편리한 handful 소량 fashion 방식 wearing 소모시키는, 힘든 process 과정 economize on ~를 절약하다 mental effort 정신적 노력 cover up 덮다, 은폐하다 blooming 엄청난, 만발한 buzzing 떠들썩한, 윙윙거리는 confusion 혼란 recognizable 쉽게 알아 볼 수 있는 cut-out 잘라낸 조각 accustomed 익숙한 stick to ~를 고수하다 prejudge 속단하다 lay eyes on 처음 보다 from scratch 맨 처음부터 human contact 인간 관계

지문 분석

소재

1 Stereotypes are one way in which we "define" the world in order to see it. They classify the infinite variety of human beings into a convenient handful of "types" towards whom we learn to act in stereotyped fashion. Life would be a wearing process ________________________________.

소재와 부연 설명 소재 : stereotype(고정 관념)

부연 설명 : 고정 관념은 세상을 보기 위한 하나의 방식으로, 무한한 다양성을 몇 가지 유형으로 분류하는 것이다.

주제문

2 Stereotypes economize on our mental effort by covering up the blooming, buzzing confusion with big recognizable cut-outs. They save us the "trouble" of finding out what the world is like — they give it its accustomed look.

주제문 고정 관념은 우리의 정신의 노력을 절약한다.

해석 고정 관념들은 우리가 세상을 보기 위해서 그것을 '정의하는' 하나의 방식이다. 그것들은 인간들의 무한한 다양성을 정형화된 방식으로 우리가 맞추어 행동하도록 배우는 편리한 소수의 '유형들'로 분류한다. 만약 우리가 모든 인간 관계를 맨 처음부터 시작해야 한다면 인생은 몹시 지치는 과정이 될 것이다. 고정 관념은 크고 인지 가능한 잘라낸 조각으로 엄청나고 떠들썩한 혼란을 덮어 버림으로써 우리의 정신적 노력을 절약한다. 그것들은 우리에게 이 세상이 어떤지를 알아내는 '고생'을 덜어 준다. — 그것들은 세상에 그것의 익숙한 모습을 부여한다.

① 만약 우리가 고정 관념을 고수하기 위해 애쓴다면
② 만약 우리가 정형화된 방식으로 행동하도록 배운다면
③ 만약 우리가 그들을 보기도 전에 사람들을 속단한다면
④ 만약 우리가 모든 인간 관계를 맨 처음부터 시작해야 한다면

정답 및 해설

정답 ④

이 글은 고정 관념의 긍정적인 기능을 설명하고 있다. 고정 관념은 세상을 보는 하나의 방식으로, 인간들의 무한한 다양성을 정형화된 방식으로 소수의 유형들로 분류함으로써 우리의 정신적 노력을 절약한다고 설명하고 있다. 빈칸 앞의 주절에 동사로 would를 사용하는 것으로 봐서, 빈칸에는 가정법 과거의 if절이 와야 한다. 가정법 과거는 현재 사실을 반대로 가정하는 것이다. 문맥상 만약 고정 관념이 없으면 인생은 몹시 지치는 과정이 될 것이라고 했으므로, '만약 고정 관념이 없으면'에 상응하는 문장인 ④ if we had to start from scratch with every human contact(만약 우리가 모든 인간 관계를 맨 처음부터 시작해야 한다면)가 들어가는 것이 가장 적절하다.

17 다음 빈칸에 들어갈 가장 적절한 표현은? (19. 국회직 9급)

Firefighters contained a major fire at Paris, Notre Dame Cathedral on Monday. Throngs of tourists and locals gathered nearby to watch and take images of a massive fire that engulfed parts of the 12th-century landmark. Paris fire commander Jean-Claude Gal said hundreds of firefighters were able to stop the flames from spreading to the north tower belfry, and ______________________________ . Major renovations were underway to address cracks in the foundation which inspectors think is the probable cause of the fire. The many works of art inside the cathedral include three stained-glass rose windows. A Catholic relic, the crown of thorns, was placed on display for Lent, which begins this week. "Like all our countrymen, I'm sad tonight to see this part of us burn," French President Emmanuel Macron said in a tweet ; however, he said that the cathedral will be rebuilt through a national fundraising campaign.

① stunned spectators watched in horror
② the cathedral had closed to the public
③ cracks had started to appear in the foundation
④ the structure was saved from total destruction
⑤ some of the artwork had not actually been removed

firefighter 소방관 contain 억제하다, 포함하다 cathedral 대성당 throng 인파 local 주민, 현지인 gather 모이다 take images 사진을 찍다 massive 거대한 engulf 집어삼키다 landmark 이정표 fire commander 소방서장 flame 불길 belfry 종탑 renovation 보수 작업 underway 진행 중인 address 처리하다 crack 균열 foundation 기반 inspector 조사관 probable cause 있음직한 이유 relic 유물 crown of thorns 가시 면류관 Lent 사순절 countryman 같은 나라 사람 rebuild 재건하다 fundraising campaign 모금 운동 stunned 깜짝 놀란 spectator 구경꾼 in horror 공포에 사로잡혀 structure 건축물 destruction 파괴 artwork 예술품

지문 분석

소재 / 주제문

1 Firefighters contained a major fire at Paris, Notre Dame Cathedral on Monday. Throngs of tourists and locals gathered nearby to watch and take images of a massive fire that engulfed parts of the 12th-century landmark.

소재와 주제문 소재 : contained a major fire(대형 화재 진압) | 주제문 : 소방관들이 월요일에 파리 노트르담 대성당에서 대형 화재를 진압했다.

2 Paris fire commander Jean-Claude Gal said hundreds of firefighters were able to stop the flames from spreading to the north tower belfry, (시그널) and ________________________________.

주제문 강조 소방관들이 화재가 번지는 것을 막았고, 건물이 완전히 파괴되는 것을 지켰다.

3 Major renovations were underway to address cracks in the foundation which inspectors think is the probable cause of the fire.

화재 원인 : 기반의 균열

4 The many works of art inside the cathedral include three stained-glass rose windows. A Catholic relic, the crown of thorns, was placed on display for Lent, which begins this week.

성당의 예술품들

5 "Like all our countrymen, I'm sad tonight to see this part of us burn," French President Emmanuel Macron said in a tweet ; however, he said that the cathedral will be rebuilt through a national fundraising campaign.

향후 대응 방법 : 전국적인 기금 모금 운동으로 재건

해석 소방관들은 월요일에 파리 노트르담 대성당에서 발생한 대형 화재를 진압했다. 12세기 대표 건축물의 일부를 집어삼킨 대형 화재 현장을 구경하고 사진을 찍기 위해 관광객과 현지인 인파가 근처에 모였다. Jean-Claude Gal 파리 소방소장은 수백 명의 소방관들이 북쪽 종탑으로 불길이 번지는 것을 막을 수 있었고, 이 건축물은 완전한 파괴로부터 지켜졌다고 말했다. 조사관들이 화재의 유력한 원인이라고 생각하는 건축물 기반의 균열을 처리하기 위해 대대적인 보수 작업이 진행 중이었다. 성당 안에 있는 많은 예술 작품들은 세 개의 스테인드글라스 장미창을 포함한다. 가톨릭 유물인 가시 면류관이 이번 주부터 시작되는 사순절을 맞아 전시되고 있었다. 프랑스 대통령 Emmanuel Macron은 트윗을 통해 "우리 국민 모두와 마찬가지로 저는 오늘밤 우리의 이 일부가 불타는 것을 보게 되어 슬픕니다"라고 말했다; 그는 전국적인 기금 모금 운동을 통해 성당이 재건될 것이라고 말했다.

① 놀란 구경꾼들이 공포에 질려 지켜봤다
② 성당은 대중에게 폐쇄됐다
③ 기반에 균열이 나타나기 시작했었다
④ 이 건축물은 완전한 파괴로부터 지켜졌다
⑤ 사실상 일부 예술품들을 꺼내지 못했다

정답 및 해설 **정답 ④**

주제문에서 소방관들이 월요일에 파리 노트르담 대성당에서 발생한 대형 화재를 진압했다고 언급했다. 빈칸에 들어갈 표현은, 앞에 제시된 문장과 등위접속사 and로 연결되는 문장이어야 한다. 등위접속사 and는 앞 문장과 순접의 관계를 연결하는 접속사이다. 빈칸 앞에 hundreds of firefighters were able to stop the flames from spreading to the north tower belfry, and(수백 명의 소방관들이 북쪽 종탑으로 불길이 번지는 것을 막을 수 있었고, 그리고)가 나오니 그 다음에 연결되는 표현으로는 ④ the structure was saved from total destruction(이 건축물은 완전한 파괴로부터 지켜졌다)이 들어가는 것이 가장 적절하다.

18 빈칸에 들어갈 말로 가장 알맞은 것은? (18. 지방직 9급)

The secret of successful people is usually that they are able to concentrate totally on one thing. Even if they have a lot in their head, they have found a method that the many commitments don't impede each other, but instead they are brought into a good inner order. And this order is quite simple ________________________ . In theory, it seems to be quite clear, but in everyday life it seems rather different. You might have tried to decide on priorities, but you have failed because of everyday trivial matters and all the unforeseen distractions. Separate off disturbances, for example, by escaping into another office, and not allowing any distractions to get in the way. When you concentrate on the one task of your priorities, you will find you have energy that you didn't even know you had.

① the sooner, the better

② better late than never

③ out of sight, out of mind

④ the most important thing first

secret 비밀 concentrate 집중시키다 totally 완전히, 정말 method 방법 commitment 몰입, 약속 impede 방해하다, 지체시키다 each other 서로서로 inner order 내부의 순서 theory 이론 priority 우선, 중요 trivial matter 사소한 일 unforeseen 예기치 않은 separate off 차단하다 disturbance 방해, 장애, 교란 distraction 주의 산만, 혼란 get in the way 방해하다

지문 분석

주제문 / 소재

1 The secret of successful people is usually that they are able to concentrate totally on one thing. Even if they have a lot in their head, they have found a method that the many commitments don't impede each other, but instead they are brought into a good inner order.

소재와 주제문 소재 : 한 가지 일에 집중하기 | 주제문 : 성공의 비결은 온전히 한 가지 일에 집중하는 것이다.

2 And this order is quite simple ______________________ . In theory, it seems to be quite clear, but in everyday life it seems rather different. You might have tried to decide on priorities, but you have failed because of everyday trivial matters and all the unforeseen distractions.

주제문 강조 이 내적 순서는 가장 중요한 일을 먼저 하는 것이다.

3 Separate off disturbances, for example, by escaping into another office, and not allowing any distractions to get in the way.

부연 사무실 탈출, 방해받는 것 허용 안 하기

4 When you concentrate on the one task of your priorities, you will find you have energy that you didn't even know you had.

주제문 강조 한 가지 일에만 집중할 때 알지 못했던 힘이 생긴다

해석 성공한 사람들의 비결은 보통 그들이 온전히 한 가지 일에 집중할 수 있다는 것이다. 비록 그들의 머릿속에 많은 것이 있을지라도, 그들은 많은 책무들이 서로를 방해하지 않고, 대신 책무들을 좋은 내적 순서로 가져오는 방법을 찾아낸다. 이 순서는 꽤나 간단하다 : 가장 중요한 일을 먼저 하라. 이론상, 그것은 꽤 간단해 보이지만, 일상생활에서는 오히려 차이가 있어 보인다. 당신은 아마 우선 사항을 결정하려 노력했을지도 모르지만, 매일의 사소한 문제와 예기치 못했던 주의를 산만하게 만드는 것들 때문에 당신은 실패해 왔다. 방해하는 것들을 분리해라, 예를 들어, 다른 사무실로 탈출하고, 어떠한 주의를 산만하게 만드는 방해하는 것을 허용하지 않으면서. 당신이 당신의 우선 사항에 있는 한 가지 일에 집중할 때, 심지어 갖고 있다는 것을 알지 못했던 에너지를 자신이 갖고 있다는 것을 당신은 발견하게 될 것이다.

① 더 빠를수록, 더 좋다
② 늦게라도 하는 것이 안 하는 것보다 낫다
③ 눈에서 멀어지면, 마음에서도 멀어진다
④ 가장 중요한 일을 먼저 하라

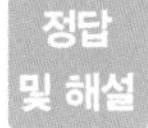

정답 ④

성공에 관한 글로서, 주제문에서 성공한 사람들의 비결은 온전히 한 가지 일에 집중하는 것이라고 밝히고 있다. '여러 가지 책무가 머리 속에 있을 때, 좋은 내적 순서를 찾는 게 중요한데, 이 순서는 꽤나 단순하다'에 이어지는 표현이므로 ④ the most important thing first(가장 중요한 일을 먼저 하라)가 들어가는 것이 가장 알맞다. 뒤에 이어지는 글에서도 우선 사항에 있어서 가장 중요한 한 가지 일에 집중할 때 알지 못했던 에너지가 생긴다고 부연 설명하고 있다.

19 밑줄 친 (A), (B)에 들어갈 말로 가장 적절한 것을 고르시오. (19. 지방직 9급)

In the 1840s, the island of Ireland suffered famine. Because Ireland could not produce enough food to feed its population, about a million people died of __(A)__ ; they simply didn't have enough to eat to stay alive. The famine caused another 1.25 million people to __(B)__ ; many left their island home for the United States; the rest went to Canada, Australia, Chile, and other countries. Before the famine, the population of Ireland was approximately 6 million. After the great food shortage, it was about 4 million.

	(A)	(B)
①	dehydration	be deported
②	trauma	immigrate
③	starvation	emigrate
④	fatigue	be detained

suffer 시달리다 famine 기근 feed 먹이다 population 인구 alive 살아 있는 the rest 나머지 approximately 대략 shortage 부족 dehydration 탈수증, 건조 deport 강제 추방하다 immigrate 이민을 오다 starvation 굶주림 emigrate 이주하다 fatigue 피로 detain 감금하다, 유치하다

주제문 시그널

1 In the 1840s, the island of Ireland suffered famine. Because Ireland could not produce enough food to feed its population, about a million people died of __(A)__; they simply didn't have enough to eat to stay alive.

주제문 1840년대에 아일랜드 섬은 기근에 시달렸다. 대략 100만 명이 굶주림으로 사망했다.

시그널

2 The famine caused another 1.25 million people to __(B)__ ; many left their island home for the United States; the rest went to Canada, Australia, Chile, and other countries. Before the famine, the population of Ireland was approximately 6 million. After the great food shortage, it was about 4 million .

부연 기아는 이주의 원인이 되었다.

해석 1840년대에, 아일랜드 섬은 기근에 시달렸다. 아일랜드가 모든 인구에게 공급하기에 충분한 음식을 생산할 수 없었기 때문에, 대략 백만 명의 사람들이 (A) 굶주림으로 죽었다. 그들은 그야말로 살아가기 위해 먹을 충분한 양을 가지고 있지 않았다. 그 기근은 또 다른 125만 명의 사람들이 (B) 이주하는 원인이 되었다. 많은 사람들은 그들의 고향 섬에서 미국으로 떠났다. 나머지는 캐나다, 호주, 칠레, 그리고 다른 나라들로 갔다. 그 기근 전에, 아일랜드의 인구는 대략 6백만 명이었다. 그 엄청난 식량 부족 이후에, 인구는 대략 4백만 명이었다.

	(A)	(B)
①	탈수증	강제 추방되다
②	정신적 외상	이민을 오다
③	굶주림	이주하다
④	피로	감금되다

정답 및 해설

정답 ③

주제문에서 1840년대에 아일랜드는 기아에 시달렸다고 언급하고 있다. (A)에는 대략 100만 명의 사람들이 'starvation(굶주림)으로 사망했다'가 적절하므로 famine의 동의어가 될 수 있는 starvation이 들어가야 한다. 그리고 (B) 뒤로는 많은 사람들이 미국, 캐나다, 호주 등으로 떠났다는 내용이 이어지고 있으므로 (B)에는 emigrate(이주하다)가 들어가는 것이 가장 적절하다.

20 밑줄 친 부분에 들어갈 말로 가장 적절한 것을 고르시오. (19. 지방직 9급)

Language proper is itself double-layered. Single noises are only occasionally meaningful: mostly, the various speech sounds convey coherent messages only when combined into an overlapping chain, like different colors of ice-cream melting into one another. In birdsong also, ____: the sequence is what matters. In both humans and birds, control of this specialized sound-system is exercised by one half of the brain, normally the left half, and the system is learned relatively early in life. And just as many human languages have dialects, so do some bird species: in California, the white-crowned sparrow has songs so different from area to area that Californians can supposedly tell where they are in the state by listening to these sparrows.

① individual notes are often of little value

② rhythmic sounds are important

③ dialects play a critical role

④ no sound-system exists

proper 엄밀한 의미의 double-layered 2개 층으로 구성된 single noise 하나의 소음 occasionally 가끔 meaningful 의미 있는 convey 전달하다 coherent 일관성 있는 combine 결합하다 overlapping 중복된 melt 녹다 sequence 연속적인 행동들, 순서 matter 중요하다 specialized 전문화된 exercise 행사하다 normally 정상적으로는 relatively 상대적으로 dialect 방언, 사투리 sparrow 참새 supposedly 아마, 추정상 note 음 rhythmic 주기적인, 리드미컬한 exist 존재하다 play a critical role 중요한 역할을 하다 exist 존재하다

지문 분석

주제문

1 Language proper is itself double-layered. Single noises are only occasionally meaningful: mostly, the various speech sounds convey coherent messages only when combined into an overlapping chain, like different colors of ice-cream melting into one another. In birdsong also(시그널), ________________________________ : the sequence is what matters.

주제문 하나의 소음은 오직 가끔씩만 의미가 있고, 다양한 언어음들이 중복된 연속으로 결합될 경우에만 일관성 있는 메시지를 전달함.

2 In both humans and birds, control of this specialized sound-system is exercised by one half of the brain, normally the left half, and the system is learned relatively early in life.

부연1 소리 체계의 통제는 좌뇌가 수행함.

3 And just as many human languages have dialects, so do some bird species: in California, the white-crowned sparrow has songs so different from area to area that Californians can supposedly tell where they are in the state by listening to these sparrows.

부연2 일부 새들도 방언이 있음.

해석 엄밀한 의미의 언어는 그 자체로 두 개의 층으로 구성되어 있다. 하나뿐인 소음들로는 오직 가끔씩만 의미가 있다. 주로, 다양한 언어음들이 서로를 향해 녹는 다른 색의 아이스크림처럼 중복된 연속으로 결합될 경우에만 일관성 있는 메시지들을 전달한다. 새의 지저귐에서 또한, 개개인의 음들은 보통 가치가 거의 없다. 연속적인 행동들이 중요한 것이다. 인간과 새 모두에게, 이 전문화된 소리 체계의 통제는 보통 좌뇌인 뇌의 한쪽 절반에 의해 실행되고, 그 체계는 상대적으로 어린 시기에 학습된다. 그리고 다수의 인간의 언어들에 방언이 있듯이, 일부 새 종들도 방언이 있다. 캘리포니아에서, 노랑턱멧새는 지역별로 너무 다른 노래가 있어서 캘리포니아 사람들은 그 참새들에게 귀를 기울임으로써 그들이 그 주에서 어디에 있는지 짐작하여 구분할 수 있다.

① 개개인의 음들은 보통 가치가 거의 없다
② 주기적인 소리는 중요하다
③ 방언들은 대단히 중요한 역할을 한다
④ 어떠한 소리 체계도 존재하지 않는다

정답 및 해설

정답 ①

빈칸이 있는 문장에서 also가 중요한 단서가 될 수 있다. '새들의 지저귐 역시 ~하다'이므로 앞에 제시된 내용과 같은 내용이 빈칸에 들어가야 한다. 앞에서 '하나의 소음은 오직 가끔씩만 의미가 있고, 다양한 언어음들이 중복된 연속으로 결합될 경우에만 일관성 있는 메시지를 전달한다'라고 했으므로 빈칸에는 ① individual notes are often of little value(개개인의 음들은 보통 가치가 거의 없다)가 들어가는 것이 적절하다.

21 밑줄 친 부분에 들어갈 말로 가장 적절한 것을 고르시오. (19. 지방직 9급)

Nobel Prize-winning psychologist Daniel Kahneman changed the way the world thinks about economics, upending the notion that human beings are rational decision-makers. Along the way, his discipline-crossing influence has altered the way physicians make medical decisions and investors evaluate risk on Wall Street. In a paper, Kahneman and his colleagues outline a process for making big strategic decisions. Their suggested approach, labeled as "Mediating Assessments Protocol," or MAP, has a simple goal: To put off gut-based decision-making until a choice can be informed by a number of separate factors. "One of the essential purposes of MAP is basically to______________ intuition," Kahneman said in a recent interview with The Post. The structured process calls for analyzing a decision based on six to seven previously chosen attributes, discussing each of them separately and assigning them a relative percentile score, and finally, using those scores to make a holistic judgment.

① improve

② delay

③ possess

④ facilitate

psychologist 심리학자 economics 경제학 upend 뒤집다 notion 생각, 개념 rational 합리적인, 이성적인 decision-maker 의사 결정자 discipline-crossing 연계 학문의 alter 바꾸다 evaluate 측정하다 colleague 동료 outline ~의 개요를 서술하다 strategic 전략적인, 전략상 중요한 label ~라고 부르다 mediate 조정하다, 중재하다 assessment 평가 protocol 프로토콜, 의례 put off 미루다, 연기하다 gut-based decision 직감에 근거한 결정 inform 통지하다, 알리다 separate 독립된, 별개의 factor 요인 essential 본질적인 intuition 직관, 직감 structured 구조화된 call for 필요로 하다 analyze 분석하다 attribute 특성 percentile 백분위 수의 holistic 전체적인 judgment 판단 improve 개선하다 delay 지연시키다 possess 소유하다 facilitate 용이하게 하다

1 Nobel Prize-winning psychologist Daniel Kahneman changed the way the world thinks about economics, upending the notion that human beings are rational decision-makers. Along the way, his discipline-crossing influence has altered the way physicians make medical decisions and investors evaluate risk on Wall Street.

일반적 사실 카너먼의 새로운 의사결정 과정은 경제학에 대해 생각하는 방식을 변화시켰다.

2 In a paper, Kahneman and his colleagues outline a process for making big strategic decisions. Their suggested approach, labeled as "Mediating Assessments Protocol," or MAP, has a simple goal: To put off gut-based decision-making until a choice can be informed by a number of separate factors. "One of the essential purposes of MAP is basically to______________ intuition," Kahneman said in a recent interview with The Post.

소재 주제문

소재와 주제문 소재 : MAP(조정을 통한 평가 프로토콜) | 주제문 : MAP의 목표는 직감에 기반한 의사결정을 미루는 것이다.

3 The structured process calls for analyzing a decision based on six to seven previously chosen attributes, discussing each of them separately and assigning them a relative percentile score, and finally, using those scores to make a holistic judgment.

MAP의 구체적 방법 제시

해석 노벨상을 수상한 심리학자 대니얼 카너먼은 '인간은 합리적인 의사 결정자다'라는 개념을 뒤집으며 세계가 경제학에 대해 생각하는 방식을 변화시켰다. 그 과정에서, 그의 여러 학문에 걸친 영향은 의사들이 의학적 결정을 내리고 월스트리트에서 투자자들이 위험성을 측정하는 방식을 바꾸었다. 한 논문에서, 카너먼과 그의 동료들은 중대한 전략적인 결정들을 내리기 위한 과정의 개요를 서술했다. '조정을 통한 평가 프로토콜' 혹은 MAP이라고 불리는 그들의 제안된 방식은 간단한 목표가 있다. 많은 독립된 요인들에 의해 선택의 범위가 통지될 수 있을 때까지 직감에 기반한 의사결정을 미루는 것이다. "MAP의 본질적인 목표 중 하나는 기본적으로 직관을 미루는 것입니다"라고 카너먼이 The Post와의 최근의 인터뷰에서 말했다. 그 구조화된 과정은 기존에 선택된 6개에서 7개의 특성들에 기반한 결정을 분석하고, 그것들 각각을 개별적으로 검토하고, 그것들에게 상대적인 백분위 점수를 부여하는 것을, 그리고 전체적인 판단을 내리기 위해 그러한 점수들을 사용하는 것을 필요로 한다.

① 향상시키다
② 미루다
③ 소유하다
④ 용이하게 하다

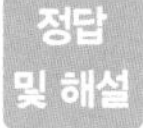

정답 ②

빈칸이 있는 문장을 통해 MAP의 본질적인 목표 중의 하나가 직관을 어떻게 사용하는 것인지에 관한 내용이 나와야 한다. 앞에 제시된 문장에서 조정을 통한 평가 프로토콜 즉, MAP은 많은 독립된 요인들에 의해 선택의 범위가 통지될 수 있을 때까지 직감에 기반한 의사 결정을 미루는 것이라고 설명하고, 제시된 문장에서 주제문의 반복을 통해 강조하고 있다. 따라서 빈칸에는 주제문에서 사용된 동사 put off와 같은 의미를 가지는 delay가 들어가는 것이 가장 적절하다.

22 다음 빈칸에 들어갈 단어를 순서대로 고르면? (16. 서울시 9급)

The country with the highest rate of crime in the world is Vatican City, with 1.5 crimes per resident. However, this high ratio is due to the country's tiny population of only around 840 people. It is likely that the vast majority of the crimes, which consist mainly of pick-pocketing and shop-lifting, are ____________ by outsiders. The Vatican has a special police force with 130 members responsible for criminal investigation, border control and protection of the pope. There is no prison in Vatican City, with the exception of a few detention cells to hold criminals before trial. The majority of criminals are ______________ by Italian courts.

① manipulated - sealed

② dominated - overruled

③ committed - tried

④ conducted - enforced

crime 범죄 ratio 비율 tiny 작은 pick-pocketing 소매치기 shop-lifting 가게에서 물건을 훔치는 것 outsider 외부인 police force 경찰대 criminal investigation 범죄 수사 border control 출입국 관리 pope 교황 detention cell 유치장 prison 감옥 with the exception of ~를 제외하고 trial 재판 manipulate 조작하다, 다루다 seal 봉인하다 dominate 지배하다, 우위를 점하다 overrule 기각하다 commit 저지르다 try 재판하다, 심리하다 conduct 실시하다, 행하다 enforce 시행하다, 강요하다

지문 분석

주제문

1 The country with the highest rate of crime in the world is Vatican City, with 1.5 crimes per resident. However, this high ratio is due to the country's tiny population of only around 840 people. It is likely that the vast majority of the crimes, which consist mainly of pick-pocketing and shop-lifting, are ____________ by outsiders.

시그널

일반적 사실 소재 : 바티칸의 범죄율 | 주제문 : 세계에서 가장 높은 범죄율을 가진 국가는 바티칸 시국이다.

2 The Vatican has a special police force with 130 members responsible for criminal investigation, border control and protection of the pope.

부연1 바티칸의 경찰

3 There is no prison in Vatican City, with the exception of a few detention cells to hold criminals before trial. The majority of criminals are ____________ by Italian courts.

시그널

부연2 바티칸의 감옥

해석 세계에서 가장 높은 범죄율을 가진 국가는 국민 1인당 1.5건의 범죄가 있는 바티칸 시국이다. 그러나, 이러한 높은 비율은 840명 정도밖에 되지 않는 그 국가의 적은 인구수 때문이다. 대부분 소매치기와 가게에서 물건을 훔치는 것으로 구성된 범죄의 대다수는 외부인들에 의해 저질러질 가능성이 있다. 바티칸에는 범죄 수사, 출입국 관리 그리고 교황의 보호를 담당하는 130명의 특수 경찰대가 있다. 바티칸 시국에는 재판 전에 범죄자를 수감하기 위한 몇몇 유치장을 제외하고는 감옥이 없다. 범죄자들의 대다수는 이탈리아 법원에 의해 재판을 받는다.

① 조작된 – 봉인된
② 지배된 – 기각된
③ 저질러진 – 재판을 받는
④ 실시된 – 시행된

정답 및 해설

정답 ③

인구가 적어서 전 세계에서 가장 높은 범죄율을 가진 바티칸에 관한 글이다. 빈칸이 있는 문장에서 주어 which는 the crimes를 받는 것이므로, 빈칸에는 the crimes를 목적어로 받을 수 있는 동사 committed(저질러진)가 들어가야 한다. 두 번째 빈칸 앞에는 바티칸에는 감옥이 없다는 내용이 언급되므로, 대부분의 범죄는 이탈리아 법원에 의해서 'tried(재판을 받는다)'라는 내용이 들어가는 것이 문맥상 가장 적절하다.

23 다음 빈칸에 들어갈 말로 가장 적절한 것은? (19. 법원직 9급)

Although we all possess the same physical organs for sensing the world—eyes for seeing, ears for hearing, noses for smelling, skin for feeling, and mouths for tasting—our perception of the world depends to a great extent on the language we speak, according to a famous hypothesis proposed by linguists Edward Sapir and Benjamin Lee Whorf. They hypothesized that language is like a pair of eyeglasses through which we "see" the world in a particular way. A classic example of the relationship between language and perception is the word snow. Eskimo languages have as many as 32 different words for snow. For instance, the Eskimos have different words for falling snow, snow on the ground, snow packed as hard as ice, slushy snow, wind-driven snow, and what we might call "cornmeal" snow. The ancient Aztec languages of Mexico, in contrast, used only one word to mean snow, cold, and ice. Thus, if the Sapir-Whorf hypothesis is correct and we can perceive only things that we have words for, the Aztecs perceived snow, cold, and ice as ______________________.

① one and the same phenomenon
② being distinct from one another
③ separate things with unique features
④ something sensed by a specific physical organ

어휘

possess 소유하다 physical 신체적인 organ 기관, 장기 sense 느끼다 perception 인식 to a great extent 많은 부분 hypothesis 가설 linguist 언어학자 hypothesize 가설을 세우다 a pair of 한 쌍의 eyeglasses 안경 particular 특정한 packed 가득 찬 slushy 질척거리는 cornmeal 옥수수 가루 ancient 고대의 in contrast 대조적으로 phenomenon 현상 distinct 별개의, 뚜렷한 separate 분리된 specific 특정한, 구체적인

지문 분석

1 Although we all possess the same physical organs for sensing the world—eyes for seeing, ears for hearing, noses for smelling, skin for feeling, and mouths for tasting—our perception of the world depends to a great extent on the language we speak, according to a famous hypothesis proposed by linguists Edward Sapir and Benjamin Lee Whorf.

주제문

주제문 우리의 인식은 언어에 달렸다.

2 They hypothesized that language is like a pair of eyeglasses through which we "see" the world in a particular way.

뒷받침 Sapir-Whorf 가설 – 언어는 한 쌍의 안경과 같다.

3 A classic example of the relationship between language and perception is the word snow. Eskimo languages have as many as 32 different words for snow. For instance, the Eskimos have different words for falling snow, snow on the ground, snow packed as hard as ice, slushy snow, wind-driven snow, and what we might call "cornmeal" snow. The ancient Aztec languages of Mexico, in contrast, used only one word to mean snow, cold, and ice. Thus, if the Sapir-Whorf hypothesis is correct and we can perceive only things that we have words for, the Aztecs perceived snow, cold, and ice as ____________________ .

예시 에스키모 언어에는 눈에 관한 표현이 32가지가 있음. 아즈텍 언어는 눈, 추위, 얼음을 1가지 단어로 표현

해석 언어학자 Edward Sapir와 Benjamin Lee Whorf에 의해 제시된 유명한 가설에 따르면, 비록 우리는 모두 세상을 느끼기 위한 시각을 위한 눈, 청각을 위한 귀, 후각을 위한 코, 촉감을 위한 피부, 그리고 미각을 위한 입인 똑같은 신체 기관을 가지고 있지만, 세상에 대한 우리의 인식은 우리가 말하는 언어에 상당 부분 달려 있다. 그들은 언어는 우리가 그것을 통해 특정한 방식으로 세상을 '보는' 한 쌍의 안경과 같다고 가설을 세웠다. 언어와 인식 사이의 관계에 대한 전형적인 사례는 눈이라는 단어이다. 에스키모 언어는 무려 32가지나 되는 눈에 대한 다양한 단어들을 가지고 있다. 예를 들어, 에스키모인들은 떨어지는 눈, 땅 위의 눈, 얼음처럼 단단히 뭉쳐진 눈, 질척거리는 눈, 바람에 날리는 눈, 그리고 우리가 '옥수수 가루' 눈이라고 부를지도 모르는 것에 대한 여러 가지 단어들을 가지고 있다. 그와는 대조적으로, 멕시코의 고대 아즈텍 언어는 눈, 추위, 그리고 얼음을 의미하는 오직 1가지 단어를 사용했다. 따라서, 만약 Sapir-Whorf의 가설이 정확하고 우리는 우리가 단어로 가진 것들만 인식할 수 있다면, 아즈텍인들은 눈, 추위, 그리고 얼음을 단일의 동일한 현상으로 인식했다.

① 단일의 동일한 현상
② 서로 별개의 것
③ 각자 특성을 가진 분리된 것
④ 특수한 신체 기관을 통해서 느껴지는 어떤 것

정답 ①

빈칸이 있는 문장을 통해 아즈텍인들이 눈, 추위, 그리고 얼음을 어떻게 인식했는지에 대한 내용이 들어가야 한다. 앞부분에서 Sapir-Whorf의 가설에 따르면, 언어는 안경과 같아서 우리가 단어로 가진 것만 인식한다고 설명한 후, 눈을 예로 들고 있다. 에스키모 언어는 눈에 대해 32개의 다양한 표현이 있는 반면에 아즈텍 언어는 눈, 추위, 그리고 얼음을 의미하는 오직 한 가지 단어만을 가지고 있다고 했다. 따라서 아즈텍인들은 눈, 추위와 얼음을 '단일의 동일한 현상'으로 인식했다는 문장이 문맥상 가장 적절하다.

24 다음 밑줄 친 부분에 들어갈 가장 적절한 표현은? (19. 법원직 9급)

Men have always used fashion to attract attention and satisfy a desire for personal display. Women are not the only ones to turn to clothing to enhance, adorn and modify their bodies. Nevertheless, social norms have long required that men's interest in fashion be ______________________. Too great a concern with fashion and personal appearance may be interpreted as not only vain, but also unmanly, while too little interest is considered equally questionable.

① documented thoroughly

② removed completely

③ carefully balanced

④ initially ignored

⑤ fairly rewarded

attract 관심을 끌다 desire 욕구 display 표현 turn to 의지하다 enhance 향상시키다 adorn 꾸미다, 장식하다 modify 변형하다 nevertheless 그럼에도 불구하고 norm 규범 appearance 외모 interpret 판단하다 vain 허영적인, 헛된 unmanly 남자답지 못한 questionable 문제가 되는 document 기록하다 thoroughly 철저하게 completely 완전하게 initially 처음에는 ignore 무시하다 fairly 공정하게 reward 보상하다

지문 분석

1 Men have always used fashion to attract attention and satisfy a desire for personal display. Women are not the only ones to turn to clothing to enhance, adorn and modify their bodies.

주제문 남성들은 관심을 끌기 위해 패션을 사용해 왔다.

시그널 주제문

2 Nevertheless, social norms have long required that men's interest in fashion be ____________________. Too great a concern with fashion and personal appearance may be interpreted as not only vain, but also unmanly, while too little interest is considered equally questionable.

주제문 강조 그럼에도 불구하고 사회 규범들은 패션에 대한 남성들의 관심들이 균형 잡힐 것을 요구해 왔다.

해석 남성들은 주목을 끌고 개인적인 표현을 위한 열망을 만족시키기 위해 항상 패션을 사용해 왔다. 여성들만이 그녀들의 몸매를 향상시키고, 꾸미고, 변형하기 위해 옷에 의지하는 것은 아니다. 그럼에도 불구하고, 사회 규범들은 패션에 대한 남성들의 관심이 신중히 균형 잡힐 것을 오랫동안 요구해 왔다. 패션과 개인의 외모에 관한 너무 큰 관심은 허영적일 뿐만 아니라 남자답지 못한 것으로도 해석될 수 있고, 반면 너무 적은 관심은 똑같이 문제가 되는 것으로 여겨진다.

① 철저히 기록된
② 완전히 제거된
③ 신중히 균형 잡힌
④ 처음에 간과된
⑤ 공정하게 보상된

정답 및 해설

정답 ③

빈칸이 들어 있는 문장을 통해 빈칸에는 사회 규범들이 패션에 대한 남성의 관심이 어떠할 것임을 오랫동안 요구해 왔는지에 대한 내용이 들어가야 적절하다. 주제문에서 여성뿐만 아니라 남성들도 패션에 관심이 있다는 내용을 언급한 후, 빈칸 뒤에서 패션과 외모에 관한 지나친 관심은 허영적일 뿐만 아니라 남자답지 못하게 해석될 수 있고, 반면 지나치게 적은 관심은 똑같은 문제가 되는 것으로 여겨진다고 했다. 따라서 빈칸에는 '신중히 균형 잡힌'이 들어가는 것이 가장 적절하다.

25 다음 밑줄 친 부분에 들어갈 가장 적절한 표현은? (17. 국회직 9급)

Pictures are by their very nature a more accessible medium of communication than (specialists') language, more open to interpretation than the written word. Science images, therefore, can have a considerable impact on broader audiences and can be turned into powerful tools of persuasion. Hence, the intrinsic function of images in the science as a means of knowledge production needs to be complemented by looking at their function as media in public discourse. Their impact on a broader public has led Nikolow and Bluma to call for a combination of the history of visualization with the history of popularization of science; that is, an extension of the history of visualizations to include ____________________________________. Thus, we suggest including another category, namely, images of science and scientists created outside science and communicated in public discourse.

① the way that the public change sciences
② the history of public perceptions of the sciences
③ the history of the development of scientific arts
④ the history of arts' contribution to scientific discourses
⑤ the way that sciences correct the public's misconceptions

by one's very nature 본질적으로 accessible 이해하기 쉬운, 접근 가능한 medium 수단, 매체 communication 의사소통 interpretation 해석 science image 과학 영상 considerable impact 영향 powerful 강력한 tool 수단 persuasion 설득 intrinsic 본질적인, 고유한 function 기능 means 수단 complement 보완하다 discourse 담론 call for 요구하다 combination 결합 visualization 시각화 popularization 대중화 extension 확장 category 범주 namely 즉, 다시 말해 communicate 전달하다 perception 인식 contribution 기여, 공헌 misconception 오해

지문 분석

1 Pictures are by their very nature a more accessible medium of communication than (specialists') language, more open to interpretation than the written word. Science images (소재), therefore, can have a considerable impact on broader audiences and can be turned into powerful tools of persuasion. Hence, the intrinsic function of images in the science as a means of knowledge production needs to be complemented by looking at their function as media in public discourse.

소재 science image(과학 영상) – 광범위한 관객들에게 상당한 영향

주제문

2 Their impact on a broader public has led Nikolow and Bluma to call for a combination of the history of visualization with the history of popularization of science; that is (시그널), an extension of the history of visualizations to include____.

주제문 시각화의 역사와 과학 대중화의 역사의 결합을 요구

3 Thus, we suggest including another category, namely, images of science and scientists created outside science and communicated in public discourse .

Thus + 결론 또 다른 범주가 필요

26 밑줄 친 (A), (B)에 들어갈 말로 가장 적절한 것은? (19. 지방직 7급)

When the white people first explored the American West, they found Native Americans living in every part of the region, many of them on the Great Plains. White people saw the Plains Indians as ___(A)___, but in fact each tribe had its own complex culture and social structure. They didn't believe that land should be owned by individuals or families, but should belong to all people. They believed that human beings were indivisible from all the other elements of the natural world: animals, birds, soil, air, mountains, water, and the sun. In the early days of migration, relations between the pioneers and Native Americans were generally ___(B)___. Trade was common, and sometimes fur traders married and integrated into Indian society. The travelers gave Native Americans blankets, beads, and mirrors in exchange for food. They also sold them guns and ammunition. In the 1840s, attacks on wagons were rare and the Plains Indians generally regarded these first white travelers with amusement.

	(A)	(B)
①	traitors	harmonious
②	savages	friendly
③	merchants	hostile
④	barbarians	indifferent

explore 탐험하다 plain 평야, 평원 tribe 부족 social structure 사회 구조 human being 인간 indivisible 불가분의 migration 이주 pioneer 개척자 integrate 통합되다 fur 모피 trade 교역 trader 상인, 교역자 blanket 담요 beads 목걸이 mirror 거울 ammunition 탄약 wagon 짐 마차 rare 드문 amusement 재미 traitor 반역자 harmonious 조화로운 savage 미개인 merchant 상인 hostile 적대적인 barbarian 이방인 indifferent 무관심한

지문 분석

1 When the white people first explored the American West, they found Native Americans living in every part of the region, many of them on the Great Plains. White people saw the Plains Indians as ___(A)___, but in fact each tribe had its own complex culture and social structure. They didn't believe that land should be owned by individuals or families, but should belong to all people. They believed that human beings were indivisible from all the other elements of the natural world: animals, birds, soil, air, mountains, water, and the sun.

(주제문, 시그널: but in fact)

주제문 백인들은 원주민을 미개인들로 보았지만, 사실 각 부족은 그들 고유의 복잡한 문화 사회 구조를 가지고 있었다.

2 In the early days of migration, relations between the pioneers and Native Americans were generally ___(B)___. Trade was common, and sometimes fur traders married and integrated into Indian society. The travelers gave Native Americans blankets, beads, and mirrors in exchange for food. They also sold them guns and ammunition. In the 1840s, attacks on wagons were rare and the Plains Indians generally regarded these first white travelers with amusement.

뒷받침 이주 초기 개척자들과 원주민들 간의 관계는 우호적이었다.

해석 백인들이 처음 미국 서부를 개척했을 때, 그들은 그 지역의 어디에서나 살고 있는 원주민을 발견했는데, 그들 중 다수가 대평원에 살았다. 백인들은 대평원에 살던 원주민을 (A) 미개인들로 보았지만, 사실 각 부족은 그들 고유의 복잡한 문화와 사회 구조를 가지고 있었다. 그들은 땅이 개인 또는 가족에 의해 소유되어야 한다고 생각하지 않았고, 모든 사람에게 소속되어야 한다고 생각했다. 그들은 인간이 동물, 새, 토양, 공기, 산, 물 그리고 태양인 자연 세계의 모든 다른 요소들로부터 불가분하다고 믿었다. 이주 초기에, 개척자와 미국 원주민 간의 관계는 대체로 (B) 우호적이었다. 교역은 흔했고, 때때로 모피 상인들은 그들과 결혼하여 원주민 사회에 통합되었다. 여행객들은 미국 원주민에게 음식의 대가로 이불, 목걸이 그리고 거울을 주었다. 그들은 또한 총과 탄약을 그들에게 팔았다. 1840년대에, 짐 마차에 대한 공격은 드물었고 대평원에 살던 원주민들은 대체로 이러한 초기의 백인 여행객들을 재미있게 여겼다.

	(A)	(B)
①	반역자들	조화로운
②	미개인들	우호적인
③	상인들	적대적인
④	이방인들	무관심한

정답 ②

(A) 빈칸 뒤의 but이 중요한 단서가 된다. but은 역접의 등위접속사이므로 뒤에 나오는 내용과 반대되는 내용이 앞에 제시되어야 한다. but 뒤에 하지만 사실 각 원주민 부족은 그들 고유의 복잡한 문화와 사회 구조를 가지고 있다는 내용이 제시되고 있으므로, 빈칸에는 대평원에 살던 원주민을 '미개인'으로 보았다는 내용이 들어가야 적절하다.

(B) 빈칸이 있는 문장에서 이주 초기에, 개척자와 미국 원주민 간의 관계는 어떠했는가를 설명하는 내용이 들어가야 한다. 빈칸 뒤 문장에서 교역은 흔했고, 때때로 모피 상인들은 원주민과 결혼하여 원주민 사회에 통합되었다는 내용이 제시되고 있으므로 빈칸에는 '우호적'이라는 내용이 들어가야 적절하다.

27 **밑줄 친 부분에 들어갈 가장 적절한 것을 고르시오.** (16. 국가직 7급)

In recent decades women's participation in waged labour has risen in virtually every country in the world as capitalist industrialization has pushed more women to join the workforce. There are still, however, considerable ____________________ in the proportion of women who are in the labour force, as comparative statistics collected by the International Labour Organization reveal. Although the bases of comparison are not always entirely compatible and the years of collection vary somewhat, in the early to mid 1990s, women's labour market participation in Western countries varied from a high of 78% for women of working age in Denmark to only 43% in Spain. Participation rates in the 'rest' of the world are even more varied. Extremely low rates are still common in parts of Africa.

① geographical variations

② waged employment

③ empirical case studies

④ shared risks and hardship at work

decade 10년 participation 참여, 참가 waged labour 임금 노동 virtually 거의 capitalist 자본주의적인 industrialization 산업화 workforce 노동 인구, 노동력 considerable 상당한 proportion 비율 labour force 노동력 comparative 비교의 statistics 통계 자료 entirely 전적으로, 완전히 base 근거 comparison 비교 compatible 일치하는, 양립할 수 있는 vary 다르다, 다양하다 varied 다양한 geographical 지리적인 variation 차이 empirical 실증적인, 경험에 의거한 case study 사례 연구 hardship 고난

주제문

1 In recent decades women's participation in waged labour has risen in virtually every country in the world as capitalist industrialization has pushed more women to join the workforce.

주제문 임금 노동에 있어서의 여성 참여가 전 세계 모든 나라에서 증가해 왔다.

시그널

2 There are still, however, considerable ____________________ in the proportion of women who are in the labour force, as comparative statistics collected by the International Labour Organization reveal. Although the bases of comparison are not always entirely compatible and the years of collection vary somewhat, in the early to mid 1990s, women's labour market participation in Western countries varied from a high of 78% for women of working age in Denmark to only 43% in Spain. Participation rates in the 'rest' of the world are even more varied(시그널). Extremely low rates are still common in parts of Africa.

부연 지리적 차이 존재

해석 자본주의적 산업화가 더 많은 여성을 노동 인구에 참여하도록 강요함에 따라, 최근 수십 년 간, 임금 노동에 있어서의 여성 참여가 전 세계 거의 모든 나라에서 증가해 왔다. 하지만, 세계노동기구에 의해 수집된 비교 통계 자료들이 드러내는 것처럼, 노동 인구에 속하는 여성의 비율에 상당한 지리적 차이가 여전히 존재한다. 비록 비교의 근거가 항상 전적으로 일치하는 것은 아니며 자료 수집의 연도가 다소 다르지만, 1990년대 초반에서 중반까지, 서양 국가들에서 여성의 노동 시장 참여는 덴마크의 노동 연령인 여성의 78퍼센트로 가장 높은 것에서부터 스페인에서의 단 43퍼센트까지 다양했다. '나머지'세계에서의 참여율은 훨씬 더 다양하다. 극도로 낮은 비율은 아프리카 지역에서 여전히 일반적이다.

① 지리적 차이
② 임금이 지급되는 일
③ 실증적 사례 연구
④ 직장에서 공유되는 위험과 고난

정답 및 해설

정답 ①

주제문에서 임금 노동에 있어서의 여성 참여가 전 세계 거의 모든 나라에서 증가해 왔다고 밝히고 있고 이어지는 문장에서 빈칸이 제시되어 있다. 빈칸이 속한 문장에서 still(여전히), however(그러나)가 중요한 단서가 될 수 있다. 그러나 여전히 노동 인구에 속하는 여성의 비율에 상당한 무엇이 존재한다는 내용이 나와야 적절하다. 빈칸 뒤 문장에서 서양 국가들에서 여성의 노동 시장 참여는 덴마크에서의 78퍼센트에서 스페인에서의 43퍼센트까지 다양했다고 했으므로 빈칸에는 '지리적 차이가' 들어가는 것이 가장 적절하다.

Unit 02 독해 마스터! 기출 지문

빈칸 완성(연결어 넣기)

01 (A)와 (B)에 들어갈 말로 가장 적절한 것은? (21. 지방직 9급)

Ancient philosophers and spiritual teachers understood the need to balance the positive with the negative, optimism with pessimism, a striving for success and security with an openness to failure and uncertainty. The Stoics recommended "the premeditation of evils," or deliberately visualizing the worst-case scenario. This tends to reduce anxiety about the future: when you soberly picture how badly things could go in reality, you usually conclude that you could cope. ___(A)___ , they noted, imagining that you might lose the relationships and possessions you currently enjoy increases your gratitude for having them now. Positive thinking, ___(B)___, always leans into the future, ignoring present pleasures.

	(A)	(B)
①	Nevertheless	in addition
②	Furthermore	for example
③	Besides	by contrast
④	However	in conclusion

어휘

ancient 고대의 spiritual 영적인 optimism 낙관주의 pessimism 비관주의 strive for ~을 위해 노력하다 Stoics 스토아학파 premeditation 미리 생각하기 evil 악 deliberately 의도적으로 visualize 시각화하다 soberly 냉정하게 in reality 현실에서 cope 대처하다 note 언급하다 possessions 소유물 gratitude 감사하는 마음 lean into 기대다 ignore 무시하다

지문 분석

1 Ancient philosophers and spiritual teachers understood the need to balance the positive with the negative, optimism with pessimism, a striving for success and security with an openness to failure and uncertainty. The Stoics recommended "the premeditation of evils,"(소재) or deliberately visualizing the worst-case scenario. This tends to reduce anxiety about the future: when you soberly picture how badly things could go in reality, you usually conclude that you could cope.(주제문)

소재와 주제문1 소재 : the premeditation of evils(최악의 상황을 미리 생각하는 것)

주제문1 : 최악의 상황을 미리 가정함으로써 미래에 대한 불안감을 감소시키고 냉정하게 대처할 수 있다.

2 ___(A)___ , they noted, imagining that you might lose the relationships and possessions you currently enjoy increases your gratitude for having them now.

부연 지금 가지고 있는 것에 대한 감사함을 증가시킨다.

3 Positive thinking, ___(B)___, always leans into the future, ignoring present pleasures.

주제문2 긍정적인 생각은 현재의 기쁨을 무시하고 미래에 기댄다.

해석 고대 철학자들과 영적 스승들은 긍정적인 것과 부정적인 것, 낙관주의와 비관주의, 성공과 보장을 위한 노력과 실패와 불확실성에 대한 개방의 균형을 유지할 필요성을 이해했다. 스토아학파는 "악을 미리 생각하기" 즉 최악의 상황을 의도적으로 시각화하는 것을 권고했다. 이것은 미래에 대한 불안감을 감소시키는 경향이 있다. 현실에서 상황이 어떻게 악화될지를 냉정하게 상상할 때, 당신은 대개 대처할 수 있을 것이라고 결론짓는다. (A)게다가, 그들은, 당신이 현재 누리고 있는 관계와 소유물을 잃게 될 수도 있다고 상상하는 것은 지금 그것들을 가지고 있는 것에 대한 감사함을 증가시킨다고 언급했다. (B)이에 반하여, 긍정적인 생각은 항상 현재의 기쁨을 무시한 채 미래에 기댄다.

정답 및 해설

정답 ③

이 글은 부정적 사고를 권고하는 스토아학파의 견해를 말하고 있다. (A) 앞에서 최악의 상황을 가정하는 경우 이것이 미래에 대한 불안감을 감소시키는 경향이 있다고 했고, 현실에서 상황이 악화되었을 경우 대처가 가능하다고 했다. (A) 뒤에도 최악의 상황을 생각하는 것의 장점이 진술되고 있으므로 (A)에는 첨가의 의미를 가지는 Besides(게다가)가 적절하다. (B) 뒤에는 긍정적인 생각이 현재의 기쁨을 무시하고 미래에 기댄다고 했으므로, (B) 앞에 나온 내용과는 반대되는 내용임을 알 수 있다. 따라서 (B)에는 by contrast(이에 반하여)가 적절하다.

02 밑줄 친 (A), (B)에 들어갈 말로 가장 적절한 것은? (20. 국가직 9급)

Advocates of homeschooling believe that children learn better when they are in a secure, loving environment. Many psychologists see the home as the most natural learning environment, and originally the home was the classroom, long before schools were established. Parents who homeschool argue that they can monitor their children's education and give them the attention that is lacking in a traditional school setting. Students can also pick and choose what to study and when to study, thus enabling them to learn at their own pace. (A) ___________, critics of homeschooling say that children who are not in the classroom miss out on learning important social skills because they have little interaction with their peers. Several studies, though, have shown that the home-educated children appear to do just as well in terms of social and emotional development as other students, having spent more time in the comfort and security of their home, with guidance from parents who care about their welfare. (B) _________, many critics of homeschooling have raised concerns about the ability of parents to teach their kids effectively.

	(A)	(B)
①	Therefore	Nevertheless
②	In contrast	In spite of this
③	Therefore	Contrary to that
④	In contrast	Furthermore

advocate 지지하다, 지지자 secure 안전한 psychologist 심리학자 learning environment 학습환경 classroom 교실 establish 설립하다 argue 주장하다 setting 환경 enable 가능하게 하다 critic 비평가 miss out on ~을 놓치다 social skill 사회 기술 interaction 상호 작용 peer 동료, 친구 in terms of ~의 측면에서 comfort 안락, 편안 guidance 지도 raise concern 우려를 제기하다

지문 분석

주제문

1 Advocates of homeschooling believe that children learn better when they are in a secure, loving environment. Many psychologists see the home as the most natural learning environment, and originally the home was the classroom, long before schools were established. Parents who homeschool argue that they can monitor their children's education and give them the attention that is lacking in a traditional school setting. Students can also pick and choose what to study and when to study, thus enabling them to learn at their own pace.

주제문1 홈스쿨링 지지자들 – 더 잘 배운다.

주제문

2 A) ___________ , critics of homeschooling say that children who are not in the classroom miss out on learning important social skills because they have little interaction with their peers.

주제문2 홈스쿨링 비평가들 – 중요한 사회 기술을 배우지 못한다.

3 Several studies, though, have shown that the home-educated children appear to do just as well in terms of social and emotional development as other students, having spent more time in the comfort and security of their home, with guidance from parents who care about their welfare.

뒷받침 연구 결과 – 부모의 지도 아래에서 사회적, 정서적 발달에 있어서 여타 학생들 못지 않게 우수하다.

4 (B) _________ , many critics of homeschooling have raised concerns about the ability of parents to teach their kids effectively.

부연 홈스쿨링 비평가들 – 부모의 능력에 대해 우려를 제기한다.

해석 홈스쿨링을 지지하는 사람들은 아이들이 안전하고 사랑스러운 환경에 있을 때 더 잘 배운다고 믿는다. 많은 심리학자들이 가정을 가장 자연스러운 학습 환경으로 보고 있는데, 원래 집은 학교가 설립되기 훨씬 전부터 교실이었다. 홈스쿨링을 하는 학부모들은 자녀의 교육을 모니터링할 수 있고 전통적인 학교 환경에서는 부족한 관심을 줄 수 있다고 주장한다. 학생들은 또한 무엇을 공부할지, 언제 공부할지 고르고 선택할 수 있기 때문에, 그들이 그들 자신의 페이스에 따라 배울 수 있다. (A) 이와 대조적으로 홈스쿨링 비평가들은 교실에 있지 않은 아이들이 친구들과 교류가 적으므로 중요한 사회적 기술을 배우는 것을 놓친다고 말한다. 그러나, 많은 연구들은 홈스쿨링을 한 아동들이 집이라는 편안하고, 안전한 공간에서 그들의 안위를 신경 쓰는 부모의 지도 아래서 시간을 보내므로, 사회적, 감정적 발달에 있어서 다른 학생들 못지않게 우수해 보인다는 점을 나타내고 있다. (B) 그럼에도 불구하고 홈스쿨링에 대한 많은 비평가들은 아이들을 효과적으로 가르칠 수 있는 부모들의 능력에 대한 우려를 제기해 왔다.

	(A)	(B)
①	그러므로	그럼에도 불구하고
②	이와 대조적으로	그럼에도 불구하고
③	그러므로	이와 대조적으로
④	이와 대조적으로	게다가

정답 및 해설

정답 ②

이 글은 홈스쿨링에 대해 지지하는 사람들과 비평가들의 견해를 대조해서 설명하는 글이며, 두 개의 설명 방식이 대칭을 이룬다. 홈스쿨링을 지지하는 사람들은 아이들이 안전하고 사랑스러운 환경에서 더 잘 배운다고 주장하고, 반대하는 사람들은 홈스쿨링을 하는 아이들이 중요한 사회적 기술을 배우는 것을 놓친다고 주장하고 있다. (A) 빈칸 앞에 홈스쿨링 지지자들의 견해가 제시되고, 빈칸 뒤에는 홈스쿨링을 반대하는 사람들의 견해가 제시되므로 빈칸에는 대조나 역접의 접속부사 In contrast(이와 대조적으로)가 오는 것이 적절하다. (B) 빈칸 앞에 비평가들의 주장과는 달리 홈스쿨링을 하는 아이들이 사회적, 감정적 발달에 있어서 다른 학생들 못지않고 우수하다는 연구 결과가 제시되고, 빈칸 뒤에는 비평가들이 아이들을 효과적으로 가르칠 수 있는 부모들의 능력에 대한 우려를 제기해 왔으므로, 빈칸에는 양보의 연결어 In spite of this(그럼에도 불구하고)가 오는 것이 적절하다. 따라서 두 가지 모두를 충족하는 ②가 가장 적절하다.

03 밑줄 친 (A), (B)에 들어갈 말로 가장 적절한 것은? (20. 지방직 9급)

Assertive behavior involves standing up for your rights and expressing your thoughts and feelings in a direct, appropriate way that does not violate the rights of others. It is a matter of getting the other person to understand your viewpoint. People who exhibit assertive behavior skills are able to handle conflict situations with ease and assurance while maintaining good interpersonal relations. (A) ______________ , aggressive behavior involves expressing your thoughts and feelings and defending your rights in a way that openly violates the rights of others. Those exhibiting aggressive behavior seem to believe that the rights of others must be subservient to theirs. (B) ____________ , they have a difficult time maintaining good interpersonal relations. They are likely to interrupt, talk fast, ignore others, and use sarcasm or other forms of verbal abuse to maintain control.

	(A)	(B)
①	In contrast	Thus
②	Similarly	Moreover
③	However	On one hand
④	Accordingly	On the other hand

assertive 적극적인 behavior 행동 stand up for 지지하다, 옹호하다 appropriate 적절한
violate 위반하다, 침해하다 viewpoint 관점, 견해 conflict situation 갈등 상황 exhibit 전시하다, 보이다
with ease 쉽게 assurance 확신, 확언 interpersonal 대인 관계에 관련된 aggressive 공격적인
subservient to ~에 복종하는, 부수적인 have a hard time Ring ~하는 데 어려움이 있다
interrupt 방해하다, 중단시키다 ignore 무시하다 sarcasm 빈정댐, 비꼼 verbal 언어의, 말로 된, 구두의
abuse 남용, 오용

지문 분석

주제문

1 Assertive behavior involves standing up for your rights and expressing your thoughts and feelings in a direct, appropriate way that does not violate the rights of others. It is a matter of getting the other person to understand your viewpoint. People who exhibit assertive behavior skills are able to handle conflict situations with ease and assurance while maintaining good interpersonal relations.

주제문1 단호한 행동 – 타인의 권리를 침해하지 않는다.

주제문

2 (A) ______________ , aggressive behavior involves expressing your thoughts and feelings and defending your rights in a way that openly violates the rights of others.

주제문2 공격적인 행동 – 타인의 권리를 공개적으로 침해한다.

3 Those exhibiting aggressive behavior seem to believe that the rights of others must be subservient to theirs.

부연1 공격적인 행동을 가진 사람은 타인의 권리가 그들에게 복종해야 한다고 믿는다.

4 (B) ____________ , they have a difficult time maintaining good interpersonal relations. They are likely to interrupt, talk fast, ignore others, and use sarcasm or other forms of verbal abuse to maintain control.

부연2 그들은 좋은 대인 관계를 유지하는 데 어려움을 겪는다.

해석 단호한 행동에는 자신의 권리를 옹호하고 자신의 생각과 감정을 다른 사람의 권리를 침해하지 않는 직접적이고 적절한 방식으로 표현하는 것이 포함된다. 이것은 상대방이 당신의 관점을 이해하도록 하는 일이다. 단호한 행동을 보이는 사람들은 좋은 대인 관계를 유지하면서 갈등 상황을 쉽고 확실하게 처리할 수 있다. (A) 이와는 대조적으로, 공격적인 행동은 다른 사람들의 권리를 공공연히 침해하는 방식으로 자신의 생각과 감정을 표현하고 자신의 권리를 보호하는 것을 포함한다. 공격적인 행동을 보이는 사람들은 다른 사람들의 권리가 그들에게 복종해야 한다고 믿는 것 같다. (B) 따라서, 그들은 좋은 대인 관계를 유지하는 데 어려움을 겪는다. 그들은 통제력을 유지하기 위해 방해하고, 빠르게 말하고, 다른 사람들을 무시하기 쉬우며 빈정거림이나 다른 형태의 욕설을 사용한다.

정답 및 해설

정답 ①

단호한 행동과 공격적인 행동의 차이를 대조하면서 설명하는 글이다. 단호한 행동은 타인의 권리를 침해하지 않으므로 좋은 대인 관계를 유지하는 반면, 공격적인 행동은 타인의 권리를 공개적으로 침해하므로 좋은 대인 관계를 유지하는 데 어려움을 겪는다는 글이다.

(A) 앞에는 단호한 행동에 관한 설명이 제시되고, 빈칸 뒤에는 공격적인 행동에 대한 설명이 서술되므로 빈칸에는 역접이나 대조의 의미를 가지는 접속부사 In contrast(이와는 대조적으로)나 However(그러나)가 오는 것이 적절하다.

(B) 앞에는 공격적인 행동을 가진 사람은 타인의 권리가 그들에게 복종해야 한다고 믿는다는 내용이 나오고, 뒤에는 그들은 좋은 인간 관계를 유지하는 데 어려움을 겪는다는 내용이 이어지므로 빈칸에는 인과의 접속부사 Thus(따라서)가 오는 것이 적절하다. 따라서 이 둘을 모두 충족시키는 ①이 정답이다.

04 밑줄 친 (A), (B)에 들어갈 말로 가장 적절한 것은? (20. 소방직 9급)

At one time, all small retail businesses, such as restaurants, shoe stores, and grocery stores, were owned by individuals. They often gave the stores their own names such as Lucy's Coffee Shop. For some people, owning a business fulfilled a lifelong dream of independent ownership. For others, it continued a family business that dated back several generations. These businesses used to line the streets of cities and small towns everywhere. Today, (A) ______________ , the small independent shops in some countries are almost all gone, and big chain stores have moved in to replace them. Most small independent businesses couldn't compete with the giant chains and eventually failed. (B) ______________ , many owners didn't abandon retail sales altogether. They became small business owners once again through franchises.

	(A)	(B)
①	in contrast	However
②	in addition	Furthermore
③	in contrast	Therefore
④	in addition	Nevertheless

at one time 한때 retail businesses 소매업 shoes 신발 grocery 식료품 own a business 가게를 운영하다 fulfill 성취하다 independent 독립적인 ownership 소유권 family business 가업 date back 거슬러 올라가다 generation 세대 line 줄지어 들어서다 almost all gone 거의 사라진 replace 대신하다 compete with ~와 경쟁하다 giant 거인, 거대 기업 abandon 포기하다 altogether 완전히 retail sales 소매 판매 altogether 완전히

지문 분석

소재

1 At one time, all small retail businesses, such as restaurants, shoe stores, and grocery stores, were owned by individuals. They often gave the stores their own names such as Lucy's Coffee Shop. For some people, owning a business fulfilled a lifelong dream of independent ownership. For others, it continued a family business that dated back several generations. These businesses used to line the streets of cities and small towns everywhere.

소재 small retail businesses(소규모 소매업체들) – 거리에 줄지어 있곤 했다.

2 Today, (A) _______________ , the small independent shops in some countries are almost all gone, and big chain stores have moved in to replace them. Most small independent businesses couldn't compete with the giant chains and eventually failed.

부연 오늘날 거의 모두 사라졌다 – 거대 체인점의 등장

주제문

3 (B) _______________ , many owners didn't abandon retail sales altogether. They became small business owners once again through franchises.

주제문 많은 가게 주인들이 소매 판매를 포기하지 않았다. 그들은 프랜차이즈를 통해 다시 가게의 주인이 되었다.

해석 한때 레스토랑, 신발 가게, 식료품점과 같은 모든 소규모의 소매업은 개인들에 의해 소유되었다. 그들은 종종 가게에 Lucy's Coffee Shop처럼 자신들의 이름을 붙였다. 어떤 사람들에게, 가게를 소유하는 것은 독립된 소유권에 대한 평생의 꿈을 실현시켰다. 다른 사람들에게, 그것은 여러 세대를 거슬러 올라가는 가업을 이어 주었다. 이러한 가게는 도시와 작은 마을 곳곳의 거리에 줄지어 있곤 했다. (A) 대조적으로, 오늘날 어떤 나라에서 소규모의 독립 가게는 거의 모두 사라지고 커다란 체인점들이 그것들을 대체해 들어왔다. 대부분의 소규모 독립 가게는 거대한 체인점과 경쟁할 수 없었고 결국 도산했다. (B) 하지만, 많은 가게 주인들이 소매 판매를 완전히 포기하지는 않았다. 그들은 프랜차이즈를 통해 다시 한번 작은 가게 주인이 되었다.

정답 및 해설

정답 ①

소규모 소매업들이 한때 성업을 이루다가 대규모 체인점들에 대체되면서 거리에서 사라져 갔다는 내용의 글이다.

(A) 앞에 한때 소규모 소매업들이 거리에 줄지어 있곤 했다는 내용이 나오고, 빈칸 뒤에 오늘날 소규모 독립 가게들은 거의 사라지고 커다란 체인점들이 그것들을 대체해 들어왔다는 내용이 이어지므로 빈칸에는 대조의 연결어 in contrast(그와는 대조적으로)가 오는 것이 적절하다.

(B) 앞에는 대부분의 소규모 독립 가게들은 거대한 체인점과 경쟁할 수 없어서 결국 도산했다는 내용이 제시되고, 빈칸 뒤에는 많은 가게 주인들이 소매 판매를 완전히 포기하지는 않고, 프랜차이즈를 통해 다시 한번 작은 가게의 주인이 되었다는 내용이 이어지므로 역접의 연결어 However(그러나)가 오는 것이 적절하다.

따라서 두 가지 모두를 충족시키는 ①이 가장 적절하다.

05 밑줄 친 (A), (B)에 들어갈 말로 가장 적절한 것은? (20. 법원직 9급)

There has been much research on nonverbal cues to deception dating back to the work of Ekman and his idea of leakage. It is well documented that people use other's nonverbal behaviors as a way to detect lies. My research and that of many others has strongly supported people's reliance on observations of others' nonverbal behaviors when assessing honesty. (A) ______________ , social scientific research on the link between various nonverbal behaviors and the act of lying suggests that the link is typically not very strong or consistent. In my research, I have observed that the nonverbal signals that seem to give one liar away are different than those given by a second liar. (B) ______________ , the scientific evidence linking nonverbal behaviors and deception has grown weaker over time. People infer honesty based on how others nonverbally present themselves, but that has very limited utility and validity.

	(A)		(B)
①	However	-	What's more
③	However	-	Nevertheless
②	As a result	-	On the contrary
④	As a result	-	For instance

nonverbal 비언어적인 cue 단서 deception 속임수 date back to ~에서 시작되다 leakage 누설 document 입증하다 detect 감지하다, 찾아내다 lies 거짓말 reliance 의존 observation 관찰 assess 평가하다 honesty 정직성 social science research 사회과학 연구 consistent 일관적인 observe 관찰하다 give away 드러내다 evidence 증거 link 연관 짓다 grow weaker 더 약해지다 infer 추론하다 based on ~을 근거로 limited 적은, 제한된 utility 효용성 validity 타당성

지문 분석

소재

1 There has been much research on nonverbal cues to deception dating back to the work of Ekman and his idea of leakage. It is well documented that people use other's nonverbal behaviors as a way to detect lies. My research and that of many others has strongly supported people's reliance on observations of others' nonverbal behaviors when assessing honesty.

소재와 통념 소재 : nonverbal cues to deception(속임수에 대한 비언어적 단서)

통념 : 사람들은 비언어적 행동을 근거로 정직성을 평가한다.

주제문

2 (A) ______________ , social scientific research on the link between various nonverbal behaviors and the act of lying suggests that the link is typically not very strong or consistent.

주제문 비언어적 행동과 거짓말의 연관성은 낮다.

3 In my research, I have observed that the nonverbal signals that seem to give one liar away are different than those given by a second liar.

뒷받침 연구 결과 – 거짓말쟁이들의 비언어적 신호는 각각 다르다.

4 (B) ______________ , the scientific evidence linking nonverbal behaviors and deception has grown weaker over time. People infer honesty based on how others nonverbally present themselves, but that has very limited utility and validity.

부연 비언어적 행동과 속임수의 관계에 대한 증거가 약해지고 있다.

해석 Ekman의 연구와 누설에 관련된 그의 생각에서 시작된 속임수에 대한 비언어적 단서에 관해 많은 연구가 있다. 사람들이 거짓말을 찾아내는 방법으로 타인의 비언어적 행동을 이용한다는 것은 잘 입증되어 있다. 나의 연구와 다른 많은 사람들의 연구는 사람들이 정직성을 평가할 때 다른 사람들의 비언어적 행동에 대한 관찰에 의존한다는 것을 강하게 뒷받침했다. (A) 그러나, 다양한 비언어적 행동과 거짓말 행위 사이의 연관성에 대한 사회과학 연구는 그 연관성이 일반적으로 매우 강하지 않거나 일관적이지 않다는 것을 시사한다. 내 연구에서, 나는 한 거짓말쟁이를 드러내는 것처럼 보이는 비언어적 신호들이 두 번째 거짓말쟁이가 주는 것들과 다르다는 것을 관찰했다. (B) 더욱이, 비언어적 행동과 속임수를 연관 짓는 과학적 증거는 시간이 흐를수록 약해졌다. 사람들은 다른 사람들이 비언어적으로 자신을 표현하는 방법에 근거하여 정직함을 추론하지만, 그것은 효용성과 타당성이 매우 적다.

정답 및 해설 **정답 ①**

이 글은 사람들은 비언어적 행동을 근거로 정직성을 평가하지만, 비언어적 행동과 거짓말의 연관성은 낮다는 내용의 글이다.

(A) 앞에서 사람들은 정직성을 평가할 때 다른 사람들의 비언어적 행동에 대한 관찰에 의존한다는 내용이 나오고, 빈칸 뒤에는 다양한 비언어적 행동과 거짓말 행위 사이의 연관성은 매우 강하지 않거나 일관적이지 않다는 내용이 이어지므로 빈칸에는 역접의 연결어 However(그러나)가 오는 것이 적절하다.

(B) 앞에는 연구 결과 거짓말쟁이들이 드러내는 비언어적 신호는 사람마다 다르다는 내용이 제시되고, 빈칸 뒤에는 비언어적 행동과 속임수를 연관 짓는 과학적 증거는 시간이 흐를수록 약해졌다는 내용이 이어지므로, 빈칸에는 What's more(게다가)가 오는 것이 적절하다. 따라서 두 가지 모두를 충족하는 ①이 가장 적절하다.

06 빈칸에 들어갈 말로 가장 적절한 것은? (19. 사복직 9급)

In the huge, open lands of the American west, herding cattle is one way to make a living. The image of the cowboy on his horse is a familiar one, but in reality, women also participate in ranch work. This reality can be seen in the rodeo, where cowboys and cowgirls compete in roping young steers, and riding adult bulls. Throwing a rope around a steer is something ranchers must do in order to give the young animals medicine or to mark the steers as their property. ____________________, riding on the back of a large and angry bull is purely for sport — a brutal and dangerous sport. But that danger does not stop the men and women who love the rodeo.

① To take an example
② To be brief
③ On the other hand
④ By the same token

herd 몰다, 떼 cattle 소떼 make a living 생계를 꾸리다 on the horse 말을 탄 familiar 친숙한 in reality 현실에서는 participate in ~에 참여하다 ranch 목장 rodeo 로데오 rope 밧줄로 묶다 steer 수소 ride 타다 bull 황소 throw a rope 밧줄을 던지다 rancher 목동 mark 표시하다 property 소유물, 재산 purely 전적으로, 순전히 brutal 거친, 야만적인 to take an example 예를 들면 to be brief 간단히 말해서 by the same token 마찬가지로

지문 분석

1 In the huge, open lands of the American west, herding cattle is one way to make a living. The image of the cowboy on his horse is a familiar one, but in reality, women also participate in ranch work.

일반적 사실 소몰이는 한 가지 생계 수단이고 여성들도 참여

2 This reality can be seen in the [소재] rodeo, where cowboys and cowgirls compete in roping young steers, and riding adult bulls. [주제문]

소재와 주제문 소재 : rodeo(로데오)
주제문 : 로데오는 두 가지로 경쟁한다(밧줄로 수소 묶기, 황소 올라타기).

3 Throwing a rope around a steer is something ranchers must do in order to give the young animals medicine or to mark the steers as their property.

부연1 밧줄로 수소 묶기 – 목동들이 반드시 해야 하는 일

4 ________________, riding on the back of a large and angry bull is purely for sport — a brutal and dangerous sport. But that danger does not stop the men and women who love the rodeo.

부연2 황소에 올라타기 – 전적으로 스포츠

해석 미국 서부의 광활한 평야 지대에서 소몰이는 생계를 꾸리기 위한 한 가지 방식이다. 말에 타고 있는 카우보이의 이미지는 친숙한 것이지만 현실에서는 여성들 또한 목장 일에 참여한다. 이러한 현실은 로데오에서 볼 수 있는데, 여기에서 카우보이와 카우걸들은 어린 수소들을 밧줄로 묶는 것과 다 자란 황소들에 올라타는 것으로 경쟁한다. 수소들에게 밧줄을 던져 묶는 것은 어린 동물들에게 약을 주거나 혹은 그 수소들이 자신들의 소유물임을 표시하기 위해서 목동들이 반드시 해야 하는 것이다. 반면에, 거대하고 성난 황소의 등에 올라타는 것은 전적으로 스포츠 — 거칠고 위험한 스포츠 —를 위한 것이다. 그러나 그러한 위험이 로데오를 사랑하는 남녀를 멈추게 하지는 않는다.

정답 및 해설 **정답 ③**

미국 서부의 광활한 지대에서 소몰이는 생계 수단이었는데, 카우보이의 이미지와는 달리 현실에서는 남성뿐만 아니라 여성들 또한 소몰이에 참여했다는 내용이 나오고, 이어지는 글에서 로데오는 밧줄로 수소 묶기와 황소들에 올라타기의 두 가지로 경쟁한다는 내용이 설명되어 있다. 빈칸 앞에서 밧줄로 수소 묶기는 어린 동물에게 약을 주거나 소유물을 표시하기 위해서 반드시 해야 하는 것이라고 설명하고, 빈칸 뒤에서 성난 황소의 등에 올라타는 것은 전적으로 스포츠를 위한 것이라는 내용이 나오므로 빈칸에는 대조의 연결어 On the other hand(반면에)가 오는 것이 가장 적절하다.

07 밑줄 친 (A), (B)에 들어갈 말로 가장 적절한 것은? (19. 국회직 9급)

Visionaries are the first people in their industry segment to see the potential of new technologies. Fundamentally, they see themselves as smarter than their opposite numbers in competitive companies — and, quite often, they are. Indeed, it is their ability to see things first that they want to leverage into a competitive advantage. That advantage can only come about if no one else has discovered it. They do not expect, (A) ____________ to be buying a well-tested product with an extensive list of industry references. Indeed, if such a reference base exists, it may actually turn them off, indicating that for this technology, at any rate, they are already too late. Pragmatists, (B) _____________ deeply value the experience of their colleagues in other companies. When they buy, they expect extensive references, and they want a good number to come from companies in their own industry segment.

	(A)	(B)
①	therefore	on the other hand
②	however	in addition
③	nonetheless	at the same time
④	furthermore	in conclusion

어휘

visionary 선지자 industry segment 업종 부문 potential 잠재력, 가능성 fundamentally 근본적으로 opposite 다른 편의, 반대의 competitive 경쟁을 하는 indeed 정말, 참으로 leverage 영향력, 지렛대 사용 a competitive advantage 경쟁 우위 discover 발견하다 well-tested 잘 검증된 product 제품, 상품, 생산물 extensive 광범위한 reference 참고 turn off 끄다, 빗나가게 하다 indicate 나타내다, 보여 주다 at any rate 어쨌든 pragmatist 실용주의자 deeply 몹시 value 가치 있게 여기다 a good number of 상당히 많은 colleague 동료

지문 분석

소재 주제문

1 Visionaries are the first people in their industry segment to see the potential of new technologies. Fundamentally, they see themselves as smarter than their opposite numbers in competitive companies — and, quite often, they are. Indeed, it is their ability to see things first that they want to leverage into a competitive advantage. That advantage can only come about if no one else has discovered it.

소재와 주제문1 소재 : Visionaries(선지자), Pragmatists(실용주의자)

주제문1 : 선지자들은 신기술의 잠재력을 보는 업계 최초의 사람들이다.

2 They do not expect, (A) ______________ to be buying a well-tested product with an extensive list of industry references. Indeed, if such a reference base exists, it may actually turn them off, indicating that for this technology, at any rate, they are already too late.

부연 그들은 광범위한 업계 참고 자료가 있는 잘 검증된 제품을 구매하지 않는다.

소재

3 Pragmatists, (B) ______________ deeply value the experience of their colleagues in other companies. When they buy, they expect extensive references, and they want a good number to come from companies in their own industry segment.

주제문2 Pragmatists(실용주의자들)는 동료의 경험을 중시해서 광범위한 참고를 기대한다.

해석 선지자들은 신기술의 잠재력을 보는 업계 최초의 사람들이다. 근본적으로, 그들은 경쟁 업계에서 그들 자신을 상대방보다 더 똑똑하다고 본다 — 그리고 꽤 자주, 그들은 실제로 그러하다. 그들이 경쟁 우위로 활용하기를 원하는 것은 사물을 먼저 보는 능력이다. 그런 장점은 다른 사람이 발견하지 못했을 때에만 생길 수 있다. (A) 따라서 그들은 광범위한 업계 참고 자료 목록이 있는 잘 검증된 제품을 구매할 것으로 예상하지 않는다. 실제로, 만약에 이와 같은 참고 자료가 존재한다면, 그것은 그들로 하여금 관심을 끄게 만드는데, 이 기술에 있어서는 어느 정도 그들이 이미 너무 늦었다는 것을 보여 주기 때문이다. (B) 반면에 실용주의자들은 다른 회사 동료들의 경험을 매우 중요시 여긴다. 그들이 구매할 때, 그들은 광범위한 참조(추천)를 기대하며, 그들 자신의 산업 부분에 있는 회사들로부터 상당히 많은 참고(추천)가 나오기를 원한다.

정답 및 해설

정답 ①

신기술을 받아들이는 데 있어서 선지자들과 실용주의자들의 태도를 비교 설명하는 글이다. (A) 앞에서 선지자들은 신기술의 잠재력을 업계 최초로 보는 사람들로서, 그들의 장점은 다른 사람이 발견하지 못했을 때에만 생긴다고 하고, 빈칸 뒤에서 광범위한 참고 자료 목록이 있는 검증된 제품을 구매하지 않는다는 내용이 이어지고 있으므로 빈칸에는 인과관계를 나타내는 연결어 therefore(따라서)가 오는 것이 적절하다.

(B) 선지자들은 만약 참고 자료가 이미 존재하면, 그들이 이미 늦었다고 여겨서 관심을 끈다는 내용이 제시되고, 빈칸 뒤에서 실용주의자들은 동료의 경험을 중요시 여기므로 광범위한 참조(추천)를 기대한다는 내용이 이어지고 있다. 따라서 빈칸에는 대조의 연결어 on the other hand(반면에)가 적절하다. 두 가지 모두 충족시키는 ①이 가장 적절하다.

08 밑줄 친 (A), (B)에 들어갈 말로 가장 적절한 것은? (18. 국회직 9급)

"Leisure" refers to "unobligated" time wherein we are free from work or maintenance responsibilities. (A) ____________ , a teacher who brings home his or her students assignments to grade at home is not engaged in a leisure activity. Also mowing the lawn and shopping for groceries are not leisure pursuits because they are necessary maintenance tasks. (B) ____________ , attending a ball game, window shopping at the mall, going to the movies, and feeding the ducks at a pond are leisure activities because we are not obligated to do these things.

	(A)	(B)
①	Otherwise	On the other hand
②	Therefore	In a similar vein
③	Otherwise	For instance
④	Thus	In a similar vein
⑤	Thus	On the other hand

leisure 여가 refer to ~를 지칭하다 unobligated 의무가 없는 wherein 거기에서, 그 점에서
be free from ~로부터 자유로운 maintenance 부양, 생계 bring 가져오다 assignment 과제
be engaged in ~에 참여하다 grade 성적을 매기다 mow the lawn 잔디 깎다 grocery 식료품 pursuit 추구
ball game 야구 시합 feed the ducks 오리에게 먹이를 주다 pond 연못 be obligated to ~하도록 의무가 주어진
otherwise 그렇지 않으면 on the other hand 반면에 in a similar vein 비슷한 맥락에서

소재 주제문

1 "Leisure" refers to "unobligated" time wherein we are free from work or maintenance responsibilities.

소재와 주제문 소재 : Leisure(여가) | 주제문 : 여가는 의무가 없는 시간이다.

2 (A) ____________ , a teacher who brings home his or her students assignments to grade at home is not engaged in a leisure activity. Also mowing the lawn and shopping for groceries are not leisure pursuits because they are necessary maintenance tasks.

예시1 집으로 일을 가져오는 교사, 잔디 깎기, 장보기 – 여가활동 아님

3 (B) ____________ , attending a ball game, window shopping at the mall, going to the movies, and feeding the ducks at a pond are leisure activities because we are not obligated to do these things.

예시2 야구 경기 참석, 쇼핑몰 구경하기, 영화 보기, 오리에게 먹이 주기 – 여가활동

해석 '여가'는 우리가 부양의 의무로부터 자유로운, '의무가 없는' 시간을 지칭한다. (A) 따라서, 집에서 채점하기 위해 학생들의 과제를 집으로 가져오는 교사는 여가 활동을 하고 있는 것이 아니다. 또한 잔디를 깎고 식료품을 장보는 것은 여가의 추구가 아닌데, 이것들은 필수적인 생계 활동이기 때문이다. (B) 반면에, 야구 시합을 구경하는 것, 쇼핑몰에서 구경하는 것, 영화를 보러 가는 것, 그리고 연못에서 오리에게 먹이를 주는 것은 여가활동인데, 우리가 이런 일들을 할 의무는 없기 때문이다.

정답 및 해설

정답 ⑤

주제문에서 여가 활동에 대해 정의하고, 이어지는 글에서 어떤 활동은 여가 활동이 아니고 어떤 활동은 여가 활동인지를 예를 들어 설명하는 글이다.

(A) 앞에서 여가는 부양의 의무로부터 자유로운 '의무가 없는' 시간이라고 정의하고, 빈칸 뒤에서 채점하기 위해 집에 과제를 가져오는 교사나, 잔디를 깎는 것, 식료품 장보는 것은 필수적인 생계 활동이기 때문에 여가가 아니라는 설명이 나오고 있다. 그러므로 빈칸에는 인과 관계를 나타내는 연결어 Therefore(따라서)나 Thus(따라서)가 올 수 있다.

(B) 앞에서 비여가 활동의 예시를 들고 있고, 빈칸 뒤에서 야구 시합을 구경하거나, 쇼핑몰에서 쇼핑하거나, 오리에게 먹이를 주는 것 등은 이런 일들을 할 의무가 없기 때문에 여가 활동이라고 설명하고 있으므로 빈칸에는 대조의 연결어 On the other hand(반면에)가 오는 것이 적절하다. 이 두 가지 모두를 충족하는 ⑤가 정답이다.

09 밑줄 친 (A), (B)에 들어갈 말로 가장 적절한 것은? (17. 지방직 9급)

The decline in the number of domestic adoptions in developed countries is mainly the result of a falling supply of domestically adoptable children. In those countries, the widespread availability of safe and reliable contraception combined with the pervasive postponement of childbearing as well as with legal access to abortion in most of them has resulted in a sharp reduction of unwanted births and, consequently, in a reduction of the number of adoptable children. (A) ____________ , single motherhood is no longer stigmatized as it once was and single mothers can count on state support to help them keep and raise their children. (B) ________________ , there are not enough adoptable children in developed countries for the residents of those countries wishing to adopt, and prospective adoptive parents have increasingly resorted to adopting children abroad.

	(A)	(B)
①	However	Consequently
②	However	In summary
③	Furthermore	Nonetheless
④	Furthermore	As a consequence

decline 하락 domestically 국내에서 adoptable 입양 가능한 mainly 주로 falling supply 하락하는 공급 widespread 만연한 availability 이용 가능성 reliable 믿을 만한, 신뢰할 수 있는 contraception 피임 combined with ~와 결합해서 pervasive 만연한 postponement 연기, 지연 childbearing 출산, 분만 legal access to ~로의 법적인 접근 abortion 임신 중절, 낙태 result in ~를 야기하다 a sharp reduction 급격한 감소 unwanted birth 원하지 않는 출산, 출생 consequently 그 결과 single motherhood 혼자 아이를 키우는 어머니 stigmatize 낙인 찍다 count on ~에게 기대다, 의지하다 state support 정부의 지원 adoptable 입양 가능한 prospective 장래의, 유망한 adoptive 입양을 원하는 resort to ~에 의존하다

지문 분석

소재 주제문

1 The decline in the number of domestic adoptions in developed countries is mainly the result of a falling supply of domestically adoptable children.

소재와 주제문 소재 : domestic adoptions(국내 입양) | 주제문 : 선진국에서 국내 입양 수의 감소는 입양 가능한 아이들의 공급 하락의 결과이다.

2 In those countries, the widespread availability of safe and reliable contraception combined with the pervasive postponement of childbearing as well as with legal access to abortion in most of them has resulted in a sharp reduction of unwanted births and, consequently, in a reduction of the number of adoptable children.

뒷받침 이유1 – 안전한 피임, 출산 연기, 원하지 않은 출산의 감소

3 (A) ____________, single motherhood is no longer stigmatized as it once was and single mothers can count on state support to help them keep and raise their children.

뒷받침 이유2 – 싱글 마더에 대한 인식 전환과 정부의 지원

4 (B) ________________, there are not enough adoptable children in developed countries for the residents of those countries wishing to adopt, and prospective adoptive parents have increasingly resorted to adopting children abroad.

주제문 강조 선진국에서 충분한 입양 아이들의 공급이 없어서 점점 더 해외에 의존

해석 선진국에서 국내 입양 수의 감소는 주로 국내에서 입양 가능한 아이들의 공급 하락의 결과이다. 그런 나라들에서는, 안전하고 믿을 만한 피임의 광범위한 이용 가능성이 그들 대부분에서 임신 중절에 대한 합법적인 접근뿐만 아니라, 만연한 출산 연기와 결합하여 원치 않는 출산에 대한 급격한 감소를 야기했으며, 그 결과, 입양 가능한 아이들의 수의 감소를 야기했다. (A) 더욱이, 혼자 아이를 키우는 어머니들은 더 이상 이전처럼 낙인 찍히지 않으며 미혼모들은 아이들의 부양과 양육을 돕는 정부의 원조에 의존할 수 있다. (B) 그 결과, 선진국에는 입양을 원하는 그 나라 사람들을 위한 충분한 입양아들이 없게 되었고, 예비 입양 부모들은 점점 더 해외에서 아이를 입양하는 데 의존하게 되었다.

정답 및 해설

정답 ④

주제문에서 선진국에서 국내 입양 수의 감소는 주로 국내에서 입양 가능한 아이들의 공급 하락의 결과라고 밝히고 있다.

(A) 앞에서 안전한 피임과 임신 중절에 대한 합법적인 접근, 만연한 출산 연기 등이 출산의 감소를 야기했으며 그 결과 입양 가능한 아이들의 수가 감소했다는 설명이 있고, 빈칸 뒤에서 혼자 아이를 키우는 어머니들에 대한 낙인이 더 이상 존재하지 않고, 아이들의 부양과 양육을 돕는 정부의 지원에 의존할 수 있다는 내용이 이어지므로 빈칸에는 부연이나 추가의 연결어 Furthermore(게다가)가 오는 것이 적절하다.

(B) 뒤에 선진국에서는 충분한 국내 입양아들이 없으므로 점점 더 해외에서의 입양하는 데 의존하게 되었다는 내용이 이어지고 있으므로 빈칸에는 As a consequence(그 결과)가 오는 것이 적절하다. 따라서 두 가지 모두를 충족하는 ④가 정답이다.

10 다음 빈칸에 들어갈 가장 적절한 연결어를 고르면? (16. 서울시 9급)

Our brain processes and stores different kinds of information in different ways. Think about factual knowledge. Fact memory entails learning explicit information, such as names, faces, words and dates. It is related to our conscious thoughts and our ability to manipulate symbols and language. When fact memories are committed to long-term memory, they are usually filed along with the context in which they were learned: ______________ , when you think of your new friend Joe, you probably picture him at the basketball game where you met him.

① In short

② For instance

③ Above all

④ In addition

process 처리하다 factual 사실에 입각한 entail 의미하다, 수반하다 explicit 명확한, 명백한 be related to ~와 관련된 conscious 의식적인, 의도적인 manipulate 다루다, 조정하다 symbol 상징 fact memory 사실 기억 commit (기록이나 기억 등에) 남겨두다 long-term memory 장기 기억 along with ~와 함께 context 맥락 picture 그리다

지문 분석

주제문

1 Our brain processes and stores different kinds of information in different ways.

주제문 우리 뇌는 다른 종류의 정보를 다른 방식으로 처리하고 저장한다.

2 Think about factual knowledge. Fact memory entails learning explicit information, such as names, faces, words and dates. It is related to our conscious thoughts and our ability to manipulate symbols and language.

부연1 사실 기억 – 의식적인 생각과 기호와 언어를 다루는 능력과 관련

3 When fact memories are committed to long-term memory, they are usually filed along with the context in which they were learned:

부연2 장기 기억 – 사실 기억과 그것들을 알게 된 상황과 함께 저장

4 ______________ , when you think of your new friend Joe, you probably picture him at the basketball game where you met him.

예시 Joe와 농구경기

해석 우리 뇌는 다른 종류의 정보를 다른 방식으로 처리하고 저장한다. 사실에 입각한 지식에 관해 생각해 보자. 사실 기억은 이름, 얼굴, 단어, 그리고 날짜와 같은 명확한 정보를 습득하는 것을 의미한다. 그것은 우리의 의식적인 생각들과 기호와 언어를 다루는 능력과 관련이 있다. 사실 기억이 장기 기억에 남겨질 때, 그것들은 보통 그것들을 알게 된 상황과 함께 저장된다. 예를 들어, 당신의 새 친구 Joe에 대해 생각할 때, 당신은 아마도 당신이 그를 만났던 농구 경기에서의 그를 마음 속에 그릴 것이다.

정답 및 해설

정답 ②

주제문에서 우리 뇌는 다른 종류의 정보를 다른 방식으로 처리한다고 설명하고 있다. 빈칸 앞에서 이름, 얼굴, 단어, 날짜와 같은 사실 기억이 장기 기억으로 남겨질 때, 보통 그것들을 알게 된 상황과 함께 저장된다고 설명하고 있다. 빈칸 뒤에서 Joe라는 새 친구에 대해 생각할 때 당신이 그를 만났던 농구 경기에서의 그를 마음속에 그릴 것이라고 했으므로 빈칸에는 예시를 나타내는 For instance(예를 들어)가 가장 적절하다.

11 다음 밑줄 친 부분에 들어갈 가장 적절한 표현은? (17. 국회직 9급)

It is not easy to make a living as the proprietor of apartment buildings. There is a huge initial expense, not only to acquire the properties but to assess the buildings and to remove any hazardous materials like lead-based paint. A landlord also has to buy the best liability insurance available just to safeguard the investment. ________________ , one tragic accident could wipe out the value of the entire asset. Because of this expense, it's rare to find a sole individual owning such a property. The risk is more often taken on jointly by a group of investors who then split the profits from the leases.

① Likewise
② Otherwise
③ In contrast
④ Accordingly
⑤ As a result

make a living 생계를 꾸리다 proprietor 소유자 initial 초기의 expense 비용 acquire 취득하다 property 건물, 재산 assess 평가하다 hazardous 위험한 lead-based paint 납 성분 페인트 landlord 건물 소유주 liability 부채, 책임 safeguard 보호하다 tragic 비극적인 wipe out 없애 버리다 asset 자산 rare 보기 드문 sole 단독의 take on 떠맡다, (책임을) 지다 jointly 공동으로 split 배분하다, 나누다 lease 임대차 계약

주제문

1 It is not easy to make a living as the proprietor of apartment buildings. There is a huge initial expense, not only to acquire the properties but to assess the buildings and to remove any hazardous materials like lead-based paint.

주제문 아파트 건물의 소유자로서 생계를 꾸려나가는 것은 쉽지 않다.

2 A landlord also has to buy the best liability insurance available just to safeguard the investment. ________________, one tragic accident could wipe out the value of the entire asset.

부연1 최고의 책임 보험 구매

3 Because of this expense, it's rare to find a sole individual owning such a property. The risk is more often taken on jointly by a group of investors who then split the profits from the leases.

부연2 단독 소유보다는 투자자 집단에 의해 위험을 분산

해석 아파트 건물의 소유자로서 생계를 꾸려나가는 것은 쉽지 않다. 건물을 취득하기 위해서뿐만 아니라 건물을 평가하고 납이 성분인 페인트와 같은 그 어떤 위험 물질이라도 제거하기 위해 막대한 초기 비용이 발생한다. 건물 소유주는 또한 투자 대상을 보호하기 위해 이용할 수 있는 최상의 책임 보험을 구매해야만 한다. 그렇지 않으면, 하나의 비극적인 사고가 전체 자산의 가치를 없애버릴 수 있다. 이러한 비용으로 인해 그러한 건물을 소유한 단독 개인을 찾는 것은 보기 드물다. 그 위험은 주로 임대차 계약으로부터의 이익을 배분하는 투자자 집단에 의해 공동으로 떠맡아진다.

정답 및 해설

정답 ②

주제문에서 아파트 건물의 소유자로서 생계를 꾸려나가는 것은 쉽지 않다고 진술하고 있다. 빈칸 앞에 아파트를 소유하기 위해서는 막대한 초기 비용이 발생할 뿐만 아니라 최상의 책임 보험을 구매해야 한다고 말하고 있고, 빈칸 뒤에 이어지는 글에서 하나의 비극적인 사고가 전체 자산 가치를 없애버릴 수 있다고 했으므로 그 사이의 연결어로는 Otherwise(그렇지 않으면)가 오는 것이 가장 적절하다.

MEMO

손태진
공무원
영어
뽀개기
독해

공무원 합격을 위한 영보 시리즈

공무원 합격을 위한 영보 시리즈

손태진
공무원
영어
뽀개기
독해